Zu diesem Buch

Jean Delumeaus Untersuchung der Angst gilt als einer der wichtigsten Beiträge zur Geschichte der «europäischen Mentalität», die sich ab dem 14. Jahrhundert über alle sprachlichen, politischen und kulturellen Grenzen hinweg herauszubilden begann. Sein großangelegtes Panorama zeichnet sowohl die epidemischen Ängste der «großen Masse» vor Pest, Krieg, Hunger, Aufständen und Naturgewalten nach als auch die von der Kirche genährten Ängste der kulturell tragenden Schichten vor dem Jüngsten Gericht, Satan und seinen Helfershelfern (Frauen, Hexen und Juden). Angst ist also seit Jahrhunderten in Europa alltäglich, sie überschattet den Glanz heroischer Epochen von der Renaissance bis zu den bürgerlichen Befreiungsbewegungen und dringt tief in die Verhaltensweisen von einzelnen und Gruppen ein. Die Geschichte der Angst ist in unserem Lebensgefühl nach wie vor lebendig – angesichts einer Welt, die das Fürchten lehrt.

Jean Delumeau, 1923 in Nantes geboren, ist seit 1975 Professor für Geschichte am berühmten Collège de France. Seine Studie «La Civilisation de la Renaissance» erhielt 1968 den Prix Gobert der Académie Française. Weitere Veröffentlichungen zur neueren Geschichte Italiens (besonders Roms) und zur Geschichte kirchlicher Reformbewegungen.

Als Fortführung von «Angst im Abendland» erschien 1983 «Le péché et la peur. La culpabilisation en Occident (XIIIe–XVIIIe siècles)» in der Librairie Arthème Fayard, Paris.

Jean Delumeau

Angst im Abendland

Die Geschichte
kollektiver Ängste im Europa
des 14. bis 18. Jahrhunderts

Band 1

Deutsch von Monika Hübner, Gabriele Konder
und Martina Roters-Burck

Rowohlt

Kulturen und Ideen

Herausgegeben von Johannes Beck, Heiner Boehncke, Wolfgang Müller, Gerhard Vinnai

Redaktion Wolfgang Müller
Umschlagentwurf Stolle Wulfers
(Ausschnitt aus dem Fresko «Die Hölle»
von Taddeo di Bartolo in San Gimignano)
Die Übersetzung der Einleitung und des Ersten Teils (S. 9–307)
sowie die Übersetzung und Bearbeitung der Anmerkungen
stammen von Monika Hübner.
Martina Roters-Burck hat das Sechste bis Zehnte Kapitel im
Zweiten Teil (S. 309–510) übersetzt, Gabriele Konder das Elfte
und Zwölfte Kapitel sowie den Epilog (S. 510–607).

Die Originalausgabe erschien 1978 unter dem Titel
«La Peur en Occident (XIVe–XVIIIe siècles). Une cité assiégée»
in der Librairie Arthème Fayard, Paris
Veröffentlicht im Rowohlt Taschenbuch Verlag GmbH,
Reinbek bei Hamburg, August 1985
«La Peur en Occident» Copyright © 1978 by Librairie Arthème Fayard
Copyright © 1985 by Rowohlt Taschenbuch Verlag GmbH,
Reinbek bei Hamburg
Satz Sabon (Linotron 202)
Gesamtherstellung Clausen & Bosse, Leck
Printed in Germany
1680-ISBN 3 499 17919 9

Inhalt

Einleitung
Der Historiker auf der Suche nach der Angst — 9

  1. Das Schweigen über die Angst — 9
  2. Die Angst ist eine natürliche Erscheinung — 19
  3. Vom einzelnen zum Kollektiv: Möglichkeiten und Schwierigkeiten der Übertragung — 25
  4. Wer hatte Angst und wovor? — 38

Erster Teil
Die von allen empfundenen Ängste — 47

Erstes Kapitel
Die Allgegenwart der Angst — 49
  1. «Unbeständiges Meer, auf dem uns jede Furcht überwältigt ...» (Marot) — 49
  2. Die Nähe und die Ferne; das Alte und das Neue — 63
  3. Heute und morgen: Hexerei und Wahrsagerei — 81

Zweites Kapitel
Die Vergangenheit und die Finsternis — 108
  1. Die Gespenster — 108
  2. Die Angst vor der Dunkelheit — 125

Drittes Kapitel
Typische kollektive Verhaltensweisen in Pestzeiten — 140
  1. Das Auftreten der Pest — 140
  2. Bilder aus einem Alptraum — 146
  3. Der Zusammenbruch des öffentlichen Lebens — 154
  4. Stoischer Gleichmut und Ausschweifungen; Entmutigung und Wahnsinn — 165
  5. Feigheit oder Heldenmut? — 176
  6. Wer ist Schuld? — 182

Viertes Kapitel
Angst und Aufstände I   200
  1. Ziele, Grenzen und Methoden der Untersuchung   200
  2. Ein Gefühl der Unsicherheit   209
  3. Genauer bestimmte Ängste   221
  4. Die Furcht, Hungers zu sterben   228
  5. Das Steuerwesen: Ein Schreckgespenst   234

Fünftes Kapitel
Angst und Aufstände II   240
  1. Die Gerüchte   240
  2. Rolle der Frauen und Priester – Der Bildersturm   254
  3. Die Angst vor Umsturz   267

Anmerkungen   275
  Einleitung   275
  Erster Teil
    Erstes Kapitel   280
    Zweites Kapitel   287
    Drittes Kapitel   292
    Viertes Kapitel   300
    Fünftes Kapitel   304

Zweiter Teil
Die herrschende Kultur und die Angst   309

Sechstes Kapitel
Die Gotteserwartung   311
  1. Eschatologische Ängste und Entstehung der
    modernen Welt   311
  2. Zwei verschiedene Lesarten der apokalyptischen
    Prophezeiungen   314
  3. Die Mittel zur Verbreitung eschatologischer Ängste   326
  4. Die hohe Zeit eschatologischer Ängste: das Ende des
    14. und der Beginn des 15. Jahrhunderts   330

5. Die zweite hohe Zeit: die Epoche der Reformation 334
6. Ein rächender Gott und eine gealterte Welt 340
7. Die Arithmetik der Prophezeiungen 349
8. Geographie der eschatologischen Ängste 353

Siebtes Kapitel
Satan 358
1. Das Aufkommen des Satanismus 358
2. Satanismus, Weltuntergang und Massenmedien in der Renaissance 364
3. Der «Fürst dieser Welt» 372
4. Das Blendwerk des Teufels 380

Achtes Kapitel
Die Agenten Satans I: Götzendiener und Muselmanen 387
1. Die amerikanischen Religionen 387
2. Die mohammedanische Bedrohung 397

Neuntes Kapitel
Die Agenten Satans II: Der Jude, das absolut Böse 412
1. Die beiden Quellen der Judenfeindlichkeit 412
2. Die Rolle des religiösen Theaters, der Prediger und der Neubekehrten 420
3. Anschuldigungen wegen Profanierung und Ritualmord 431
4. Bekehren, Isolieren, Vertreiben 437
5. Eine neue Bedrohung: die Konvertiten 445

Zehntes Kapitel
Die Agenten Satans III: Die Frau 456
1. Eine alte Anklage 456
2. Die Verteufelung der Frau 469
3. Das offizielle Urteil über die Frau am Ende des 16. und zu Beginn des 17. Jahrhunderts 480
4. Frauenfeindlichkeit in literarischen Werken 496
5. Frauendarstellungen in der Kunst 503

Elftes Kapitel
Die große Hexenverfolgung: Dossier ... 511
  1. Die Angst greift um sich ... 511
  2. Eine Gesetzgebung aus panischer Angst ... 520
  3. Chronologie, geographische Ausbreitung und sozialer Hintergrund der Hexenverfolgung ... 526

Zwölftes Kapitel
Die große Hexenverfolgung: Versuch einer Interpretation ... 537
  1. Das Hexenwesen und der Fruchtbarkeitskult ... 537
  2. In der Volkskultur: Magie ... 546
  3. Für die Richter: Dämonologie ... 554
  4. Eine drohende Gefahr ... 563

Epilog
Ketzerei und moralische Ordnung ... 572
  1. Die Welt der Ketzerei ... 572
  2. Der Höhepunkt einer Angst ... 579
  3. Eine Kultur der Gotteslästerung ... 587
  4. Ein Gesellschaftsplan ... 591

Anmerkungen ... 608
  Zweiter Teil
    Sechstes Kapitel ... 608
    Siebtes Kapitel ... 613
    Achtes Kapitel ... 617
    Neuntes Kapitel ... 620
    Zehntes Kapitel ... 624
    Elftes Kapitel ... 632
    Zwölftes Kapitel ... 636
    Epilog ... 640

Register ... 644

Einleitung

Der Historiker auf der Suche nach der Angst

1. Das Schweigen über die Angst

Im 16. Jahrhundert ist es nicht leicht, des Nachts Augsburg zu betreten. Montaigne, der die Stadt im Jahre 1580 besucht, steht verwundert vor der «Ausfallpforte», an der zwei Wachen den nach Sonnenuntergang ankommenden Reisenden Einlaß gewährt. Diese pochen zunächst an eine eiserne Schlupfpforte, die der erste Wachsoldat, dessen Kammer gut hundert Schritt entfernt ist, von seiner Unterkunft aus mit Hilfe einer eisernen Kette öffnet, die «auf weitem Umweg und in vielen Windungen» einen ebenfalls eisernen Riegel betätigt. Wenn dieses Hindernis überwunden ist, schließt die Tür sich plötzlich wieder. Der Besucher überquert daraufhin eine gedeckte Brücke, die über einen der Stadtgräben führt, und erreicht einen kleinen Platz, wo er seinen Namen sagt und die Adresse angibt, unter der er in Augsburg wohnen wird. Mit einem Klingelzeichen verständigt der Wachsoldat dann einen Kameraden, der einen Federzug betätigt, der sich in einem Gang unweit seines Zimmers befindet. Dieser Federzug öffnet zunächst eine ebenfalls eiserne Schranke, danach windet er über ein großes Rad die Zugbrücke auf, «ohne daß man von all diesen Bewegungen etwas merkte, da sie innerhalb der dicken Mauern und des Tores vor sich gehen, und mit einem Male schnellt das alles mit großem Getöse in seine Lage zurück». Jenseits der Zugbrücke öffnet sich eine große, «dicke Holztür, die durch mehrere Eisenplatten verstärkt ist». Durch diese Tür betritt der Fremde einen Saal, in dem er sich allein und ohne Licht eingeschlossen findet. Aber ein anderes, dem vorherigen ähnliches Tor erlaubt ihm den Eintritt in einen zweiten Saal («und dieser ist beleuchtet»), wo er ein ehernes Becken vorfindet, das an einer Kette hängt. Dort hinein legt er sein Einlaßgeld. Der (zweite) Pförtner zieht an der Kette das Becken hoch und überprüft die von dem Besucher hinterlegte Summe. Wenn sie der festgesetzten Gebühr nicht entspricht, «läßt er den Fremden bis zu nächsten Morgen warten». Wenn er aber zufrieden ist, «so öffnet er ihm auf die frühere Weise ein großes, den anderen ähnliches Tor, das sich sofort hinter dem Ankömmling schließt, und nun ist er in der Stadt». Ein wichtiges Detail vervollständigt diese gleichzeitig umständliche und gutausgedachte Einrichtung: unter den Sälen und Toren befindet sich ein großes Gewölbe, wo 500 Bewaffnete mit ihren Pferden Platz finden, um jeder Eventualität vorzubeugen. Wenn nötig, schickt man sie «ohne Wissen der gewöhnlichen Bürger» in den Krieg.[1]

Diese Vorsichtsmaßnahmen verraten eine Atmosphäre der Unsicherheit: vier große, aufeinanderfolgende Tore, eine Brücke über einen Graben, eine Zugbrücke und eine eiserne Schranke scheinen nicht zuviel, eine Stadt von 60 000 Einwohnern, die zu jener Zeit die einwohnerreichste und wohlhabendste Stadt Deutschlands ist, gegen jede Überraschung abzusichern. In einem Land, das religiösen Streitigkeiten ausgesetzt ist, während der Türke um die Grenzen des Reiches streicht, ist jeder Fremde verdächtig, vor allem bei Nacht. Gleichzeitig mißtraut man dem «gewöhnlichen Bürger», dessen «Regungen» unvorhersehbar und gefährlich sind. Ebenfalls findet man Mittel und Wege, ihn die Abwesenheit der gewöhnlich unter der Anlage der Ausfallpforte verborgenen Soldaten nicht merken zu lassen. In der Toranlage fanden die neuesten Errungenschaften des damaligen deutschen Metallhandwerks Anwendung. Ihnen verdankt es eine Stadt, die besonders große Begehrlichkeit erregt, daß die Angst, wenn sie sie schon nicht ganz aus ihren Mauern verbannen kann, zumindest soweit abgeschwächt wird, daß sie damit leben kann.

Die wohldurchdachten Mechanismen, die einst die Einwohner von Augsburg schützten, haben Symbolcharakter. Denn nicht nur die einzelnen Individuen, sondern auch Gemeinschaften und sogar ganze Kulturen führen einen ständigen Dialog mit der Angst. Dennoch hat sich die Geschichtsschreibung bis zum heutigen Tag kaum unter diesem Gesichtspunkt mit der Vergangenheit befaßt, trotz des einmaligen, aber umso aufschlußreicheren Beispiels, das G. Lefebvre untersucht hat und trotz der von ihm und L. Febvre geäußerten Anregungen. Ersterer schrieb 1932 in seinem der «Großen Angst» von 1789 gewidmeten Werk: «Im Laufe unserer Geschichte hat es vor und nach der Revolution andere Ängste gegeben, auch außerhalb Frankreichs. Könnte man bei ihnen nicht Gemeinsamkeiten entdecken, die Licht auf jene von 1789 werfen würden?»[2] Gleichsam als Widerhall bemühte sich L.

Febvre ein Vierteljahrhundert später, die Historiker auf diesen Gesichtspunkt aufmerksam zu machen, indem er ihn in groben Zügen charakterisierte: «Es handelt sich nicht darum (...), die Geschichte im alleinigen Blick auf das Bedürfnis nach Sicherheit neu zu schreiben – so wie Ferrero versucht war, es unter dem Gesichtspunkt des Gefühls der Angst zu tun (laufen übrigens diese beiden Gefühle, das eine positiv, das andere negativ, im Grunde genommen nicht auf dasselbe hinaus?) –, (...) es geht hauptsächlich darum, einem Gefühlskomplex seinen Platz, oder sagen wir lieber, seinen legitimen Anteil einzuräumen, der, unter Berücksichtigung der geographischen Breiten und Epochen in der Geschichte der uns nahestehenden und vertrauten menschlichen Gesellschaften, eine Hauptrolle gespielt haben muß.»[3]

Mit dem vorliegenden Werk will ich versuchen, diesem zweifachen Aufruf zu folgen. Gleich zu Beginn will ich drei Grenzen meiner Arbeit abstecken. Die erste ist dieselbe, die schon L. Febvre gezogen hat. Es geht nicht darum, die Geschichte allein im Blick auf «das Gefühl der Angst» neu zu schreiben. Eine solche Einschränkung der Perspektiven wäre absurd; wie G. Ferrero zu versichern, jede Kultur sei das Produkt eines langwierigen Kampfes gegen die Angst, wäre wahrscheinlich zu einfach. Ich fordere den Leser also auf, im Gedächtnis zu behalten, daß ich die Vergangenheit von einer bestimmten Seite beleuchte, daß es aber andere mögliche und wünschenswerte Perspektiven gibt, die meinen Versuch vervollständigen und verbessern können. Die beiden anderen Grenzen sind die der Zeit und des Raumes. Meine Beispiele stammen fast alle aus der Zeit zwischen 1348 und 1800 und aus dem geographischen Raum des Abendlandes. Dies geschah, um Kohärenz und Homogenität meiner Ausführungen zu sichern und um das Licht der Untersuchung nicht über unübersehbare Chronologien und über unermeßliche Weiten zu zerstreuen. Innerhalb der beschriebenen Grenzen blieb eine historiographische Lücke zu füllen, was ich bis zu einer bestimmten Grenze versuchen werde. Ich weiß wohl, daß ein solches Unterfangen ohne Vorbild ein intellektuelles Abenteuer darstellt. Freilich ein aufregendes Abenteuer.

Warum dieses beharrliche Schweigen über die Rolle der Angst in der Geschichte? Zweifellos wegen einer weitverbreiteten Verwirrung der Geister bei den Begriffen Angst und Feigheit, Mut und Tollkühnheit. Wahrhaft heuchlerisch haben sowohl die geschriebene als auch die gesprochene Sprache, wobei erstere die zweite beeinflußte, lange Zeit die natürlichen Reaktionen, die man zeigt, wenn man sich einer Gefahr bewußt wird, hinter dem falschen Schein von geräuschvollem Heroismus zu verbergen gesucht. «Das Wort ‹Angst›», schreibt G. Delpierre, «ist so mit Schande beladen, daß wir es verstecken. Wir vergraben in unserm tiefsten Innern die Angst, die uns in den Eingeweiden sitzt.»[4]

Im selben Zeitraum (dem 14. bis 16. Jahrhundert), in dem in der abendländischen Gesellschaft das Bürgertum und seine prosaischen Werte aufkommen, preisen vom bedrohten Adel geförderte Versepen und erzählende Literatur ohne Vorbehalte die Tollkühnheit. «So wie das Scheit ohne Feuer nicht brennen kann», belehrt Froissart, «so kann der Edelmann ohne Heldentaten weder zu vollkommenen Ehren noch zu weltlichem Ruhm gelangen.»[5] Ein Dreivierteljahrhundert später wird der Autor von «Jehan de Saintré» (um 1456) von derselben Idealvorstellung beflügelt. In seinen Augen muß der dieses Titels würdige Ritter den Gefahren aus Liebe zum Ruhm und zu seiner Herzensdame trotzen. Er ist «jener, der so viele Taten vollbringt, bis man unter den anderen von ihm kundtut»; daß es sich um kriegerische Heldentaten handelt, versteht sich von selbst.[6] Man erwirbt um so größere Ehren, je öfter man sein Leben in ungleichen Kämpfen wagt. Letztere sind das tägliche Brot des Amadis von Gallien, eines Helden aus dem bretonischen Romanzyklus, der selbst «die wildesten unter den wilden Tieren erzittern läßt»[7]. In Spanien im Jahre 1508 veröffentlicht, auf Geheiß von Franz I. ins Französische übersetzt, erschienen im 16. Jahrhundert über sechzig spanische Auflagen des Amadis-Romans und seiner Nachträge sowie eine große Anzahl in französischer und italienischer Sprache. Noch beeindruckender ist der Erfolg des «Rasenden Rolands» von Ariost: ungefähr 180 Auflagen von 1516 bis 1600.[8] Roland, der «unerschrockene Paladin», verachtet selbstverständlich die «niederträchtige Truppe von Sarazenen», die ihn in Roncevaux angreift. Mit Hilfe Durendals «(...) fliegen Arm' und Köpfe [der Feinde] rings, gespalten, / Und Schultern (...)» (Ariost: Sämtliche poetischen Werke, Bd. 1, Berlin 1922, S. 264). Die christlichen Ritter, die Tasso in seinem Werk «Das befreite Jerusalem» auftreten läßt, können vor den Toren der heiligen Stadt angekommen, ihre Ungeduld nicht zügeln: «Als murmelnd, wie bewegter Wellen Tosen, / Das Heer sich schon zum Aufbruch fertig macht, / Eh noch die Kriegstrommeln sich erheben / Und hellern Klangs das frohe Zeichen geben» (Torquato Tasso's Befreites Jerusalem, Berlin 1865, S. 75).

Auch die Chroniken können sich nicht genugtun, wenn sie den Heldenmut der Edelleute und der Fürsten schildern, wobei letztere die

Blüte allen Adels sind. So auch Johann ohne Furcht, der seinen bezeichnenden Beinamen in der Schlacht von Lüttich im Jahre 1408 erringt.[9] Die Lobreden auf Karl den Kühnen, ein anderer Beiname, der erwähnenswert ist, sind hochtrabend. «Er war stolz und von großem Mut, er trotzte jeder Gefahr und kannte weder Angst noch Schrecken; und wenn Hektor vor Troja tapfer war, so war es jener ebenso.» So erzählt es Chastellain.[10] Und Molinet übertrumpft ihn noch nach dem Tode des Herzogs: «Er war der unschätzbare Same aller Ehre, ein begnadeter, gerechter Degen und der fruchtbare, hochgewachsene, farbenprächtige und lieblich duftende Baum der Tugend.»[11] Gleichermaßen aufschlußreich ist der Ruhm, den Bayard zu Lebzeiten erlangt. Er ist der Ritter «ohne Furcht und Tadel». Übrigens erfüllte der Tod des Edelmannes aus dem Dauphiné im Jahre 1524 «allen Adel mit tiefer Trauer». Denn, so versichert der Loyal Serviteur, «an Kühnheit kamen ihm nur wenige gleich. In seinen Taten war er ein Fabius Maximus, in listigen Unternehmungen ein Coriolan und an Kraft und Edelmut ein zweiter Hektor.»[12]

Dieses Urbild des Ritters ohne Furcht, wenn auch nicht immer ohne Tadel, wird immer wieder aufgewertet durch den Kontrast mit einer Masse, die im Rufe steht, keinen Mut zu haben. Einst hatte Vergil geschrieben: «Niedre Geburt verrät sich durch Furcht» (Äneis, 4. Gesang, 13, Wiesbaden o. J., S. 91). Diese Behauptung galt lange Zeit als einleuchtend. Commynes gibt zwar zu, «daß gerade bei den Bogenschützen die Entscheidung der Schlachten liegt», aber man muß sie durch die Anwesenheit «vieler Adliger» und Ritter an ihrer Seite beruhigen und ihnen vor dem Kampf Wein zu trinken geben, um sie den Gefahren gegenüber blind zu machen.[13] Bei der Belagerung Paduas im Jahre 1509 lehnt sich Bayard gegen die Anordnung von Kaiser Maximilian auf, der die schwere französische Reitertruppe als Fußvolk an der Seite der Landksnechte angreifen lassen möchte, wobei er letztere als «Hampelmänner» bezeichnet, «die ihre Ehre nicht so hochhalten wie die Edelmänner»[14]. Montaigne schreibt den einfachen Leuten wie ein selbstverständliches Merkmal einen Hang zur Furcht zu, sogar dann, wenn sie Soldaten sind: Sie sehen dort Geharnischte, wo nur eine Herde Lämmer ist, sie halten Schilfrohr für Lanzenträger.[15] Da er darüber hinaus Feigheit und Grausamkeit aufeinander bezieht, versichert er, daß das eine wie das andere speziell Sache des «gemeinen Pöbels» sei.[16] Im 17. Jahrhundert akzeptiert La Bruyère seinerseits wie eine feststehende Tatsache die Vorstellung, daß die Masse der Bauern, Handwerker und Bediensteten keinen Mut hat, da sie nicht nach Ruhm strebt, gar nicht danach streben kann: «Der gemeine Soldat hat nicht das Empfinden, daß ihn einer kenne; unbeachtet stirbt er unter der Menge: gewiß, auch sein Leben war nicht anders, aber er lebte doch; und hier liegt einer der Gründe, warum Menschen in niedriger, knechtischer Stellung oft so wenig Mut zeigen.»[17] Roman und Theater haben ihrerseits die Unvereinbarkeit dieser beiden sowohl sozialen wie moralischen Welten betont: jene der – individuellen – Tapferkeit der Edelleute und jene der – kollektiven – Angst der Armen. Als Don Quichotte sich anschickt, die Armee des Pentapolin gegen jene des Alifanfaron zu unterstützen, gibt Sancho Pansa ihm schüchtern zu bedenken, daß es sich doch nur um zwei Schafherden handelt. Worauf ihm geantwortet wird: «Die Furcht macht's bei dir, (...) daß du weder recht siehst noch hörst, Sancho; (...) Aber wenn es so um dich steht, so mache dich nur auf die Seite, und laß mich allein, denn ich allein bin Manns genug, den Sieg auf diejenige Partei zu bringen, zu der ich mich schlage.»[18] Immer noch individuell, aber frevelhaft diesmal, sind die Heldentaten von Don Juan, «dem Verführer von Sevilla», der dem Geist des Komturs, Gott und der Hölle trotzt. Natürlich bekommt sein Diener einen Schrecken nach dem anderen, und Don Juan wirft ihm vor: «Was hast du Furcht vor einem toten Mann! Was thätest du, wenn er lebendig wäre? Die Furcht ist albern und gemein.»[19]

Dieser Gemeinplatz, daß das niedere Volk furchtsam ist, wird für der Renaissance unterstrichen von zwei Belegen, hinter denen zwar gegensätzliche Absichten stehen, die sich aber treffen in der Sicht des Problems. Man kann beide auf die Formel bringen: die Machthaber bemühen sich, beim Volk, hauptsächlich bei den Bauern, Angst zu erwecken. Symphorien Champier, ein Arzt und Humanist, der aber den Adel beweihräucherte, schreibt 1510: «Der Feudalherr soll Freude und Wohlbehagen bei den Dingen empfinden, die seinen Leuten Mühsal und Arbeit sind.» Seine Rolle besteht darin, das «Land zu besitzen, denn wegen der Angst, die das Volk vor den Rittern hat, pflügt und bebaut es das Land, aus Furcht, vernichtet zu werden»[20]. Thomas Morus, der die Gesellschaft seiner Zeit kritisiert, indem er sich auf ein fiktives Utopia bezieht, versichert, daß «seine [des Fürsten] Sicherheit darauf beruhe, daß das Volk nicht auf Grund von Reichtum und Freiheit über die Schranken schlage (...), während dagegen Armut und Not die Menschen abstumpften, geduldig machten und den Unterdrückten den kühnen Geist der Empörung austrieben»[21]. Diese wenigen Hinweise, für die man unendlich viele weitere Belege hätte anführen können, heben die ideologischen Gründe des langen Schweigens über die Rolle der Angst in der Geschichte der Menschheit hervor. Von der Antike bis in die jüngste Vergangenheit, besonders jedoch in der Renaissance, hat die Literatur, von der Ikonographie unterstützt (Bildnisse in ganzer Figur, Reiterstandbilder, heroische Gebärden und Faltenwürfe), die – individuelle – Tapferkeit der Helden gerühmt, die die Gesellschaft lenkten. Sie mußten so sein oder wenigstens als solche hingestellt werden, um in ihren eigenen und in den Augen des Volkes die Machtstellung zu rechtfertigen, die sie innehatten. Umgekehrt war die Angst das schimpfliche, gemeinsame Los der Bauern und gleichzeitig der Grund für deren Abhängigkeit. Während der Französischen Revolution errangen sie in harten Kämpfen das Recht auf Mut. Aber die neue Ideologie lehnte sich weitgehend an die alte an, sie neigte wie diese dazu, die Angst zu verschleiern und den Heldenmut des gemeinen Volkes zu rühmen.

Eine objektive Beschreibung der vom Vorwurf der Schande befreiten Angst sowie ein emotionsloser Umgang mit ihr hat sich nur langsam durchgesetzt. Bezeichnenderweise enthielten die ersten großen Beschwörungen kollektiver, panischer Angst als Kontrapunkt erhabene Elemente, die den Zusammenbruch gleichsam entschuldigen sollten. Für Victor Hugo war es die «wilde Flucht, Gigantin mit verstörtem Antlitz», die den Mut der Soldaten der napoleonischen Armee vor Waterloo brach, und «dieses unheilvolle Feld, wo Gott so viele Nichtigkeiten verband / Erbebt noch von der Flucht der Giganten»[22]. Auf dem Gemälde «Der Koloß» von Goya (Madrid, Prado) scheint ein Riese, der vergeblich einen wolkenverhangenen Himmel mit den Fäusten bearbeitet, den panischen Schrecken einer Menschenmenge zu rechtfertigen, die in alle Richtungen auseinanderstiebt. Später hat nach und nach die Sorge um die psychologische Wahrheit den Sieg davongetragen. Von den «Novellen» Maupassants über den «Zusammenbruch» von Zola bis zu den «Dialogues des Carmélites» von Bernanos hat die Literatur die Angst mit der Zeit auf ihren wahren Platz verwiesen, während die Psychiatrie sich nunmehr immer eingehender mit ihr beschäftigt. Heutzutage gibt es unzählige wissenschaftliche Werke, Romane, Autobiographien und Filme, in deren Titel die Angst vorkommt. Merkwürdigerweise hat die Geschichtsschreibung, die in unserer Zeit so viele neue Bereiche erschlossen hat, den der Angst vernachlässigt.

In jedem Zeitalter ist die Begeisterung für den Heldenmut trügerisch. Die Lobeshymne auf ihn läßt einen breiten Bereich der Wirklichkeit im dunkeln. Was verbarg sich hinter den Kulissen der höfischen Literatur, die unermüdlich die Tapferkeit der Ritter pries und über die Feigheit der Bauern spottete? Die Renaissance selbst hat es sich zur Aufgabe gemacht, in bedeutenden Werken jenseits irgendwelcher Rücksicht auf Konventionen die idealisierte Vorstellung von der Tapferkeit der Adligen richtigzustellen. Ist man sich denn tatsächlich dessen bewußt, daß Panurg und Falstaff Edelmänner sind, bevorzugte Gefährten späterer Könige? Ersterer verkündet auf einem durch einen Sturm manövrierunfähig gewordenen Schiff: «Achtzehnhundert Taler Leibrente gäb ich dem, der mich verdreckt und beschissen, wie ich bin, an Land setzte (...).»[23] Letzterer schreibt – ehrlich mit sich selbst – seine Ehre in den Kamin:

«Was brauche ich so bei der Hand zu sein, wenn er [es handelt sich um den Tod] mich nicht ruft? (...) Kann Ehre ein Bein ansetzen? – Nein! Oder einen Arm? – Nein! Oder den Schmerz einer Wunde stillen? – Nein! Ehre versteht sich also nicht auf die Chirurgie? – Nein! Was ist Ehre? – Ein Wort! Was steckt in dem Wort Ehre? Was ist diese Ehre? – Luft! (...) Ich mag sie also nicht! – Ehre ist nichts als ein Schild beim Leichenzuge, und so endigt mein Katechismus (...).»[24]

Eine harte Abfuhr für alle «Ehrendialoge» des 16. Jahrhunderts![25] Andere Abrechnungen für den Zeitraum der Renaissance finden sich in Werken, die nicht Literatur sein wollten. Commynes ist dafür ein wertvoller Zeuge, denn er hat auszusprechen gewagt, was die anderen Chronisten über die Feigheit der Großen verschwiegen. In seinem Bericht über die Schlacht von Montlhéry zwischen Ludwig XI. und Karl dem Kühnen im Jahre 1465 stellt er fest: «Niemals ist die Flucht auf beiden Seiten größer gewesen.» Ein französischer Edelmann floh, ohne anzuhalten, bis nach Lusignan. Ein Lehnsmann des Grafen von Charolais, der sich in die entgegengesetzte Richtung wandte, hielt erst in Le Quesnoy an. «Beide Helden nahmen sich eben höflich davor in acht, sich einander weh zu tun und ein Härlein zu krümmen.»[26] In seinem «der Furcht» und der «Bestrafung der Feigheit» gewidmeten Kapitel erwähnt auch Montaigne das wenig ruhmvolle Verhalten gewisser Adliger:

«Und in der nämlichen Belagerung [Rom 1527] war die Furcht merkwürdig, welche einem Edelmann dergestalt das Herz packte und zusammendrückte, daß er in der Bresche mausetot niederfiel, ohne im geringsten verwundet zu sein.»[27] «Als ehedem Herr de Franget (...) zum Kommandanten in Fontarabien ernannt worden und den Ort den Spaniern übergeben hatte, ward er verurteilt, seines Adels für sich und seine Nachkommen verlustig, für gemein bürgerlich und unfähig erklärt zu werden, jemals wieder Waffen zu tragen. Und dieser harte Spruch ward zu Lyon vollführt. Nachmals erlitten ähnliche Strafe alle die Edelleute, welche sich in Guyse befanden, als der Graf von Nassau einzog [1536].»[28]

Angst und Feigheit sind nicht gleichbedeutend. Man muß sich jedoch fragen, ob die Menschen der Renaissance sich nicht deutlicher als andere der vielfältigen Bedrohungen bewußt geworden sind, die in Schlachten und anderswo, in dieser und in der anderen Welt, auf ihnen lasteten. Daher findet man in derselben Person Mut und Furcht vereint, wie man häufig den Chroniken jener Zeit entnehmen kann. Filippo-Maria Visconti (1392–1447) führte langwierige, schwierige Kriege. Aber er ließ jeden durchsuchen, der sein Mailänder Schloß betreten wollte, und es war verboten, sich in der Nähe der Fenster aufzuhalten. Er glaubte an die Astrologie und daran, daß das menschliche Schicksal vorbestimmt sei, flehte aber gleichzeitig eine ganze Legion Heiliger um Hilfe an. Dieser begeisterte Leser von Ritterromanen, dieser glühende Bewunderer ihrer Helden konnte es nicht ertragen, vom Tod sprechen zu hören. Das ging so weit, daß er sogar seine sterbenden Günstlinge aus dem Schloß schaffen ließ. Er starb indessen würdevoll.[29] Ludwig XI. gleicht ihm darin in mehr als einer Hinsicht. Diesem intelligenten, vorsichtigen und mißtrauischen König fehlte es in schwierigen Lagen nicht an Mut, zum Beispiel in der Schlacht von Montlhéry oder als man ihm seinen baldigen Tod verkündete, worüber Commynes schreibt: «Dennoch ertrug er ihn wie ein Held und alles andere bis zum letzten Seufzer und mehr als jeder, den ich je sterben sah.»[30] Trotzdem wurde dieser Herrscher, der einen Ritterorden gründete, von mehreren seiner Zeitgenossen verachtet, die ihn einen «furchtsamen Mann» nannten, und er «war es wirklich», behauptet Commynes. Seine Ängste wurden mit dem Alter immer schlimmer. Wie der letzte der Visconti «geriet [er] in einen wunderlichen Argwohn gegen alle Welt» und duldete nur noch «Bedienstete» und vierhundert Bogenschützen in seiner Nähe, die ihn rund um die Uhr bewachten. «Rings um Le-Plessis wurde ein Gitterwerk aus massiven, festen Eisenstangen gezogen, in die Mauer eiserne Sporen mit vielen Widerhaken gepflanzt.»[31] Armbrustschützen hatten Befehl, auf jeden zu schießen, der sich während der

Nacht der königlichen Residenz näherte. Aus Angst vor Verschwörungen? Wohl eher aus Angst vor dem Tode. Als er krank war, schickte man ihm aus Reims, Rom und Konstantinopel kostbare Reliquien, von denen er sich Heilung erhoffte. Nachdem er den Einsiedler Franz von Paula aus dem hintersten Kalabrien hatte holen lassen, fiel er bei dessen Ankunft in Plessis vor ihm auf die Knie, «damit jener ihm das Leben verlängere». Commynes beschreibt noch einen weiteren gemeinsamen Charakterzug von Ludwig XI. und Filippo-Maria Visconti:

«Denn nie fürchtete ein Mensch sich so vor dem Sterben und tat so viel, ihm abzuhelfen, und hatte zu jeder Zeit seines Lebens seine Diener, mich auch, gebeten, wenn man ihn einmal in diesen Nöten sehe, möchte man nur so viel zu ihm sagen: ‹Flüstert leise!› und ihn nur zur Beichte ermahnen, ohne das fürchterliche Todeswort über die Lippen zu bringen. Denn er glaubte, er müsse vergehen, einen so grausamen Urteilsspruch anzuhören.»[32]

Tatsächlich ertrug er es «standhaft», daß seine Umgebung die königliche Anweisung nicht befolgt hatte. Der edelste der Edlen, Oberhaupt eines Ritterordens, gibt also zu, daß er Angst hat, so wie es bald Panurg und Falstaff tun werden. Aber im Gegensatz zu diesen tut er es ohne Zynismus; und als der gefürchtete Augenblick naht, zeigt er sich in keiner Weise feige. Die Psychologie des Herrschers muß in Zusammenhang mit dem historischen Umfeld betrachtet werden, in dem Totentänze, «Artes moriendi», apokalyptische Predigten und Darstellungen des Jüngsten Gerichts im Überfluß vorhanden waren. Die Ängste Ludwigs XI. sind die eines Mannes, der sich dessen bewußt ist, ein Sünder zu sein, und der das Fegefeuer fürchtet. Er unternimmt Pilgerfahrten, geht oft zur Beichte, ehrt die Jungfrau Maria und die Heiligen, sammelt Reliquien und spendet reichlich der Kirche und den Köstern.[33] So spiegelt die Haltung des Königs nicht nur einen Einzelfall wider, sondern die aufsteigende Angst im Abendland an der Schwelle zur Neuzeit im allgemeinen.

Aber gibt es keinen Zusammenhang zwischen bewußter Wahrnehmung von Gefahren und kultureller Entwicklungsstufe? Montaigne läßt dies in einem Abschnitt seiner «Essais» durchblicken, wo er scherzhaft einen Zusammenhang zwischen der geistigen Gewandtheit der Völker des Abendlands und ihren Verhaltensweisen im Krieg herstellt:

«Ein italienischer Herr äußerte einst in meiner Gegenwart, zum Nachteile seiner Nation, folgende Gedanken: Die Feinheit der Italiener, sagte er, und die Lebhaftigkeit ihres Fassungsvermögens ist so groß, daß sie die Gefahren und Zufälle, die ihnen aufstoßen könnten, in solcher Entfernung voraussahen, daß man sich nicht wundern müsse, wenn man sie im Kriege so früh Bedacht auf ihre Sicherheit nehmen sähe oder selbst noch vorher, ehe sie Gefahr merkten. Wir und die Spanier aber, meinte er, die nicht so fein wären, gingen weiter, und müsse man uns erst die Gefahr mit Augen sehen und mit den Händen betasten lassen, bevor wir davor stutzten; alsdann aber ließen wir uns auch nicht aufhalten. Die Deutschen und Schweizer, als plumper und schwerfälliger, hätten keinen Sinn von Aufgebung ihres Vorsatzes, kaum noch alsdann, wenn sie unter der Menge erlägen.»[34]

Ironische und vielleicht oberflächliche Verallgemeinerungen, die indessen den Vorzug haben, den Zusammenhang zwischen Angst und Hellsichtigkeit hervorzuheben, so wie er sich in der Renaissance herausbildet, einer Hellsichtigkeit, die eine Weiterentwicklung des Verstandesapparates bewirkt. Sind wir nicht, geläutert durch die lange Geschichte unserer Kultur, heutzutage schwächer im Angesicht der Gefahr und empfänglicher für die Angst als unsere Vorfahren? Wahrscheinlich waren sich die impulsiven, an Krieg und Duelle gewöhnten Ritter von einst, die sich blindlings ins Getümmel stürzten, der Gefahren des Kampfes weniger bewußt als die Soldaten des 20. Jahrhunderts – und daher weniger empfänglich für die Angst. In unserer Zeit jedenfalls ist die Angst vor dem Feind zur Regel geworden. Aus Untersuchungen, die bei der amerikanischen Armee in Tunesien und im Pazifik während des Zweiten Weltkriegs durchgeführt wurden, geht hervor, daß nur ein Prozent der Befragten angab, niemals Angst empfunden zu haben.[35] Andere Umfragen bei den amerikanischen Fliegern zur selben Zeit und vorher bei den Freiwilligen der Abraham Lincoln-Brigade im spanischen Bürgerkrieg ergaben ähnliche Resultate.

2. Die Angst ist eine natürliche Erscheinung

Einerlei ob die Menschen unserer Zeit für Gefühle der Angst empfänglicher sind oder nicht, die Angst ist jedenfalls ein wichtiger Bestandteil der menschlichen Erfahrung, trotz der Anstrengungen, sie zu überwinden.[37] «Kein Mensch ist gegen die Angst gefeit», schreibt ein Soldat, «und niemand kann sich rühmen, ihr zu entrinnen.»[38] Ein Bergführer, dem man die Frage stellt: «Haben Sie schon einmal Angst gehabt?» antwortet: «Man hat immer Angst, vor dem Gewitter zum Beispiel, wenn man den Donner in den Felsen widerhallen hört. Das läßt einem die Haare zu Berge stehen.»[39] Der französische Titel von Jakov Linds Buch «Selbstporträt», «La Peur est ma racine», gilt nicht nur für den Fall eines jüdischen Kindes, das den Antisemitismus entdeckt. Denn die Angst «wurde in grauer Vorzeit zusammen mit dem Menschen geboren»[40]. «Wir tragen sie in uns (...). Sie begleitet uns ein Leben lang.»[41] Marc Oraison stellte fest, daß der Mensch «das ängstliche Wesen»[42] par excellence ist, als er Vercors zitierte, der folgende merkwürdige Definition der menschlichen Natur gab, nämlich daß die Menschen Amulette trügen, die Tiere hingegen nicht. Unter demselben Gesichtspunkt ist folgende Stelle bei Sartre zu betrachten: «Alle Männer haben Angst. Alle. Wer keine Angst hat, ist nicht normal; das hat nichts mit Mut zu tun.»[43] Das Bedürfnis nach Sicherheit ist also ein Grundbedürfnis. Es ist die Basis des menschlichen Gefühlslebens und der menschlichen Moral. Die Unsicherheit symbolisiert den Tod und die Sicherheit das Leben. Der Gefährte, der Schutzengel, der Freund, der Wohltäter ist immer derjenige, der Sicherheit ausstrahlt.[44] Daher befand sich Freud im Irrtum, als er «die Analyse der Angst und ihrer krankhaften Formen nicht bis zur Verwurzelung im Selbsterhaltungstrieb, der durch die Aussicht auf den Tod bedroht ist, getrieben hat»[45]. Das Tier weiß nicht, daß es sterben wird. Der Mensch hingegen begreift sehr früh, daß er sterben wird. Er ist also «das einzige Wesen auf der Welt, das die Angst in dieser grauenerregenden und dauerhaften Form kennt»[46]. Außerdem, bemerkt R. Caillois, kennen die Tiere nur eine einzige, stets gleichbleibende, mit sich selbst identische Angst: diejenige, gefressen zu werden. «Wohingegen die menschliche Angst, Ausgeburt unserer Phantasie, viele Gesichter hat und einem ständigen Wechsel unterliegt.»[47] Daher die Notwendigkeit, ihre Geschichte zu schreiben.

Gleichwohl ist die Angst vieldeutig. Unserer Natur innewohnend, ist sie ein notwendiges Bollwerk, ein Schutz gegen Gefahren und ein unentbehrlicher Reflex, der es dem Organismus ermöglicht, vorübergehend dem Tode zu entrinnen. «Ohne die Angst hätte keine Spezies überlebt.»[48] Wenn sie aber ein erträgliches Maß übersteigt, wird sie pathologisch und führt zu Lähmungen. Man kann vor Angst sterben oder wenigstens vor Angst gelähmt sein. Maupassant beschreibt sie in einer Erzählung seiner Sammlung «Die Schnepfe» als «ein fürchterliches Gefühl, als ginge die ganze Seele auseinander, einen grauenvollen Kampf des Hirnes und des Herzens. Allein die Erinnerung daran läßt einem vor Entsetzen einen Schauer über den Leib laufen.»[49] Wegen ihrer bisweilen verheerenden Auswirkungen setzt Descartes sie mit der Feigheit gleich, gegen die man sich im voraus nicht genug wappnen kann: «(...) und die Furcht oder der Schrecken, das Gegenteil der Kühnheit, ist nicht bloß eine Kälte, sondern auch eine Unruhe und eine Erschütterung der Seele, die ihr die Macht zum Widerstande gegen Übel nimmt, welche sie für nahe hält. (...) Sie sind auch keine besonderen Leidenschaften, sondern nur ein Übermaß von Feigheit, Staunen und Befürchtungen, das immer ein Fehler ist (...). Die Hauptursache der Furcht ist die Überraschung; deshalb kann man sich am besten von ihr befreien, wenn man alles vorher überlegt und auf alle die Dinge sich vorbereitet, welche durch die Scheu vor ihnen sie veranlassen können.»[50]

Simenon verkündet seinerseits, daß die Angst ein «gefährlicherer Gegner ist als alle anderen»[51]. Noch in unseren Tagen bewahren die Indios und sogar die Mestizen in abgelegenen Dörfern Mexikos die Vorstellung von der Krankheit des Schreckens («espanto» oder «susto»). Die Seele eines Kranken irrt aufgrund eines schrecklichen Erlebnisses umher. Einen «espanto» haben heißt «eine entflohene Seele haben». Man glaubt, daß sie von der Erde oder von kleinen, boshaften Wesen, die «chaneques» genannt werden, festgehalten wird. Daher die Dringlichkeit, eine «Heilkundige des Schreckens» aufzusuchen, die es der Seele dank einer angemessenen Therapie ermöglicht, in den Körper, aus dem sie entwichen ist, zurückzukehren.[52] Ist dieses Verhalten nicht jenem der Bauern des Perche vergleichbar, deren «abergläubische» Bräuche der Priester J.-B. Thiers im 17. Jahrhundert beschrieben hat? Um sich vor der Angst zu schützen, trugen sie Wolfsaugen oder Wolfszähne bei sich oder ritten, wenn sich die Gelegenheit dazu bot, mehrere Runden auf einem Bären.[53]

Die Angst kann tatsächlich Ursache für die Rückentwicklung von Menschen sein. Marc Oraison bemerkt zu diesem Thema, daß die Rückentwicklung zur Angst hin eine ständige Gefahr für das religiöse Empfinden sei.[54] Ich selbst werde auf dieses Thema in einem zweiten Band zurückkommen.* Allgemein ausgedrückt bedeutet das, daß jeder, der der Angst ausgesetzt ist, Gefahr läuft, der Zerstörung anheim-

---

* Le péché et la peur. La culpabilisation en Occident. XVIè–XVIIIè siècles, Paris 1983, Librairie Arthème Fayard; Anm. d. Redaktion.

zufallen. Seine Persönlichkeit zersetzt sich, «der tröstliche Eindruck, der durch die Zustimmung zur Welt entsteht», verschwindet; «das Wesen spaltet sich, wird anders, fremd. Die Zeit bleibt stehen, der Raum zieht sich zusammen.»[55] Genau das passiert Renée, jener von M.-A. Sèchehaye beobachteten Schizophrenen. An einem Tag im Januar hat sie zum erstenmal direkten Kontakt mit der Angst, die ihr, so glaubt sie, von einem starken, unheilträchtige Botschaften ankündigenden Wind zugetragen wird. Bald vergrößert diese wachsende Angst die Distanz zwischen Renée und der restlichen Welt, deren Bestandteile immer unwirklicher werden.[56] Später sagte die Kranke: «Die Angst, die ich vorher nur zeitweise empfand, ließ mich nicht mehr los. Jeden Tag empfand ich sie aufs neue. Und dann nahmen die Zustände der Unwirklichkeit auch immer weiter zu.»[57]

Kollektiv empfundene Angst kann zu abwegigem und selstmörderischem Verhalten führen, bei dem die richtige Einschätzung der Realität verlorengeht, wie zum Beispiel bei den Panikepidemien in der jüngeren Geschichte Frankreichs. Zola liefert eine anschauliche Beschreibung der Panik, die zur Niederlage von 1870 führte:

«Aber die Generale galoppirten wie entsetzt weiter, und als ob ein Orkan der Betäubung gleichzeitig Besiegte und Sieger mit fortgerissen, hatten sich die beiden Armeen einen Augenblick verloren, wie wenn der Feind bei der Verfolgung am hellichten Tag im Finstern getappt hätte; während Mac Mahon nach Lunéville zu flüchtet, sucht ihn der Kronprinz von Preußen in der Gegend der Vogesen. Am siebenten August marschirten die Ueberreste des ersten Corps durch Zabern, gleich einem schlammigen, angeschwollenen Flusse Trümmer des Heeres mit sich nehmend. Am achten August ergoß sich, wie ein ausgetretener Sturzbach in den andern fällt, das fünfte Corps in das erste, gleich diesem in voller Flucht, geschlagen, ohne gekämpft zu haben, seinen Führer mitschleppend, den trübseligen General Failly, der wie toll vor Schreck war, daß man seiner Unthätigkeit die Verantwortung für die Niederlage zuschob. Am neunten und zehnten August dauerte der wilde Galopp fort, ein rasendes: ‹Rette sich, wer kann!›, das nicht einmal nach rückwärts blickte.»[58]

Es wird nun verständlich, warum unsere Vorfahren in der Angst eine Strafe Gottes sahen und warum die Griechen Deimos (die Furcht) und Phobos (die Angst) zu Göttern erhoben hatten, die sie sich in Kriegszeiten gewogen zu machen suchten. Die Spartaner, ein kriegerisches Volk, hatten Phobos einen kleinen Tempel geweiht, und Alexander der

Große brachte dieser Gottheit vor der Schlacht von Arbela ein feierliches Opfer dar. Den griechischen Göttern Deimos und Phobos entsprachen die römischen Gottheiten Pallor und Pavor, denen, so berichtet Titus Livius, Tullus Hostilius zwei Heiligtümer errichten wollte, als er sah, wie seine Armee sich vor Alba Longa auflöste. Pan, der ursprünglich die Nationalgottheit der Arkadier war und der bei Anbruch der Nacht Schrecken unter den Herden und Hirten verbreitete, wurde mit Beginn des 5. Jahrhunderts zu einer Art nationalem Schutzheiligen der Griechen. Die Athener schrieben ihm die Niederlage der Perser vor Marathon zu und weihten ihm ein Heiligtum auf der Akropolis, das in jedem Jahr mit rituellen Opfern und Fackelzügen geehrt wurde. Die schrille Stimme Pans soll unter der Flotte des Xerxes vor Salamis Verwirrung gestiftet und später den Marsch der Gallier auf Delphi aufgehalten haben.[59] So sahen die Menschen der Antike in der Angst eine Macht, die stärker ist als der Mensch, die man sich indessen durch geeignete Opfergaben gewogen stimmen und deren schreckenerregenden Wirkungen man auf die Feinde übertragen konnte. Sie hatten die wesentliche Rolle, die die Angst im Leben des einzelnen und von Gemeinschaften spielt, begriffen und bis zu einem gewissen Grad gebilligt.

Der Historiker jedenfalls braucht nicht lange zu suchen, um ihr Vorhandensein im Verhalten von Gemeinschaften festzustellen. Von den «primitiven» Völkern bis hin zu den aktuellen Gesellschaftsformen begegnet er ihr auf Schritt und Tritt, und zwar in den verschiedensten Bereichen des täglichen Lebens. Als Beweis mögen zum Beispiel jene oft furchterregende Masken gelten, die zahlreiche Völker im Laufe der Jahrhunderte in ihren religiösen Zeremonien verwendet haben. «Maske und Angst», schreibt Roger Caillois, «Maske und Panik bilden eine beständige, unzerstörbare Einheit. (...) [der Mensch] hat hinter diesem zweiten Gesicht seine Ekstase und seinen Schwindel verborgen, vor allem aber jenes Merkmal, das ihm wie allem Lebendigen eigen ist, nämlich die Angst, wobei die Maske gleichzeitig Ausdruck der Angst, Schutzwall gegen die Angst und Mittel zur Verbreitung von Angst ist.»[60] Anhand der afrikanischen Beispiele beschreibt Kochnitzky ausführlich diese Angst, die von der Maske zugleich ausgedrückt und verdeckt werden soll: «Angst vor Geistern, Angst vor den Kräften der Natur, Angst vor den Verstorbenen, vor den wilden Tieren, die im Dschungel lauern, sowie vor ihrer Rache, nachdem der Jäger sie getötet hat; Angst vor seinesgleichen, die ihre Opfer töten, verstümmeln und sogar auffressen; und nicht zuletzt Angst vor dem Unbekannten, vor allem, was der kurzen menschlichen Existenz vorausgeht und was auf sie folgt.»[61]

Verlassen wir für einen Moment mit voller Absicht übergangslos den Schauplatz der Geschichte und vertiefen wir uns ins moderne Wirtschaftsleben. «Auf diesem Gebiet», schreibt A. Sauvy, «wo alles ungewiß ist und wo viele Interessen im Spiel sind, ist die Angst eine ständige Einrichtung.»[62] Unzählige Beispiele können als Beweis angeführt werden, von dem Durcheinander in der Rue Quincampoix zu Laws Zeiten bis zum «Schwarzen Freitag» vom 24. Oktober 1929 in der Wall Street, von der Entwertung der Assignaten bis hin zum Zusammenbruch der Reichsmark im Jahre 1923. In all diesen Fällen brach eine irrationale, rasch sich verbreitende Panik aus, geboren aus der nackten Angst vor dem Nichts. Das psychologische Element, das heißt die Erregung, verhinderte eine vernünftige Analyse der Konjunktur. Mit etwas mehr gesundem Menschenverstand und Kaltblütigkeit und etwas weniger übertriebener Furcht vor der Zukunft bei den Inhabern von Papiergeld und Aktien hätte man wahrscheinlich das Experiment von Law fortsetzen und die Abwertungen der Assignaten und der deutschen Reichsmark in vernünftigen Grenzen halten können. Vor allem wäre es möglich gewesen, den Rückgang der Produktivität und die wachsende Arbeitlosigkeit nach dem Börsenkrach von 1929 besser unter Kontrolle zu bringen. Das Spiel der Börse, von dem leider so viele menschliche Schicksale abhängen, kennt letztendlich nur eine Regel: den Wechsel zwischen übertriebener Hoffnung und panischer Angst.

Auf diese offenkundigen Tatsachen aufmerksam geworden, wird der Forscher sich bewußt über Anzahl und Bedeutung der kollektiven Reaktionen aus einem Angstgefühl heraus und dies sogar bei einer nur oberflächlichen Betrachtung der Epochen und geographischen Räume. Die Verfassung Spartas war auf der Furcht begründet, die eine systematische Organisation der «Gleichen» in einer militärischen Kaste vorsah. Von Kindesbeinen an an Kampf gewöhnt, immer in Kriegsbereitschaft, lebten sie unter der ständigen Bedrohung durch eine Revolte der Heloten. Um diese mit Hilfe der Angst in Schach zu halten, mußte Sparta immer radikalere innenpolitische Veränderungen in Kauf nehmen. Aus den anfangs gegen die Heloten ergriffenen und allein auf sie zielenden Maßnahmen wurden bald den ganzen Staat treffende, noch strengere Maßnahmen, die Sparta «in ein von den anderen abgeschnittenes, isoliertes Lager verwandelten»[63]. Später fand die Inquisition ebenfalls in der Angst vor dem ständig wiedererstehenden Feind, nämlich der Ketzerei, die unermüdlich die Kirche zu belagern schien, Rechtfertigung für Existenz und Vorgehen. In unserer Zeit haben Faschismus und Nazismus von der Beunruhigung der Rentner und Kleinbürger profitiert, die soziale Konflikte, den Zusammenbruch der Währungen und den Kommunismus fürchteten. Die Rassenkonflikte in Südafrika und in den USA, die Belagertenmentalität, die in Israel herrscht, das von den Supermächten aufrechterhaltene «Gleichgewicht des Schreckens» und die Feindschaft zwischen der UdSSR und China sind gleichermaßen Ausdruck der Ängste, die unsere Welt durchsetzen und zerrütten.

Vielleicht weil in unserer Epoche soviel von Sicherheit die Rede ist, sind wir geeigneter (oder weniger dagegen gewappnet) als unsere Vorfahren, die Vergangenheit mit dem Ziel zu betrachten, der Angst auf die Spur zu kommen. In den obengenannten zeitlichen und räumlichen Grenzen soll das Ziel einer solchen Untersuchung darin bestehen, die verborgenen, treibenden Kräfte einer Kultur sowie ihre gelebten, aber manchmal uneingestandenen Verhaltensweisen aufzudecken, in ihr tiefstes Inneres und ihre Alpträume einzudringen, die sie uns bisher vorenthalten hat.

3. Vom einzelnen zum Kollektiv: Möglichkeiten und Schwierigkeiten der Übertragung *

Nichts ist schwieriger, als die Angst analysieren zu wollen; und die Schwierigkeiten steigern sich noch beim Übergang vom einzelnen zum Kollektiv. Können ganze Kulturen wie Einzelpersonen vor Angst umkommen? So formuliert verdeutlicht die Frage die Unschärfe der Umgangssprache, die oftmals, ohne zu zögern, verallgemeinert. Kürzlich war in den Zeitungen zu lesen: «Seit dem Jom-Kippur-Krieg erlebt Israel eine Depression.» Verallgemeinerungen dieser Art sind nicht neu. Im Mittelalter nannte man die «Unruhen» und «starken Erschütterungen» der aufständischen Bevölkerungen «effroiz» («große Furcht»),

---

* Ich danke Frau Dr. Denise Pawlotsky-Mondange, der Leiterin eines medizinisch-psychopädagogischen Instituts in Rennes dafür, daß sie so freundlich war, diesen Teil meiner Einleitung zu lesen und mir ihre Einwände mitzuteilen.

womit man einerseits den Schrecken bezeichnen wollte, den sie verbreiteten, aber auch jenen, den die Aufständischen empfanden.[64] Später bezeichneten die Franzosen von 1789 mit «Große Angst» die Gesamtheit der blinden Alarme, der Plünderungen von Schlössern und der Zerstörungen von Bauwerken, die von der Angst ausgelöst wurde, eine «Verschwörung der Aristokratie» gegen das Volk sei mit Unterstützung der Straßenräuber und ausländischen Mächte angezettelt worden. Es ist indessen riskant, die Analysen, die für ein Individuum für sich genommen gelten, schlicht und einfach auf eine ganze menschliche Gemeinschaft zu übertragen. Die einstigen Bewohner des Zweistromlandes glaubten an die Existenz von Skorpionmenschen, die allein durch ihren Blick töten konnten.[65] Die Griechen waren ihrerseits fest davon überzeugt, daß jeder, der eines der Gorgonenhäupter ansah, augenblicklich zu Stein würde. In beiden Fällen handelte es sich um die mythische Auslegung einer Erfahrungstatsache, nämlich der Möglichkeit, vor Angst zu sterben. Es ist sicher schwierig, diese Feststellung zu verallgemeinern, die auf individueller Ebene unbestreitbar ist. Aber warum sollte man nicht dennoch bei dem Versuch, vom Singular zum Plural zu gelangen, von der Untersuchung der persönlichen Ängste ausgehen, die sich mit jedem Tag klarer und deutlicher abzeichnen? (Schließlich ist es gelungen, Angst, Aggression, Flucht- und Verteidigungsreflexe bei Affen, Katzen und Ratten auszulösen, indem man bestimmte Teile des limbischen Systems verletzte.)

Im strengen und engen Sinne des Wortes ist die (individuelle) Angst ein Affekt, dem oftmals ein Gefühl der Überraschung vorangeht und der durch die bewußte Wahrnehmung einer gegenwärtigen, großen Gefahr hervorgerufen wird, die unserer Meinung nach unser Leben bedroht. In Alarmbereitschaft versetzt, reagiert der Hypothalamus mit einer allgemeinen Mobilisierung des Organismus, die verschiedene Arten von somatischen Verhaltensweisen auslöst und im besonderen endokrine Veränderungen bewirkt. Wie jeder Erregungszustand kann die Angst beim einzelnen und je nach Begleitumständen gegensätzliche Auswirkungen zeitigen, sogar sich abwechselnde Reaktionen bei ein und derselben Person wie etwa eine Beschleunigung oder Verlangsamung des Herzschlages, eine zu schnelle oder zu langsame Atmung, eine Verengung oder eine Erweiterung der Blutgefäße, eine übermäßige oder zu geringe Absonderung der Drüsen, Verstopfung oder Durchfall, eine Harnsperre oder vermehrte Harnausscheidung, einen Lähmungszustand oder einen heftigen Ausbruch. Bei Grenzfällen führt die Hemmung bis zu einer Pseudolähmung angesichts der Angst (Starrsucht), und der Ausbruch endet in einem Sturm heftiger, unkontrollierter Bewegungen, die charakteristisch für den Zustand der Panik sind.[66] Das Gefühl der Angst ist gleichermaßen äußerliche Manifestation und innere Erfahrung, es setzt ungewöhnlich viel Energie frei und verteilt sie über den gesamten Organismus. Diese Entladung ist an sich ein nützlicher, legitimer Verteidigungsreflex, den das Individuum besonders unter dem Eindruck ständiger aggressiver Bedrohung in unserer Zeit jedoch nicht immer mit Vorbedacht einsetzt.

Ist diese klinische Analyse auf kollektiver Ebene anwendbar? Vorher sollte man fragen, was unter «kollektiv» zu verstehen ist, da dieses Adjektiv zwei Bedeutungen hat. Es kann einmal eine Menschenmenge bezeichnen, die in wilder Flucht davonstiebt oder nach einer Predigt über die Qualen, die den Menschen in der Hölle erwarten, atemlos vor Furcht ist oder die sich von der Angst, Hungers zu sterben, durch einen Überfall auf einen Getreidetransport befreit. Es bezeichnet aber auch den x-beliebigen Menschen als anonymen Repräsentanten einer Gruppe, bei dem von spezifischen persönlichen Reaktionen, wie sie dieses oder jenes Mitglied der Gruppe zeigt, abstrahiert wird.

Bei der ersten Bedeutung von «kollektiv» sind die Reaktionen einer Menge, die von Panik ergriffen wird oder plötzlich ihren Aggressionen freien Lauf läßt, wahrscheinlich weitestgehend das Resultat einer Anhäufung von persönlichen Affekten, so wie sie uns die psychosomatische Medizin beschreibt. Aber dies hat nur in beschränktem Maße Gültigkeit. Denn, wie schon Gustave Lebon[67] geahnt hat, übertreiben, komplizieren und verändern die Verhaltensweisen einer Menge die übersteigerten Gefühlsregungen des einzelnen. Bestimmte Faktoren können die Situation noch verschärfen. Die Panik, die sich einer siegreichen Armee bemächtigt (zum Beispiel der napoleonischen Armee am Abend der Schlacht von Wagram)[68] oder der Kunden eines in Flammen stehenden Basars, wird um so größer sein, je schwächer der psychische Zusammenhalt unter den von Angst erfaßten Menschen ist. In den Aufständen von einst gaben häufig die Frauen das Signal zur öffentlichen Aufregung und danach zum Aufruhr[69] und rissen ihre Männer mit, die sich daheim kaum etwas von ihren Ehefrauen sagen ließen. Außerdem sprechen Menschenansammlungen besser auf die Aktionen der Führer an, als es Individuen einzeln tun.

Allgemein sind die Hauptmerkmale der Psyche einer Menge folgende: ihre Beeinflußbarkeit, der Absolutheitsanspruch ihrer Urteile, die Fähigkeit, andere mitzureißen, die Verminderung oder der Verlust der Kritikfähigkeit, ein völliger oder teilweiser Verlust der Eigenverantwortlichkeit, die Unterschätzung der Stärke des Gegners sowie die Fähigkeit, von einer Minute zur anderen Schrecken und Begeisterung zu empfinden und von Jubelgeschrei zu Morddrohungen überzugehen.[70]

Wenn wir aber die Angst anführen, die wir heute zu Beginn einer längeren Fahrt im Auto empfinden (wobei es sich in Wirklichkeit um eine Abneigung handelt, deren Ursache auf der Erfahrung mit Autofahrten beruht), oder wenn wir daran erinnern, daß unsere Vorfahren Angst vor dem Meer, vor Wölfen oder Gespenstern hatten, dann beziehen wir uns nicht auf die Verhaltensweisen einer Menge. Wir spielen weniger auf die punktuelle, psychosomatische Reaktion einer angesichts plötzlich auftretender Gefahr versteinerten oder eilig ihr entfliehenden Person an als auf ein ziemlich übliches Verhalten, das viele individuelle Ängste in bestimmten Zusammenhängen als Summe einschließt und vergleichbare in ähnlichen Fälle voraussehen läßt. Der Begriff «Angst» erhält dann eine weniger strenge und weitreichende Bedeutung als in der Erfahrung des einzelnen; dieser kollektive Singular steht dann für eine ganze Gefühlsskala, die von Furcht und Besorgnis bis zum panischen Schrecken reicht. «Angst» meint hier eine Gewohnheit, die man innerhalb einer Gruppe von Menschen annimmt und die einen diese oder jene Bedrohung fürchten läßt, sei sie nun tatsächlich vorhanden oder nur vorgestellt. Nun kann man mit gutem Recht die Frage stellen, ob gewisse Kulturen «ängstlicher» waren – oder sind – als andere, oder auch die Frage formulieren, auf die die vorliegende Untersuchung zu antworten versucht: Ist unsere europäische Kultur nicht in einem bestimmten Entwicklungsstadium von einer gefährlichen Anhäufung von Ängsten heimgesucht worden, denen sie wirksam entgegentreten mußte? Und kann man diese Anhäufung von Ängsten nicht umfassend als «die Angst» schlechthin bezeichnen? Diese Verallgemeinerung erklärt den Titel meines Buches, der systematischer und in erweiterter Form Formulierungen wiederaufgreift, die schon hier und da von hervorragenden Historikern gebraucht wurden, die vom «Ansteigen» und vom «Abklingen» der Angst gesprochen haben.[71] In unserer Zeit ist uns der Ausdruck «Zivilisationskrankheiten» geläufig geworden, mit dem wir die wichtige Rolle bezeichnen, die unsere heutige Lebensweise als deren Ursache spielt. Hat nicht auf andere Art und Weise eine Anhäufung von Aggressionen und Ängsten, also von emotionalem Stress, im Abendland, vom Schwarzen Tod bis zu den Religionskriegen, eine Krankheit der westlichen Kultur bewirkt, die schließlich überwunden wurde? Unsere Aufgabe ist es nun, in einer Art Spektralanalyse die einzelnen Ängste, die zusammengenommen eine Atmosphäre der Angst erzeugten, für sich zu betrachten.

«Einzelne Ängste», das heißt «benannte Ängste». Dabei kann auf kollektiver Ebene die Unterscheidung, die die Psychiatrie inzwischen auf individueller Ebene zwischen Furcht und Angst * getroffen hat, Begriffe, die von der klassischen Psychiatrie einst durcheinandergebracht wurden, strategisch wichtig werden. Denn es handelt sich um zwei gegensätzliche Pole, um die Wörter und seelische Fakten kreisen, die zugleich miteinander verwandt und voneinander verschieden sind. Entsetzen, Schauder und Schrecken gehören eher in den Bereich der Furcht; Besorgnis, Beunruhigung und Melancholie zur Angst. Erstere bezieht sich auf etwas Bekanntes, letztere auf etwas Unbekanntes.[72] Die Furcht wird von etwas Bestimmtem hervorgerufen, dem man entgegentreten kann. Die Angst hingegen ist die schmerzhafte Erwartung einer Gefahr, die um so beunruhigender ist, als man sie nicht genau definieren kann: Sie ist ein Gefühl allgemeiner Unsicherheit. Auch ist sie schwerer zu ertragen als die Furcht. Als zugleich physischer und emotionaler Zustand äußert sich die Angst weniger durch «das deutliche Gefühl, daß sich die Kehle zusammenzieht und die Beine den Dienst versagen sowie durch Zittern», verbunden mit der Angst vor der Zukunft; sie drückt sich vielmehr in einer heftigen Krise aus:

«Plötzlich am Abend oder in der Nacht hat der Kranke das Gefühl, daß sich sein Brustkorb zusammenzieht, daß er nicht mehr atmen kann und ersticken muß. Beim erstenmal glaubt er zu Recht an einen Herzanfall, so sehr ähnelt das Gefühl der Angst dem ‹Angor›, worauf schon die sprachliche Ähnlichkeit der beiden Wörter hinweist. Bei wiederholten Anfällen merkt der Kranke selbst, daß diese seelisch bedingt sind. Das genügt jedoch nicht, seine Empfindungen und seine Todesangst zu verdrängen.»[73]

---

* Trotz der hier vorgenommenen begrifflichen Unterscheidung von «Angst» und «Furcht» sahen die Übersetzerinnen sich berechtigt, «peur» weitestgehend mit «Angst» zu übersetzen, da seit Martin Luther die «Angst» immer allgemeiner die «Furcht» ersetzt hat. «Die lebendige Sprache, auf die man sich doch beruft (worauf könnte man sich sonst berufen?), die Sprache des Volkes und die Meister der Sprache widersprechen auf Schritt und Tritt solchen begrifflichen Trennungen.» (M. Wandruzka: Angst und Mut, Stuttgart ²1981, S. 21, S. 29)

Bei denen, die unter Zwangsvorstellungen leiden, wird die Angst zur Neurose, bei den Melancholikern zu einer Art Psychose. Da bei der Angst die Einbildungskraft eine große Rolle spielt, hat Angst ihre Ursache mehr im einzelnen selbst als in der ihn umgebenden Wirklichkeit; sie vergeht nicht wie die Furcht, wenn die Bedrohungen verschwinden. Deshalb ist sie dem Menschen eher eigen als dem Tier. Wenn wir zwischen Furcht und Angst unterscheiden, heißt dies jedoch nicht, daß wir ihre Gemeinsamkeiten im menschlichen Verhalten unterschlagen. Wiederholte Furcht kann unangepaßtes Verhalten bei einer Person erzeugen und verfestigen und sie in einen Zustand tiefen Unbehagens versetzen, der Angstzustände hervorruft. Umgekehrt ist eine ängstliche Natur der Furcht mehr ausgesetzt als eine weniger ängstliche. Außerdem verfügt der Mensch über so viel Erfahrung und über ein so weitreichendes Gedächtnis, daß er ohne Zweifel nur selten Furcht empfindet, die nicht bis zu einem gewissen Grade von Angstgefühlen durchsetzt ist. Mehr noch als das Tier reagiert er auf eine auslösende Situation abhängig von früher Erlebtem und von seinen «Erinnerungen». Daher hat es schon seinen Grund, wenn die Umgangssprache Furcht und Angst durcheinanderbringt[74], womit sie unbewußt die gegenseitige Durchdringung dieser beiden Erfahrungen bezeichnet, selbst wenn die Grenzfälle es erlauben, sie deutlich voneinander zu trennen.

Wie die Furcht ist die Angst ambivalent. Sie ist Vorgefühl des Ungewöhnlichen und Erwartung des Neuen; Schwindel vor dem Abgrund und Hoffnung auf Erfüllung. Sie ist zugleich Scheu und Sehnsucht. Sie ist Kernpunkt der philosophischen Reflexionen von Kierkegaard, Dostojewski und Nietzsche. Für Kierkegaard, dessen Werk «Der Begriff der Angst» 1844 erschien, ist sie Symbol des menschlichen Schicksals, Ausdruck seiner metaphysischen Beunruhigung. Für uns, die wir im 20. Jahrhundert leben, ist sie zum Gegenstück der Freiheit geworden, zur Erschütterung des Möglichen. Denn sich befreien heißt, die Sicherheit aufzugeben und Risiken einzugehen. Die Angst ist also Charakteristikum der Bedingungen, unter denen Menschen leben, und Eigentümlichkeit eines Wesens, das sich ständig erneuert.

Wenn man die Angst auf den psychischen Aspekt beschränkt, ist sie ein dem Menschen angeborenes Phänomen, sie ist der Motor seiner Entwicklung und positiv zu werten, wenn sie Bedrohungen voraussehen läßt, die zwar noch vage, nichtsdestoweniger aber real sind. Sie versetzt den Menschen auf diesem Weg in Alarmbereitschaft. Aber eine zu lange anhaltende Angst kann ebensogut einen Zustand von Verwirrung und unangepaßtem Verhalten hervorrufen, eine emotional bedingte Blindheit, eine rasche, gefährliche Ausbreitung von imaginierter Wirklichkeit. Sie kann durch eine Atmosphäre der Unsicherheit, die sie im Menschen schafft, einen Prozeß immer weniger differenzierter Wahrnehmung auslösen. Besonders gefährlich ist sie, wenn das Angstgefühl zugleich ein Schuldgefühl ist. Denn die Person richtet in diesem Fall die Kräfte, die sie gegen Angriffe von außen mobilisieren soll, gegen sich selbst und wird so zur Hauptursache ihrer eigenen Ängste.

Da es ihm unmöglich ist, sein inneres Gleichgewicht zu wahren, wenn er sich über lange Zeit hinweg einer vagen, unheimlichen und undefinierbaren Angst gegenübersieht, muß der Mensch sie notwendigerweise in präzise Ängste vor etwas oder jemandem verwandeln und zerlegen. «Der menschliche Geist produziert ständig neue Furcht»[75], um einer zersetzenden Angst zu entgehen, die schließlich zu einer Zerstörung des Ich führen würde. Dieser Prozeß vollzieht sich auch auf der Ebene von Kulturen. In einer langen Folge kollektiver seelischer Erschütterungen hat das Abendland die Angst besiegt, indem es einzelne Ängste «benannte», das heißt identifizierte und sogar produzierte.

Zu der grundlegenden Unterscheidung zwischen Furcht und Angst, die einen der Schlüssel zum vorliegenden Buch bildet, sollte man, ohne das Thema erschöpfend behandeln zu wollen, zusätzliche nähere Bestimmungen hinzufügen, dank derer die Analyse der Einzelfälle zu einem besseren Verständnis der kollektiven Verhaltensweisen beitragen kann. Seit 1958 hat die «Bindungs-Theorie», die über Freuds Psychoanalyse hinausgeht, herausgearbeitet, daß das Band zwischen Mutter und Kind weder einer ernährungsbedingten und sexuellen Befriedigung entspringt noch einer emotionalen Abhängigkeit des Säuglings von der Mutter. Diese «Bindung» ist älter. Sie ist darüber hinaus der sicherste Beweis einer ständigen, ursprünglichen Neigung, Bindungen zu anderen zu suchen. Die soziale Natur des Menschen erscheint demzufolge wie eine biologische Tatsache, und in diesem tiefen biologischen Untergrund schlägt sein Gefühlsleben Wurzeln. Ein Kind, das weder Mutterliebe noch normale Bindungen in der Gruppe, der es angehört, erfahren hat, läuft Gefahr, asozial zu werden. Es wird mit einem inneren Gefühl tiefer Unsicherheit leben, da es seine Bestimmung, «Teil einer Bindung zu sein», nicht verwirklichen konnte. Folglich, stellt G. Bouthoul fest, verursacht das Gefühl der Unsicherheit, «der Damokleskomplex», Aggressivität.[77]

Diese Feststellung bietet hier wieder die Gelegenheit, vom Singular zum Plural überzugehen. Die ungeliebten Gemeinschaften in der Geschichte sind den Kindern vergleichbar, die ohne Mutterliebe aufwachsen. Sie haben innerhalb der Gesellschaft eine unsichere Stellung inne, daher werden sie zu einer Gefahrenquelle. Über kurz oder lang ist es also selbstmörderisch, wenn eine herrschende Klasse eine unterdrückte Klasse in materieller und psychischer Not hält. Dieser Entzug von Liebe und «Bindung» kann nur Angst und Haß erzeugen. Die Landstreicher des «Ancien Régime», die «Entwurzelten», die von der Gesellschaft zurückgestoßen wurden, verursachten 1789 die «Große Angst» bei den Besitzenden, selbst bei jenen, die nicht viel hatten, sowie als unvorhergesehene Konsequenz den Zusammenbruch der rechtlichen Privilegien, auf die sich die Monarchie gründete. Die Apartheidspolitik, deren Name allein schon die bewußte und systematische Verweigerung von Liebe und «Bindung» bezeichnet, hat in Südafrika wahre Pulverfässer entstehen lassen, deren Explosion schreckliche Folgen haben könnte. Und besteht nicht das palästinensische Drama darin, daß jede der beiden Parteien die andere von einer Erde und einem Wurzelgrund vertreiben möchte, die ihnen (leider) beiden gehören?

Jetzt erweist sich auf kollektiver Ebene etwas als richtig, das im Individuellen ins Auge springt, nämlich die Verbindung von Furcht und Angst auf der einen Seite und Aggressivität auf der anderen. Der Historiker stößt an diesem Punkt jedoch auf eine große Frage: Sind die Ursachen der Gewalt unter Menschen anthropologischer oder sozialer Natur? Freud war schon 59 Jahre alt, als er 1915 zum erstenmal über die Aggressivität als ein von der Sexualität getrenntes Phänomen schrieb. Im Jahre 1920 legte er seine Theorie vom «Todestrieb» in «Jenseits des Lustprinzips» vor. Die Aggressivität, die im «Eros» ihren ewigen Antagonisten findet, wurde dort als eine Umlenkung der Energie des Todestriebs beschrieben, die sich ursprünglich auf das Ich richtete. Freud fand so zu den alten orientalischen Mythologien und metaphysischen Lehren zurück, die den Kampf zwischen Liebe und Haß mit dem Ursprung des Universums verbanden. Seine neue Theorie schlug sich zwangsläufig in pessimistischen Betrachtungen über die Zukunft der Menschheit nieder, trotz einiger hoffnungsvoller Worte am Schluß von «Das Unbehagen in der Kultur». Freud geht davon aus, daß die Aggressivität entweder nicht unterdrückt wird und sich somit gegen andere Gruppen oder gegen außerhalb der Gruppe befindliche Personen richtet (daher kommen Kriege und Verfolgungen) oder daß sie unterdrückt wird. In diesem Fall würde aber ein für den einzelnen zerstörerisches Schuldgefühl auftauchen. Diese Vorstellung wird häufig als eine Abweichung von der Freudschen Theorie angesehen, und viele Psychologen haben sie niemals akzeptiert. Auf einem anderen Weg sind Konrad Lorenz und seine Schüler jedoch ihrerseits ebenfalls dazu gelangt, die Existenz einer angeborenen Aggressivität im Tierreich anzunehmen.[78] Ihrer Meinung nach existiert im Gehirn, auch im menschlichen, ein Kampftrieb, der den Fortbestand der Arten und den Sieg der Stärksten über die Schwächsten garantiert. Ein solcher Trieb würde Darwins «struggle for life» recht geben; er wäre unerläßlich für die «großen Begründer» der Welt des Lebendigen, nämlich für Selektion und Mutation.

Im Gegensatz dazu hat Wilhelm Reich, indem er die natürliche und spontane, dem Leben dienliche Aggressivität von jener trennte, die aus hauptsächlich sexuellen Hemmungen entsteht, die Existenz eines destruktiven Triebes geleugnet und den ganzen «thanatos» einer Aggressivität durch Hemmung zugeschrieben.[79] Darüber hinausgehend haben J. Dollard und seine Mitarbeiter zu zeigen versucht, daß jegliche Aggressivität ihren Ursprung in einer Frustration hat, sie ist also nur Mittel dazu, die Hindernisse zu überwinden, die sich der Befriedigung eines instinktiven Bedürfnisses entgegenstellen.[80] Bei diesem zweiten Typ von Hypothesen wäre die menschliche Aggressivität kein Instinkt wie etwa der Sexualtrieb, Hunger oder Durst. Sie wäre nicht das Ergebnis einer genetischen Programmierung des Gehirns, sondern resultierte einzig und allein aus korrigierbaren Abweichungen und erworbenen Fähigkeiten. Die erschreckende Folge von Kriegen, die die Geschichte der Menschheit erschüttert haben, scheint jenen recht zu geben, die an einen Todestrieb glauben. Man hat Lorenz jedoch entgegengehalten, daß die artspezifische Aggressivität bei Tieren nicht vorhanden oder nur sehr selten sei. Die Kämpfe zwischen Männchen zur Brunstzeit oder um den Besitz eines Reviers enden selten mit dem Tod des Unterlegenen. Diese maßvollen Gewaltakte sind dazu da, Rangordnungen aufzubauen und das Überleben der Gruppe in der Umwelt zu sichern. Gleichwohl ist der Standpunkt J. Dollards wahrscheinlich ebenfalls zu schematisch. Wäre es nicht besser, wie A. Storr und Erich Fromm zwischen der Aggressivität als «Antrieb» zur Beherrschung der Umwelt, die wünschenswert und überlebensnotwendig ist, und der Aggressivität als «zerstörerischer Kraft» zu unterscheiden? Denn es gibt friedliche Völker (zum Beispiel die Eskimos der kanadischen Zentralarktis), deren Unternehmungsgeist, das heißt die Aggressivität im positiven

Sinne, nicht zum unheilvollen Zerstörungswillen wird. Im Hinblick auf diesen Forschungsansatz scheinen die Analysen in den beiden den Aufständen von einst gewidmeten Kapiteln zu bestätigen, daß eine Verbindung zwischen Zerstörungswut und Frustration besteht, jedoch nicht nur auf sexuellem Gebiet, wie W. Reich nachzuweisen suchte. Hemmungen, mangelnde Zuneigung, Bestrafung und Niederlagen lassen in einer Gruppe Rachegefühle entstehen, die eines Tages hervorbrechen können, so wie auf individueller Ebene Furcht oder Angst im Organismus ungewöhnliche Kräfte freisetzt und mobilisiert. Diese stehen dann zur Verfügung, um den Angriff auf die Person abzuwehren (mit der Einschränkung freilich, daß die Aggression nicht übermächtig ist und sich als Trauma gegen den einzelnen selbst richtet).

Die Physiologie der Abwehrreaktion zeigt in der Tat, daß nach dem Registrieren einer emotionalen Störung durch das limbische System, das die Warnblinkanlage betätigt, der Hypothalamus und das Riechhirn – Steuerungsbereiche, die mit dem gesamten Nerven- und Drüsensystem in Verbindung stehen – jene Impulse in den Körper aussenden, die eine Reaktion unter Aufbietung aller Kräfte erlauben sollen. Die Freisetzung von Adrenalin, die Beschleunigung des Herzschlages, die verstärkte Blutzufuhr zu den Muskeln, die Kontraktion der Milz und die Gefäßverengung im Bereich der Eingeweide aktivieren eine größere Anzahl von Sauerstoffüberträgern, die eine stärkere physische Leistung ermöglichen (Flucht oder Kampf). Die Freisetzung von Zucker und Fett im Blut hat dieselbe Funktion, sie liefert ein kraftspendendes Substrat, das sofort für die Anstrengung zur Verfügung steht. Auf diese unmittelbare und kurze erste Reaktion folgt eine zweite: Nun wird Adrenotropin ausgeschüttet, das durch seine glykogene Wirkung die zur weiteren körperlichen Aktivität notwendige Energiezufuhr sichert sowie ein zusätzliches Reizmittel liefert.

Diese Hinweise auf die individuelle Physiologie sind auch nützlich für das Verständnis der kollektiven Erscheinungen. Warum sollten die gegen eine Gruppe gerichteten Angriffe, vor allem wenn sie sich häufen oder sich mit zu großer Heftigkeit wiederholen, nicht auch eine Mobilisierung von Energievorräten bewirken? Und letztere müssen sich logischerweise entweder in Paniken oder Aufständen ausdrücken oder, wenn sie nicht sofort zu Ausbrüchen führen, in einer Atmosphäre der Angst, ja der Neurose, die sich ihrerseits zu einem späteren Zeitpunkt in gewaltsamen Explosionen oder der Verfolgung von Sündenböcken Luft macht.

Die Atmosphäre des «Unbehagens», in der das Abendland vom Schwarzen Tod bis zu den Religionskriegen lebte, ist dank eines Testes, den die Kinderpsychologen benutzen und den sie «Test vom Land der Furcht und vom Land der Fröhlichkeit» nennen, noch heute begreiflich. Handelt es sich um ersteres, so bringen sie das Kind dahin, von seiner Angst zu sprechen (dieser allgemeine Begriff paßt besser hierher als der Begriff der «Furcht»), und zwar unter Zuhilfenahme von Sätzen und Zeichnungen, die in vier Kategorien unterteilt sind: Aggression, Unsicherheit, Verlassenheit und Tod.[82] Die Symbole, die dieses «Land der Furcht» bezeichnen und gestalten, sind entweder kosmischer Art (Kataklysmen), oder sie stammen aus dem Tierreich (Wölfe, Drachen, Eulen usw.), oder sie sind dem Arsenal unheilvoller Gegenstände entnommen (Folterwerkzeuge, Särge, Friedhöfe), oder aber sie kommen aus der Welt der aggressiven Wesen (Folterknechte, Teufel, Phantome). Schon die kurze Vorstellung des Tests zeigt, daß er auf kollektiver Ebene ein breites Spektrum der unruhigen Epoche liefert, die dieses Werk untersucht (und zweifellos auch unserer eigenen Epoche, die ihr in dieser Hinsicht vergleichbar ist). Tatsächlich hat die Ikonographie von der Spätgotik bis zum Manierismus unermüdlich und mit morbidem Genuß die vier Komponenten der Angst ausgedrückt, die von den modernen Tests festgestellt wurden. Die Tests greifen übrigens auf diese beunruhigende Bildergalerie zurück, so zum Beispiel der Thematische Apperzeptions-Test (T.A.T.). Die Aggression, gleichermaßen gefürchtet und genossen, liefert den Stoff sowohl für die «Dulle Griet» von Breughel als auch für die zahlreichen «Versuchungen des heiligen Antonius» und für die unzähligen Märtyrerszenen, die sich den Augen der Christen von damals darboten. Das klassische Mittelalter hatte die Leiden der Gemarterten nicht in dieser Weise hervorgehoben. Die gemarterten Glaubenszeugen wurden üblicherweise als Triumphierende dargestellt. Außerdem beflügelten die kleinen Felder der Kirchenfenster, wo ihr tragisches Ende erzählt wurde, kaum jemals die Phantasie. Die Atmosphäre verschlechterte sich jedoch zusehends, und der Mensch des Abendlandes empfand mehr und mehr einen seltsamen Genuß bei der Darstellung des siegreichen Todeskampfes der Gemarterten. Die «Legenda aurea», die vor großen Menschenmengen aufgeführten Mysterienspiele und die religiöse Kunst in all ihren Erscheinungsformen popularisierten mit unzähligen Ausschmückungen die Geißelung und den Todeskampf Christi – erinnern wir uns an den grünlichen, mit Wunden bedeckten

Christus des «Isenheimer Altars» –, an die Enthauptung Johannes des Täufers, an die Steinigung des heiligen Stephanus, an den Tod des von Pfeilen durchbohrten heiligen Sebastian und an den auf einem Rost gegrillten heiligen Lorenz.[83] Von der manieristischen Malerei, die als Erbin der Spätgotik ständig auf der Lauer nach bizarren Schauspielen lag, ging auf die zeitgenössischen Künstler während der Gegenreformation die Vorliebe für blutige und gewalttätige Szenen über. Zweifellos malte man in den Kirchen niemals zuvor so viele Darstellungen von Märtyrern, die sich einem nicht nur durch die Bildgröße, sondern auch durch den Reichtum an Einzelheiten aufdrängten, wie zwischen 1400 und 1650. Die Gläubigen hatten die Qual der Wahl: Man präsentierte ihnen die heilige Agatha mit abgeschnittenen Brüsten, die heilige Martina mit blutigem, von eisernen Nägeln zerkratztem Gesicht, den heiligen Livin, dem man die Zunge herausreißt und den Hunden vorwirft, den heiligen Bartholomäus, der gehäutet wird, den heiligen Vitalian, der lebendig begraben wird, und den heiligen Erasmus, dem man die Eingeweide herausreißt. Sind all diese Darstellungen nicht gleichermaßen Ausdruck eines in sich geschlossenen Diskurs der einerseits von der Gewalt spricht, die einer Kultur angetan wurde, und andererseits von ihren Rachegedanken? Und sind diese Bilder nicht auf kollektiver Ebene die Feststellung dessen, was die Psychiater bei der Untersuchung der individuellen Ängste «Objektivierung» genannt haben? G. Delpierre bemerkt dazu:

«Die Objektivierung ist eine Auswirkung der Angst. Bei der Angst vor der Gewalt zum Beispiel begnügt der Mensch sich damit zuzusehen, statt sich ins Getümmel zu stürzen oder zu fliehen. Er findet Gefallen daran, Geschichten von Schlachten zu schreiben, zu lesen, zu hören oder zu erzählen. Mit einer gewissen Leidenschaft wohnt er gefährlichen Rennen, Box- und Stierkämpfen bei: Der Kampftrieb hat sich auf den Gegenstand verlagert.»[84]

Es bleibt dem Historiker überlassen, die zweifache Übertragung vom Singular auf den Plural und von der Gegenwart auf die Vergangenheit vorzunehmen.

Findet nicht das Gefühl der Unsicherheit, selbst nahe verwandt mit der Angst vor Verlassenheit, seinen Ausdruck in den unzähligen Darstellungen des Jüngsten Gerichts und den Beschwörungen der Hölle, die die Phantasie der Maler, Prediger, Theologen und anderer Autoren der «Artes moriendi» heimgesucht haben? Hat sich nicht Luther aus Furcht vor dem ewigen Fegfeuer in seine Lehre von der Rechtfertigung durch den Glauben geflüchtet? Die Themen Aggression, Unsicherheit und Verlassenheit sind unvermeidlich mit dem Tod verbunden. Folglich war letzterer wie eine Zwangsvorstellung in den Bildern und Texten der Europäer an der Schwelle zur Neuzeit allgegenwärtig, in den Totentänzen genauso wie im «Triumph des Todes» von Breughel, in den «Essais» von Montaigne wie im Theater von Shakespeare, in den Gedichten von Ronsard wie in den Hexenprozessen. All dies wirft Licht auf eine kollektive Angst und auf eine Kultur, die sich schwach vorkam. Eine allzu grob vereinfachende Tradition hatte über lange Zeit hinweg nur die Erfolge der Renaissance im Gedächtnis behalten.

Warum diese Schwäche? Die wirtschaftliche Krise im Europa des 14. Jahrhunderts ist inzwischen wohlbekannt. Die Pest hielt damals wieder Einzug in Europa, sie verbreitete sich verblüffend schnell und verschwand lange Zeit nicht mehr; Hand in Hand damit gingen Agrarkrise, Verschlechterung der klimatischen Bedingungen und eine ganze Serie von Mißernten. Aufstände auf dem Lande und in den Städten, Bürgerkriege und zwischenstaatliche Konflikte verwüsteten im 14. und 15. Jahrhundert ein Abendland, das Hungersnöten und Seuchen gegenüber anfälliger war als jemals zuvor. Zu dieser Verkettung unglücklicher Umstände kam die immer deutlicher sich abzeichnende Bedrohung durch die türkische Gefahr und durch das Große Schisma (1378–1417) hinzu, das den Kirchenmännern wie der «Skandal der Skandale» erschien. Natürlich besserte sich die demographische und wirtschaftliche Situation Europas gegen Ende des 15. und im Laufe des 16. Jahrhunderts. Aber auf der einen Seite wüteten Pest und Hungersnöte weiterhin in regelmäßigen Abständen und hielten die Bevölkerung in ständiger Alarmbereitschaft, auf der anderen Seite dehnten die Türken ihren Herrschaftsbereich bis zur Schlacht von Lepanto (1571) immer weiter aus, während der Abgrund des Großen Schismas, der für einen Augenblick überwunden zu sein schien, sich mit der protestantischen Reformation tiefer als zuvor erneut auftat. Die Spaltung der Christenheit steigerte von da an, jedenfalls eine gewisse Zeit lang, die innereuropäische Aggressivität, das heißt die Angst, die die Christen des Abendlandes voreinander hatten.

4. Wer hatte Angst und wovor?

Die vorausgegangenen Verallgemeinerungen, seien sie auch noch so nützlich für den Entwurf eines Gesamtbildes, können dennoch nicht ganz befriedigen. Daher muß die Untersuchung weiter vorangetrieben und die Frage gestellt werden, wer denn eigentlich Angst hatte und wovor. Diese Fragestellung setzt sich aber ihrerseits einer Gefahr aus, nämlich der einer Auflösung der Untersuchung und ihrer Ergebnisse in kleinste Teile. Die Lösung scheint in einem «Mittelwert» zwischen übertriebener Verallgemeinerung und der Zerlegung des Gesamtbildes in unzählige disparate Einzelheiten zu liegen. Dieser Mittelwert ergibt sich aus der Bestandsaufnahme der Ängste selbst, denen wir im Laufe der Untersuchung begegnen werden. Aus dem gesammelten und gesichteten Material ergeben sich zwei Ebenen der Betrachtung: Die eine Ebene ist die der unteren Bevölkerungsschichten, die andere die der Klassen mit höherem sozialem und kulturellem Niveau. Wer hatte Angst vor dem Meer? Jeder oder fast jeder. Wer aber hatte Angst vor den Türken? Die Bauern im Rouergue oder in Schottland? Wohl kaum. Wohl aber die lehrende Kirche: der Papst, die religiösen Orden, Erasmus und Luther. Der Teufel der Landbevölkerungen zum Beispiel war lange Zeit weniger erschreckend und gutmütiger als jener der Prediger. Daher sind zwei Untersuchungen notwendig, die sich gleichzeitig voneinander unterscheiden und doch ergänzen. Die erste soll die spontanen Ängste beleuchten, die von weiten Teilen der Bevölkerung empfunden wurden, die zweite aber die überlegten Ängste, das heißt die Ängste, die einer Fragestellung über das Unglück entsprangen, die von den geistigen Führern des Kollektivs, also vor allem von der Kirche, formuliert wurden. Die spontanen Ängste unterteilen sich fast von selbst in zwei Kategorien. Die einen waren quasi ständig vorhanden, sie waren gleichermaßen mit einem gewissen technischen Niveau wie mit der diesem entsprechenden intellektuellen «Ausrüstung» verknüpft: Angst vor dem Meer, den Sternen, den Wunderzeichen, vor Gespenstern usw. Die anderen Ängste waren quasi zyklisch, sie kehrten regelmäßig mit der Pest, den Hungersnöten, den Steuererhöhungen und dem Durchzug von Kriegsvolk wieder. Die ständig vorhandenen Ängste wurden meistens von Individuen aller sozialen Klassen geteilt (so hatte zum Beispiel Ronsard Angst vor Katzen)[85]; die zyklischen Ängste konnten entweder die gesamte Bevölkerung erfassen (in Pestzeiten) oder nur die Armen, zum Beispiel bei Hungersnöten. Aber die Armen waren früher sehr zahlreich.

Die Häufung von Aggressionen, die auf die abendländischen Völker von 1348 bis zu Beginn des 17. Jahrhunderts einstürmten, bewirkte in allen Gesellschaftsschichten eine tiefgreifende seelische Erschütterung, von der sämtliche Ausdrucksformen jener Zeit, Texte und Bilder, Zeugnis ablegen. Ein «Land der Angst» entstand, in dessen Innern eine Kultur sich «unbehaglich» fühlte und das sie mit krankhaften Phantasiegebilden bevölkerte. Dauerte diese Angst länger an, so konnte sie eine Gesellschaft zersetzen, so wie sie ein Individuum zerstören kann, das ihr ständig unterliegt. Sie konnte Erscheinungen ungenügender Anpassung hervorrufen sowie eine Rückbildung des Denkens und des Empfindens, eine Vermehrung der Phobien und einen übergroßen Hang zum Negativen und zur Verzweiflung. In diesem Zusammenhang ist es aufschlußreich, mit welcher Beharrlichkeit Erbauungsbücher und Predigten bei den Christen die Versuchung bekämpften, sich im Angesicht des Todes mutlos zu zeigen. Dies mag als Beleg dafür gelten, daß die tiefe Verzweiflung über den Tod tatsächlich in großem Maße vorhanden war und daß viele Leute sich einem so furchtbaren Gegner wie dem Satan gegenüber machtlos fühlten.

Aber eben diesen Feind der Menschen definierte und entlarvte die Kirche. Sie nahm den Bestand der Übel auf, die er bewirken kann, und stellte eine Liste seiner Handlanger zusammen: Türken, Juden, Ketzer und Frauen (insbesondere die Hexen). Sie machte sich auf die Suche nach dem Antichrist, verkündete das nahe bevorstehende Jüngste Gericht, das zwar eine schreckliche Prüfung sei, gleichzeitig aber dem Elend der Welt ein Ende bereiten würde. Eine globale Todesangst wurde auf diese Weise in verschiedene Ängste zerlegt, die zwar jede für sich furchtbar, aber doch «benannt» und erklärt waren, denn schließlich hatten die Kirchenmänner sich Gedanken darüber gemacht und sie in allen Einzelheiten erläutert. Diese Aufzählung bezeichnete Gefahren und Gegner, mit denen man es mit Hilfe von Gottes Gnade aufnehmen konnte, auch wenn der Kampf nicht leicht sein würde. Die Lehre der Kirche war im wesentlichen folgende: Die Wölfe, das Meer und die Sterne, die Pest, die Hungersnöte und die Kriege sind weniger furchtbar als der Teufel und die Sünde und der Tod des Körpers weniger als jener der Seele. Den Satan und seine Handlanger zu entlarven und gegen die Sünde anzukämpfen, das heißt im übrigen, das Unglück der Welt zu lindern, für das sie die Verantwortung tragen. Diese Anprangerung sollte also eine Art Befreiung sein, trotz oder gerade der Bedrohungen wegen, die sie für die Feinde Gottes darstellte und die deswegen aus ihren Schlupfwinkeln getrieben wurden. In einer Atmosphäre der Belagerung stellte die Inquisition eine Art Erlösung dar. Sie lenkte ihre gefürchteten Untersuchungen in zwei Richtungen, einmal gegen die ewigen Sündenböcke, die jedermann zumindest dem Namen nach kannte, wie Ketzer, Hexen, Türken, Juden usw., zum anderen gegen jeden Christen, da der Satan auf alle Karten setze und jedermann, wenn er nicht aufpasse, zum Handlanger des Teufels werden könne. Deswegen war eine gewisse Angst vor sich selbst vonnöten. Diese autoritäre Aufforderung zur Selbstbeobachtung führte in Einzelfällen zu neurotischen Situationen. Da aber zu befürchten war, daß ein mit Angst gepaartes Schuldgefühl sich der allzu gewissenhaften Seelen bemächtigen könnte, suchten Moralisten und Beichtväter sie von den Gewissensbissen abzulenken, die von quälenden Gedanken an die Vergangenheit aufstiegen und die Quelle ihrer Verzweiflung waren, um sie zur Reue anzuhalten, die ihnen neue Zukunftsperspektiven eröffnen würde. Wenn auf der anderen Seite aber die gesamte Bevölkerung einer Stadt in Pestzeiten während einer Bußprozession um Gnade flehte, so sah sie in diesem Akt Grund zur Hoffnung, sowohl für das Leben im Diesseits als auch für das im Jenseits. Angst vor sich selbst zu haben, das hieß im Endeffekt, Angst vor dem Satan zu haben. Nun ist der Satan nicht so mächtig wie Gott. So bemühten sich die geistlichen Führer des Abendlandes mit einer Schocktherapie die beklemmende kollektive Angst, die von immer größerer Belastung herrührte, durch theologische Ängste zu ersetzen. Sie trafen eine Auswahl unter den Gefahren und benannten die hauptsächlichen Bedrohungen, das heißt jene, die ihnen als solche erschienen, unter Berücksichtigung ihrer religiösen Bildung und ihrer Macht in der Gesellschaft.

Diese Anspannung in einem ununterbrochenen Kampf gegen den Feind der Menschheit zeugte keineswegs von innerer Ruhe. Die Bestandsaufnahme der Ängste, die die Kirche empfand und an denen sie die Bevölkerung teilhaben lassen wollte, indem sie die dumpfen Ängste des Volks durch ihre ersetzte, hebt zwei wesentliche Fakten hervor, die noch nicht genügend berücksichtigt wurden. Zum einen ein massives Eindringen der Theologie in das tägliche Leben des Abendlandes (während des französischen Klassizismus wird sie genauso die Testamente bescheidener Handwerker wie die große Literatur überschwemmen, unerschöpflich, wenn es um das Thema Gnade geht);

zum anderen fühlte sich die Kultur der Renaissance schwächer, als wir es heute aus der Entfernung und aufgrund ihrer letzten Endes glänzenden Erfolge annehmen. Die Erkenntnis, daß es zwei Arten von Angst gab, führt also dahin, zwei Kulturen einander gegenüberzustellen, die sich gegenseitig bedrohten. Sie erklärt uns auch die Heftigkeit der Reaktion von seiten der Kirche und des (eng mit ihr verbundenen) Staates in Zeiten der Gefahr gegenüber allem, was der Elite als drohende Umzingelung durch eine ländliche, heidnische Kultur erschien, die als satanisch galt. Alles in allem wird die Unterscheidung zwischen zwei Arten und Ebenen von Angst für uns ein wesentliches methodisches Instrument sein, um in die Mentalität einer belagerten Gesellschaft einzudringen. Dieser Geisteszustand hat die europäische Geschichte an der Schwelle zur Neuzeit geprägt, künstliche chronologische Einschnitte und der verführerische Begriff «Renaissance» haben ihn zu lange verborgen.

Es bleibt jedoch die Gefahr, ins andere Extrem zu verfallen und Gefangener eines Themas und eine Perspektive zu werden, die ein noch schwärzeres Bild von der Vergangenheit entstehen ließe, als es der Wirklichkeit entspricht. Daher gibt es ein drittes Moment in unserem Vorgehen, nämlich jenes, das uns die Wege eröffnen wird, die unsere Ahnen aus dem Land der Angst herausgeführt haben. Diesen Pfaden des Heils geben wir drei Namen: Vergessen, Abhilfe und Kühnheit. Vom Schlaraffenland bis zur mystischen Inbrunst über den Beistand der Schutzengel und des heiligen Joseph, des «Schutzheiligen eines leichten Todes», werden wir schließlich eine beruhigende Welt durchstreifen, in der der Mensch sich von der Angst befreit und sich der Freude öffnet.

Dieses hier in seiner Gesamtheit erörterte Vorhaben ist im vorliegenden Werk nur teilweise verwirklicht worden. Die Angst vor sich selbst und der Ausweg aus dem Land der Angst werden in einem zweiten Band behandelt, an dem ich augenblicklich arbeite (siehe Fußnote auf S. 21). In dieser allgemeinen Einführung erschien es mir jedoch notwendig, auch die nachfolgenden Schritte der Untersuchung darzulegen, um dem Leser einen Gesamtüberblick zu geben. Die Elemente meiner Untersuchung, soweit sie bis heute fortgeschritten ist, habe ich in zwei Komplexe eingeteilt: a) «Die von allen empfundenen Ängste»; b) «Die herrschende Kultur und die Angst», die den beiden oben genannten Forschungsebenen entsprechen. Der Überblick, den ich in diesem und dem folgenden Band gebe, konnte nur mit den Mitteln einer qualitativen Geschichtsschreibung verwirklicht werden. Diese bewußte Wahl und dieses kalkulierte Risiko bedeuten – falls es überhaupt notwendig sein sollte, dies zu betonen – weder Geringschätzung noch Kritik an den quantitativen Methoden, derer ich mich selbst in großem Umfang in anderen Werken bedient habe.[86] Endlose Aufzählungen hätten jedoch den Blick auf das Gesamtbild verwehrt und die Herstellung von Zusammenhängen, aus denen, so hoffe ich, das Interesse am Thema erwächst, unmöglich gemacht. «Die Methode», schrieb H. Poincaré, «das ist die Auswahl der Fakten.»[87] Durch immer intensivere Aneignung im Fortgang der Lektüre, durch Zusammenfassung der Dokumente und ihre Abstimmung aufeinander in einer symphonischen Gestaltung werde ich zu überzeugen suchen. Ich gestehe aber, daß sich hinter Plan und Methode meiner Arbeit eine Philosophie der Geschichte, eine Spekulation über die Veränderung der Menschheit selbst und vor allem die Überzeugung verbirgt, daß sich nichts in der Geschichte wiederholt, daß die Menschheit eine unerschöpfliche, nicht zu zerstörende Kreativität besitzt und über keine vorgegebenen Modelle verfügt, unter denen sie je nach Zeit und Ort wählen kann. Ich glaube vielmehr, daß sie auf ihrer irdischen Wallfahrt ständig die Richtung wechseln, den Kurs korrigieren und ihren Weg abhängig von den Hindernissen wählen muß, auf die sie stößt und die sie sich häufig selbst schafft. Innerhalb bestimmter zeitlicher und räumlicher Grenzen habe ich hier versucht, die Verweigerung der Mutlosigkeit zu skizzieren, dank derer es einer Kultur gelungen ist, ein großes Stück in ihrer Entwicklung voranzukommen, indem sie ihre Ängste analysierte und überwand – wenn auch um den Preis neuer Verbrechen.

Dem Eingeständnis einer zugrundeliegenden Philosophie wäre ein persönliches Geständnis anzufügen, nicht aus autobiographischen Gründen, sondern aus dem Wunsch heraus, mein Anliegen verständlicher zu machen. «Es gibt keine Forschung», schreibt A. Besançon, «die nicht Erforschung des eigenen Ich wäre und somit in gewissem Maße eine Selbstbeobachtung.»[88] Diese Formulierung trifft besonders für meine Untersuchung der Angst zu. Ich war zehn Jahre alt. An einem Abend im März besuchte uns ein Freund meiner Eltern, ein Apotheker. Die Unterhaltung war entspannt und fröhlich. Ich gab kaum darauf acht, was gesprochen wurde, und spielte in einer Ecke etwas abseits vom Kreise der Erwachsenen. Ich hätte diese banale Angelegenheit sicher nicht im Gedächtnis behalten, wenn meinem Vater am folgenden Morgen nicht die Nachricht vom plötzlichen Tod des Apothekers überbracht worden wäre, der keineswegs ein Greis gewesen war. Beim Aufwachen hatte seine Frau ihn neben sich tot im Bett vorgefunden. Es war ein richtiger Schock für mich, während doch der Tod meiner Großmutter väterlicherseits einige Monate zuvor, die mit 89 Jahren gestorben war, keinerlei vergleichbare Reaktion bei mir hervorgerufen hatte. Damals entdeckte ich wirklich den Tod und seine überlegene Macht. Die Gewißheit drängte sich mir auf, daß er Menschen jeden Alters, die sich bei guter Gesundheit befinden, ereilen kann. Ich fühlte mich schwach und bedroht, eine tiefsitzende Angst ergriff mich. Über drei Monate war ich krank und konnte nicht zur Schule gehen.

Zwei Jahre später trat ich als Interner in ein Kollegium der Salesianer ein. Am Morgen des «ersten Freitags im Monat», den ich dort verbrachte, nahm ich mit meinen Kameraden an einer religiösen Übung teil, die hier regelmäßig den «Litaneien für einen leichten Tod» vorbehalten war. Auf jede der beunruhigenden Strophen antworteten wir «barmherziger Jesus, erbarme dich meiner». Diesen Text, den man zwölfjährigen Kindern jeden Monat vorlas, habe ich kürzlich in einem 1962[89] veröffentlichten Buch eines Salesianer-Mönches wiedergefunden. Ich erachte es als notwendig, ihn in seiner Gesamtheit hier wiederzugeben und füge hinzu, daß auf ihn ein Vaterunser und ein Ave «für denjenigen unter uns» folgte, «der als erster sterben würde».

«Herr Jesus, dessen Herz voll Barmherzigkeit ist, ich trete demütig vor dich hin, meine Sünden zu bereuen. Ich komme, dir meine letzte Stunde zu empfehlen und das, was darauf folgt.

Wenn meine starren Glieder anzeigen, daß mein Weg in dieser Welt sich seinem Ende nähert, / barmherziger Jesus, erbarme dich meiner.

Wenn meine schwachen Hände nicht einmal mehr die Kraft haben, das innig geliebte Kruzifix zu umfangen, / barmherziger Jesus, erbarme dich meiner.

Wenn meine Lippen ein letztes Mal deinen anbetungswürdigen Namen aussprechen, / barmherziger Jesus, erbarme dich meiner.

Wenn mein Gesicht, von Leid gezeichnet und bleich, Mitleid erregt und der Schweiß meines Angesichts anzeigt, daß meine letzte Stunde naht, / barmherziger Jesus, erbarme dich meiner.

Wenn meine Ohren, fürderhin taub für menschliche Worte, sich anschicken, deinen göttlichen Urteilsspruch zu vernehmen, / barmherziger Jesus, erbarme dich meiner.

Wenn meine Einbildung, von dunklen Visionen geplagt, mich mit Besorgnis erfüllt, wenn mein Geist, verwirrt von der Erinnerung an meine Verfehlungen und von der Furcht vor deiner Gerechtigkeit mit dem Satan ringt, der mich an deiner unendlichen Güte zweifeln machen will, / barmherziger Jesus, erbarme dich meiner.

Wenn mein Herz, erschöpft von körperlichem und seelischem Leid jene Furcht vor dem Tode erfährt, die oftmals die heiligsten Seelen erfahren haben, / barmherziger Jesus, erbarme dich meiner.

Wenn ich meine letzten Tränen vergieße, nimm sie vereint mit den Tränen, die du am Kreuze vergossen hast, als Sühneopfer für alle Verfehlungen, die ich in meinem Leben begangen habe, / barmherziger Jesus, erbarme dich meiner.

Wenn meine um mich versammelten Verwandten und Freunde sich bemühen, mir Erleichterung zu verschaffen, und dich in meinem Namen anrufen, / barmherziger Jesus, erbarme dich meiner.

Wenn ich meiner Sinne nicht mehr mächtig bin, wenn die ganze Welt für mich nicht mehr existiert und ich mit dem Tode ringe, / barmherziger Jesus, erbarme dich meiner.

Wenn meine Seele meinen Körper verläßt, nimm meinen Tod als höchstes Bekenntnis zu meinem Erlöser, der für mich diesen schmerzhaften Tod erlitt, / barmherziger Jesus, erbarme dich meiner.

Wenn ich schließlich vor dich trete und zum erstenmal die Herrlichkeit deiner Majestät und Güte schaue, stoß mich nicht zurück, sondern gewähre mir die Gnade, mich auf ewig mit dir zu vereinen, damit ich dir in Ewigkeit lobsingen kann, / barmherziger Jesus, erbarme dich meiner.

Gebet: Vater unser, du hast uns in weiser Voraussicht Tag und Stunde unseres Todes verborgen, auf daß wir ständig vorbereitet seien. Gewähre mir, in Liebe zu dir zu sterben und jeden Tag in Gnaden zu leben, um jeden Preis! Darum bitte ich dich im Namen unseres Herrn Jesus Christus, deines eingeborenen Sohnes und meines Erlösers.

Antwort: Amen.»

Mehrere Male habe ich diese Litaneien ungefähr zwanzig Jahre alten Studenten und Studentinnen zu lesen gegeben. Sie waren völlig verwirrt, was als Beweis für einen schnellen, tiefgreifenden Wandel in der Denkweise von einer Generation zur anderen gelten mag. Nachdem es lange Zeit aktuell war, ist dieses Gebet für einen leichten Tod plötzlich veraltet, es ist zu einem historischen Dokument geworden, und zwar in dem Maße, in dem es eine lange Tradition religiöser Erziehung widerspiegelt. Übrigens nahm es nur Meditationen Don Boscos über den Tod wieder auf, der Dialog stammt aus einem Werk, das er für die Kinder seiner Schulen schrieb. Hinter diesen dramatischen Litaneien errät man das «Dies irae», unzählige «Artes moriendi» und andere «Denkt immer daran!» sowie eine ganze Ikonographie, in der über die Jahrhunderte hinweg Totentänze, Jüngste Gerichte und Letzte Ölungen (zum Beispiel die des heiligen Joseph Calasanza von Goya)[90] neben einer Flut von frommen Bildern stehen, die während der Mission verteilt wurden. Selbstanschuldigung und Hirtenbrief gegen die Angst, auf die ich in «Le Péché et la Peux» näher eingehe und die in der Geschichte des Abendlandes eine große Rolle gespielt haben, werden in dem oben zitierten Salesianer-Text ein letztes Mal eindringlich und anschaulich dargestellt. Um den Christen besser in seinem Innersten zu treffen und ihn um so sicherer dazu zu bringen, Buße zu tun, lieferte man ihm von den letzten Augenblicken des Menschen eine nicht unbedingt zutreffende Beschreibung. Denn manche Menschen sterben glücklich. Diese deprimierenden Beschwörungen sind zweifellos etwas krankhaft. Aber mehr noch erschüttert mich der erzieherische Wille, im Gemüt der Vortragenden die notwendige Angst vor dem göttlichen Urteilsspruch durch eindringliche Bilder des Todeskampfes zu schüren.

Dieses traumatische und beunruhigende Gebet vom Tod, das ich zwei Schuljahre lang jeden Monat hörte (zwischen meinem zwölften und vierzehnten Lebensjahr), übermittelte mir eine Botschaft, die eine weite historische Landschaft erhellt, nämlich die Tatsache, daß in den Augen der Kirche Schmerzen und die (vorläufige) Zerstörung des Körpers weniger furchtbar sind als die Sünde und das Fegfeuer. Der Mensch vermag nichts gegen den Tod zu tun, aber mit Gottes Hilfe kann er der ewigen Verdammnis entgehen. Von diesem Moment an ersetzte eine – theologische – Angst eine andere, die älter, tiefsitzender und spontaner war. Gewiß eine heldenmütige Heilmethode, die aber dennoch eine solche war, da sie einen Ausweg bot, wo nur Leere war. Dies war die Lektion, die mich die mit meiner Erziehung betrauten Mönche lehren wollten und die den Schlüssel zu meinem Buch bildet.

Denn während ich mein Buch plante und Material dazu sammelte, überraschte ich mich bei der Feststellung, daß ich vierzig Jahre später noch einmal den psychologischen Weg meiner Kindheit beschritt und daß ich von neuem unter dem Deckmantel einer historischen Untersuchung die Stationen meiner Angst vor dem Tod durchlief. Die Abschnitte dieses Werkes spiegeln in einer Art Übertragung meinen eigenen Weg wider: meine ersten Ängste, die schwierigen Anstrengungen, mich an die Angst zu gewöhnen, meine jugendlichen Betrachtungen über das Ende und schließlich eine geduldige Suche nach Ruhe und Zufriedenheit im Akzeptieren des Todes.

Die Polemik, die mein letztes Buch «Le Christianisme va-t-il mourir?» hervorrief, zwingt mich zu einer Präzisierung, die eigentlich unnötig sein sollte, es aber nicht ist. Die «belagerte Stadt», von der die Rede sein wird, ist vor allem die Kirche des 14. bis 17. Jahrhunderts, aber die Kirche als Machtapparat. Daher die Notwendigkeit, auf die beiden historiographischen «Lesarten» zurückzukommen, die ich in dem von gewissen Leuten verächtlich behandelten Werk vorgeschlagen habe. Das auf den folgenden Seiten untersuchte Thema befaßt sich kaum mit der christlichen Wohltätigkeit, Frömmigkeit und Schönheit, die es trotz der Angst ebenfalls gegeben hat. Aber mußte man die Angst deshalb wieder einmal verschweigen? Es ist höchste Zeit, daß die Christen aufhören, ANGST vor der Geschichte zu haben.

Erster Teil

Die von allen empfundenen Ängste

Erstes Kapitel

Die Allgegenwart der Angst

1. «Unbeständiges Meer, auf dem uns jede Furcht überwältigt...» (Marot)

Heimliche oder offene Angst ist in Europa zu Beginn der Neuzeit allgegenwärtig. Das ist so in jeder Kultur, die technisch unzureichend gerüstet ist, den vielfältigen Angriffen einer bedrohlichen Umwelt wirksam entgegenzutreten. Es gibt aber in der Welt von einst einen Raum, in dem der Historiker gewiß ist, der Angst unverhüllt zu begegnen. Dieser Raum ist das Meer. Für einige sehr Wagemutige – die Entdecker der Renaissance und ihre Nachfahren – war das Meer eine Herausforderung. Aber für die meisten blieb es lange Zeit eine Art Tabu und Ort der Angst par excellence. Von der Antike bis zum 19. Jahrhundert und von der Bretagne bis nach Rußland findet man Sprichwörter in Hülle und Fülle, die den Rat geben, sich auf keinen Fall aufs Meer hinauszuwagen. Die Römer sagten: «Preist das Meer, aber bleibt am Ufer.» Ein russisches Sprichwort rät: «Lobe das Meer, wenn du zu Haus auf dem Ofen sitzt.» Erasmus läßt einen Teilnehmer am Gespräch «Naufragium» («Schiffbruch») ausrufen: «O die Toren, die sich dem Meer anvertrauen!» (in: Vertraute Gespräche, Köln 1947, S. 17). Selbst im maritimen Holland kursierte der Ausspruch: «Lieber in der Heide mit einem alten Karren als auf dem Meer mit einem neuen Schiff.»[1] In diesen Sprichwörtern wird der Abwehrreflex einer im wesentlichen landgebundenen Kultur erkennbar, der von der Erfahrung jener bestärkt wurde, die sich trotzdem weit aufs Meer hinauswagten. Die Worte des Sancho Pansa: «Wenn du lernen willst zu beten, dann fahr aufs Meer hinaus», sind in zahlreichen Abwandlungen in ganz Europa anzutreffen, manchmal mit einer humoristischen Nuance wie in Dänemark, wo man noch deutlicher wurde: «Wer nicht beten kann, der fahre aufs Meer hinaus; und wer nicht schlafen kann, der gehe in die Kirche.»[2]

Unzählige Plagen drohen von den Weiten des Wassers: der Schwarze Tod natürlich, aber auch die Invasionen der Normannen und Sarazenen, später die Einfälle der Barbaren. Legenden, wie jene der Stadt Ys oder die der versunkenen Orgeln Wenduins, die man manchmal das «Dies irae» spielen hört, haben lange Zeit die Erinnerung an seine verheerenden Vorstöße wachgehalten.[3] Als feindliches Element umgibt sich das Meer mit unmenschlichen Riffen oder ungesunden Sümpfen und läßt einen Wind die Küsten entlangfegen, der jede Kultivierung des Landes verhindert. Aber es ist ebenso gefährlich, wenn es unbeweglich und glatt daliegt, wenn nicht der leiseste Windhauch seine Oberfläche kräuselt. Ein ruhiges Meer, «zähflüssig wie ein Sumpf», kann für die auf hoher See festliegenden Seeleute den Tod bedeuten, die einem «quälenden Hunger» und einem «brennenden Durst» zum Opfer fallen. Lange führte der Ozean den Menschen vor Augen, wie klein und schwach sie ihm gegenüber waren – und erst recht auf ihm. Darin waren die Seeleute den Berg- und Wüstenbewohnern vergleichbar. Denn bis vor nicht allzu langer Zeit machten die Fluten allen angst, besonders aber den Bewohnern des Landesinneren, die ihren Anblick zu meiden suchten, wenn der Zufall sie ans Meer führte. Nach dem griechisch-türkischen Krieg von 1920–1922 wurden die aus Kleinasien vertriebenen Bauern auf der Halbinsel Sunion angesiedelt. Sie bauten ihre Häuser mit einer fensterlosen Mauer zur Seeseite. Wegen des Windes? Vielleicht. Aber wahrscheinlich eher, um nicht den ganzen Tag lang die drohenden Wellen vor Augen zu haben.

Am Ausgang des Mittelalters bleibt der Mensch des Abendlandes weiterhin dem Meer gegenüber mißtrauisch, nicht nur durch die Weisheit der Sprichwörter gewarnt, sondern auch durch zwei parallele Mahnungen: Die eine wird von den Dichtern ausgesprochen, die andere ist in den Reiseberichten enthalten, insbesondere in jenen der Jerusalem-Pilger. Seit Homer und Vergil bis zur «Franciade» und den «Lusiaden» fehlt in keinem Epos ein Sturm; der Sturm spielt auch in den Epen des Mittelalters eine bedeutsame Rolle («Brut», «Rou», «Tristan» usw.), er trennt im letzten Augenblick Isolde von ihrem Vielgeliebten.[4] «Gibt es ein banaleres Thema als jenes des zornigen Ozeans?» bemerkte G. Bachelard. «Ein ruhiges Meer wird plötzlich von Zorn ergriffen. Es grollt und tost, es wird mit allen Metaphern der Wut ausgestattet, mit allen Tiersymbolen des Zorns und der Raserei (...). Denn die Psychologie der Wut ist im Grunde eine der reichsten und nuanciertesten (...). Die Anzahl der vorstellbaren psychischen

Zustände ist bei der Wut weitaus größer als bei der Liebe. Die Metaphern für ein glückliches, gütiges Meer sind infolgedessen weniger zahlreich als die für ein stürmisches.»[5] Dennoch ist der Sturm nicht nur ein literarisches Thema und Sinnbild der menschlichen Gewalt. Er ist gleichermaßen und vor allem eine Erfahrungstatsache, von der alle Chroniken über Reisen ins Heilige Land berichten. Im Jahre 1216 reist der Bischof Jacques de Vitry nach Akkon. Vor Sardinien treiben Wind und Strömungen ein Schiff auf dasjenige zu, auf dem er sich befindet. Der Zusammenprall scheint unvermeidlich. Großes Geschrei hebt an, alle beichten hastig und vergießen Tränen der Reue. Aber «Gott erbarmte sich unseres Jammers»[6]. Im Jahre 1254 kehrt Ludwig IX. mit der Königin, Joinville und den Überlebenden des 7. Kreuzzuges aus Syrien nach Frankreich zurück. In Sichtweite der zyprischen Küste werden die Reisenden vom Sturm überrascht. Die Winde sind «so stark und so schreckenerregend», der Schiffbruch scheint so unabwendbar, daß die Königin den heiligen Nikolaus anfleht und ihm ein silbernes Schiff verspricht, das vierzig Unzen wiegen soll. Bald schon wird sie erhört. «Der heilige Nikolaus», sagt sie, «hat uns aus dieser Gefahr errettet, denn der Wind hat sich gelegt.»[7]

Im Jahre 1395 kehrt der Baron d'Anglure aus Jerusalem zurück. Gleichfalls nahe der zyprischen Küste erhebt sich «plötzlich» ein «großes und schreckliches Unwetter», das vier Tage dauert. «Und wahrlich, es gab niemanden, der ein anderes Schicksal vor sich sah als seinen eigenen Tod (...). Und wisset, daß wir einige, die mehrere Male während mehrerer verschiedener Unwetter sich auf hoher See befunden haben, bei ihrem Seelenheil haben schwören hören, daß sie noch niemals vorher so große Angst gehabt hätten umzukommen wie bei diesem Unwetter.»[8]

Im Jahre 1494 pilgert auch der mailändische Domherr Casola ins Heilige Land und gerät sowohl auf der Hin- als auch auf der Rückreise in einen Sturm. Der letzte erhebt sich auf hoher See vor Sakinthos. Der Wind weht von allen Seiten, und die Seeleute können nichts tun als warten, nachdem sie die Segel gerefft haben. «In der folgenden Nacht», erzählt Casola, «war das Meer so stürmisch, daß alle, ich wiederhole, alle, die Hoffnung zu überleben hatten fahren lassen.»[9] Wenn ein Schiff dann endlich den Hafen erreicht, hält es niemanden mehr an Bord. Der Mönch Felix Fabri, der im Jahre 1480 den Orient bereiste, schreibt: «Wenn ein Mensch an Bord eines Schiffes viele Tage hindurch von Stürmen und Ungemach schwer heimgesucht worden ist und Hunger leidet und er kommt dann zu einem guten Hafen, so wird er lieber fünf gefährliche Sprünge wagen [von der Galeere in das Boot, das ihn an Land bringt], als daß er an Bord bleibt.»[10]

Literarische Werke und Chroniken zeichnen dasselbe stereotype Bild des Sturms auf hoher See. Er bricht mit großer Heftigkeit los und flaut plötzlich ab. Finsternis begleitet ihn: «Der Himmel verdüstert sich, und die Luft wird dick.» Die Winde wehen von allen Seiten. Blitz und Donner brechen los.

«(...) der Himmel droben», erzählt Rabelais im «Vierten Buch», «donnerte, blitzte, wetterleuchtete, regnete und hagelte, die Luft verlor ihre Durchsichtigkeit und ward trübe, verfinstert und dunkel, so daß kein sonstiges Licht uns mehr leuchtete als das Blenden der Blitze, der Wetterschein und das Bersten flammender Wolken» (Rabelais, a.a.O., Bd. 2, 18. Kap., S. 902).

In den «Lusiaden» läßt Camoens Vasco da Gama sagen:
«Viel Worte dir zu machen von der grausen
Gefahr des Meeres, die kein Mensch empfand,
Der Donnerhalle fürcherlichem Brausen,
Von Blitzen, so die Luft in Glut entbrannt,
Platzregen, Donnern, die mit wildem Sausen
Die Erde spalten, düstrer Nacht entsandt,
Das wär' ein großes, thöricht eitles Streben,
Wär' auch ein Laut von Eisen mir gegeben.»[11]

Jähe, wirbelnde Windböen, ungeheure Wellen, die sich aus dem «Abgrund» erheben, Gewitter und Finsternis, das sind für die Seefahrer von einst die immer gleichen Eigenschaften des Sturms, der häufig drei Tage währt, die Zeit, die Jonas im Bauch des Walfisches verbrachte. Immer bringt der Sturm die Reisenden in Lebensgefahr. Deshalb haben selbst die Matrosen Angst, wenn sie den Hafen verlassen. Das beweist das folgende Lied englischer Matrosen vom Ende des 14., Anfang des 15. Jahrhunderts:
«Die Mannschaft, die die Segel nach Akkon setzt,
Kann allen Freuden entsagen;
Denn für viele Männer bedeutet es Kummer,
Wenn es darangeht, die Segel zu setzen.
Wenn sie bei Sandwich, bei Winchelsea,
Bei Bristol oder anderswo
Das offne Meer erreichen,
Beginnt ihr Mut zu sinken.»[12]

So verkündet Vasco da Gama kurz vor dem großen Aufbruch von 1497: «Nachdem wir uns in solcher Art versehen,
Und alles für die weite Fahrt bestellt,
Bereiten wir uns, in den Tod zu gehen,
Der sich dem Schiffer stets vor Augen stellt.»[13]

Aus all dem kann man die außergewöhnliche Kaltblütigkeit der Entdecker der Renaissance besser ermessen, die ständig gegen das Entsetzen der Mannschaften anzukämpfen hatten. Im übrigen brachten die Reisen jener Zeiten auch Nachteile für die Seefahrt mit sich. Die Fortschritte in der Kartographie, in der Berechnung der Breitengrade, beim Schiffbau und bei der Sicherung der Küste durch Leuchtfeuer wurden im negativen Sinne durch all die Widrigkeiten ausgeglichen, die die Verlängerung der Reisen mit sich brachte: verdorbene Nahrungsmittel, Skorbut, bisher unbekannte Krankheiten ferner Landstriche, schreckliche Wirbelstürme in den Tropen und daher erhöhte Krankheits- und Todesgefahr. Noch Ende des 16. Jahrhunderts glaubten viele Überseereisende, daß man nirgends so großen Gefahren begegnete wie auf dem Meer. In einer «Histoire de plusieurs voyages aventureux», die im Jahre 1600 in Rouen, also in einer Hafenstadt, erschien, sind folgende bezeichnenden Überlegungen zu lesen:

«Von den Gefahren, die dem Menschen auf seinem Lebenswege zustoßen können, ist gewiß keine so bedrohlich und dabei doch so vielfältig und so gewöhnlich wie diejenige, die den Menschen begegnet, welche zur See fahren; und zwar sowohl ihres häufigen Vorkommens wegen als auch in Ansehung ihrer Unerbittlichkeit, Grausamkeit und schicksalhaften Gewalt; Bedrohungen, die dem Seefahrer alltäglich und vertraut sind und ihn doch um die Gewißheit bringen, auch nur eine Stunde noch unter den Lebenden zu weilen (...). Jeder Mensch von rechtschaffenem Urteil wird, wenn er seine Reise glücklich vollendet, es für ein Wunder preisen, daß er allen Gefahren entronnen ist, die sich ihm auf dem Wege entgegenstellten; denn nicht nur ist, wie schon die Alten sagten, das Leben derer, die zur See fahren, vom Tode nur drei oder vier Finger breit entfernt, eben um so viel, wie eine Planke stark ist; sondern die Unglücke, die sich Tag für Tag auf dem Meer ereignen können, sind so mannigfach, daß es für die, welche es befahren, entsetzlich wäre, sich dieselben sämtlich vor Augen zu führen, wenn sie ihre Reise unternehmen wollen.»[14]

Obwohl auch die Berge Furcht einflößen, so sind sie doch, wie

Shakespeare sagt, nichts als «Warzen neben den Wellen». Pedro Nino beschwört seinerseits «Wogen, so hoch, daß sie den Mond verbergen». Kurz vor dem Ziel wird Vasco da Gama vom Sturm überrascht. «[Er] sah», erzählt Camoens, «wie das Meer halb bis zur Höllen offen, / Bald mit erneuter Wut zum Himmel steigt (...).»[15] Wer nach einem Paradebeispiel für die Angst sucht, der wird es wie Rabelais im «Vierten Buch» vorzugsweise aufs Meer verlegen. Paracelsus, der sich ebenfalls an einer Typologie des Furchtsamen versucht, konfrontiert ihn zunächst mit den Abenteuern der Seefahrt, dann als zweites Experiment erst mit jenen des Krieges.[16] Jenseits der individuellen Feigheit Panurgs ist in dem Entsetzen, das ihn angesichts der entfesselten Elemente packt, ein kollektives Verhaltensmuster zu erkennen, das sich in den Reiseberichten leicht wiederfinden läßt. Ein Verhaltensmuster mit zwei beherrschenden Polen: zum einen die Sehnsucht nach dem Festland, das im Gegensatz zum Meer Sicherheit bedeutet, zum anderen die wahllose Anrufung von Schutzheiligen (häufiger als die Anrufung Gottes). Als der Sturm auf seinem Höhepunkt tobt, schreit Panurg:

«O dreimal und viermal selig preise ich, wer seinen Kohl baut. (...) ist doch, wer Kohl baut, für mich zu dieser Stunde auf meinen Beschluß hin der Glückseligkeit teilhaftig (...). Ach, ist doch keine Bleibe so götterwürdig und herrenmäßig wie ein Kuhstall!» (Rabelais, a.a.O., Bd. 2, 18. Kap., S. 905–906).

Weiter unten kehrt eine Variante desselben Themas wieder (nur auf dem Festland fühlt man sich wohl): «Gefiele es doch Gottes grundgütiger Allmacht», klagt Panurg, «daß ich zur Stunde im Weinberg von Séville wär oder bei Innozenz, dem Pastetenbäcker, gegenüber dem ‹Bildkeller›, sollt ich da auch in Hemdsärmeln die kleinen Pasteten backen müssen» (Bd. 2, 20. Kap., S. 914).

In Shakespeares «Sturm» verkündet Gonzalo inmitten der Gefahr, er ziehe die unfruchtbarste Erde dem Ozean vor: «Jetzt gäb ich tausend Hufen See für einen Morgen dürren Landes: hohe Heide, braune Geniste, was es auch wäre!»[17]

Die abergläubischen Praktiken und Formeln von Pantagruels Gefährten, von Rabelais ironisch beschrieben, waren bei dieser Art Gefahr gang und gäbe. «Er rief alle gesegneten Heiligen und Heiligenfrauen um Beistand an (...), beteuerte, daß er jetzt und hier beichten wolle (...)», sagt mehrere Male das «Confiteor» auf, fleht Bruder Jan an, inmitten einer solchen Gefahr nicht zu fluchen, gelobt, dem heiligen Michael oder dem heiligen Nikolaus oder auch allen beiden eine Kapelle zu errichten, schlägt vor, eine Wallfahrt zu unternehmen, das heißt, denjenigen auszulosen, der im Namen aller im Falle eines glücklichen Ausgangs an irgendeinen heiligen Ort pilgern soll, um dem Himmel zu danken (Rabelais, a. a. O., Bd. 2, Kap. 18–21, S. 901 bis 919). Sind die Berichte von Wundern und die Votivtafeln vieler Heiligtümer nicht voll von ähnlichen Versprechungen wie diejenigen, über die Erasmus sich im Gespräch «Naufragium» lustig machen zu müssen glaubt?

Wenn Pantagruel, Bruder Jan und Epistemon auch ihre Kaltblütigkeit bewahrt haben, so gestehen sie doch, Angst gehabt zu haben, und Pantagruel versichert frei nach Homer und Vergil, der schlimmste Tod sei der, von den Fluten verschlungen zu werden: «Ich sage nur, daß, wenn dieser Tod bei Schiffbruch nicht fürchtenswert ist, überhaupt nichts Furcht verdient. Denn nach Homers Ausspruch ist es ein kummervolles, entsetzliches und widernatürliches Los, auf dem Meer umzukommen» (Rabelais, a. a. O., Bd. 2, Kap. 22, S. 922). Gonzalo empfindet dem Ertrinken gegenüber ähnlichen Abscheu: «Der Wille droben geschehe, aber ich stürbe gern eines trocknen Todes!»[18] Wenn der Tod auf dem Meer als «widernatürlich» empfunden wird, so deshalb weil der Ozean lange Zeit eine Welt für sich bildete, die außerhalb des allgemeinen Erfahrungsbereichs lag. Allgemeiner ausgedrückt wurde das Meer über Jahrtausende hinweg in seiner plumpen Größe, Macht, Unberechenbarkeit, Tiefe und Finsternis als Anti-Element angesehen, als negative Dimension und Ort der Verdammnis schlechthin. «Ein großer Teil der Nachtseite unserer Seele», schreibt Bachelard, «erklärt sich aus dem Mythos des Todes als einer Abreise auf dem Wasser.»[19] Daher der Styx der alten Griechen, «finsterer Strom der Unterwelt» (Marot, Paris 1883, S. 246), und das Boot des Charon, ein Totenschiff, das auch in den keltischen Legenden und in jenen des Fernen Ostens vorkommt. Tiefe Gewässer, ob nun Meer, Fluß oder See, wurden als gierige Abgründe betrachtet, stets bereit, die Lebenden zu verschlingen. Als ein Beweis unter Tausenden mag dieses alte flämische Lied gelten, das seit dem 14. Jahrhundert bezeugt ist:

«Es waren zwei Königskinder,
Die hatten einander so lieb,
Sie konnten zusammen nicht kommen:
Das Wasser war viel zu tief.
‹O Liebster, kannst du nicht schwimmen?

So schwimm doch her zu mir!
Drei Kerzen will ich anzünden,
Die sollen leuchten dir.›
Da saß eine falsche Nonne,
Die tat, als wenn sie schlief,
Sie tat die Kerzen ausblasen,
Der Jüngling ertrank so tief.»

Im folgenden erzählt das Lied, wie das verzweifelte junge Mädchen sich in einem unbeobachteten Moment selbst in den Fluten ertränkt.[20] Das flüssige Element stellt sich hier also als Feind des Glücks und des Lebens dar.

Polyphem, Skylla, Circe, die Sirenen, die Laistrygonen, Leviathan, die Lorelei: lauter bedrohliche Wesen, die im oder am Wasser leben. Sie haben alle nur ein Ziel: Menschen einzufangen, sie zu verschlingen oder ihnen wenigstens, wie Circe, ihre menschliche Identität zu rauben. Deshalb muß man dem Meer, um es zu besänftigen, lebende Wesen opfern, die vielleicht seinen ungeheuren Appetit stillen werden. Neapolitanische Votivtafeln vom Ende des 16. Jahrhunderts stellen Schiffe dar, die am Bug ein Schaffell mitführen, eine rituelle Beschwörung des Meeres. Beim Stapellauf tötete man ein weißes Schaf, besprengte das Schiff mit seinem Blut und befestigte das Fell am Vorschiff. Um es zu besänftigen, hatte man dem Meer ein Leben geopfert, damit es nicht das Leben der Seeleute fordere.[21] Im 17. Jahrhundert praktizierten die berberischen Seeleute eine Variante dieses Ritus. Sie nahmen Schafe mit an Bord, und wenn ein Sturm sich erhob, schnitten sie eines von ihnen bei lebendigem Leibe mitten durch, dann warfen sie die eine Hälfte des Tieres an Backbord, die andere an Steuerbord ins Meer. Wenn das Meer sich nicht beruhigte, opferte man nacheinander mehrere Tiere.[22]

Die entfesselten Elemente, ob nun Sturm oder Regenflut, riefen in den Menschen von einst den Gedanken wach, das uranfängliche Chaos könne wiederkehren. Am zweiten Tag der Schöpfung «machte Gott die Feste und schied das Wasser unter der Feste von dem Wasser über der Feste» (1. Buch Mose, 1.Kap., 7). Wenn die Wasser, mit göttlicher Erlaubnis natürlich, die ihnen gesteckten Grenzen von neuem überfluteten, so stellte sich das Chaos wieder her. Über den Sturm, dem Pantagruel und seine Gefährten ausgesetzt waren, schreibt Rabelais: «Glaubt mir, uns war, als sähen wir das uralte Chaos, das Feuer, Luft, Meer, Erde in widerträchtiger Verwirrung aller Elemente barg»

(Rabelais, a.a.O., Bd. 2, 18. Kap., S. 902). Leonardo da Vinci, der sich im Zug seiner Studien zu Geologie und Mechanik für die Macht des Wassers zu interessieren begann, gefiel sich in der Beschwörung schreckenerregender Bilder der Sintflut:

«Die angeschwollenen Flüsse traten über die Ufer und überschwemmten alles umliegende Land und seine Bewohner. Auf den Gipfeln der Berge konnte man alle Arten erschreckter Tiere und Haustiere sehen, zusammen mit Männern und Frauen, die sich mit ihren Kindern dorthin geflüchtet hatten. Auf den Wogen, die das Land überfluteten, erkannte man Tische, Bettgestelle, Kähne und behelfsmäßige Boote jeder Art, ersonnen in Not und Todesangst, beladen mit wehklagenden Männern, Frauen und Kindern, voller Entsetzen angesichts des Orkans, der die tosenden Fluten mit den Leichen der Ertrunkenen dahinwälzte. Auf allem, was auf dem Wasser schwamm, drängten sich die verschiedensten Tiere: jegliche Feindschaft war aus diesem erschreckten Haufen verschwunden. Wölfe, Füchse, Schlangen, Geschöpfe aller Arten (...). Ach welch ein Wehklagen! (...) Man sah umgestürzte Boote, noch unbeschädigt oder geborsten, unter denen Menschen verzweifelt gegen einen entsetzlichen Tod ankämpften.»[23]

In einer Juninacht im Jahre 1525 hatte Albrecht Dürer einen Alptraum: Er sah das Ende der Welt nahen. Auf dem Aquarell, das er nach diesem Alptraum malte, sind ungeheure schwarze Wolken zu sehen, die die Erde mit ihren Wassermassen bedrohen.[24] Dürers Vision entsprach einer weitverbreiteten Vorstellung vom Jüngsten Tag. Sie stützt sich auf die klassischen apokalyptischen Texte, hebt aber im Vergleich zu ihnen die Rolle hervor, die Meer und Wasserfluten bei der großen Sintflut spielen. In den zahlreichen «Leben des Antichrist» aus dem 15. Jahrhundert sowie in mehreren «Artes moriendi» erscheint regelmäßig eine Liste der fünfzehn Vorzeichen, die die «Ankunft des Herrn» ankündigen. Die ersten vier betreffen das Meer und das Wasser der Flüsse:

«Das erste der fünfzehn genannten Zeichen, die dem Tag des großen Gerichts vorausgehen, wird sein, wenn sich der Meeresspiegel fünfzehn Ellen über die höchsten Berge der Welt erheben wird. Das zweite Zeichen wird sein, wenn das Meer in die tiefsten Abgründe und Höhlen der Erde zurückweicht, so tief, daß man es nur mit Mühe noch sehen wird. Das dritte Zeichen wird sein, wenn Fische und Seeungeheuer mit gräßlichen Schreien aus den Tiefen auftauchen werden. Das vierte Zeichen wird sein, wenn das Meer und alle Wasser der

Flüsse glühen und brennen vom Feuer, das vom Himmel fallen wird.»[25]

Chaos, das ist Unvernunft und Wahnsinn. Die merkwürdigen Äußerungen Tristans, als er von den Seeleuten an der Küste Cornwalls ausgesetzt wurde, «Das Narrenschiff» von Sebastian Brant und Ophelias Tod lassen vermuten, daß die kollektive Denkweise eine Verbindung zwischen dem Wahnsinn und dem flüssigen Element herstellte, der «Kehrseite der Welt»[26], eine Verbindung, die der Sturm noch stärker hervorheben konnte. In den Augen der Königin befindet sich Hamlet jenseits der Vernunft, «Er rast wie See und Wind, wenn beide kämpfen,/Wer mächt'ger ist (...)» (4. Akt, 1. Szene, in: Shakespeare Werke, a. a. O., Bd. 2, S. 76). Selbst vom Wahnsinn ergriffen, bringt der entfesselte Ozean jeden um den Verstand. Prospero und Ariel führen in Shakespeares «Sturm» folgenden bezeichnenden Dialog:

«Prospero: Mein wackrer Geist! Wer war so fest, so standhaft, dem der Aufruhr
Nicht die Vernunft verwirrte?
Ariel: Keine Seele,
Die nicht ein Fieber, gleich den Tollen, fühlte
Und Streiche der Verzweiflung übte.»[27]

Die Bewohner der Küsten, zum Beispiel die Bretonen, verglichen das tobende Meer mit einem reiterlosen oder einem ausbrechenden Pferd oder auch mit eine tollwütigen Stute.[28] Der Sturm galt also nicht als natürliche Erscheinung, vielmehr machte man Dämonen und Hexen für sein Wüten verantwortlich. Als die stürmische See König Jakob VI. von Schottland und die Prinzessin Anne in den Jahren 1589 bis 1591 mehrfach daran gehindert hatte, die Nordsee zu überqueren, fand man schließlich den Grund heraus: Hexen und Hexenmeister hatten das Meer verhext, indem sie eine Katze darin ertränkten.[29] An allen nordeuropäischen Küsten, aber auch im Baskenland, erzählte man die Geschichte der «Drei Wellen», haushoch und schneeweiß, die in Wirklichkeit die Frauen von Seeleuten waren. Sie waren zu Hexen geworden und hatten sich in Wellen verwandelt, um sich an ihren untreuen Ehemännern zu rächen.[30]

Obwohl auf den Schiffen Vasco da Gamas, Kolumbus' und Magellans das Elmsfeuer auf den Mastspitzen als Zeichen einer baldigen Beruhigung des entfesselten Meers begrüßt wurde, hielt man dieses Licht wie auch die auf den Wellen tanzenden Irrlichter im allgemeinen für Teufelswerk und für Vorzeichen drohenden Unheils. In Shakespeares

«Sturm» erzählt der Luftgeist Ariel Prospero, wie er nach dessen Anweisung den Sturm «gelenkt» habe:
«Flammt ich Entsetzen; bald zerteilt ich mich
Und brannt an vielen Stellen; auf dem Mast,
An Stang und Bugspriet flammt ich abgesondert,
Floß dann in eins. Zeus' Blitze, die Verkünder
Des schreckbarn Donnerschlags sind schneller nicht
Und Blick-entrinnender (...).»[31]

Ronsard, der im Alter von fünfzehn Jahren nach Schottland reiste, versichert in seiner «Hymne des daimons», daß sich die Geister «oft verwandeln in große brennende Fackeln / Verloren auf dem Wasser, locken sie / Den Reisenden, den ihr Licht in die Irre leitet / Bis er in den Fluten versinkt» (Livre des hymnes, Bd. 1, Paris 1866). Auch versuchten viele Seeleute, vor allem im modernen Griechenland, diese beunruhigenden Lichter mit Gewehrschüssen, mit viel Getöse oder noch besser durch das Grunzen von Schweinen zu vertreiben, da diese Tiere als teuflisch galten und man ihnen die Gabe zusprach, böse Geister vertreiben zu können.[32] In den Erzählungen von einst und auch in der «Legenda aurea» (in dem Kapitel, das das Leben des heiligen Adrian behandelt) erscheint der Teufel häufig als Kapitän des «Geisterschiffs», das die Phantasie der Küstenbewohner lange beschäftigt hat und das als Hölle der Seeleute angesehen wurde.[33] Ein Gemälde vom Beginn des 16. Jahrhunderts, das Giorgione zugeschrieben wurde, stellt ein Geisterschiff mit einer Mannschaft Dämonen dar.

Auf verschiedene Weise verknüpfte die kollektive Mentalität Meer und Sünde. In den mittelalterlichen Romanen kehrt gleichsam als Topos das Motiv des Sturms wieder, der sich erhebt, weil ein großer Sünder – oder eine schwangere und somit unreine Frau – an Bord des auf den Wellen tanzenden Schiffes ist, so als ob das Böse das Böse anziehe. Dieser literarische Gemeinplatz spiegelte einen tiefsitzenden Glauben der Völker wider. Noch 1637 weigerte sich die Mannschaft der «Tenth Whelp» auszulaufen, da sie das Schlimmste für ein Schiff befürchtete, dessen Kapitän im Rufe stand, ein Gotteslästerer zu sein.[34] Überhaupt galten die Seeleute trotz ihrer Wallfahrten und Votivtafeln bei den Landbewohnern und Kirchenmännern oft als schlechte Christen. Man bezeichnete sie als den «Tugenden der Moral schwer unterzuordnen» (N. Oresme) oder sogar als völlig «ungesittet» (Colbert). In einem von M. Mollat zitierten englischen Handbuch für Beichtväter von 1344 ist zu lesen:

«Wenn du als Beichtvater einmal einem Seemann die Beichte abnimmst, so versäume nicht, ihn genauestens zu befragen. Denn wisse, daß eine einzige Feder es kaum vermöchte, all die Sünden niederzuschreiben, in denen jene Leute versunken sind. Ihre Boshaftigkeit ist so groß, daß sie alle benannten Sünden übertrifft. (...) Sie bringen nicht nur Geistliche und Laien um, wenn sie sich an Land befinden, sondern sie geben sich auch der verabscheuungswürdigen Seeräuberei hin, wenn sie auf dem Meer sind. Sie rauben das Gut der anderen, vor allem das der Kaufleute (...). Außerdem sind sie Ehebrecher und frönen der Unzucht, denn in allen Ländern und Gegenden der Erde bändeln sie mit verschiedenen Frauen an, da sie glauben, ihnen sei alles erlaubt, oder sie geben sich Ausschweifungen mit Freudenmädchen hin.»[35]

Bei näherer Untersuchung entdeckt man, daß das Meer in früherer Zeit oft als bevorzugtes Revier Satans und der Höllenmächte dargestellt wurde. Das bestätigt auch Rabelais – unbeabsichtigt vielleicht – im «Vierten Buch», wenn er Bruder Jan inmitten des Sturms sagen läßt: «Ich glaube, alle Teufel sind heute los, oder Proserpina ist in Kindsnöten. Alle Teufel tanzen den Schellentanz» (19. Kap.). Oder: «Ich glaube, die Teufel halten hier zu Millionen ihre Provinzialhauptversammlung ab oder beraten zeternd die Wahl eines neuen Rektors» (20. Kap.). Panurg erwidert ihm: «Daß doch der gehörnte Hahnrei in Millionen und aber Millionen Teufelsnamen beim Satan wär!» (20. Kap., Rabelais, a.a.O., Bd. 2, S. 912–913).

Auf dem Höhepunkt des Sturmes, den Ariel in Shakespeares «Sturm» erzählt, stürzt sich der von Entsetzen gepackte Königssohn Ferdinand mit dem Schrei in die Fluten: «Die Höll ist los, / Und alle Teufel hier!»[36]

Daher die Notwendigkeit, die bösen Geister aus dem tobenden Meer auszutreiben. Die portugiesischen Seeleute verlasen deshalb den Prolog des Johannesevangeliums (der Bestandteil des rituellen Exorzismus ist), die spanischen Matrosen und die anderer Länder warfen Reliquien in die Wellen.[37] Der Sturm flaut also nicht von allein ab, sondern er wird von der heiligen Jungfrau, dem heiligen Nikolaus oder einem anderen Heiligen schließlich besänftigt. Diese Macht erhielten sie von demjenigen, der über das Wasser wandelte und auf dem See Genezareth den entfesselten Elementen gebot.

Daß der Ozean der bevorzugte Reiseweg der Dämonen sei, glaubte Anfang des 17. Jahrhunderts auch der berühmt-berüchtigte Richter Pierre de Lancre, der Henker des Baskenlandes. Er versicherte, daß

Reisende, die auf dem Seeweg Bordeaux erreichten, ganze Armeen von Teufeln gesehen hätten, die wahrscheinlich von den Missionaren aus dem Fernen Osten vertrieben worden waren und die sich nun nach Frankreich wandten.[38] Zweifelte man noch am dämonischen Charakter des Meeres, so überzeugten einen bald die «Weltbeschreibungen» und Reiseberichte der Renaissance davon, die um die Wette die Vielzahl und Größe der Seeungeheuer beschreiben, die es bewohnen. Pierre Martyr d'Anghiera berichtet über Seeleute, die 1526 nach Amerika segelten: «Sie sahen ganz genau einen riesigen Fisch, der um die Brig herumschwamm und mit einem Schlag seiner Schwanzflosse das Ruderblatt des Schiffes zerschmetterte.» Und er schließt: «Diese Meere ernähren wahrlich riesige Seeungeheuer.»[39] In seinem Bericht einer Reise nach Brasilien in den Jahren 1557 und 1558 spricht Jean de Léry mit Entsetzen von «furchtbaren und schreckerregenden Walfischen», die die Schiffe in die Tiefe zu ziehen drohen. Einer unter ihnen verursachte, «obwohl man ihn nicht sah, einen so fürchterlichen Strudel, daß ich befürchtete, er würde uns in seinem Sog in den Abgrund hinabreißen».[40] Im Jahre 1555 erscheint in Rom eine «Historia de gentibus septentrionalibus» des schwedischen Bischofs Olaus Magnus, in der er die Existenz riesiger Seeungeheuer bezeugt, die von den Seeleuten für Inseln gehalten und angelaufen werden. Sie zünden dort Feuer an, um sich aufzuwärmen und ihre Nahrung zuzubereiten. In diesem Augenblick tauchen die Ungeheuer unter und reißen Menschen und Schiffe mit sich. Diese lebenden, auf dem Wasser treibenden Inseln, die in Behemot und Leviathan ihr Vorbild haben, beschreibt Olaus Magnus folgendermaßen: «Ihr mit Dornen bedeckter Kopf wird von langen, spitzen Hörnern umgeben, die den Wurzeln eines entwurzelten Baumes gleichen.»[41] Im 18. Jahrhundert identifiziert ein anderer skandinavischer Bischof, Pontoppidan, diese Ungeheuer als Riesentintenfische, deren Fangarme so dick sind wie Schiffsmasten. Im Jahre 1802 spricht ein Schüler Buffons vom Kraken oder Riesentintenfisch als vom «riesigsten Tier unseres Planeten»[42] und betont seine Angriffslust: ein Thema, das 1861 von Michelet in «La mer», 1866 von Victor Hugo in «Die Arbeiter des Meeres», einem Roman, der das Wort «pieuvre» [für «Krake»] populär macht und 1869 von Jules Verne in «Zwanzigtausend Meilen unter dem Meer» wiederaufgenommen wird. Eine langlebige Legende, geboren aus der Angst vor furchterregenden Ungeheuern, die ein so feindseliges Element wie das Meer in seinen Tiefen zweifellos bergen muß.

Wenn das Meer nun Ort der Angst, des Todes und des Wahnsinns ist,

ein Abgrund, in dem der Satan, die Dämonen und die Ungeheuer hausen, dann wird das Meer eines Tages verschwinden, wenn die Schöpfung sich erneuert haben wird. In der Offenbarung des Johannes (21,1) steht geschrieben: «Und ich sah einen neuen Himmel und eine neue Erde; denn der erste Himmel und die erste Erde vergingen, und das Meer ist nicht mehr.» Das Meer galt einst also als Gefahrenquelle Nummer eins. Daher findet sich in der Literatur immer wieder der Vergleich des menschlichen Schicksals mit einem Schiff in Seenot. In einem Gebet an die Mutter Gottes sagt Eustache Deschamps:
«Mein Schiff ist schwach, armselig und morsch,
Bestürmt von sieben Plagen auf dem Meer;
Mein Segel ist zerfetzt, ohne Halt der Anker,
Ich habe Furcht zu sinken und keinen Grund zu finden,
Wenn Eure Gnade mich nicht erreicht» (Œuvres complètes, Paris 1877, Ballade XXXIV).

Ronsard beschwört die Sorgen der Erwachsenen in folgenden Worten:
«Wenn das Meer der Sorgen über uns zusammenschlägt
Und in der Brandung das Ruder unserer Vernunft zerbricht,
Besiegt von den sich brechenden Wogen (...)» (Ronsard, a.a.O., Hymne à la mort).
Du Bellay preist das totgeborene Kind glücklich, denn
«Es hat über seinem Haupt
Den unvermeidlichen Sturm nicht gefühlt,
Der uns hin und her wirft» (Œuvres complètes, Bd. 2, Paris 1907, Complainte du désespoir).
D'Aubigné fühlt sich
«Besiegt von Winden und Fluten,
Bedroht von Sturm,
Feinden, Hinterhalten und Intrigen» (Le printemps/Hécatombe à Diane, Lille-Genève 1948, S. 20).

Im 18. Jahrhundert schreibt Jean-Jacques Rousseau: «Verloren auf dem weiten Meer meines Unglücks, vermag ich die Einzelheiten meines ersten Schiffbruchs nicht zu vergessen» (Bekenntnisse, Leipzig 1955, 5. Buch). Verlaine gebraucht einen ähnlichen Vergleich:
«Des Lebens müde, den Tod fürchtend, gleicht meine Seele
Einer verlor'nen Brigg, die wie ein Spielball der Gezeiten
Ihrem Untergang entgegenfährt» (Poèmes Saturniens, Paris 1939, S. 28).

Eine systematische Untersuchung würde unsere These, für die wir hier nur einige wenige Beispiele angeführt haben, zweifellos weiter erhärten.

So war das Meer bis zu den Triumphen der modernen Technik im kollektiven Gefühlsleben mit den düsteren Bildern der Verzweiflung verknüpft. Es war gleichzeitig Sinnbild für den Tod, die Nacht und den Abgrund. Diesen jahrtausendealten Widerwillen vor dem Meer spürt man in «Oceano nox»: «Wo sind die Matrosen, versunken in schwarzen Nächten?» Victor Hugo schrieb dieses Gedicht im Jahre 1836. Achtzehn Jahre später verzeichnet der Jahresbericht der englischen Marine für das Jahr 1853 noch 832 verlorengegangene Schiffe.[43]

Eine im wesentlichen landgebundene Kultur konnte also ihr Mißtrauen einem Element gegenüber nicht verlieren, das so heimtückisch wie das Wasser ist, noch dazu, wenn es zum Meer anschwillt. Mitte des 18. Jahrhunderts begibt sich ein Dominikaner aus Grasse zum Generalkapitel seines Ordens nach Rom und schifft sich in Nizza ein. Aber schon in Monaco läßt er sich der stürmischen See wegen wieder an Land bringen und setzt seine Reise auf dem Landweg fort. Durch dieses Abenteuer belehrt, trägt er in seinen Reisebericht folgenden Satz ein: «Wie nahe das Festland auch sei, man ist immer weit genug draußen auf dem Meer, um sein Grab darin zu finden.»[44]

2. Die Nähe und die Ferne; das Alte und das Neue

Als Tor zur Ferne führte das Meer einst zu ungewöhnlichen Ländern, wo alles mögliche und Befremdliches an der Tagesordnung war, das oftmals die Reisenden schreckte. Von Plinius bis zu Simone Majolo (Dies caniculares, Rom 1597) über Vincent de Beauvais, Mandeville und die Geschichten aus «Tausend und eine Nacht» hielt sich der Glaube an einen magnetischen Berg, der irgendwo auf dem Weg nach Indien liegen sollte. Er zog unwiderstehlich die Schiffe an, die metallische Gegenstände, vor allem Nägel, an Bord hatten, hielt sie gefangen oder zerschmetterte sie und bewirkte so ihren Untergang.[45] Erzählte man sich nicht noch im 15. Jahrhundert, daß das Meer am Äquator koche und daß die Antipoden unbewohnt und unbewohnbar seien?

Daher die Furcht der portugiesischen Matrosen, als Heinrich der Seefahrer von ihnen verlangte, Kap Bojador (im Süden Marokkos) zu umschiffen, das lange Zeit als «Kap der Angst» galt:

«Es steht fest», sagten sie, «daß es jenseits dieses Kaps weder Menschen noch bewohnte Orte gibt. Der Boden ist nicht weniger sandig als in den Wüsten Libyens, wo es weder Wasser noch Bäume, noch grünes Gras gibt. Das Meer ist eine Meile vom Ufer entfernt höchstens einen Faden tief. Die Strömungen sind dort so stark, daß kein Schiff von jenseits dieses Kaps zurückkehren kann. Deshalb versuchten unsere Väter nie, es zu umschiffen.»[46]

In den «Lusiaden» machte Camoens sich zum Sprachrohr der Ängste, die die portugiesischen Matrosen ausstanden, wenn sie sich dem Kap der Guten Hoffnung näherten, das einst «Kap der Stürme» genannt wurde. Das Epos hätte in der Vorstellung des Dichters kaum diese Gestalt annehmen können, wenn es nicht so viele mündlich überlieferte Erzählungen und schriftliche Berichte über diese gefürchtete Durchfahrt gegeben hätte. Wenn sich die Schiffe dem Kap näherten, erschien es den Kapitänen und Mannschaften als ein Riesenleib von «häßlicher, gigantischer Gestalt», gleich dem Koloß von Rhodos und wie eine unbeabsichtigte Vorankündigung von Goyas «Koloß»:
«Sein Antlitz [war] kummerbleich,
Die Augen tief und hohl, furchtbar die Haltung,
Die Farbe blaß und fahl, der Erde gleich,
Die Haare voll von Erde,
Kraus und häßlich,
Die Lippen schwarz, die Zähne gelb und gräßlich.»
Zu den portugiesischen Matrosen spricht er folgende drohenden Worte:
«O Volk, verwegenstes von allen,
Die auf der Welt für große Thaten glühn, (...)
Du lässest die verbotnen Schranken fallen,
Beschiffest meine weiten Meere kühn,
Die schon so lange Zeit ich hab' und hüte,
Wohin kein Kiel, fern oder nah sich mühte;
Zu schauen die verborgnen Wundermächte
Des Weltalls und der feuchten Region,
Niemals erspäht vom sterblichen Geschlechte, (...)
Ja, wisse, daß die Segel, die der Reise,
Von dir gewagt, sich fürder kühn vertraun,

Dies Meer verfolgen wird nach Feindesweise
Mit Stürmen und mit Ungewittergraun,
Und daß die Flotte, die verbotne Gleise
Zuerst befährt in diesen Meeresaun,
Ich unvermutet also strafen werde,
Daß größer sei das Unheil als die Fährde (...)
Nein, euren Schiffen jedes Jahr gesendet, (...)
Wird Schiffbruch, Unglück aller Art entstehen;
Der Uebel kleinstes ist, den Tod zu sehen.»[47]

Portugiesische Chronisten und Dichter haben natürlich versucht, den Mut der lusitanischen Kapitäne zu verherrlichen. Andererseits herrschen am Kap Bojador tatsächlich starke Strömungen. Und schließlich und endlich versuchte in der Renaissance jede Nation, ihre Konkurrenten mit schreckenerregenden Erzählungen über Seereisen zu beeindrucken. Diese Abschreckungstaktik wurde noch durch den Versuch unterstützt, die besten Reiserouten geheimzuhalten. Außerdem erzeugten lange Reisen generell Furcht.

Und wenn man dann doch in den fremdartigen Ländern anlangte, welche Ungeheuer und phantastischen, furchterregenden Tiere würde man dort nicht vorfinden? Im Mittelalter glaubte man, in Indien lebten Menschen mit Hundsköpfen, die knurrten und bellten, andere, die keinen Kopf, dafür aber Augen auf dem Bauch hatten, und wieder andere, die sich vor der Sonne schützten, indem sie sich auf den Rücken legten und ihren einzigen, riesigen Fuß als Sonnenschirm über sich hielten. Eine Traumwelt, die Ende des 15. und Anfang des 16. Jahrhunderts in den Werken von Hieronymus Bosch wiederkehrt. In «Le Secret de l'histoire naturelle», das Ende des 15. Jahrhunderts erschien, kann man über Ägypten lesen:

«In Unterägypten (...) leben zwei gefährliche Ungeheuer. Sie halten sich gern am Meeresufer auf und werden von den Menschen dieser Gegend sehr gefürchtet. Die einen heißen Nilpferde, die anderen Krokodile. In Oberägypten aber, das an den Orient grenzt, gibt es viele wilde, giftige Tiere wie Löwen, Leoparden, Pariden, Trigiden und Basilisken, Drachen, Schlangen und Aspisvipern, deren tödliches Gift sehr gefährlich ist.»

Hinter all diesen Legenden oder erschreckenden Übertreibungen steht die Angst vor dem Fremdartigen, das heißt vor allem, was zu einer anderen, von der eigenen unterschiedenen Welt gehört. Gewiß übten diese außergewöhnlichen Vorstellungen, die man von den fernen Ländern hatte, auch eine starke Anziehungskraft aus. Die kollektive Phantasie im Europa des Mittelalters und der Renaissance stellte sich vor, jenseits der Meere lägen von Reichtum überfließende, üppige Schlaraffenländer, deren Trugbilder Entdecker und Abenteurer dazu verführten, sich über die vertrauten Horizonte hinauszuwagen.[48] Die Ferne – das Andersartige – wirkte auf Europa wie ein Magnet, der ihm seine Grenzen sprengen half. Darauf werden wir später zurückkommen.

Die Masse des Volkes schreckte jedoch noch lange Zeit vor dem Fremden, welcher Art auch immer, zurück. Der Rat, den der Byzantiner Kekavmenos im 11. Jahrhundert gab, hätte ebensogut fünfhundert Jahre später von vielen Abendländern formuliert werden können: «Wenn ein Fremder in deine Stadt kommt, Freundschaft mit dir schließt und sich gut mit dir versteht, dann traue ihm nicht. Gerade dann solltest du im Gegenteil auf der Hut sein.»[49] Daher die Feindseligkeit den «Auswärtigen» gegenüber, der Zorn in den Dörfern, dem lautstark Ausdruck gegeben wurde, wenn ein Mädchen einen Ortsfremden heiratete, das Schweigen der Einwohner den Behörden gegenüber, wenn einer der ihren einem «Fremden» übel mitgespielt hatte, die Streitigkeiten zwischen Bauern benachbarter Dörfer, die Neigung, die Juden für die Seuchen verantwortlich zu machen[50] sowie die wenig schmeichelhaften Vorstellungen, die im 15. und 16. Jahrhundert die europäischen Völker oft voneinander hatten, als die Christenheit sich spaltete. In seinem «Livre de la description des pays», das er um 1450 verfaßte, äußert sich Gilles Le Bouvier abwertend über fast alle europäischen Völker: die Engländer stellt er als «grausam und blutrünstig» und darüber hinaus als habgierig dar, die Schweizer als «grausame, ungehobelte Leute», die Skandinavier und Polen als «schreckliche, wilde Leute», die Sizilianer als «Männer, die eifersüchtig ihre Frauen bewachen», die Neapolitaner als «fett und ungehobelt» und als «schlechte Katholiken und große Sünder», die Kastilier als «jähzornige Leute, die schlechte Kleider und Schuhe tragen, in schlechten Betten schlafen und schlechte Katholiken sind». Zur Zeit der Reformation behaupten Engländer und Deutsche, Italien sei eine Lasterhöhle, eine Meinung, die nicht wenig zur Verbreitung des Protestantismus beigetragen hat. Sogar zu einer Zeit also, in der die Renaissance den Horizont des Abendlandes erweitert, ja selbst noch danach, erscheint das Ausland vielen Leuten als verdächtig und beunruhigend. Es wird lange dauern, bis man sich daran gewöhnt hat.

Gibt es nicht im 17. und sogar noch zu Anfang des 18. Jahrhunderts fremdenfeindliche Bewegungen in verschiedenen Gebieten Europas? So zum Beispiel 1620 in Marseille gegen die Türken (45 von ihnen bringt man um), 1623 in Barcelona gegen die Genuesen und 1706 in Edinburgh, wo die Mannschaft eines englischen Schiffes vom Pöbel niedergemacht wird.[51]

Das Neue war – und ist – eine Kategorie des Fremden. Heutzutage ist das Neue ein Schlagwort, das etwas einbringt, früher dagegen löste es Angst aus. Später werden wir auf Aufruhr und Revolten zurückkommen, die ihren Ursprung in den Steuererhöhungen hatten. Ein unerträglicher Steuerdruck war jedoch nicht nur eine Last mehr für einen müden Rücken, sondern er war auch eine Form des Neuen. «Unser Volk», gaben 1651 die Schöffen von Bordeaux an, «reagiert natürlich unwillig auf alle Neuerungen.»[52] Den Aufständischen des Périgord von 1637 erscheinen die ihnen kürzlich auferlegten Zwänge als «außergewöhnlich, unerträglich, rechtswidrig, übertrieben und unseren Vätern gänzlich unbekannt»[53]. Dieselbe Ablehnung der «Neuerungen» erscheint in dem «Gesuch des Volkes», das die aufständischen Bauern aus zwanzig bretonischen Gemeinden im Jahre 1675 beim Marquis de Nevet und über diesen beim Statthalter der Provinz einreichen: «Wir sind damit einverstanden, [die Steuern] zu begleichen, die es schon vor 60 Jahren gab, und wir säumen nicht, jedem zu zahlen, was ihm zusteht. Wir protestieren nur gegen die neuen Erlässe und Belastungen.»[54] Wenn die Pläne oder Gerüchte, die Salzsteuer auch in den Regionen zu erheben, die nach der Tradition davon ausgenommen waren (wie die untere Normandie, die Bretagne, das Poitou und die Gascogne), so viele gewaltsame Reaktionen hervorriefen, so lag das daran, daß das Volk darin eine Beschneidung seiner ältesten Vorrechte, also seiner Freiheiten, sah, eine Verletzung seiner Rechte und des Wortes des Königs. Daher der berühmte Ruf: «Es lebe der König ohne Salzsteuer!» Daher das «Manifeste du haut et indomptable capitaine Jean Nudz Piedz, général de l'armée de souffrance» (1639) («Manifest des großen und unbezwinglichen Hauptmanns Hans Barfuß, General der Leidensarmee»), das für die Freiheit der Normandie plädierte.

«Hans Barfuß ist euer Helfer,
Er wird eure Sache rächen,
Euch von den Steuern befreien,

Die Salzsteuer wird aufgehoben,
All jene Leute er vom Halse euch schafft,
Die sich an euren Gütern
Und auf Kosten des Vaterlands bereichern;
Er ist von Gott gesandt,
Um der Normandie
Zu völliger Freiheit zu verhelfen.»[55]

Es ist also nicht übertrieben, mit Yves-Marie Bercé in den Aufständen von einst, die sich gegen den Fiskus richteten, den Zusammenstoß zweier Kulturen zu sehen: die eine analphabetisch, sich ans Althergebrachte klammernd, befindet sich in der Defensive und «entnimmt ihre Vorbilder einer unveränderlichen Vergangenheit», die andere kennt die Schrift, ist modern, dringt vor und ist in gefährlicher Weise allem Neuen gegenüber aufgeschlossen.[56] Wäre das Stempelpapier ebenso verabscheuungswürdig erschienen, wenn man nicht versucht hätte, es Menschen aufzuzwingen, die weitestgehend des Lesens und Schreibens unkundig waren? Dieselben geistigen Strukturen erklären den Aufstand der «tard-avisés» («geistig Zurückgebliebenen») im Quercy 1707: Er richtete sich gegen den Einsatz von Prüfern, die die Auszüge an Kirchenbüchern begutachten sollten.[57] Wenn während der Aufstände von einst häufig Akten und Papiere verbrannt wurden, dann wohl aus dem Grunde, weil das einfache Volk der Schrift gegenüber Angst und Haß empfand.

Hand in Hand mit den neuen Steuern ging nicht nur ein nie vorher dagewesener Papierwust, sondern auch die Einrichtung von Steuereintreibungsbehörden, an die das Volk nicht gewöhnt war und die es schier um den Verstand brachten. Um im Frankreich des 17. Jahrhunderts Steuern zu erheben, wurde den Ständen die Verantwortlichkeit für das Steuerwesen entzogen, und die Finanzbeauftragten, die traditionsgemäß die Interessen ihrer Stadt oder Provinz vertraten, wurden nach und nach durch bezahlte Verwaltungsbeamte ersetzt, die absetzbar waren und von Intendanten ernannt wurden. So waren in der Volksmeinung neue Steuern und «Auswärtige» unlösbar miteinander verbunden. Verwaltungsbeamte und Steuereintreiber jeder Art wurden als Leute angesehen, die von anderswo gekommen waren, um eine Gemeinde auszusaugen, in der sie nicht zu Hause waren. Im Jahre 1639 griffen die «nu-pieds» («Barfüßler») der unteren Normandie zu den Waffen, um das von «Parteigängern und Steuereintreibern» unterdrückte Vaterland zu verteidigen und «keine unbekannten Perso-

nen» in der Gemeinde zu dulden.[58] Die dritte Strophe des «Manifeste de Jean Nudz-Piedz» enthält folgenden bezeichnenden Ausruf:
«Und soll ich es etwa dulden,
Daß das Volk weiter schmachtet unter dem Joch
Und daß ein Haufen Auswärtiger mit seinem Anhang
Tag für Tag es unterdrückt!»[59]

Neuere Untersuchungen der Aufstände von einst haben nachgewiesen, daß fast alle als Charakteristikum eine «neuheitenfeindliche» Komponente aufwiesen. Im Sinne konservativer Haltungen beriefen sie sich manchmal ausdrücklich, häufiger aber unbewußt auf den Mythos vom verlorenen goldenen Zeitalter, dem wunderbaren Schlaraffenland, in der man gern zurückgekehrt wäre und das die Verfechter des Tausendjährigen Reiches neuerlich am Horizont auftauchen sahen. In seiner abgeschwächten Form wollte dieser Mythos das Volk glauben machen, es hätte einstmals einen Staat ohne Steuern noch Unterdrückung gegeben, zum Beispiel zur Zeit Ludwigs XII. Dies versicherte Jean Nudz-Piedz den normannischen Aufständischen von 1639:
«Kurzum, ich werde die Steuerfreiheit wieder einführen,
Für Adlige, Bauern und die heilige Kirche,
Genauso wie sie einst bestand
Im goldenen Zeitalter unter Ludwig XII.»[60]

Das Hirngespinst des steuerlosen Staates geisterte durch die Jahrhunderte. So glaubte man in Frankreich beim Tode Karls V., bei der Krönung Heinrichs II., beim Tode Ludwigs XIII. und Ludwigs XIV. an eine plötzliche Steuererleichterung, ja sogar an eine Abschaffung des gesamten Steuerwesens. Gleiche Reaktionen riefen 1848 der Zusammentritt der von Ludwig XVI. einberufenen Generalstände und die sich in den Provinzen verbreitenden Nachrichten von den Pariser Ereignissen hervor.[61] Lange Zeit bewahrte dieser Mythos als wichtigsten Bestandteil den Glauben an die unerschöpfliche Güte des Herrschers. Letzterer war der Vater all seiner Untertanen und hatte kein anderes Bestreben, als ihr Los zu erleichtern. Aber er wurde von seinen Ministern und deren Vertretern am Ort hintergangen. Daher hat sich jahrhundertelang das Volk niemals gegen den König erhoben, der eine unantastbare, über jeden Zweifel erhabene Persönlichkeit war, sondern immer nur gegen seine unwürdigen Diener. In einem Entschuldigungsschreiben, das die Einwohner von Bordeaux 1549 an Heinrich II. richteten, wiesen sie in aller Offenheit darauf hin, daß «der Aufstand nicht gegen seine Autorität gerichtet war, sondern nur das Ziel hatte, den großen Plünderungen abzuhelfen, die von den Steuereintreibern begangen wurden und die ihnen unerträglich waren»[62].

Sich zu erheben hieß, dem König zu helfen, sich der Blutsauger der Nation zu entledigen. Ebenfalls dachte man immer wieder, daß der Fürst diese tatkräftige Einmischung guthieße und zumindest für eine gewisse Zeit dem Volk den Befehl erteilte, Selbstjustiz zu üben. G. Lefebvre hat diesen Aspekt der kollektiven Psyche anhand der Unruhen in den ländlichen Gebieten im Jahre 1789 dargestellt. Viele Bauern glaubten damals, daß Ludwig XVI. nach dem 14. Juli beschlossen hätte, die Macht der Privilegierten zu brechen und daß er Anweisungen in diesem Sinne erteilt hätte. Verschwörer verhinderten jedoch die Veröffentlichung besagter Anweisungen, und die Priester weigerten sich, sie bei der Predigt zu verlesen. Trotz dieses Schweigens war man überzeugt, daß der König befohlen hätte, die Schlösser in Brand zu stecken und daß er mehrere Wochen für dieses heilige Werk anberaumt hätte. Dieser Mythos hielt sich noch bis 1868. Damals waren die Bauern des Angoumois und des Périgord davon überzeugt, daß der Kaiser die Erlaubnis zu mehrtägigen Plünderungen gegeben hätte, die wohlgemerkt nur eine Form der Selbstjustiz für das Volk gewesen wären. So gab es früher wenige kollektive Gewaltausbrüche ohne eine zumindest stillschweigende Berufung auf eine idyllische Vergangenheit, ohne Angstgefühle den Neuerungen und den Fremden gegenüber, die sie mitbrachten, oder ohne das tiefe Mißtrauen, das man Leuten gegenüber empfand, die einer anderen Welt angehörten. Die Bauern mißtrauten also den Städtern, die Städter den Bauern, Städter und Bauern den Landstreichern. All diese Ängste brachen in Frankreich während der Unruhen von 1789 bis 1793 neuerlich an die Oberfläche.

Die Angst vor Neuerungen und deren Ablehnung spielten auch eine Rolle bei den religiösen Unruhen und Aufständen des 16. und 17. Jahrhunderts. Die Protestanten wollten keinerlei Neuerungen einführen. Ihr Ziel war es, zur Reinheit der Urkirche zurückzukehren und das Wort Gottes von allen schädlichen Entstellungen zu befreien. Es galt, die vielen abergläubischen, götzendienerischen Ausschmückungen, die die vom Satan getäuschten Menschen im Laufe der Jahrhunderte zum Nachteil der Heilsbotschaft «eingefügt», «erfunden» und «erdichtet» hatten, notfalls mit Gewalt auszumerzen. Ablaßhandel, Wallfahrten, Heiligenverehrung, Gottesdienste in lateinischer Sprache, Beichtpflicht, Klostergelübde und papistische Messen sollten abgeschafft werden, um wieder direkt über die Bibel Zugang zu Gott zu haben. Die «drey Mauren» die das Papsttum um sich gezogen hatte, niederzureißen, wie Martin Luther verlangte (das heißt der Vorrang der päpstlichen Gewalt vor der weltlichen Macht, das Recht, das der Papst sich anmaßt, allein die Heilige Schrift auszulegen, und sein Alleinrecht, ein Konzil zu berufen), das hieß, sich für Gott und gegen den Antichrist einzusetzen und im Christentum die Dinge ins rechte Lot zu bringen.[65] Weder Luther noch Calvin hießen den Bildersturm gut, aber in Deutschland, der Schweiz, den Niederlanden und in Frankreich gab es Aktivisten, die sich nicht um ihre Anordnungen kümmerten und die die Lehre, die sie empfangen hatten, bis zum Äußersten trieben. Da diese in den Bildern eine abergläubische Vergegenständlichung sah, die den Menschen von seinem wahren Gott entfernte, kam ihre Zerstörung einer Wiederherstellung des authentischen Gottesdienstes gleich, der im Laufe der Jahrhunderte immer mehr verfälscht worden war. In gewisser Weise war es auch eine Nachahmung von Christi heiliger Wut und von seinem Verhalten, als er die Händler aus dem Tempel trieb.

Nigrinus, Superintendent von Hessen, versicherte in einer Predigt von 1570: «Wir wissen, daß es Gottes Gericht und Strafe sei, der hat es den geistlichen Hurenhäusern und Götzentempeln lang gedreuet, er wolle sie in die Eschen [Asche] legen. So muß es je ins Werk kommen. Ja, wenn er keinen Menschen dazu könnte aufbringen, so würde er sie doch mit Donner und Blitz in die Erde schlagen.»[66]

So verstand sich die protestantische Bewegung noch in ihren Ausschreitungen als Rückkehr zur Vergangenheit, sie bezog sich auf das goldene Zeitalter der Urkirche und lehnte die frevelhaften Neuerungen ab, die der Papismus im Laufe der Jahrhunderte angehäuft hatte.

Die Bevölkerung hatte sich jedoch an Bilder, Zeremonien, an die sieben Sakramente, die Hierarchie und die katholische Ordnung gewöhnt. Auch erschienen die Protestanten vielen als kühne Neuerer und wurden deshalb als gefährlich angesehen. Sie schafften die Messe ab, die Vesper, die Fastenzeit und erkannten den Papst nicht mehr an; sie verwarfen das kirchliche System in seiner Gesamtheit, so wie es seit Jahrhunderten bestand, ebenso wie die Klöster; sie werteten den Kult der Mutter Gottes und der Heiligen ab. Im täglichen Leben bewirkten sie unerhörte Veränderungen. Am Vorabend der Religionskriege in

Frankreich werden die «Konventikel», das heißt die religiösen Zusammenkünfte der Reformierten, bald zum Gegenstand böswilliger Gerüchte; das gewollt strenge Auftreten der Calvinisten machte sie bei vielen verdächtig. Die Regentin der Niederlande gab sicher den Gefühlen vieler Leute Ausdruck, als sie auf «die unmittelbar drohende Gefahr einer Zerstörung und eines allgemeinen, baldigen Umsturzes der alten katholischen Religion, die den Staat zusammenhält (...)»[67], aufmerksam machte. Der protestantische Glaube nahm für seine zahlreichen Feinde die Gestalt einer «neuen Lehre» an, einer «neuen Religion». Außerdem stellte man ihn in Frankreich als von den «Genfer Hundesöhnen» aus dem Ausland importiert dar. Die «Genfer Mode» anzunehmen, das hieß schlicht und einfach, die Religion zu wechseln, mit allen Konsequenzen, die eine solche Entscheidung mit sich brachte. Bei der Krönung Karls IX. am 5. Mai 1561 verkündete der Kardinal von Lothringen dem jungen König, daß «derjenige, der ihm riete, einen anderen Glauben anzunehmen, ihm damit die Königskrone vom Haupte reißen würde». Die Aufgabe der Katholiken bestand also darin, den «alten Glauben aufrechtzuerhalten» und den «heiligen Gottesdienst» wiederherzustellen. Als sich 1575 die «Heilige Liga von Péronne» bildete, erklärte der Verband der Fürsten, Feudalherren und Edelleute, sie wollten «Gottes Gesetz in seiner Gesamtheit einsetzen und die heilige Messe wieder lesen und beibehalten, wie sie in der römisch-katholischen Kirche gelesen wird». Wenn die Ketzerei der kollektiven Psyche wie ein «Geschwür» erschien, das man «aufschneiden» und «entfernen» müsse, dann auch deshalb, weil sie etwas Neues war, wogegen man sich verteidigen mußte.

Im Gegensatz zu Frankreich und den Niederlanden ließen die Herrscher in England das Pendel zugunsten des Protestantismus ausschlagen. Nicht ohne Mühe allerdings, denn mehrere Aufstände gaben der Verbundenheit eines Teils der Bevölkerung mit dem römischen Glauben und den traditionellen religiösen Strukturen Ausdruck. Die «Pilgrimage of Grace» (1536) in der Gegend von York war ein Aufstand zur Erhaltung der Klöster, deren Abschaffung die Regierung beschlossen hatte. Gewiß spielten die Klöster eine große wirtschaftliche und gesellschaftliche Rolle, aber vor allem hatten sie laut Aske, dem Rädelsführer des Aufstands, zwei wichtige religiöse Aufgaben: einmal hielten sie durch ihre Barmherzigkeit die wahre christliche Tradition aufrecht, zum anderen verkündeten sie einem «mit den göttlichen Gesetzen kaum vertrauten» Volk Gottes Wort.[68]

Das Volk hielt an der herkömmlichen Art des Gebets fest; das beweisen mehrere Zwischenfälle, die sich kurz vor der «Pilgrimage of Grace» in Ostengland ereigneten. Am Sonntag nach Weihnachten erhoben sich die Gläubigen in der Kirche von Kendal und zwangen den Pfarrer, den Rosenkranz für den Papst zu beten. In Kirby Stephen erzürnte sich die Bevölkerung, weil ihr Pfarrer es versäumt hatte, das Fest des Apostels Lukas zu begehen. In einer Ortschaft des East Riding kam es zu demselben Vorfall wegen des Festes des heiligen Wilfred.[69] Die «Kreuzfahrer» der «Pilgrimage of Grace» verlangten also vor allem die «Wiederherstellung» ihrer Religion. In ihrem Manifest heißt es nachdrücklich: «Erstens wollen wir für unseren Glauben, daß die Ketzereien von Luther, Wiclif, Hus, Melanchthon, Ökolampad und Bucer (...) sowie die anderen Ketzereien der Wiedertäufer in diesem Königreich ausgemerzt werden. Zweitens soll der Heilige Stuhl in Rom als höchste Autorität der Kirche für die Betreuung der Seelen wieder eingesetzt werden, so wie es vordem war, und die Priester sollen vom Papst ihre Weihe empfangen. (...)

Die aufgehobenen Klöster sollen wieder geöffnet, und es sollen ihnen ihre Güter zurückerstattet werden, (...) damit die Ordensbrüder in ihr Haus zurückkehren können (...).»[70]

Im Jahre 1547 begann der Aufstand von Cornwall mit der Ermordung des Regierungsvertreters William Body in Helston. Er war gekommen, um die von Eduard VI. und dem Reichsverweser Somerset erlassenen Richtlinien der Reformierten in die Tat umzusetzen. Nach dem Mord verkündete einer der Rädelsführer des Aufstandes öffentlich auf dem Marktplatz: «Jeder, der es wagen sollte, für Body Partei zu ergreifen und sich wie er der neuen Mode anzuschließen, wird auf dieselbe Art bestraft.»[71] Das Banner der Aufständischen (die bald darauf Exeter belagerten) zeigte als Symbol die fünf Wundmale Christi, einen Abendmahlskelch und eine Monstranz: Diese beiden heiligen Gegenstände bezeugten offen ihre Verbundenheit mit der traditionellen Kirche.

Die Glaubenskonflikte des 16. Jahrhunderts können also als dramatischer Zusammenstoß zweier Verweigerungen des Neuen betrachtet werden. Die einen wollten die empörenden, papistischen Zusätze ausmerzen, mit denen die römisch-katholische Kirche die Bibel zusehends verfälscht hatte; die anderen klammerten sich an den Gottesdienst, so wie sie ihn aus ihrer Kindheit kannten und wie ihn ihre Ahnen abgehalten hatten. Aller Augen waren auf die Vergangenheit gerichtet, niemand wollte als Neuerer auftreten. Veränderungen wurden von den Menschen von einst als Störung der herrschenden Ordnung angesehen, das Ungewohnte wurde als bedrohlich empfunden. Als im protestantischen Deutschland Ende des 16. Jahrhunderts der 1582 in Rom ausgearbeitete Gregorianische Kalender eingeführt werden sollte, kam es zu lautstarken Protesten und zu Panikausbrüchen: Man befürchtete sogar ein Blutbad. Handelte es sich nicht um einen papistischen Kalender? Dies war zumindest das Hauptargument. Aber im Grunde war man sicher nur verstört über diese unerhörte Veränderung in der Berechnung der Tage.[72]

Die Ferne, das Neue und Veränderungen riefen Angst hervor. Aber man fürchtete sich ebenso vor seinem Nächsten, das heißt vor seinem Nachbarn. In den großen Wohnsilos unserer Zeit kennt man oft noch nicht einmal seinen Nachbarn, mit dem man auf der Etage Tür an Tür wohnt. Man kennt die Geräusche aus der Wohnung nebenan besser als die Gesichter ihrer Bewohner. Man lebt in einer Anonymität, die grau in grau und monoton ist und die sich tausendfach wiederholt. Früher dagegen, «in dieser Welt, die (größtenteils) für uns verloren ist», kannte man seinen Nachbarn häufig nur allzu gut. Er bedrückte die anderen. Ein zu enger Horizont führte immer wieder dieselben Leute zusammen und steckte einen Kreis dunkler Leidenschaften und gegenseitigen Hasses ab, der ständig von neuem Groll genährt wurde. Man wußte es indessen aber auch sehr zu schätzen, einen Freund gleich bei der Hand zu haben.

«Wer einen guten Nachbarn hat, der fängt seinen Tag gut an», sagen die Sprichwörter[73], nicht ohne auf den gegenteiligen Fall aufmerksam zu machen: «Wer einen bösen Nachbarn hat, der fängt deshalb seinen Tag oft schlecht an» (13. Jahrhundert, «Roman de Fierabras»). «Man sagt, wer einen schlechten Nachbarn hat, der fängt oft seinen Tag schlecht an» (13. Jahrhundert, «Roman du Renart»).[74] Der Nachbar ist umso gefürchteter, als ihm nichts entgeht. Sein inquisitorischer Blick verfolgt uns Tag und Nacht, Jahr um Jahr. «Der Nachbar weiß alles», versichert ein Ausspruch aus dem 15. Jahrhundert.[75] In der Welt von heute herrscht unter Nachbarn Gleichgültigkeit, früher aber war es Mißtrauen, also Furcht. Deshalb war es ratsam, den anderen zu überwachen und sich ihm gegenüber in ständiger Alarmbereitschaft zu befinden: «Das Äußere verrät den Charakter» (13. Jahrhundert). «Man kennt die Leute an ihren Gebärden und an ihrer Haltung» (16. Jahrhundert).[76]

Jene, die man der Hexerei beschuldigte, waren häufig Leute, die ihren Anklägern wohlbekannt waren oder von denen man zumindest glaubte, man kenne sie gut und deren verdächtiges Verhalten man Tag für Tag heimlich beobachtet hatte: Sie besuchten selten oder gar nicht die Messe oder gebärdeten sich seltsam, wenn sie die Sakramente empfingen; sie hatten Leute behext, indem sie sie im Vorbeigehen angerempelt oder sie mit ihrem giftigen Atem angehaucht oder ihnen teuflische Blicke zugeworfen hatten – sie hatten also den bösen Blick. Hier spielte der Umstand der körperlichen Nähe als Ursache der Feindseligkeit eine Rolle. Außerdem war einem auch dieser oder jene nicht nur wohlbekannt, sondern auch sein im Gefängnis gestorbener Vater oder ihre Mutter, die ihrerseits eine Hexe war. Öffentliche Meinung und Experten waren sich darüber einig, daß die Kinder unter solchen Voraussetzungen nur schuldig sein könnten. Dämonologen und Richter vermuteten, daß hinter vielen Anklagen der Hexerei Rachepläne stünden. Aber die Vorstellung, die sie vom Satan hatten (wir kommen später darauf zurück), ließ sie die Schrecken des Volkes beurkunden und trug so dazu bei, die Verdachtsmomente noch zu verstärken, die in einer Kultur, wo der Nächste weit häufiger Feind als Freund war, jeder gegen jeden hegte. Sie erstellten auf diese Weise theoretische Modelle der existierenden feindseligen Beziehungen. Im «Malleus Maleficarum» (1. Ausgabe 1486, im weiteren als «Der Hexenhammer» zitiert), jenem unheilvollen Werk, das die Bibel so vieler Inquisitoren war, gibt Heinrich Institoris, der Hauptautor, die Aussage einer «ehrbaren» Frau aus Innsbruck wieder:

«‹Hinter dem Hause›, sagte sie, Habe ich einen Garten, und daran stößt der meiner Nachbarin. Als ich nun eines Tages bemerkt hatte, daß aus dem Garten der Nachbarin nach meinem Gemüsefelde nicht ohne meinen Schaden herübergegangen würde, kam plötzlich, während ich in der Tür zum Gemüsefeld stand und mich bei mir selbst beklagte und ärgerte, sowohl über das Herübergehen als auch über den Schaden, die Nachbarin herzu und fragte, ob ich sie im Verdachte hätte? (...) Da entfernte sie sich unwillig (...) mit einem Gemurmel. (...) Nach wenigen Tagen aber befiel mich eine gewaltige Krankheit mit Bauchschmerzen und sehr heftigen Stichen von der linken Seite nach der rechten und umgekehrt, als wenn zwei Schwerter oder Messer in meine Brust geheftet seien; (...) Die boshafte Nachbarin hatte unter die Türschwelle ihrer Feindin (...) ein gewisses wächsernes Bildnis in der Länge eines Handtellers [gelegt] (...), welches überall durchbohrt war und zwei durch die Seiten gegeneinander (gestochene) Nadeln hatte, in der Art, wie ich selbst die Stiche von der linken bis zur rechten und umgekehrt verspürt hatte; dann verschiedene Stücken Zeug, die sehr viele Dinge enthielten, sowohl an Körnern als auch an Samen und Knochen.›»[77]

Unter Berufung auf den «Formicarius» von Nider beschreibt «Der Hexenhammer» eine andere Art teuflischer Machenschaften unter Nachbarn. Zwei Hexer aus der Gegend von Bern «wußten (...), wenn es ihnen gefiel, den dritten Teil Mist, Heu oder Getreide oder jeder beliebigen anderen Sache vom Acker des Nachbars, ohne daß es einer sah, nach dem eigenen Acker zu schaffen; die lebhaftesten Hagelschläge und schädliche Lüfte samt Blitzen zu besorgen; vor den Augen der Eltern Kinder, die am Wasser spazieren gingen, hineinzuwerfen, ohne daß es jemand sah; Unfruchtbarkeit der Menschen und Vieh zu bewirken; (...) an Sachen und Körpern auf alle möglichen Weisen zu verletzen; mit dem Blitzstrahle immer wen sie wollten zu treffen und vieles andere, Pest bringendes zu besorgen, wo und wenn die göttliche Gerechtigkeit es geschehen ließ.»[78]

Hinter den Hexenprozessen des 16. und 17. Jahrhunderts stehen die Aussagen des «Hexenhammer». In seiner «Démonomanie» erwähnt Jean Bodin, «die Verurteilung einer Hexe, die angeklagt war, ihre Nachbarin in der Stadt Nantes behext zu haben» und die deshalb verbrannt wurde.[79] In einer noch unveröffentlichten Akte über die Behexung von Tieren und Menschen in der Gegend von Sancerre zwischen 1572 und 1582 werden gegen Jehan Cahouet, einen der Angeklagten, folgende Beschuldigungen erhoben: «Er ist ein Hexenmeister, der mit den Wölfen nach seinem Willen verfährt, der sie aus ihren Wäldern ins Tal lockt, der seinen Nachbarn Ungemach und Schaden zufügt, indem er ihr Vieh besagten Wölfen zum Fraß vorwirft oder durch Hexerei tötet (...), dergestalt, daß er von besagten Nachbarn gefürchtet wird.»[80] Hauptgegenstand des Hexenwahns, der im 16. und 17. Jahrhundert Europa verwüstete, war die Feindseligkeit unter Nachbarn, zwischen zwei benachbarten Dörfern oder zwischen zwei rivalisierenden Familien einer Ortschaft. Im Jahre 1555 werden in Bilbao 21 Mitglieder der Familie Ceberio wegen Hexerei ins Gefängnis geworfen. Die Beschuldigung wurde von einer Gruppe Dorfbewohner ausgesprochen, die ihnen feindlich gesinnt war.[81] Die schädlichen Handlungen, die man den verdächtigen Nachbarn unterstellte, nahmen alsbald stereotype Formen an. Ein Beispiel unter Tausenden sind die «teuflischen» Machenschaften der Claudine Triboulet, die 1632 von den Richtern des Bezirks Luxeuil zum Tode verurteilt wurde. Sie kauft einer gewissen Lucie Coussin für fünfhundert Francs ein Himmelbett ab. Als diese später beim Einkaufen ihre Börse öffnet, ist nichts als Staub darin. Einige Zeit später bringt Claudine Lucie ein Brot, die eine riesige Spinne darin entdeckt, als sie es anschneidet. Eilends läuft sie zum Priester, der das Brot segnet, woraufhin die Spinne sofort verendet ... und sich in Luft auflöst. Sie war also Teufelswerk. Am Tag des heiligen Lorenz jedoch ißt Lucie eine Birne, die sie von Claudine bekommen hat, und verspürt alsbald «ein Brennen in der Kehle». An der Unglücklichen muß in Besançon eine Teufelsaustreibung vorgenommen werden. Es ist also nur zu offensichtlich, daß Claudine eine Hexe ist.[82]

Noch mehr derartige Anekdoten anzuführen, die sich von der Schweiz[83] bis England und von Frankreich bis Deutschland immer wiederholen, ist nicht notwendig. Aufschlußreich sind dagegen zwei Bestandsaufnahmen von A. Macfarlane: unter 460 vor dem Schwurgericht von Essex zwischen 1560 und 1680 verhandelten Hexenprozessen gab es nur 50 Fälle, bei denen die Opfer nicht im selben Ort wohnten wie die Person, die sie angeblich behext hatte. Und in nur fünf Fällen betrug die Entfernung zwischen Ankläger und Angeklagtem mehr als fünf Meilen. Die Macht der Hexen und Hexenmeister reichte also kaum über ein paar Meilen hinaus.[84] Der scharfsichtige Reginald Scot hatte schon 1584 bemerkt, daß die Reichweite ihrer Zauberkünste sich auf den Bereich ihrer sozialen Kontakte beschränke.[85] Die Hexenprozesse lassen die Spannungen und Verdachtsmomente in grellem Licht erscheinen, die einst eine Kultur durchzogen, in der man «Auge in Auge» lebte, und die fast zwangsläufig eine oder mehrere Personen pro Dorf mit dem Ruch des Gefährlichen umgaben. Zu diesem Thema läßt sich auch ein Gegenbeleg anführen: Im 17. und 18. Jahrhundert waren die Hexenprozesse in Neu-Frankreich (Kanada) mehr als selten, obwohl man das Gegenteil hätte erwarten können, da die Landbevölkerung Gott lästerte, wie in Europa in einer Atmosphäre der Magie lebte und darüber hinaus dem wachsamen Auge eines militanten Klerus unterstand. In Amerika waren die Familien der französischen Einwanderer jedoch durch große Entfernungen voneinander getrennt. Hier empfand man den Nachbarn nicht als bedrückend, sondern man suchte im Gegenteil seine Gesellschaft, man versuchte, der nächsten Siedlung möglichst nahe zu sein, um den Gefährdungen durch Einsamkeit und Indianer zu entgehen.[86] Einen anderen Franzosen in Amerika anzuschwärzen und verurteilen zu lassen kam einer Schwächung der eigenen Stellung gleich und bedeutete, sich inmitten einer feindlichen Welt noch ein wenig mehr abzukapseln. In Europa hingegen herrschte bis zur industriellen Revolution und der damit verbundenen massiven Landflucht eine Übervölkerung der ländlichen Gebiete, die zur Ursache von internen Konflikten wurde.

Der gegen den Nachbarn gehegte Verdacht, der die Ursache so vieler Denunziationen wegen Hexerei gewesen zu sein scheint, war ein in allen traditionellen Kulturen vorhandenes konstantes Element. Und vielleicht hilft uns folgende chinesische Fabel aus dem «Laotse» dabei zu verstehen, was einst in unserem Europa vor sich gegangen ist:

«Ein Mann fand seine Axt nicht mehr. Er verdächtigte den Sohn seines Nachbarn des Diebstahls und begann, ihn zu beobachten.

Sein Gang war der eines Axtdiebes. Sein Gesicht war das Gesicht eines Axtdiebes. Die Worte, die er sprach, waren die Worte eines Axtdiebes. Sein ganzes Wesen und sein Verhalten waren die eines Axtdiebes. Aber unvermutet fand der Mann beim Umgraben plötzlich seine Axt wieder. Als er am nächsten Morgen den Sohn seines Nachbarn neuerlich betrachtete, fand er weder in dessen Gang noch in seinem Verhalten irgend etwas von einem Axtdieb.»[87]

Unter den Leuten, die im Dorf gut bekannt waren, befand sich auch derjenige oder diejenige, der (oder die) in der Heilkunde bewandert war und den (oder die) man holte, wenn man krank oder verletzt war, da er (oder sie) wirksame Rezepte wußte und heilende Praktiken anzuwenden verstand. Diese Kenntnisse verliehen ihnen Macht und Autorität innerhalb des Kreises, in dem sie bekannt waren. Aber eine solche Person war der Kirche verdächtig, da sie eine Heilkunde betrieb, die von den kirchlichen Behörden und den Universitäten nicht anerkannt wurde. Wenn ihre Rezepte dann nicht halfen, wurde sie von der Öffentlichkeit angeklagt. Man bezichtigte sie, ihre Macht vom Satan erhalten zu haben, derer sie sich dann bediente, um zu töten, statt zu heilen. Sie riskierte also den Scheiterhaufen, auf dem – ein Fall unter vielen – die schottische Heilkundige Bessie Dunlop im Jahre 1576 starb.[88]

Étienne Delcambre hat den Verdacht, der im 16. und 17. Jahrhundert auf den Heilkundigen Lothringens lastete, klar herausgearbeitet. «Der Glaube der Richter und des Klerus daran», schreibt er, «hat schließlich den gemeinen Mann beeinflußt. Wer auch immer in

Lothringen sich anmaßte, die Kranken mit Zaubersprüchen oder Wallfahrten heilen zu wollen, oder sie mit übernatürlich erscheinender Plötzlichkeit heilte, wurde von seinen Nachbarn verdächtigt, mit dem Teufel im Bunde zu stehen.»[89]

Das Mißtrauen lastete noch schwerer auf den Hebammen, die sich im Schnittpunkt der Verdächtigungen befanden: Zum einen bedrängte sie die öffentliche Meinungsmache auf niedrigstem Niveau, zum anderen setzten ihnen die Hüter des Wissens zu. Da die hygienischen Verhältnisse damals erbärmlich waren und der Gesundheitszustand der Bevölkerung oft zu wünschen übrigließ, waren die Rate der Kindersterblichkeit und die Zahl der Totgeburten entsprechend hoch. Die Eltern äußerten sich deshalb aber nicht weniger erstaunt und argwöhnisch, wenn eine Entbindung schlecht ausging. Wenn diese tragischen Vorfälle in einem Dorf oder Viertel häufiger vorkamen, richtete sich der Verdacht sofort gegen die verantwortliche Hebamme. Außerdem versicherten die Theologen, daß es dem Satan wohlgefällig sei, wenn die Kinder ohne Taufe stürben, da ihnen dann der Eintritt ins Paradies verwehrt würde. Waren die Hebammen von diesem Blickwinkel aus betrachtet nicht geradezu dazu ausersehen, zu Handlangern des Teufels zu werden? Um so mehr, als man glaubte, die Hexen hätten die Gewohnheit, ihren ekelhaften Mixturen auch Teile ungetaufter Kinder beizumengen. So wurden die Hebammen von zwei Seiten angegriffen. Während des Hexenwahns war die Hebamme zweifellos die am meisten gefährdete und verdächtigte Person im Dorf. «Der Hexenhammer» enthält ein ganzes Kapitel «Über die Art, wie die Hexenhebammen noch größere Schädigungen antun, indem sie die Kinder entweder töten, oder sie den Dämonen weihen»:

«Außerdem werden, wie sich im ersten Teile des Werkes aus dem Bekenntnis jener in Breisach zur Reue zurückgebrachten Magd ergeben hat, dem Glauben größere Schädigungen bezüglich der Ketzerei der Hexen von den Hebammen angetan, was auch das Geständnis einiger, die später eingeäschert worden sind, klarer als das Licht bewiesen hat. In der Diözese Basel nämlich, in der Stadt Thann, hatte eine Eingeäscherte gestanden, mehr als vierzig Kinder in der Weise getötet zu haben, daß, sobald sie aus dem Mutterleib hervorkamen, sie ihnen eine Nadel in den Kopf durch den Scheitel bis ins Gehirn einstach. Eine andere endlich, in der Diözese Straßburg, hatte gestanden, Kinder ohne Zahl – weil nämlich bezüglich der Zahl nichts feststand – getötet zu haben.» Weiterhin heißt es in «Der Hexenhammer»: «Aus welchem Grunde aber? Man muß jedenfalls annehmen, daß sie durch das Drängen böser Geister gezwungen werden, derlei zu tun, bisweilen auch gegen ihren Willen. Denn der Teufel weiß, daß solche Kinder vom Eintritt in das himmlische Reich wegen der Strafe der Verdammnis oder der Erbsünde ausgeschlossen werden. Daher wird auch das jüngste Gericht länger hinausgeschoben, unter dem sie den ewigen Qualen überliefert werden, je langsamer sich die Zahl der Auserwählten ergänzt; ist sie voll, so wird die Welt aufgehoben werden.

Und wie es im Vorausgeschickten berührt worden ist, haben sie sich (...) aus solchen Gliedern Salben zu bereiten, die zu ihrer Benützung dient. Aber auch diese schauderhafte Schandtat darf zur Verwünschung eines so großen Verbrechens nicht mit Stillschweigen übergangen werden, daß sie nämlich, falls sie die Kinder nicht umbringen, sie den Dämonen auf folgende Weise weihen: Wenn nämlich das Kind geboren ist, trägt es die Hebamme, falls die Wöchnerin nicht selber schon Hexe ist, als wollte sie eine Arbeit zur Erwärmung des Kindes vollbringen, aus der Kammer heraus und opfert es, indem sie es in die Höhe hebt, dem Fürsten der Dämonen, d.h. Luzifer, und allen Dämonen; und statt dessen über dem Küchenfeuer.»[90]

Akten aus Lothringen beweisen, daß es auf lokaler Ebene eine Verbindung zwischen den Warnungen des «Hexenhammer» und der Inquisition der Bevölkerung gab. «Die Hebammen», schreibt E. Delcambre, «waren mehr als alle anderen der Hexerei verdächtig (denn sie bewirkten Fehl- und Totgeburten). Eine unter ihnen, die aus Raonl'Etape stammte, gab zu, daß ‹Maistre Persin› – so nannte sie den Satan – ‹sie überredet habe (...), alle Kinder zu töten, die sie auf die Welt brachte, (...) damit sie nicht getauft würden›.» Auf diese Weise konnte er «mehr als zwölf Kinder zum Hexensabbat mitbringen», die dieses Sakrament nicht empfangen hatten.[91] Da man sie der Abtreibung und der Hexerei verdächtigte, wurden die Hebammen von der Kirche streng überwacht, die die Gemeindepfarrer beauftragte, Erkundigungen über sie einzuholen und nachzuprüfen, ob sie die Taufe vornehmen konnten.

3. Heute und morgen: Hexerei und Wahrsagerei

Besonders auf dem Lande lebte der Mensch von einst in einer feindlichen Umwelt, in der er allzeit Gefahr lief, behext zu werden. Eine Art der Behexung verdient besondere Aufmerksamkeit, nämlich das Nestelknüpfen. Man glaubte, Hexenmeister und Hexe besäßen die Macht, die Ehemänner impotent oder steril zu machen – diese beiden Mängel wurden oft miteinander verwechselt –, indem sie während der Trauungszeremonie ein Band verknoteten und dabei magische Beschwörungsformeln murmelten oder manchmal auch ein Geldstück hinter sich warfen. Eine jahrtausendealte Tradition, die über die Jahrhunderte hinweg von Herodot, Gregor von Tours, den Dämonologen und verschiedenen Synoden bezeugt wurde und auf unterschiedlichen kulturellen Niveaus umlief, behauptete, daß es durch Hexerei bewirkte Sterilität und Impotenz gebe. «Der Hexenhammer» versichert, die Hexen könnten «die Erektion des Gliedes, die zur Befruchtung nötig ist, unterdrücken (...) und die Sendung der Geister zu den Gliedern (...) verhindern, indem sie gleichsam die Samenwege versperren, daß er nicht zu den Gefäßen der Zeugung gelangt, oder nicht ausgeschieden oder ausgeschickt wird. (...) durch die geheime Kraft der Dämonen, die derartige Hexen täuschen, können sie durch solche dann die Zeugungskraft behexen, daß nämlich der Mann der Frau nicht beiwohnen und die Frau nicht empfangen kann. Und der Grund ist, weil Gott bei diesem Akte, durch den die erste Sünde verbreitet wird, mehr zuläßt, als bei den anderen Handlungen der Menschen (...).»[92]

E. Le Roy Ladurie vermerkt, daß das Nestelknüpfen, so wie man es sich damals vorstellte, «in einem kastrierenden Knoten bestünde, der den Genitalbereich schwächen sollte», und daß der Glaube an diesen Knoten alt und weit verbreitet sei, da man ihn an beiden Ufern des Mittelmeeres und in Südostafrika findet. Diese Art der Kastration kann zumindest in unseren Breiten ihr Vorbild in der Technik haben, die bei der Kastration von Widdern, Stieren und Hengsten angewandt wurde. Man band die Hoden oder den Hodensack mit einem Stück Hanf, Wolle oder Leder ab, eine Technik, die Olivier de Serres überliefert hat.[93] Man kann nun den Gedankengang unserer Vorfahren nachvollziehen, die die Kunst des Tierarztes auf die Behexung von Menschen übertrugen.

Kam im 16. und 17. Jahrhundert im Abendland die Furcht vor dieser Art von Behexung nicht wieder auf? In den Jahren 1596 bis 1598 entdeckt der Schweizer Thomas Platter, daß im Languedoc die Furcht vor dem Nestelknüpfen die Form einer Psychose angenommen hatte: «[Hierzulande]», schreibt er, wobei er zweifellos übertreibt, «finden noch nicht einmal zehn Prozent der Hochzeiten unter Anwesenheit der Öffentlichkeit in der Kirche statt. [Aus Angst vor Behexung] begeben sich die Paare mit ihren Eltern heimlich ins Nachbardorf, um den kirchlichen Segen zu empfangen.» Zwischen 1590 und 1600 äußerten sich die protestantischen Provinzsynoden in Südfrankreich wiederholt beunruhigt über diese Kastrationspraktiken sowie über die Haltung der Geistlichen, die sich aufgrund der Befürchtungen der Brautleute bereiterklären, die Trauung außerhalb ihrer Gemeinde vorzunehmen. Die Gläubigen sollten sich gegen solche Behexungen schützen, indem sie auf Gott allein vertrauten und nicht auf die Hexe, die sie «enthext». Die Geistlichen ihrerseits sollen getadelt werden, wenn sie den ehelichen Bund außerhalb ihrer Kirchen stiften:

«In Anbetracht der Plage, die die Nestelknüpfer in vielen Kirchen darstellen, haben die Pastoren dafür Sorge zu tragen, in ihren Predigten aufs lebhafteste darauf hinzuweisen, daß die Ursache dieses Unglücks im Unglauben der einen und im mangelnden Glauben der anderen begründet läge und daß derartiger Zauber ebenso verabscheuungswürdig sei wie das Verhalten jener, die zu den Satanspriestern Zuflucht nähmen, damit der Zauber von ihnen genommen würde. Letzteres ist schlimmer als das Gebrechen, unter dem sie leiden und dem nur durch Fasten, Gebete und die Änderung ihrer Lebensgewohnheiten abzuhelfen ist. In der Exkommunikationsformel, die vor dem Abendmahl öffentlich verlesen wird, sollen fürder nach den Götzendienern auch Hexen, Schwarzkünstler und Zauberer genannt werden» (Synode von Montauban, 1594).

«Auf die Frage, ob es statthaft sei, dem Wunsche jener nachzukommen, die sich außerhalb ihrer Kirchen trauen lassen wollten, um Behexung und Nestelknüpfen zu vermeiden, entgegnet die Synode, daß dieses ihnen nicht erlaubt sei und daß man sie ermahnen müsse, solchen Dingen, die von Unglauben oder Gebrechlichkeit herrühren, keinen Vorschub zu leisten» (Synode von Montpellier, 1598).[94]

Im Jahre 1622 bestätigt Pierre de Lancre seinerseits, daß die durch das Nestelknüpfen bedingte Frigidität in Frankreich so weit verbreitet sei, daß Ehrenmänner es nicht mehr wagten, am hellichten Tage zu heiraten, und die Trauung deswegen bei Nacht vornehmen ließen. Auf diese Weise hofften sie, dem Teufel und seinen Handlangern zu entgehen.[5]

Zahlreich sind im 16. und 17. Jahrhundert die Zeugnisse über die Allgegenwart der Hexerei selbst oder doch mindestens der Furcht vor ihr. Jean Bodin verkündet 1580: «Von allen teuflischen Machenschaften ist keine häufiger, weiter verbreitet und verderblicher als die Behinderung, die den Jungvermählten zugefügt wird und die man ‹Nestelknüpfen› nennt. Sogar Kinder machen sich letzteres zur Gewohnheit (...).»[96] Boguet, «Oberster Richter in der Freigrafschaft Burgund», bezeugt gleiches in seinem «Discours exécrable des sorciers ...», der im Jahre 1602 erschien: «Die Ausübung [dieser Art der Hexerei]», schreibt er, «ist heute weiter verbreitet als je zuvor, denn sogar die Kinder beschäftigen sich mit dem Nestelknüpfen, was besondere Bestrafung verdient.»[97] Noch 1672 berichtet ein Eudisten-Missionar, der die Normandie bereist, seinem Vorgesetzten, daß er nur vom «Nestelknüpfen» reden höre.[98] Noch aufschlußreicher ist die Liste, die J.-B. Thiers, ein Geistlicher aus der Diözese Chartres, in seinem «Traité des superstitions qui regardent tous les sacremens» (1. Ausgabe 1679) aufstellt und die alle ihm zur Kenntnis gelangten Entscheidungen der Konzile und Synoden erfaßt, die das Nestelknüpfen verurteilen. Für die Zeit von 1529 bis 1679 erwähnt er dreizehn, gegenüber fünf in den vorangegangnen Jahrhunderten. Er bringt auch das Zeugnis von 23 Ritualbüchern bei, die alle aus der Zeit nach 1480 stammen, und fügt hinzu: «Die anderen Ritualbücher [die er nicht zitiert hat] sprechen in ihren Predigten nicht anders.»[99] Tatsächlich versäumt kein französisches Ritualbuch zwischen 1500 und 1790, das Nestelknüpfen zu verurteilen und die verschiedenen Gebete zu erwähnen, die gegen seine Wirkungen helfen sollen. Angesichts einer so großen Gefahr (J. Bodin wurden eines Tages die fünfzig verschiedenen Arten des Nestelknüpfens vorgeführt)[100] gibt Thiers ungefähr zwanzig Rezepte an, außer den Exorzismen und dem Einnehmen von Hauswurz zum Beispiel folgende:

«Man lasse die Jungvermählten sich völlig entkleiden. Darauf muß der Bräutigam den linken großen Zeh der Braut küssen und die Braut den linken großen Zeh des Bräutigams.»[101]

«Man bohre ein Loch in ein noch ungeöffnetes Weißweinfaß und lasse den ersten Wein, der herausläuft, durch den Ring fließen, den die Braut am Hochzeitstage bekommen hat.»[102]

«Man uriniere in das Schlüsselloch der Kirche, in der man geheiratet hat.»[103]

«Man sage sieben Tage lang bei Sonnenaufgang bestimmte Gebete auf, wobei man der Sonne den Rücken kehren muß.»[104]

«Man tue, was ein gewisser Offizial von Châteaudun getan hat. Wenn zwei Jungvermählte zu ihm kamen und sagten, sie seien behext worden, dann führte er sie auf seinen Speicher und band sie mit einander zugewandten Gesichtern an einen Pfosten, wobei der Pfosten sich jedoch zwischen ihnen befand. Danach schlug er sie wiederholt mit Ruten, band sie dann los und ließ sie die ganze Nacht zusammen. Er gab jedem ein Brot und einen Schoppen guten Weines und schloß sie ein. Am nächsten Morgen öffnete er ihnen um 6 Uhr die Tür und fand sie gesund, guter Dinge und einträchtig vor.» [105]

Derselbe Autor berichtet auch, daß «vielerorts die Brautleute markierte Geldstücke in ihre Schuhe legen, um sich vor dem Nestelknüpfen zu schützen» [106].

Einige dieser magischen Heilmittel, insbesondere die, bei denen man Weißwein oder Urin durch einen Ring oder das Schlüsselloch der Kirche, in der die Hochzeit stattfindet, fließen lassen soll, dienen offensichtlich dazu, die sexuelle Vereinigung nach dem magischen Prinzip der «Gleichheit» zu begünstigen. E. Le Roy Ladurie glaubt in diesem Sinne, daß die in den Schuhen des Mannes versteckten Geldstücke Symbol seiner Zeugungsorgane sind, die sich auf diese Weise außerhalb der Reichweite der Hexen befinden. Die Vielzahl der angewandten Rezepte spricht Bände über die Beunruhigung der Bevölkerung. Bevor er die verschiedenen Heilmittel aufzählt, beschreibt J.-B. Thiers das panische Verhalten, das das Nestelknüpfen bei jenen auslöste, die sich behext glaubten:

«Für die meisten unter denen, die davon betroffen sind, ist dieses Gebrechen so verabscheuungswürdig, daß sie alles tun, um davon geheilt zu werden. Sie kümmern sich wenig darum, ob es Gott oder der Teufel ist, der sie davon befreit, wenn sie nur davon befreit werden.» [107]

Diese für die damalige Zeit sehr deutliche Äußerung läßt erkennen, wie groß die Angst war. Wenn wir für das 16. und 17. Jahrhundert diese Angst feststellen, sind wir dann nicht einer optischen Täuschung zum Opfer gefallen, die sich aus der relativen Seltenheit schriftlicher Dokumente vor der Erfindung der Buchdruckerkunst und aus ihrem Überfluß danach erklärt? Vielleicht. Aber die Zeitgenossen damals fühlten eine Bedrohung auf sich lasten, die erst kurz zuvor eine neue Dimension angenommen hatte. Kann man ihre Aussage von vornherein zurückweisen? Pater Crespet, ein Cölestinermönch, der 1590 «Deux Livres sur la haine de Satan» veröffentlichte, nimmt sogar eine genaue Datierung vor. Er behauptet, daß seit den Jahren 1550 bis

1560 das Nestelknüpfen stark zugenommen habe. Auch er stellt einen Zusammenhang zwischen dieser Epidemie und der Abkehr von der wahren Religion her:

«Unsere Väter», versichert er, «haben während der Trauungszeremonie niemals so viel gezaubert und gehext wie das seit dreißig oder vierzig Jahren der Fall ist, seit die Ketzereien überhandnehmen und Atheismus sich breitmacht.» [108]

Die Frage ist also legitim, ob die gelehrten Abhandlungen nicht eine Situation widerspiegelten, die zwar nicht neu war, aber doch beunruhigendere Formen annahm als früher und die sich durch häufiger vorkommende Unfruchtbarkeit, eine steigende Zahl von Fehlgeburten – wobei letztere als Variante der weiblichen Sterilität betrachtet wurden – auszeichnete, vor allem aber durch ein Ansteigen der Fälle männlicher Impotenz. Das eine wie das andere, besonders aber die weibliche Unfruchtbarkeit, können auf die Unterernährung zurückgeführt werden, die sich seit den Hungersnöten des 14. Jahrhunderts auf dem Lande wahrscheinlich verschlimmert hatte, sowie auf die relative Übervölkerung des 16. Jahrhunderts und auf die Seuchen und Verwüstungen, die der häufige Durchzug von Kriegsvolk mit sich brachte. Die Ernährungsmängel mußten bei den am stärksten benachteiligten Bevölkerungsgruppen einen Zustand quasi ständiger Erschöpfung und Depression hervorrufen, der Amenorrhö, plötzliche Fehlgeburten und sogar Impotenz bewirken konnte. Aber vor allem die Frigidität des Mannes, die durch die Unterernährung allein nicht erklärt werden kann, erschreckte die Menschen von damals, wie es die Werke von Rabelais, Brantôme, Montaigne, Bodin und dem Priester Thiers bezeugen. Bei der Beschreibung der vom Offizial von Châteaudun angewandten Heilmethode, die Thiers uns überlieferte (Geißelung der nackten Brautleute), handelt es sich um ein Verfahren, bei dem vor allem das Blut des Bräutigams in Wallung gebracht werden soll. Wenn am Beginn der Neuzeit die häufiger als früher auftretende männliche Impotenz zusammen mit dem Nestelknüpfen – «ein alter, ländlicher Brauch, der aus dem ländlichen Dunkel auftaucht» [109] – auf die Ebene der (Schrift-)Kultur gehoben wird, fragt man sich, was denn eigentlich geschehen ist. Besteht ein Zusammenhang mit der Verbreitung der Syphilis ab dem 16. Jahrhundert? Dadurch ließe sich aber nur eine begrenzte Anzahl der Fälle erklären, da diese Krankheit erst im Endstadium zu Impotenz führt. J.-L. Flandrin nimmt an, daß steigendes Heiratsalter und strengere Ahndung des außerehelichen und vorehelichen

Verkehrs durch die katholische und die protestantische kirchliche Reform ein verstärktes Auftreten der Masturbation zur Folge gehabt hätten, was indirekt eine gewisse Impotenz bei der Hochzeit bewirkt hätte.[110] Dieser interessanten Hypothese wäre eine andere, weitreichendere hinzuzufügen, die zum Kastrationskomplex und zu den psychisch bedingten Hemmungen überleitet. Letztere, die auf allen kulturellen Ebenen nachweisbar sind, bezieht Montaigne deutlich mit ein. Im Kapitel «Von der Stärke der Imagination» bemerkt Montaigne, daß seine Zeitgenossen ständig vom Nestelknüpfen redeten, und analysiert äußerst scharfsinnig den Mechanismus der Hemmung:

«In eben solchem Zweifel bin ich, daß das närrische Nestelknüpfen, davon unsere ehelustige Welt so arg leidet, daß man von nichts anderem spricht, bloß aus Ängstlichkeit und Furcht herrühre. Denn ich weiß aus Erfahrung, daß jemand, für den ich einstehen kann wie für mich selbst und auf welchen kein Verdacht fiel, daß er ein Schwächling sei, der auch ein wenig an Hexerei glaubte, nachdem er von der jämmerlichen Unfertigkeit eines seiner Kameraden erzählen gehört hatte, die ihm gerade vorm Treffen allen Mut genommen hätte, bei ähnlicher Veranlassung in einen solchen Schauder über diese Erzählung geriet und seine Imagination davon dergestalt angegriffen wurde, daß es ihm nicht besser ging als dem anderen und er auch zur Memme ward. Ein Unfall, dem er von der Zeit an öfter unterworfen war.»[111]

Eine Hypothese, die vielleicht für die von Montaigne erwähnte Person nicht gilt, in anderen Fällen jedoch nicht von der Hand zu weisen ist, drängt sich auf: War nicht die frauenfeindliche Propaganda vieler Prediger und Dämonologen[112], die sich zwischen 1450 und 1650 am militantesten gebärdeten und die größte Zuhörerschaft besaßen, eine wichtige Ursache für diese psychisch bedingten Hemmungen? Indem sie die Angst vor der Frau schürten, die Sexualität verdächtig erscheinen ließen, «diese verfluchte Sinneslust», und die Ehe, «diesen schon aus sich heraus gefährlichen Zustand»[113], abwerteten, riefen sie in der Bevölkerung Schuldgefühle hervor und vergrößerten bei den Furchtsamsten zweifellos die Angst vor dem Geschlechtsakt. Von nun an suchte man nach Sündenböcken, die man in der Welt der Hexerei fand, von der Prediger und Dämonologen unablässig redeten. So bewirkten Unterernährung, stärker verbreitete Masturbation und psychisch bedingte Hemmungen, die von heftigeren Schuldgefühlen herrührten, im Abendland an der Schwelle zur Neuzeit eine wachsende Furcht vor dem Nestelknüpfen.

Das Nestelknüpfen war jedoch nur eine Art der Behexung unter vielen, vor denen man damals Angst hatte. J.-B. Thiers, der übrigens viele Arten des Aberglaubens verwirft, glaubt seine Leser über die verschiedenartigen Behexungen aufklären zu müssen, die sie bedrohen. Sein Buch, von dem ich eine späte Ausgabe aus dem Jahre 1777 benutze, präsentiert einen wahrhaft ethnographischen Katalog der täglichen Ängste von einst. Der Pfarrer aus dem Perche unterscheidet zunächst drei Arten der Behexung: die «einschläfernde», die «verliebte» und die «feindselige». Wir gehen auf zwei davon näher ein:

«Die erste wird mittels gewisser Tränke, Kräuter, Drogen, Zauber und Verfahren durchgeführt, derer die Hexer sich bedienen, um Menschen und Tiere einzuschläfern, damit sie dann um so leichter vergiften, töten, stehlen und Unzucht treiben können oder Kinder entführen für Hexereien.

Die feindselige Behexung ist all das, was dem Geiste, dem Körper und dem Glück Schaden zufügt, zufügen kann oder dazu benutzt werden kann zu schaden, vorausgesetzt, es geschieht aufgrund eines Paktes mit dem Teufel.»

Es folgt die beeindruckend lange Liste der «feindseligen» Behexungen, auf der das Nestelknüpfen natürlich an erster Stelle steht. Der Ton ist der einer Anklagerede[114]:

«[Es ist Hexerei], den Vollzug der Ehe durch Nestelknüpfen oder anderen Zauber zu verhindern; Wölfe in die Schafherden und -ställe; Ratten, Mäuse, Rüsselkäfer, Kornwürmer oder Maden in die Scheunen; Raupen, Heuschrecken und andere Insekten auf die Felder zu schicken, um das Korn zu verderben. Ebenso, Maulwürfe und Wühlmäuse in die Gärten zu schicken, um Bäume, Gemüse und Früchte zu vernichten. Ebenso, die Leute am Essen zu hindern, indem man unter ihren Teller eine Nadel legt, die dazu gedient hat, einen Toten einzunähen. Ebenso, Menschen und Tieren langwierige, erschöpfende Krankheiten zu schicken, damit die einen wie die anderen sichtlich immer schwächer werden, ohne daß ihnen auf herkömmliche Art geholfen werden kann. Ebenso, Menschen, Tiere und Feldfrüchte mit Hilfe gewisser Pulver, Flüssigkeiten oder anderer magischer Drogen zu töten. (...) Ebenso, ein gewisses Kraut am Kamin zu trocknen, um die Milch der Kühe versiegen zu lassen. (...) Ebenso, einen Besen ins Wasser zu tauchen, um Regen zu machen und seinem Nächsten Schaden zuzufügen. (...) Ebenso, die Schalen weichgekochter Eier zu zerbrechen, nachdem man den Inhalt verschlungen hat, um auf diese

Weise seine Feinde zu vernichten. (...) Ebenso, sich der Knochen eines Toten zu bedienen, um jemanden umzubringen, indem man gewisse Handlungen vollbringt und gewisse Formeln aufsagt. (...) Ebenso, Tiere zu töten, indem man sie mit einem Stock berührt und dabei sagt: ‹Ich berühre dich, damit du stirbst›. (...) Ebenso, Figuren aus Wachs, Lehm oder anderem Material herzustellen, sie zu durchbohren, über das Feuer zu halten oder auseinanderzureißen, damit ihre lebenden Vorbilder dieselben Verletzungen an ihrem Körper und an ihrer Seele spüren. (...) Ebenso, gewisse Teile eines durch Hexerei getöteten Pferdes oder anderen Tieres an einen Kamin zu nageln oder auf einem Grill zu rösten, sie mit Nadeln oder anderen spitzen Gegenständen zu durchbohren, damit der Hexer, der sie behext hat, langsam vertrockne und elendiglich zugrunde gehe. (...) Ebenso, Stürme, Hagel, Gewitter, Blitze, Donner und Orkane herbeizurufen, um sich für eine Beleidigung zu rächen. (...) Ebenso, Leute am Schlafen zu hindern, indem man ihnen ein Schwalbenauge ins Bett legt. Ebenso, Frauen, Stuten, Kühe, Schafe, Ziegen usw. unfruchtbar zu machen, um seinen Feinden zu schaden. Ebenso, das zu tun, was man ‹verzapfen› nennt (mit diesem Zauber hindert man die Leute, ihr Wasser abzuschlagen). (...) Mit demselben Zauber vernageln die Hexer auch die Pferde und bewirken, daß sie lahmen; sie hindern Wein, Wasser und Liköre daran, aus vollen Gefäßen zu fließen, selbst wenn man eine Unzahl Löcher hineinbohrt. Ebenso, den Geist der Menschen zu verwirren, auf daß sie den Verstand verlieren, oder ihre Phantasie mit Truggestalten zu bevölkern, die sie dem Wahnsinn anheimfallen lassen, um aus ihrem Unglück Profit zu schlagen oder sie der Verachtung der anderen preiszugeben. Ebenso, Männern und Frauen eine quälende Nacht zu verschaffen, indem man Reisig oder eine Kerze verbrennt oder einen Stern anruft. (...) Ebenso, Verwünschungen gegen jemanden auszusprechen, wobei man alle Lichter löscht, den Lichtern des Nachbarn den Rücken kehrt, sich auf der Erde wälzt und den 58. Psalm [heute 59. Psalm] aufsagt. Ebenso, Läuse und anderes Ungeziefer, das den Menschen befällt, zu töten, indem man sich mit Brunnen- oder Quellwasser unter den Achselhöhlen reibt und dabei gewisse Sprüche aufsagt.»

Am Ende dieser langen Aufzählung fügt Thiers hinzu, daß es «noch eine Unzahl anderer Zauber gebe, die von Hexern und Giftmischern täglich angewendet werden». Und in der Tat würde man nie zum Ende kommen, wollte man all die Zauber auflisten, die in den Prozeßakten, in den Abhandlungen der Dämonologen, in den Akten der Synoden, den Berichten über Wunder, in den Handbüchern für Beichtväter und den moraltheologischen Abhandlungen erwähnt werden. So ist die Liste des Pfarrers aus dem Perche auf jeden Fall ein wichtiges Zeugnis einer ländlichen Kultur, die an Hexerei glaubte und ständig in die Kultur der Wissenschaft einzubrechen drohte. Bestimmend in ihr sind Mißtrauen und Rachegefühle zwischen Nachbarn. Es kommt daneben auch die Überzeugung auf, daß Unglück, Krankheit und Tod widernatürlich sind, zumindest nicht natürlich in dem Sinne, wie wir es heute verstehen. Man beginnt sich vor vielen Dingen zu fürchten: vor der Unfruchtbarkeit, der Impotenz, dem Wahnsinn, einer schlecht verbrachten Nacht, vor Mißernten und dem Verlust der Viehherden. Wir befinden uns nun mitten in der zeitlosen Welt der Angst, einer Angst, die immer und überall vorhanden ist, weil die Natur nicht Gesetzen gehorcht, weil in ihr alles lebt und für unerwartete Willenskräfte und beunruhigende Machenschaften derer empfänglich ist, die mit geheimnisvollen Mächten im Bunde stehen. Diese Mächte beherrschen den Raum zwischen Erde und Mond und können deshalb Wahnsinn, Krankheiten und Stürme auslösen.

Daher ist es ratsam, sich jene geneigt zu machen, die den Elementen gebieten und der armseligen Menschheit Gesundheit oder Krankheit, Reichtum oder Armut schicken können. Es steht außer Zweifel, daß viele Europäer damals in demjenigen, den die Kirche «Satan» nennt, nur eine Macht unter vielen gesehen haben, die je nach der Einstellung, die man ihr entgegenbrachte, Heil oder Unheil bewirkte.[115] Luther greift im «Großen Katechismus» jene an, die «mit dem Teuffel ein bund machen, das er yhn gelt genug gebe odder zur bulschafft helffe, yhr viech beware, verloren gut widderschaffe etc. (...)» (Werke, WA I, Bd. 30,1, S. 134). Henry Estienne erwähnt 1566 eine «gute Frau, [die], nachdem sie dem heiligen Michael eine Kerze geopfert hatte, dem Teufel gleichfalls eine opferte: dem heiligen Michael, damit er ihr Gutes tue, und dem Teufel, damit er ihr nichts Böses tue». Ein Pfarrkind aus Odenbach im protestantischen Deutschland verkündet 1575 nach einer reichlichen Ernte, es glaube, es sei der Teufel, der ihm soviel Korn gewähre. Im folgenden Jahrhundert entdeckt Pater Le Noblitz in der Bretagne Leute, die dem Teufel opfern, weil sie glauben, er hätte den Buchweizen erfunden. Nach der Ernte werfen die Bauern mehrere Handvoll davon in die Gräben, die sich um die abgeernteten Felder ziehen, «um sie demjenigen darzubringen, dem sie sich verpflichtet [glauben]».

Wer Satan verärgerte, zog sich also Schwierigkeiten zu; wer die Heiligen verärgerte, ebenfalls, schließlich stand es in ihrer Macht, Krankheiten zu heilen, aber auch zu schicken. Im Abendland des 15. und 17. Jahrhunderts kannte – und fürchtete – man gut vierzig Krankheiten, die den Namen eines Heiligen trugen[116], wobei eine Krankheit mehreren verschiedenen Heiligen zugeschrieben werden konnte. Die am meisten gefürchteten waren offensichtlich auch die häufigsten: das «Antoniusfeuer» (Ergotismus), das «Johannisübel», auch «St. Ludwigsübel» genannt (Epilepsie), das «Übel des St. Acaire», auch «Übel des St. Mathurin» genannt (Irrsinn), das «St. Rochusübel» oder «St. Sebastiansübel» (die Pest), das «St. Fiacriusübel» (Hämorrhoiden und Feigwarzen), das «Übel des St. Genou» oder «St. Maurusübel» (Gicht). Schon sehr früh hatten Berichte von Wundern beharrlich auf die Rache hingewiesen, die die beleidigten Heiligen üben konnten. Gregor von Tours berichtet, daß ein Mann, der sich verächtlich über den heiligen Martin und den heiligen Martial geäußert hatte, mit Taubstummheit geschlagen wurde und in geistiger Umnachtung starb.[117] An der Schwelle zur Neuzeit dachten viele Leute wie zu Zeiten Gregors von Tours. Ein Chronist des 15. Jahrhunderts teilt mit, daß Heinrich V. von England mit dem «St. Fiacriusübel» geschlagen wurde, das als «wundersamer Bauchfluß mit Hämorrhoiden» beschrieben wird, nachdem er das Kloster Saint-Fiacre bei Meaux hatte verwüsten lassen. Nach schrecklichen Leiden starb er daran: «Auf seinem Schmerzenslager», wird erzählt, «zahlte er seinen Tribut an den berühmten Beichtvater St. Fiacrius und erlitt Höllenqualen.»[118]

Möglicherweise haben die Prediger in ihrem Eifer den Glauben an die rachsüchtigen Heiligen bestärkt. In Rabelais' «Gargantua» steht: «So predigte auch einmal zu Sinays so ein Gleisner, Sankt Anton jage den Brand in die Beine, Sankt Eutrop sei schuld an der Wassersucht, Sankt Gildas an Irrsinn und Sankt Genou am Zipperlein.»[119] Indem sie sich immer wieder über die Furcht vor mißgünstigen Heiligen lustig machen, zeigen die Humanisten an, wie weit diese verbreitet war.

In einem seiner «Vertrauten Gespräche» spottet Erasmus:

«Petrus, den du aus der Kirche hinauswirfst, kann die Himmelstür vor dir zusperren. Paulus hat ein Schwert, Bartholomäus ist mit einem Messer bewaffnet, Wilhelm trägt einen Harnisch unter seiner Mönchskutte und hat einen schweren Spieß bei sich. (...) Auch Antonius ist nicht unbewaffnet, er hat Gewalt über das ‹heilige Feuer›, den

Brand. Auch die andern haben ihre Waffen und Plagen, die sie schikken können, über wen sie wollen.»[120]

Ein halbes Jahrhundert später kommt Henri Estienne in seiner «Apologie pour Hérodote» zum selben Schluß wie Erasmus:

«Jeder Heilige kann dieselbe Krankheit schicken, die er auch heilen kann. (...) Es ist richtig, daß einige Heilige mehr zum Zorn neigen und gefährlicher sind als andere: Unter diesen wäre vor allem der heilige Antonius zu nennen, weil er wegen des kleinsten Unrechts, das man ihm oder seinen Schützlingen zufügt, alles verbrennt. (...) Man kann also von diesen Heiligen und von einigen anderen unter den jähzornigsten und gefährlichsten sagen, was ein lateinischer Dichter von allen Göttern gesagt hat: ‹Primus in orbe deos fecit timor.›»[121]

Die beunruhigende Macht der mißgünstigen Heiligen kommt beispielhaft an einer Quelle im Berry zum Ausdruck, die «Saint Mauvais» (dem «heiligen Bösen») geweiht war und zu der sich diejenigen begaben, die für den Tod eines Feindes, eines Rivalen in Liebesdingen oder eines Verwandten, den sie zu beerben gedachten, beten wollten. Glücklicherweise erhob sich nicht weit davon eine Kapelle, die unter dem Patronat des «Saint Bon» (des «heiligen Guten») stand.[122]

Vom 16. Jahrhundert an bemühten sich Hexenprozesse, Predigten und der Katechismus immer nachdrücklicher, der kollektiven Mentalität auf dem Lande den notwendigen Unterschied zwischen Gott und dem Teufel, den Heiligen und den Dämonen begreiflich zu machen. Es blieb jedoch die Angst vor den vielfältigen Gefahren, die die Menschen und die Erde von damals bedrohten. Und trotz der Bemühungen der kirchlichen und weltlichen Obrigkeit wurden gewisse verdächtige Bräuche weitergepflegt, wie zum Beispiel das Anzünden von Strohfackeln am ersten Fastensonntag und die Johannisfeuer. Seit undenklichen Zeiten zündete man beim Wiedererwachen der Natur heilige Feuer an – Stoff- – oder Strohfackeln – und zog mit der brennenden Fackel in der Hand durchs Land, um die bösen Geister zu vertreiben und die Insekten zu beschwören.[123] Die Riten des Sonnwendfestes brachten viele Wohltaten und auch Schutz. Die Kräuter, die in der Nacht vom 23. auf den 24. Juni gepflückt wurden, bewahrten Mensch und Tier ein Jahr lang vor Krankheit und Unfällen. Die gleiche Eigenschaft sprach man den halbverbrannten Holzstücken zu, die man mit nach Hause brachte; und zumindest in der Bretagne glaubte man, daß die Flammen dieses besonderen Feuers die Seelen der Verstorbenen wärmten.[124] In den protestantischen Ländern und den katholischen

Diözesen, die sittenstrengen Bischöfen unterstellt waren, führten strenge Verbote dazu, daß diese als «heidnisch» angesehenen magischen Bräuche nur noch im geheimen ausgeübt werden konnten.[125] Anderswo erklärte die Kirche sich aufgrund einer langen Tradition bereit, diesen Riten und Bräuchen, die aus der Zeit vor Christus stammten, ihren Segen zu geben; sie behielt sich lediglich vor, jene Bräuche zu unterbinden, die sich ihrer Überwachung zu entziehen drohten. Deshalb war eine christliche Magie bis fast in unsere Zeit hinein einer der Hauptbestandteile des religiösen Lebens im Abendland. In einem Werk, das 1779 in Venedig neu aufgelegt wurde, finden sich gut hundert «Absolutionen, Einsegnungen, Beschwörungen und Exorzismen», die sich nur auf das materielle Leben beziehen: Einsegnung der Herden, des Weins, des Brotes, des Öls, der Eier, «allen Fleisches», der Seidenraupen, der Keller, der Scheunen, des Ehebettes, der neuen Brunnen, des Salzes, das man den Tieren gibt, der Luft, damit sie rein bleibe oder Regen bringe; Beschwörungen «des unmittelbar bevorstehenden Sturmes» oder des Donners usw., Exorzismen gegen Würmer, Ratten, Schlangen und andere Schädlinge usw.[126]

Unter den schädlichen Tieren waren vor allem die Wölfe gefürchtet. Als Beweis mögen die vielen Sprichwörter dienen, die den Wolf erwähnen:[127] «Schlechter Wächter ernährt den Wolf», «Mit den Wölfen muß man heulen», «Es gibt weder böse Hasen noch kleine Wölfe», «Der Wolf ändert das Haar, und bleibt wie er war» usw. Das Auftreten von Wölfen war oft ein Zeichen für Hungersnot: «Der Hunger treibt den Wolf aus dem Wald.» Da früher Hungersnöte auf dem Lande nicht selten waren, war der Wolf alles in allem ein gefürchtetes Tier, geheimnisumwittert (weil er in den Wäldern lebte) und in erschreckendem Maße gegenwärtig. Man sagte: «Bekannt wie der Wolf.» Unzählig sind die Orts- und Flurnamen, in denen das Wort «loup» oder «Wolf» vorkommt![128] Wenn man den vielen Erzählungen und Fabeln Glauben schenken kann, dann erscholl der Ruf «Wölfe! Wölfe!» nur allzuoft. Er signalisierte, ob nun zu Recht oder zu Unrecht, eine große Gefahr oder gab, was weit häufiger der Fall war, das Zeichen zur Panik. Für das kollektive Unterbewußtsein war der Wolf vielleicht «der finstere Bote der Unterwelt» (Lévi-Strauss). Dem Bewußtsein stellte er sich als blutrünstiges Tier dar, als Feind der Menschen und Viehherden, als Begleiter von Hungersnot und Krieg. Man mußte ständig Treibjagden auf ihn veranstalten, wofür es unzählige Belege gibt. Wir erwähnen hier nur zwei bezeichnende Fälle, die zeitlich und räumlich weit auseinanderliegen. Im Jahre 1194 beschließt die Synode von Santiago de Compostela, daß an jedem Samstag, ausgenommen am Ostersamstag und am Pfingstsamstag, eine Treibjagd auf Wölfe stattfinden solle. Daran teilnehmen müssen alle Pfarrer, Edelleute und Bauern, die nicht von dringenden Geschäften zurückgehalten werden. Ein Pfarrer, der nicht daran teilnimmt, ohne als Entschuldigung Krankenbesuche anführen zu können, muß fünf Sols Bußgeld zahlen. Das gleiche gilt für die Edelleute. Der Bauer muß einen Sol oder ein Schaf entrichten.[129] Im Jahre 1696 erläßt der Abt von St. Hubert in Luxemburg folgende Anordnung:

«In Anbetracht der Schäden, die die Wölfe jedes Jahr in unseren Herden und beim Wildbestand unseres Reviers anrichten, befehlen wir unseren Bürgermeistern und Verwaltern, die Einwohner ihres Gebiets zur Jagd auf den Wolf aufzubieten, sooft es in diesem Winter des Jahres 1696 nötig sein sollte.»[130]

Noch im 19. Jahrhundert veranstaltete man im unteren Berry Treibjagden auf Wölfe, und am Ende des Ersten Weltkrieges streiften sie noch durch das Departement Indre.[131]

In Frankreich war die Angst vor Wölfen niemals so groß wie am Ende der Religionskriege. Die Verwüstungen, die brachliegenden Felder, die die Armeen auf ihrem Zug zurückgelassen hatten, und die Hungersnöte im letzten Jahrzehnt des 16. Jahrhunderts hatten eine wahre Invasion der Wölfe zur Folge, die P. de L'Estoile 1598 folgendermaßen beschrieb: «Als der Krieg zwischen den Menschen beendet war, begannen die Wölfe unter sich Krieg zu führen. Vor allem in der Brie, der Champagne und im Bassigny sollen die Wölfe schrecklich gewütet haben.»[132] Der Domherr Moreau berichtet etwa zur selben Zeit, daß «gar fürchterliche Dinge über das Übel zu erzählen sind, das sie in der Bretagne anrichten»; sie fallen in die Straßen von Quimper ein, bringen Menschen und Tiere auf offener Straße um, indem sie ihnen an die Gurgel springen, «um sie am Schreien zu hindern; und wenn sie wollten, konnten sie sie auffressen, ohne die Kleider oder Hemden zu beschädigen, die man unversehrt neben den abgenagten Knochen der Opfer fand». Der Autor fügt hinzu, «daß letzteres in den Gemütern der einfachen Leute den Irrtum aufkommen ließ, es handele sich nicht um richtige Wölfe, sondern um Werwölfe oder Soldaten oder um verwandelte Hexer»[133]. Einige Jahre später ist die Lage im Languedoc nicht weniger beunruhigend, zumindest nach der Verordnung zu urteilen, die das Parlament von Toulouse am 7. Januar 1606 erließ:

«Nachdem er das Gesuch des königlichen Generalprokurators bezüglich der von Wölfen und anderen wilden Tieren verursachten Todesfälle und Verwüstungen in den letzten drei Monaten in den Gerichtsbezirken von Toulouse und des Lauragais geprüft hat, wo über fünfhundert Männer, Frauen und kleine Kinder von ihnen getötet wurden, sogar in der nächsten Umgebung und in den Vororten von Toulouse, verpflichtet der Hof alle königlichen Beamten, die örtlichen Einwohner zu versammeln, um den Wolf und andere wilde Tiere zu jagen (...).»[134]

Es ist also kein Zufall, daß die französischen Teufelsjäger Ende des 16. und Anfang des 17. Jahrhunderts soviel über Lykanthropie (Wolfssucht) geschrieben haben und daß die Gerichte so viele Hexen wegen Kannibalismus verurteilt haben. Konnten Menschen sich in reißende Wölfe verwandeln? Oder waren sie von einem Dämon besessen? Oder konnten Hexenmeister und Hexen vielleicht mit Hilfe des Teufels die Gestalt eines Wolfes annehmen, um so ihre blutrünstigen Instinkte befriedigen zu können? Die Meinungen darüber waren geteilt, aber man war sich über die jahrtausendealte Vorstellung einig, daß der Wolf eine Ausgeburt der Hölle sei. Der Begriff «Werwolf», der über ganz Europa verbreitet war, ist germanischen Ursprungs. Er bedeutet «Wolfsmensch» und ist Ausdruck der innersten Überzeugung der Bauern. Noch Ende des 17. Jahrhunderts waren «Werwolf» und «Werwölfin» zum Beispiel in Luxemburg schwere Beleidigungen, die strafrechtlich geahndet wurden.[136]

Es schien also ratsam, ein höllisches Tier, das nach dem Volksglauben besonders gern schwangere Frauen oder Kinder angriff, die weiter entfernt vom Elternhaus spielten, mit besonderen Waffen zu bekämpfen. Das eben beschriebene Verhalten traf genau auf die «Bestie» zu, die in den sechziger Jahren des 18. Jahrhunderts im Gévaudan Angst und Schrecken verbreitete. Ein zeitgenössischer Stich beschreibt sie als ein Tier, «das einem Wolf ähnlich sieht, aber nicht so lange Beine hat». Wahrscheinlich wurden Wölfe mit diesem geheimnisvollen Tier identifiziert. Die Panik, die diese Bestie hervorrief, war nur die an einen bestimmten Zeitpunkt und einen begrenzten geographischen Raum gebundene Übersteigerung der traditionellen Angst vor dem Wolf. Ein solches Tier mit den Waffen der Religion zu bekämpfen schien nicht übertrieben. Man rief den heiligen Wolfgang wegen seines Namens um Hilfe an und in der Bretagne St. Hervé. Man tauchte die Gewehrkugeln in Weihwasser und sagte das «Vaterunser der

Wölfe» auf, von dessen zahlreichen Varianten J.-B. Thiers uns eine überliefert hat: «Im Namen des Vaters + und des Sohnes + und des Heiligen Geistes +. Ich beschwöre und bezaubere euch, Wölfe und Wölfinnen, ich beschwöre euch im Namen der sehr heiligen Mutter Gottes, die schwanger ward, daß ihr keines meiner Tiere aus meiner Herde entführen sollt, sei es ein Lamm, Mutterschaf oder ein Schafbock (...) oder einem von ihnen Böses zufügen sollt.»[137] J.-B. Thiers verwarf dieses Gebet, da es von der Kirche nicht gebilligt wurde und weil es das magische Prinzip der Beschwörung durch «Gleichartigkeit» anwandte (so wie die Heilige Jungfrau schwanger wurde, so kann auch die Herde geschützt werden). Das dringende Bedürfnis der Bevölkerung nach Sicherheit blieb aber bestehen. Der Protestantismus weigerte sich, auf diesen Appell der Bevölkerung zu antworten. Der Katholizismus hingegen reagierte schließlich darauf, allerdings traf er seine Vorsichtsmaßnahmen.

Die enge Verbindung zwischen Angst und Religion kommt im folgenden demütigen Gebet deutlich zum Ausdruck, das man mitten im 19. Jahrhundert an den heiligen Donatus richtete, einen römischen Märtyrer, dessen Name ihn dazu auserah, gegen Donner und Unbilden des Wetters angerufen zu werden:

«Ehrwürdiger Heiliger, der du dich durch dein Martyrium glücklich preisen kannst, Gott zu besitzen, ihm mit seinen Engeln und Erzengeln lobzusingen und am ewigen geistigen Glück teilzuhaben, wir bitten dich und flehen dich an, bei unserem Erlöser Jesus Christus in unserem Namen zu bitten, er möge uns durch seine allmächtige Gnade vor dem schrecklichen Unglück des Hagels, der Gewitter, der Stürme, vor den unheilvollen Auswirkungen des Donners und anderen zerstörerischen Plagen bewahren. Möge der Herr uns durch deine heilige und mächtige Fürsprache die Gnade gewähren, uns mit allen Unbilden der Witterung zu verschonen, die nicht den Jahreszeiten entsprechen und die das Wachstum der Feldfrüchte beeinträchtigen, die unser größter Reichtum und zugleich zu unserer Erhaltung notwendig sind. Er bewahre uns vor Viehseuchen und vor Mißernten und gewähre uns den gerechten Lohn für unseren Schweiß und unsere durchwachten Nächte. Er möge unsere Häuser vor jeglicher Zerstörung bewahren. Gewähre uns, o Herr, all diese Gnaden durch deine heilige Macht und die Fürsprache deines geliebten und getreuen Dieners St. Donatus. Amen. Betet für den seligen Märtyrer jeden Morgen und jeden Abend sieben Vaterunser und sieben Ave Maria.»

Dieses Gebet zählt zu den vielen Bräuchen, die einst weit verbreitet waren, wie zum Beispiel das Läuten der Glocken während eines Gewitters, das Aufstellen von Kruzifixen an Wegkreuzungen, die die umliegenden Felder vor Hagelschlag bewahren sollten, und das Tragen von Talismanen oder «Gnadenbriefen», die häufig einen kurzen Auszug aus dem 1. Kapitel des Johannesevangeliums enthielten. Unter diesen Umständen wird es verständlich, warum die Landbevölkerungen im Geistlichen ein von der Kirche mit außergewöhnlicher Macht ausgestattetes Wesen sahen, das Unwetter und Hagel von einer Gegend abwenden konnte, die offensichtlich der Ausdruck des göttlichen Zorns waren. Im April 1663 glaubte die bischöfliche Obrigkeit der Diözese Perpignan die Pfarrer daran erinnern zu müssen, in der gewitterreichen Jahreszeit ihre Gemeinden nicht zu verlassen. Sie gab damit ganz offensichtlich dem öffentlichen Druck nach:

«Wisset, daß der ehrwürdige Steuerprokurator dieser geistlichen Gerichtsbarkeit uns berichtet hat, daß seit langem deutliche Anzeichen beobachtet würden, nach denen Gott, unser Herr, sich durch die zahlreichen gegen ihn gerichteten Sünden und Beleidigungen gekränkt fühle und sich darob empöre. Jeden Tag haben wir neue Zeichen dafür, daß er uns durch den Verlust der Feldfrüchte, durch drohenden Hagelschlag, Unwetter und heftige Winde strafen will, die in dieser Diözese eine beträchtliche Lebensmittelverknappung und eine Unfruchtbarkeit des Bodens zur Folge hätten sowie andere schwere, offenkundige und spürbare Nachteile. Die Kirche, unsere treusorgende Mutter, hat in ihrem Wunsche, den göttlichen Zorn und die göttliche Empörung abzuwenden, verschiedene Gegenmittel empfohlen, wie das Läuten der Glocken, Teufelsaustreibungen, Segnungen und andere Gebete. Trotzdem waren die Personen, denen es zugekommen wäre, all das zu tun, säumig in der Erfüllung ihrer Pflichten.

So kommt es uns zu, geeignete Vorbeugungsmaßnahmen zu treffen, damit ähnliche und größere Nachteile nicht entstehen. Auf die dringende Bitte des Steuerprokurators hin sprechen wir hiermit jedem von Euch die erste, zweite und dritte kanonische und energische Vermahnung aus, daß Ihr, solange die Feldfrüchte von Hagel und anderen Unwettern bedroht sind, in Euren Kirchen und Gemeinden zu verbleiben habt und Euch ohne zwingende Gründe nicht entfernen dürft. Und jedesmal, wenn Ihr Anzeichen für Unwetter und heftige Winde entdeckt, versäumt nicht, sie durch das Kreuzeszeichen, durch Glockenläuten und andere Gegenmittel zu bannen, die die Kirche zu solchem

Zwecke empfohlen hat. Wenn Ihr dem nicht nachkommt, droht Euch eine Geldstrafe von zehn Pfund, der Kirchenbann oder andere Strafen, die nach unserem Urteil und entsprechend dem Ausmaß des entstandenen Schadens verhängt werden (...).»[138]

Was bedeuten so viele Vorsichtsmaßnahmen anderes, als daß früher die unmittelbare Zukunft bedrohlich und unheilvoll erschien und daß es ratsam war, sich beständig dagegen zu wappnen? Daher war es notwendig, gewisse Zeichen zu befragen und zu deuten, um mit ihrer Hilfe zu versuchen, in die Zukunft zu blicken. Die «Wahrsagerei» im weitesten Sinne war und ist für diejenigen, die sie betreiben, eine Reaktion auf die Angst vor dem Morgen. In der Kultur jener Zeit empfand man beim Gedanken an morgen mehr Furcht als Hoffnung.

Die Astrologie ist nur ein Teilbereich der Wahrsagerei; aber sie ist jener Bereich, von dem in der (Schrift-)Kultur der Gebildeten am häufigsten die Rede ist. L. Aurigemma weist darauf hin, daß man 1925 in Deutschland 12563 Manuskripte aus dem 10. bis 18. Jahrhundert über Astrologie gezählt hatte. Diese Zahl fiele sicher um ein Vielfaches höher aus, wenn man ganz Europa einbezöge. Im Laufe der Geschichte des Christentums war die theologische Diskussion beständig bemüht, statthafte und unstatthafte Astrologie zu trennen. Augustinus gibt zu, daß die Sterne «Ereignisse ankündigen können, sie aber nicht auslösen». Denn «wenn die Menschen unter dem Zwang der Sterne handelten, wo bliebe dann das Urteil Gottes, der Herr über Sterne und Menschen ist?» (De Evitate Dei, 5. Buch, 1. Kap.). Thomas von Aquin ist vor allem bemüht, nicht nur die göttliche, sondern die Freiheit eines jeden einzelnen zu bewahren. Er schreibt, es sei keine Sünde, Astrologie zu betreiben, um damit Auswirkungen körperlicher Natur vorherzusagen, wie Sturm oder schönes Wetter, Gesundheit oder Krankheit, reiche oder karge Ernten sowie alles, was körperlichen oder natürlichen Ursachen unterliegt. Alle Welt bediene sich der Astrologie: Ärzte, Seefahrer, Bauern usw. (Summa theologica, IIa–II ae, 9.95). Aber der menschliche Wille unterliege nicht den Sternen, da sonst die freie Entscheidung und damit gleichzeitig das Verdienst zerstört würden (Contra gentiles III, Kap. 95). Diese Unterscheidung wird von Calvin wiederaufgenommen, aber mit sehr augustinischer Betonung der göttlichen Allmacht. Er stellt also die «natürliche» Astrologie, die auf dem Zusammenspiel zwischen Sternen und Planeten und dem menschlichen Körper beruht, der «entarteten Astrologie» gegenüber, die das menschliche Schicksal zu ergründen sucht, und «wann und auf welche Weise die Menschen sterben müssen». Da sie somit auf etws übergreift, was allein Gott zukommt, ist sie ein «teuflischer Aberglaube (...) und ein großer, verabscheuungswürdiger Frevel» (Advertissement contre L'astrologie qu'on appelle judiciaire ...)[140].

Die Klärungen der Theologen stießen sich in der Praxis lange Zeit sogar unter den Gebildetsten an der Vorstellung, die man sich vom Universum machte, in dem alles als belebt galt. Für die Zeitgenossen von Ficino und noch für jene von Antoine Paré und Shakespeare ist nichts reine Materie; es besteht für sie kein naturbedingter Unterschied zwischen der Kausalität der Kräfte der Materie und der Wirksamkeit der geistigen Kräfte, wobei letztere als Erklärung der Bewegung der Planeten galten. Jedes Schicksal ist in einem Netz von Einflüssen gefangen, die von einem Ende der Welt zum anderen einander anziehen und abstoßen. Darüber hinaus ist der Mensch von unzähligen geheimnisvollen und leichten Wesen umgeben, die meistens unsichtbar sind und immer wieder seinen Lebensweg kreuzen. Diese beiden Axiome der damaligen Naturwissenschaft hat Paracelsus deutlich herausgearbeitet:

«In allen vier Elementen (...) hat Gott lebendige Geschöpfe hervorgebracht: im Wasser die Nymphen, Wassernixen, Melosynen, Sirenen; in der Erde die Gnomen, Sylphen, Berggeister und Zwerge; im Feuer die Bulkanalen, Salamander und so weiter. Da alles ein Ausfluß aus Gott ist, so sind auch alle Körper mit einem gewissen himmlischen Geiste versehen, von welchem ihre Form, Figur und Farbe abhängt. Die Gestirne werden von Geistern höherer Art bewohnt, welche die Schicksale der Menschen regieren. (...) Alles, was das Hirn vollbringt, nimmt seine Unterweisung aus dem Gestirn (...).»[141]

Das entsprach natürlich weder der Lehre der kirchlichen Autoritäten noch den Ansichten Montaignes. Aber insgesamt gesehen dachte man in der Renaissance wie Paracelsus und stützte sich dabei auf eine lange Tradition. Deshalb sahen sich die Verfasser von Vorhersagen und Almanachen in einem Dilemma – einmal mußten sie vorsichtig sein, da sie von Staat und Kirche überwacht wurden, andererseits aber fühlten sie sich aufgefordert, auf die starke Nachfrage der Öffentlichkeit nach solchen Schriften zu reagieren. (Aus dem 16. Jahrhundert sind gut hundert solcher Wahrsagebüchlein bekannt)[142]. Oft zogen sie sich aus der Affäre, indem sie die göttliche Allmacht und die Macht der Sterne in Einklang brachten, zweifellos aus ihrem ehrlichen Glauben heraus. Gott, sagten einige unter ihnen, sei der «allmächtige Herr» und somit der Schöpfer und «Beherrscher» der Sterne. Anderserseits aber habe er «den Himmel und die Elemente zu unserem Nutzen geschaffen». «Er hat die Sterne am Firmament befestigt, damit sie uns als Zeichen dienen, mit deren Hilfe es uns möglich ist, die Zukunft der Menschen, der Königreiche, der Religion und der kirchlichen Ordnung vorherzusehen.» In der Nähe dieser «Weissagung» von 1568 wäre auch ein Text aus den Memoiren der Klarissin Caritas Pirckheimer aus Nürnberg anzusiedeln:

«Ich erinnere als erstes daran, daß vor vielen Jahren eine große Katastrophe geweissagt wurde, die im Jahre des Herrn 1524 alles zerstören würde, was sich auf der Erdoberfläche befindet. Früher glaubte man, diese Prophezeiung bezöge sich auf eine Sintflut. Es hat sich aber seitdem erwiesen, daß die Konstellationen der Planeten in Wirklichkeit zahllose Unglücke [als Folge der Reformation], Plagen, Ängste und Unruhen, die Blutbäder auslösten, angezeigt haben.» [143]

Die Überzeugung, die in diesen beiden Texten, die doch so verschieden voneinander sind, zum Ausdruck kommt, war jahrhundertelang in allen Gesellschaftsschichten verbreitet. Sie erklärt den Schrecken, den man vor ungewöhnlichen Himmelserscheinungen empfand, selbst wenn es sich nur um einen Regenbogen handelte. Seltsame Erscheinungen am Firmament und, allgemeiner, jede Abweichung von den Gesetzen der Schöpfung konnten nur Unglück verheißen. In einem Brief an Johann Rühel vom 23. Mai 1525 schreibt Martin Luther über den Tod des Kurfürsten von Sachsen: «Das zeichen seynes tods war eyn Regenbogen, den wyr, Philippus [Melanchthon] und ich, sahen, ynn der Nacht ym nehesten Winter, uber der Lochaw, und eyn Kind alhie zu Wittemberg on heubt geborn und noch eynes mit umbgekereten Füßen.» [147] Die furchtsamen Völker hielten am Himmel Ausschau nach allerlei beunruhigenden Zeichen, die sie auch entdeckten. Die Flugschriften des 16. und 17. Jahrhunderts sind voll von diesen unglaublichen Geschichten, in denen himmlische und irdische Vorzeichen oftmals miteinander verknüpft sind:

«Das schreckliche Wunderzeichen, das über der Stadt Paris gesehen wurde und das von Wind, klarem Himmel und Licht, Gewitter und Blitzen und anderen Zeichen begleitet war.» [21. Januar 1531]

«Die neuen Wunderzeichen im Königreich Neapel, wo morgens um vier Uhr drei Sonnen aufgingen. [August 1531] Und wo eine achtundachtzigjährige Frau von einem Kind entbunden wurde und wo aus den Brüsten einer jungen Verrückten von sieben Jahren klares Wasser fließt.»

«Von der großen, fliegenden Schlange oder dem Drachen, der am

18. Februar 1579 über der Stadt Paris von zwei Uhr nachmittags bis zum Abend beobachtet wurde.»

«Von dem schrecklichen, gräßlichen, über der Insel Malta erschienenen Drachen, der sieben Köpfe hatte und mit seinem Gebrüll und Geschrei Verwirrung unter der Bevölkerung der gesamten Insel stiftete und von dem darauffolgenden Wunder vom 15. Dezember 1608.» [145]

Natürlich waren auch die Kometen gefürchtet und verbreiteten Angst und Schrecken unter der Bevölkerung. Über die Kometen, die in den Jahren 1527, 1577, 1604 und 1618 die Menschen erschreckten, liegen uns umfassende Berichte vor. Als Belege mögen folgende Überschriften von Flugblättern und Titel von Abhandlungen gelten:

«Der schreckliche und entsetzliche Komet, der am 11. Oktober 1527 über Westrich, Deutschland, auftauchte. Die brennende Fackel, die ganz Frankreich überquerte und am 5. April 1528 über Lyon ein schreckliches Getöse machte. Der Steinregen, der am selben Tage und zur selben Stunde über Italien niederging, an dem die [erwähnte] Fackel über Lyon beobachtet wurde.»

«Abhandlung darüber, was der am 12. November 1577 über Lyon erschienene Komet zu bringen droht (...), verfaßt von dem großen Astrologen und Mathematiker François Jundini.» [146]

Das von den Kometen angekündigte Unheil wurde in vielen Prophezeiungen im Vorgriff beschrieben. Hier einige, die im protestantischen Deutschland von 1604 die Runde machten:

«‹Von dem neuen Wunderstern, so Anno 1604 den 26. September erschienen und bis Anno 1606 gebrannt› habe, prophezeite Paulus Nagelius, es werde ‹fast kein Haus noch Winkel zu finden sein, wo man nicht Sonderliches von schrecklichen Fällen mit Ach und Weh zu beklagen!› Insbesondere bedeute der Stern auch ‹Verfolgung unter den Geistlichen und Vertreibung derselben in Deutschland›; namentlich würden die Jesuiten, ‹der Strafe und Rute Gottes nicht entlaufen, sondern auch einmal herhalten müssen›; allgemeine Teuerung und Hungersnot, Pestilenz, große Feuersbrünste und unerhörte Mordthaten würden folgen.» [147]

«‹Die Bedeutungen dieses neuen Sternes sind viel größer, erschrecklicher, trauriger, schädlicher als eines Kometensterns, weil er die Planeten alle an der Höhe übertroffen, dergleichen nicht geschehen, weil die Welt gestanden.› Unter anderem verkünde derselbe ‹Veränderung in der Religion und hierauf ein großes und unerhörtes Unglück über die Calvinisten; beneben dem Türkenkrieg einen erschrecklichen Fürstenkrieg mit schädlichem Aufruhr, Morden und Brennen›»[148] (Prophezeiung von Albinus Mollerus).

Die Kirchenmänner säumten nicht, die Gelegenheit, die ihnen das Auftauchen dieser himmlischen Zeichen bot, beim Schopfe zu packen, und die Christen durch die Ankündigung bevorstehender Strafgerichte anzuhalten, Buße zu tun. Aber offensichtlich teilten sie ebenso die Befürchtungen des Volkes wie die regierenden Häupter. Das Erscheinen des Kometen von 1577 erschreckte den Kurfürsten August von Sachsen so sehr, daß er dem Kanzler Andreae und dem Theologen Selnekker den Auftrag gab, besondere liturgische Gebete zu verfassen, die in allen Gemeinden des Landes aufgesagt werden mußten.[149]

Sonnen- und Mondfinsternisse beunruhigten ebenfalls das Volk. Die Sonnenfinsternis vom 12. August 1654 rief in ganz Europa eine Panik hervor, da die astrologischen Schriften vorher voll von düsteren Prophezeiungen gewesen waren. Sie gründeten sich auf die Tatsache, daß die Sonne zur Zeit der Finsternis im feurigen Zeichen des Löwen stehen würde sowie auf ihre Nähe zu Saturn und Mars, die als unheilvolle Planeten galten.[150] In Bayern, Schweden, Polen und selbstverständlich auch in Frankreich gab es nur wenige Menschen von klarem Verstand, die gelassen blieben; zahlreich waren dagegen jene, die glaubten, das Ende der Welt stünde unmittelbar bevor. Ein hugenottischer Edelmann aus Castres schrieb in sein Haushaltsbuch:

«Am Morgen des 12. August, als wir beim Gottesdienst waren, ereignete sich eine Sonnenfinsternis, die sehr klein war, gemessen an den Vorhersagen der Astrologen, die eine große Finsternis angekündigt und düstere Prophezeiungen ob ihrer Auswirkungen gemacht hatten. Niemals zuvor war eine Sonnenfinsternis von den meisten Leuten mit so viel Angst und Schrecken erwartet worden. Sie schlossen sich in ihren Häusern ein und verbrannten Kräuter im Feuer. Um zu zeigen, daß wir [Reformierte] unter Gottes Schutz keine Furcht empfinden, ritt ich während der Sonnenfinsternis aus (...).»[151]

Ein ähnlicher Augenzeugenbericht ist in der «Chorographie ou Description de Provence ...» des Theologen und Historikers Honoré Bouche zu lesen:

«Während einer Sonnenfinsternis, die sich am Morgen des 12. August zwischen neun und zehn Uhr ereignete, benahm man sich nicht nur in der Provence, sondern in ganz Frankreich, Spanien, Italien und Deutschland törichter als je zuvor. Einige hatten das Gerücht verbreitet, daß jeder, der sich zur Zeit der Finsternis im Freien befände, den nächsten Tag nicht mehr erleben würde, was zur Folge hatte, daß die Leichtgläubigsten sich in ihren Häusern einschlossen. Selbst die Ärzte hießen diese Albernheiten gut und ordneten an, Türen und Fenster verschlossen zu halten und die Zimmer nur mit Kerzen zu beleuchten. (...) Und wegen des Gerüchts, daß jeder an diesem Tage sterben müsse, sah man noch niemals zuvor so viele sich bekehren, zur Beichte gehen oder Buße tun. Schon mehrere Tage vorher hatten die Beichtväter großen Zulauf. Allein die Kirche profitierte von dieser eingebildeten Angst und von der Narrheit des Volkes. Ich bin jedoch nicht einverstanden mit dem, was sich in vielen Kirchen dieser Provinz zugetragen hat, wo angeblich das Allerheiligste den ganzen Tag lang ausgestellt war, womit die Kirche den Aberglauben des Volkes unterstützte.» [152]

Sehen wir uns nun noch an, was der Jesuitenpater Jacques de Billy in «Le Tombeau de l'astrologie» (1657) über das Entsetzen der Einwohner von Lyon im Jahre 1654 schreibt. Nachdem er an die schreckenerregenden Prophezeiungen erinnert hat, die der Sonnenfinsternis vorausgingen, bemerkt er ironisch, daß sie «eine solche Panik in den Herzen der Menschen bewirkt hätten, daß sogar einige Gelehrte um ihr Leben fürchteten. Ein jeder ging zur Beichte, um Ablaß für seine Sünden zu erlangen, und bei dieser Gelegenheit trug sich in der Stadt Lyon eine lustige Begebenheit zu. Ein Pfarrer, der sich von seinen Pfarrkindern zu sehr bedrängt fühlte, die alle auf einmal beichten wollten, sah sich gezwungen, die Kanzel zu besteigen und dem Volk anzukündigen, daß solche Eile unnötig sei, da der Erzbischof die Sonnenfinsternis auf den nächsten Sonntag verschoben habe.» [153]

Der Schrecken, den die Sonnenfinsternis von 1654 hervorrief, hat einen besonderen Grund: Gelehrte Astrologen hatten errechnet, daß die Sintflut sich im Jahre 1656 vor Christus ereignet hätte. Aus Gründen der Symmetrie wäre das Ende der Welt also für 1656 nach Christus zu erwarten. Die Sonnenfinsternis wäre also der Beginn der endzeitlichen Katastrophe. Eine solche «Vorhersage» hätte bei der Bevölkerung ohne die Beunruhigung, die jede noch so gewöhnliche Himmelserscheinung jedesmal hervorrief, und ohne den festverwurzelten Glauben, daß die Sterne das menschliche Schicksal lenkten und göttliche Entscheidungen ankündigten, nicht auf so großen Glauben stoßen können.

Der Glaube an die Macht der Sterne festigte sich nach dem 13. Jahrhundert in der herrschenden Kultur immer mehr.[154] Die schrittweise Rückkehr zur Antike und zur hellenistischen Magie, Ficinos Übersetzung der hermetischen Schriften, die Verbreitung des «Picatrix» * und der Werke des lateinischen Astrologen Firmicus Maternus, um nur einige Beispiele unter vielen anzuführen, weckten von neuem das Interesse für die Macht der Sterne, ein Interesse, das der Buchdruck nach besten Kräften zu befriedigen suchte.

Ein weiterer Punkt, der zu berücksichtigen wäre, ist die Krise der Kirche vom Großen Schisma an. Die Anfechtung der kirchlichen Strukturen und die Glaubensstreitigkeiten ließen Zweifel, Unsicherheit und eine Leere aufkommen, die der neue Aufschwung der Astrologie sich zunutze machte. Sie scheute mit Nifo, Pomponazzi und Cardan nicht davor zurück, den Religionen, das Christentum eingeschlossen, das Horoskop zu stellen. Sie stellte ihr Wissen heraus und nahm damit für sich ein. Ihr neuerlicher Triumph demonstriert, daß die Angst vor den Sternen wieder stärker war als die Hoffnung der Christen, vor allem in gelehrten Kreisen im Italien der Renaissance. Von der großen Aufmerksamkeit, die der Astrologie zuteil wurde, zeugen die Fresken in den Palästen in Ferrara, Padua und Rom sowie die bildende Kunst und die Dichtung, die in der Renaissance das Thema der Planeten und ihrer Bedeutung ausgestalteten. Auch die Chroniken überliefern viele Begebenheiten zu ihrer Bestätigung.[155] In der Renaissance ist in Italien, im «aufgeklärtesten» Land Europas, die Astrologie die absolute Herrscherin. Bei jedem wichtigen Ereignis, zum Beispiel bei Kriegen, Gesandtschaften, Reisen und Hochzeiten, ziehen die Fürsten und ihre Berater die Sterne zu Rate.[156] Marsilio Ficino wird gebeten, den günstigsten Tag für den Baubeginn des Palazzo Strozzi in Florenz zu bestimmen. Julius II., Leo X. und Paul III. legen den Tag ihrer Krönung, ihres Eintrittes in eine eroberte Stadt oder der Einberufung eines Konsistoriums anhand der Himmelskarte fest. Außerhalb Italiens handelt man ebenso und wird noch lange Zeit so handeln, vielleicht aufgrund des Beispiels, das die Italiener gegeben haben. Luise von Savoyen, die

---

* Dieses Handbuch der Magie, das im 10. Jahrhundert aus hellenistischen und orientalischen Quellen in arabischer Sprache verfaßt und im 13. Jahrhundert ins Spanische übersetzt wurde, trug in großem Maße zum Aufschwung der Astrologie bei. Der lateinische Titel «Picatrix» scheint eine auf «Hippokrates» zurückgehende Verformung zu sein.

Mutter Franz' I., ruft den berühmten Magier Cornelius Agrippa als Astrologen an ihren Hof, und Katharina von Medici hört auf Nostradamus. 1673 befragt Karl II. von England einen Astrologen, um zu erfahren, wann er sich an das Parlament wenden soll. Fünfundzwanzig Jahre zuvor hatte der «Gleichmacher» William Overton einen Sterndeuter gefragt, ob er im April 1648 eine Revolution anzetteln solle. Selbst John Locke glaubt, daß die Heilkräuter zu bestimmten, von der Position der Sterne angezeigten Zeiten gesammelt werden müssen.[157] Wenn sich sogar der Autor der «Vernünftigkeit des Christentums» am Ende des 17. Jahrhunderts so verhielt, ist leicht zu erraten, wie groß der Einfluß der Astrologie sein konnte und wie groß demzufolge die Angst vor den Sternen zu Shakespeares Zeiten war. Wenn man K. Thomas Glauben schenken kann, war beides in England, besonders in London, niemals so offenkundig wie zu Zeiten Elisabeths I. Jenseits des Ärmelkanals könnten sich die Astrologen den durch die Abschaffung des Katholizismus bedingten Verfall des kirchlichen Einflusses zunutze gemacht haben.

War aber nicht das Mißtrauen gegenüber dem Mond, verbunden mit der Angst vor der Dunkelheit, wovon im nächsten Kapitel die Rede sein wird, älter und weiter verbreitet als die Astrologie? Jedenfalls glaubten zahlreiche frühere Kulturen, daß die Mondphasen einen entscheidenden Einfluß auf das Wetter, auf Geburt und Wachstum von Menschen, Tieren und Pflanzen ausüben. Am Beginn der Neuzeit raten viele Sprichwörter und Almanache in Europa, wie man sich dieses launische und beunruhigende Gestirn geneigt machen kann und wie seine Formen und Farben auszulegen seien:

«So wie das Wetter ist, wenn der Mond im ersten Fünftel steht, so wird es den ganzen Monat sein. (...) Der Mond ist gefährlich im Fünftel, im Viertel, im Sechstel, im Achtel und im Zwanzigstel. (...) Blasser Mond bringt Regen und Sturm, silberner Mond klares Wetter und rötlicher Mond Wind.»[158]

«Säe nicht bei abnehmendem Mond, weil es sich nicht lohnt. Bei Vollmond laß das Säen sein.»[159]

Diese Ratschläge galten auch für die englischen Bauern, denen die Verfasser von landwirtschaftlichen Lehrbüchern rieten, bei abnehmendem Mond zu ernten und bei zunehmendem Mond zu säen.[160] Die Europäer der Renaissance berücksichtigten die Mondphasen bei vielen anderen Tätigkeiten, zum Beispiel wenn sie sich die Haare oder die Fingernägel schneiden ließen, sich einer Abführkur oder einem

Aderlaß unterzogen, eine Reise unternahmen, einen Kauf oder Verkauf tätigten und sogar, wenn sie eine Ausbildung begannen.[161] Noch im 15. Jahrhundert galt es in England als unvorsichtig, bei abnehmendem Mond zu heiraten oder in ein neues Haus einzuziehen. Die mittelalterliche Kirche hatte diesen Aberglauben vergeblich zu bekämpfen versucht[162], denn diese magischen Praktiken hatten ihren Ursprung in der jahrtausendealten Erfahrung einer ländlichen Kultur. Aber sie waren von der gelehrten Astrologie, die zu Luthers und Shakespeares Zeiten populärer war als je zuvor, theoretisch untermauert worden. Noch 1660 versicherte ein englischer Experte, daß ein Kind, das bei Vollmond geboren wird, niemals ganz gesund sein würde.[163] Die gebildeten Menschen wußten, daß der Mond den Zyklus bei der Frau bestimmt und allgemein den Feuchtigkeitsgehalt des menschlichen Körpers regelt; er beherrscht also somit das Gehirn, den feuchtesten Teil unseres Körpers, und ist deshalb verantwortlich für den Irrsinn derer, die «launenhaft wie der Mond» sind.[164] Daß diese altüberlieferte Furcht vor dem Mond auch in gebildeten Kreisen vorhanden war, beweisen folgende Ratschläge, die William Cecil, Finanzminister Elisabeths I., seinem Sohn erteilte: Er riet zu besonderer Vorsicht am ersten Montag im April (dem Todestag Abels), am zweiten Montag im August (dem Tag der Zerstörung von Sodom und Gomorrha) und am letzten Montag im Dezember (dem Geburtstag Judas'). J. Thomas sieht in der Aufzählung dieser drei Tabus (die noch im 19. Jahrhundert von manchem Engländer respektiert wurden) die verzerrte und «biblisierte» Version eines Ratschlags von Hippokrates, der die Kalendern des März und August sowie den letzten Tag im Dezember als unrein und ungeeignet für einen Aderlaß ansah. Diese Tabus waren der mittelalterlichen Kultur von Isidor von Sevilla überliefert worden.[165]

Die Macht, wenn schon nicht des Mondes, dann der meisten anderen Gestirne zu bedenken, Horoskope zu stellen und Gutachten auszuarbeiten, die auf der Kenntnis der Himmelskarte beruhen, erforderte ein Wissen, das die Dorfwahrsager oder -wahrsagerinnen nicht haben konnten, die auf die ängstlichen Fragen der Landbewohner antworten mußten. Wenn auch das Ansehen der Astrologie in der Renaissance in den Städten und bei den Eliten gestiegen ist, so scheint doch festzustehen, daß die zahlreichen populären Formen der Wahrsagerei in gleichbleibender Anzahl und Vielfalt über einen langen Zeitraum hinweg überlebt haben. Ihre Popularität ist von der grauen Vorzeit bis zur Schwelle unserer Epoche ungebrochen. Die Weisungen der Kirche, die mehrere Bevölkerungsschichten und Kulturstufen zugleich erreichen wollten, sich aber hauptsächlich an die Landpfarrer richteten, behandeln gleichfalls eher alle möglichen Formen der Wahrsagerei als die Astrologie selbst. Im Hinblick darauf ist das Buch von J.-B. Thiers ein ethnographisches Zeugnis von außergewöhnlicher Bedeutung. Auch wenn seine Aufzählungen durch die Wissenschaftssprache überformt sind, so lassen sie uns doch die Vielfalt der Praktiken erkennen, mit denen man auf die alltäglichste und einfachste Weise versuchte, die Angst vor dem zu bannen, was uns in der Gegenwart oder in der Zukunft verborgen ist – und dazu lieferte die Wahrsagerei den Schlüssel.

J.-B. Thiers verurteilt die «Wahrsagerei im allgemeinen (...) und jede Art von Wahrsagerei im besonderen: die Nekromantie, Nekymantie, Nekya oder Skiomantie, bei der die Manen oder die Seelen von Verstorbenen angerufen werden, von denen man glaubt, sie seien wiedergekehrt; die Geomantie, die aus Erdzeichen weissagt; die Hydromantie, die aus Zeichen im Wasser weissagt; die Aeromantie, die aus Zeichen in der Luft weissagt; die Pyromantie, die aus Zeichen im Feuer weissagt; die Lekanomantie, die aus einem Becken voll Wasser weissagt; die Chiromantie oder Handlesekunst; die Gastromantie, die mit Hilfe von runden Glasgefäßen weissagt; die Metoposcopie, die aus den Gesichtszügen weissagt; die Kristallomantie, die aus einem Kristall weissagt; die Kleromantie, die mit Hilfe von Losen weissagt; die Onychomantie, die aus Öl und Ruß auf den Nägeln weissagt; die Koskinomantie, die aus einem Sieb weissagt; die Bibliomantie, die aus einem Buch, besonders aus der Bibel, weissagt; die Kephaleonomantie, die aus einem Eselskopf weissagt; die Kapnomantie, die aus dem Rauch weissagt; die Axinomantie, die mit Hilfe einer Axt weissagt; die Botanomantie, die mit Hilfe von Kräutern weissagt; die Ichtyomantie, die aus den Fischen weissagt; die Wahrsagerei mit Hilfe eines Astrolabiums, einer Haspel, eines Orakelstuhls, von Lorbeer, von Weihwasser, von Schlangen oder Ziegen, von Mehl oder Gerste oder aus den Bewegungen und dem Zusammenziehen der Augen; oder die Katoptromantie, die aus einem Spiegel weissagt; oder die Daktyliomantie, die mit Hilfe von Ringen weissagt.»

Im folgenden verdammt J.-B. Thiers natürlich jede Art von Wahrsagerei aus Träumen, aus dem Vogelflug, aus den Rufen und dem Verhalten der Tiere und aus den guten oder schlechten Vorzeichen, die sich aus zufälligen Begegnungen und Ereignissen ergeben. «Unter all diesen Verfahren», schreibt er, «ist nicht eines, das nicht sündhaft wäre.» [166]

Fassen wir mit einem einzigen Satz diese Auflistung und alles, was dabei unterschwellig mitschwingt, zusammen: Damals war die Angst allgegenwärtig, sie war der ständige Begleiter der Menschen.

Zweites Kapitel

Die Vergangenheit und die Finsternis

1. Die Gespenster

Früher war die Vergangenheit nicht wirklich tot, sie konnte jederzeit auf bedrohliche Weise in die Gegenwart einbrechen. Im Kollektivbewußtsein gestaltete sich die Grenze zwischen Leben und Tod oft fließend. Zumindest eine gewisse Zeit lang nahmen die Verstorbenen ihren Platz unter jenen leichten, halb körperlichen, halb geistigen Wesen ein, mit denen selbst die damalige Elite in Einklang mit Paracelsus die vier Elemente bevölkerte.[1]

Der deutsche Arzt Agricola, der 1556 sein berühmtes Werk «De re metallica» veröffentlichte, versicherte, daß die unterirdischen Stollen von verschiedenen Arten von Geistern bewohnt seien: Die harmlosen unter ihnen gleichen Zwergen oder alten Bergleuten und tragen wie diese einen ledernen Schurz; die anderen aber, die bisweilen die Gestalt eines wilden Pferdes annehmen, mißhandeln, verjagen oder töten die Arbeiter. A. Paré hat ein ganzes Kapitel seines Buches «Des monstres» auf den Beweis verwandt, «daß die Steinbrüche von Dämonen bewohnt werden». In seiner «Hymne des daimons» läßt Ronsard sich über die Wesen aus, die einerseits unsterblich wie Gott und andererseits «voller Leidenschaften» wie wir Menschen sind und die den Raum zwischen Erde und Mond bevölkern. Die einen sind gutartig und «kommen zur Erde (...) / Um uns den Willen der Götter kundzutun». Die anderen jedoch bringen der Erde: «Pestilenzen, Fieber, Mattigkeit, Gewitter und Donner. Sie lassen die Luft erklingen, um uns Entsetzen einzujagen.»[2] Sie sind Vorboten des Unheils und bewohnen die Spukhäuser. L. Febvre hat nachgewiesen, daß auch Rabelais dem animistischen Weltbild anhing[3], in dessen Bann damals in Europa die gebildetsten Menschen und zugleich die archaischsten Volksgruppen lebten.

Unter solchen Voraussetzungen konnte sich die Vorstellung der Kirche von einer vollständigen Trennung der Seele vom Körper im Augenblick des Todes nur langsam durchsetzen. Noch im 17. Jahrhundert verfaßten viele Juristen gelehrte Abhandlungen über das Thema, wie Leichen von Ermordeten in Gegenwart des Mörders zu bluten anfangen und den Mörder auf diese Weise dem Gericht anzeigen. Der Theologe Bruder Noël Taillepied, der 1660 seinen «Traicté de l'apparition des esprits ...» veröffentlicht, lehrt kategorisch: «Wenn der Mörder sich seinem Opfer nähert, tritt diesem Schaum vor den Mund, der Schweiß bricht ihm aus, und es gibt noch andere Zeichen von sich.»[4] Er beruft sich dabei auf Plato, Lukrez und Marsilio Ficino. Der Arzt Felix Platter wird 1556 in Montpellier Augenzeuge einer solchen Begebenheit. Im 1. Akt seines Schauspiels «Richard III.» läßt Shakespeare den Leichenwagen Heinrichs IV. an dessen Mörder vorbeifahren, wobei die Leiche zu bluten beginnt. Jobé-Duval versichert, daß einige Gerichtshöfe in der Bretagne noch kurz vor der Französischen Revolution diesen «Blutungen» der Opfer Glauben schenkten. Zu Recht sieht H. Platelle[5] einen Zusammenhang zwischen diesem Gottesurteil und anderen Zeichen, die alle Zeugnis davon ablegen, daß im damaligen Kollektivbewußtsein die Grenze zwischen Leben und Tod fließend war. Die Reliquien bewirkten, daß besondere Verstorbene – die Heiligen – auf der Erde verblieben. Sie besaßen die Fähigkeit, in einen anderen Körper zu schlüpfen. Nach germanischem Recht durften Leichen bei Gericht erscheinen. Eine bekannte Lebensweisheit sagte: «Der Tote streckt seine Hand nach dem Lebenden aus», denn durch sein Erbe hatte er Gewalt über die Lebenden. In den Totentänzen wird ein unbesiegbares Skelett dargestellt, das gewaltsam Leute jeden Alters und Standes in den schauerlichen Reigen zieht. Und schließlich und endlich wurden im gesamten Abendland Tote gerichtet und verurteilt. Im Jahre 897 grub man in Rom den Leichnam des Papstes Formosus aus und machte ihm den Prozeß, bevor man ihn in den Tiber warf. Ein mittelalterlicher Brauch? Keineswegs. Als im Jahre 1559 in Basel bekannt wurde, daß ein reicher, drei Jahre zuvor verstorbener Bürger, Johann von Brügge, niemand anderer war als der Wiedertäufer David Joris, ließ der Richter den Sarg ausgraben und den Leichnam posthum hinrichten.[6] Wenn Tote verurteilt und hingerichtet wurden, konnte man dann noch an ihrer furchterregenden Macht zweifeln? Am 22. April 1494 starb in der Nähe von Lyon Philippe de Crèvecœur, der nach dem tragischen Ende Karls des Kühnen die Sache Marias von Burgund verraten und Arras König Ludwig XI.

übergeben hatte. In jener Nacht wurden mehrere Weinberge in Frankreich verwüstet, Vögel stießen «merkwürdige Schreie» aus, in der Auvergne und im Anjou bebte die Erde. Überall dort, wo sein Leichnam auf dem Wege zu der von ihm bestimmten Grabstätte in Boulogne-sur-Mer vorbeikam, «erhoben sich furchtbare Stürme und Unwetter. Häuser, Pferde- und Schafställe, Vieh, Kühe und Kälber wurden vom reißenden Wasser davongetragen»[7]. Zwei alte Beispiele werden in einer dem «Leben der Heiligen» gewidmeten Handschrift aus dem 15. Jahrhundert neu erzählt. Ein Mann hatte die Angewohnheit, jedesmal ein «De profundis» aufzusagen, wenn er über einen Friedhof ging. Eines Tages wird er von seinen «schlimmsten Todfeinden» angegriffen. Er flüchtet sich auf den nächsten Friedhof und wird von den Verstorbenen «mit aller Kraft» verteidigt. «Jeder hält in der Hand einen Gegenstand, dessen er sich zu Lebzeiten in seinem Berufe bedient hatte (...), woraufhin die Feinde von Furcht ergriffen wurden und fassungslos davonliefen.» Die andere Erzählung ist mit der vorhergehenden eng verwandt, sie folgt in der Chronik unmittelbar auf diese. Ein Pfarrer las jeden Tag eine Messe für die Toten; er wurde bei seinem Bischof angezeigt (zweifellos, weil man diese Einnahmequelle als zu ergiebig ansah). Der Prälat untersagte ihm, die Messe zu lesen, aber einige Zeit später ging er zufällig über einen Friedhof, wo er von den Toten angegriffen wurde. Um seine Freiheit wiederzuerlangen, mußte er versprechen, dem Pfarrer wieder zu gestatten, Messen für die Verstorbenen zu lesen.[8] Es handelt sich hier sicherlich um eine Rechtfertigung der Gebete für die Verstorbenen, aber gleichzeitig auch um einen Beweis für den Gespensterglauben. Man kann nun die Frage stellen, ob Shakespeare nur aus einer Laune heraus den Geist von Hamlets Vater auftreten ließ oder ob Tirso de Molina rein zum Vergnügen das Standbild des Komturs zum Leben erweckte. Sahen die Zuschauer dieser Stücke sie lediglich als Fiktion, auf die sie nicht hereinfielen, oder hingen sie, was wahrscheinlicher ist, größtenteils selbst dem Gespensterglauben an? Dies war jedenfalls der Fall bei Ronsard und Du Bellay. Ronsard berichtet, daß Denise, die Hexe aus dem Vendômois, bei Einbruch der Nacht ihr Haus verläßt, denn sie gebietet dem silbernen Mond. Als Bewohnerin der einsamen Orte und der Friedhöfe «befreit» sie die Körper der Toten «aus ihren abgeschiedenen Gräbern»[9]. Du Ballay nimmt dasselbe Thema wieder auf. Er herrscht eine Hexe an und schleudert ihr folgende Anklage ins Gesicht: «Du kannst in dunkler Nacht / Die Toten aus ihren Gräbern

locken / Und der Natur Gewalt antun.»[10] Der Theologe Noël Taillepied ist sehr bestimmt in bezug auf die Rückkehr von Verstorbenen:
«Manchmal zeigt sich ein Geist im Hause, und wenn die Hunde dies bemerken, flüchten sie sich zwischen die Beine ihrer Herren und wollen sich dort nicht mehr wegrühren, denn sie haben große Angst vor Geistern. (...) Ein andermal zieht jemand die Decke von einem Bett, legt sich darunter oder darauf oder geistert durchs Zimmer. Man hat Leute zu Pferd und zu Fuß gesehen, die man gut kannte und die kurz zuvor gestorben waren. Manchmal riefen diejenigen, die in der Schlacht gefallen oder in ihrem Bett gestorben waren, nach ihren Dienern, welche sie an der Stimme wiedererkannten. Oftmals hörte man Geister nachts über den Fußboden schlurfen, husten oder seufzen, und wenn man sie befragte, antworteten sie, sie seien der Geist von diesem oder jenem.»[11]

Ist der Mieter eigentlich bei solchen Vorkommnissen verpflichtet – wenn es in einem Haus spukt –, dem Besitzer weiterhin die vereinbarte Miete zu zahlen? Auf diese Frage antwortet der Jurist Pierre Le Loyer, Rat am Oberlandesgericht in Angers: «Wenn», so schreibt er, «die Angst vor den Geistern, die in einem Hause umgehen, die Nachtruhe der Bewohner stören und sie beunruhigen, gerechtfertigt ist», wenn also «die Angst nicht grundlos ist und der Mieter sich zu Recht fürchtet, dann braucht er die Miete nicht zu bezahlen, immer vorausgesetzt, daß die Angst gerechtfertigt ist.»[12]

Früher gab es zwei Arten von Gespensterglauben. Der «horizontale» (E. Le Roy Ladurie), naturalistische, altüberlieferte und populäre Glaube beruhte auf dem «zweifachen Weiterleben» (der Ausdruck stammt von E. Morin)[13]: Der Verstorbene lebte noch eine Zeitlang weiter, sowohl körperlich als auch geistig, und kehrte an den Ort seiner irdischen Existenz zurück. Die zweite, «vertikale» und transzendentale Vorstellung war die der (mehr oder weniger offiziellen) Theologen. Sie versuchten das Phänomen der Gespenster (was kein zeitgenössischer Ausdruck ist) durch das Spiel der geistigen Kräfte zu erklären. Folgen wir der Argumentation von Pierre Le Loyer und Noël Taillepied, die sich übrigens bei allen Dämonologen der damaligen Zeit wiederfindet: Pierre Le Loyer will «eine Geisterwissenschaft» begründen, was er auf über tausend engbedruckten Seiten dann auch versucht. Gleich zu Anfang trifft er eine Unterscheidung zwischen «Gespenst» («fantôme») und «Geist» («spectre»). Das erste «ist eine Ausgeburt der Phantasie der Verrückten und Melancholiker, die sich einbilden zu sehen, was nicht da ist». Das zweite hingegen «ist die tatsächlich vorhandene Vorstellung eines körperlosen Wesens, das sich gegen die Gesetze der Natur den Menschen aufdrängt und ihnen Angst einjagt» [14]. Die Argumentation Noël Taillepieds weicht nur wenig von der des Juristen aus Angers ab. «Die Melancholiker», schreibt er, «grübeln und denken sich viele Hirngespinste aus.» Viele furchtsame Leute «bilden sich ein, viele entsetzliche Dinge zu hören und zu sehen, die gar nicht da sind». Auch «jene, die schlecht hören und sehen, bilden sich viele Dinge ein, die nicht da sind». Außerdem können die Dämonen, die von Hause aus betrügerisch sind, «den Blick der Menschen trüben», und «ihnen eine Sache für eine andere vorgaukeln». Schließlich und endlich gibt es Leute, die anderen einen Streich spielen und «sich maskieren, um ihnen angst zu machen» [15].

Es bleibt jedoch die Tatsache bestehen, daß die Geister bei bestimmten Anlässen erscheinen. Unsere Theoretiker kämpfen also an mehreren Fronten. Sie lehnen den Volksglauben ab, prangern aber nichtsdestoweniger die Ungläubigkeit der «Sadduzäer, Atheisten, Peripatetiker (...), Skeptiker und Pyrrhonisten» an, die bestreiten, daß es Geister gibt. Sie greifen Epikur, Lukrez und all jene an, die behaupten, daß es keine körperlose Materie gebe. Pierre Le Loyer behauptet also das Gegenteil von Pomponazzi, für den «die Vorstellung, daß es Geister gebe, [nur auf] der Feinheit des Sehvermögens, des Gehörs und des Geruchssinns beruht, die dem Menschen viele Dinge vorgaukeln, die nicht vorhanden sind» [16]. Er bekämpft gleichermaßen Cardan, der «die völlig aus der Luft gegriffene Behauptung aufstellt, [daß die] Schatten auf den Gräbern aus den begrabenen Körpern [entweichen], die etwas ausatmen und ausstoßen, was den Eindruck einer ihnen ähnlichen Gestalt erweckt. Könnte man sich etwas Dümmeres ausdenken als Cardan?» [17]

Bleibt noch ein letzter Gegner, der auszuschalten wäre, nämlich der Protestantismus. Denn der protestantische Geistliche Loys Lavater aus Zürich hat in einem 1571 erschienenen Werk jede Art von Geistererscheinungen bestritten, so wie die protestantische Kirche die Existenz des Fegfeuers bestreitet. Letzteres führte Lavater zu dem Schluß, daß es nur zwei Orte gäbe, an die die Seelen sich nach dem Tod des Körpers zurückziehen, nämlich das Paradies und die Hölle. Jene, die ins Paradies eingegangen sind, können auf die Hilfe der Lebenden verzichten, und diejenigen, die zur Hölle gefahren sind, müssen dort auf ewig verbleiben – und nichts und niemand vermag ihnen zu helfen. Warum sollen also die einen den Ort ihrer Ruhe, die anderen den Ort ihrer Pein

verlassen?[18] Von katholischer Seite konnte man diese Argumentation nur in Bausch und Bogen verwerfen. Unter der Feder der Verfechter des Katholizismus entfaltet sich im Gegenteil nun der theologische Diskurs, der schon seit langem den alten Glauben an die Gegenwart der Verstorbenen unter den Lebenden[19] einbeziehen wollte, mit aller Kraft und all seinen Argumenten. Zur Unterstützung beruft er sich auf Augustinus und Ambrosius sowie auf Beispiele aus der Heiligen Schrift.[20] Gott kann den Seelen der Toten erlauben, sich den Lebenden in ihrer früheren Gestalt zu zeigen. Er kann gleichermaßen den Engeln, «die zwischen Himmel und Erde hin- und hereilen», gestatten, menschliche Gestalt anzunehmen. Sie «formen sich dann einen Körper aus der Luft, (...) indem sie diese verdichten, sammeln und kondensieren». Die Dämonen können ihrerseits den Menschen erscheinen, indem sie sich wie die Engel einen Körper aus Luft formen oder indem sie «in die toten Körper der Verstorbenen»[21] schlüpfen. Dieser Glaube erklärt die weiter oben zitierten Verse von Ronsard und Du Bellay, da sie sich auf das Treiben der Hexen auf den Friedhöfen beziehen. Im selben Geist widmet Agrippa d'Aubigné einer Erinnye, die alle Hexen aller Zeiten verkörpert, inklusive der abscheulichsten unter ihnen – Katharina von Medici –, folgende Verse:
«Des Nachts streicht sie über schaurige Friedhöfe (...)
[Sie] gräbt ohne Grausen die abstoßenden Leichen aus,
Füllt sie an mit den Kräften des Bösen,
Läßt sie tanzen, fahl und gräßlich.»[22]

Doch all diese Erscheinungen treten nur mit Gottes Erlaubnis und zum Besten der Lebenden auf. Wenn das Weiterleben der Körper der Verstorbenen in theoretischer Hinsicht auch als Irrtum abgetan wird, so ist die Theologie doch anderer Meinung. Sie erlaubt den Verstorbenen, zur Erde zurückzukehren, um eine Heilsbotschaft zu verkünden, womit sie gleichzeitig die Seele auf- und das «zweifache Weiterleben» abwertet. Die Verstorbenen kehren als Wiedergänger zurück, um die streitende Kirche zu unterweisen, sie ermahnen die Lebenden zu einer besseren Lebensweise und bitten, daß man für sie bete, damit sie aus dem Fegfeuer erlöst würden.

Ein Handbuch für Exorzisten ist in diesem Zusammenhang aufschlußreich, «Le livre d'Egidius», das in Tournai Mitte des 15. Jahrhunderts (um 1450) verfaßt wurde und unter anderem zwei Serien von Fragen enthält, die den Erscheinungen von Seelen aus dem Fegfeuer und den Seelen von Verdammten zu stellen seien[23]:

«Fragen an eine Seele aus dem Fegfeuer:
1. Wessen Geist bist du?
2. Bist du schon lange im Fegfeuer? (...)
12. Welche Art von Fürsprache würde dir am meisten nützen?
13. Warum bist du gerade hierher gekommen, und warum erscheinst du hier öfter als anderswo?
14. Wenn du ein guter Geist bist, der Gottes Barmherzigkeit erwartet, warum hast du dann, wie man erzählt, die Gestalt verschiedener Haustiere und wilder Tiere angenommen?
15. Warum kommst du an bestimmten Tagen lieber hierher als an anderen?

Fragen an die Seele eines Verdammten:
1. Wessen Geist bist du?
2. Warum bist du zur ewigen Verdammnis verurteilt worden?
3. Warum kommst du, wie man sich erzählt, öfters hierher? (...)
5. Willst du die Lebenden in Furcht und Schrecken versetzen?
6. Willst du, daß die Reisenden (die wir in unserem irdischen Dasein sind) verdammt werden? (...)
8. Würdest du lieber gar nicht existieren, als der Höllenpein ausgesetzt zu sein?
9. Welche der Qualen ist am schwersten zu ertragen?
10. Ist die ewige Verdammnis, das heißt nie wieder Gott zu schauen, schlimmer als die Qualen des Körpers?»

Der seit Descartes immer weiter sich verbreitende methodische Zweifel ließ auch in den Kirchenmännern nach und nach Argwohn gegenüber dem Gespensterglauben aufkommen. In seiner 1746 erschienenen «Gelehrten Verhandelung von denen sogenannten Vampiren oder zurückgekommenen Verstorbenen» zögert der Benediktinermönch Augustin Calmet nicht, viele der von Tertullian, Augustinus und Ambrosius usw. bestätigten Berichte anzuzweifeln.

«Die Berichte über ‹Die Leben der Heiligen›», schreibt er, «sind voller Schilderungen von Erscheinungen Verstorbener; wenn man sie alle sammeln wollte, könnte man mehrere Bände damit füllen.»[24] Weiter unten fügt er hinzu: «Bei den Dichtern der Alten, sogar bei den Kirchenvätern, finden sich unzählige Stellen, die beweisen, daß sie daran glaubten, daß die Seelen der Verstorbenen häufig den Lebenden erscheinen. (...) Diese Väter glaubten also an eine Rückkehr der Seelen, an ihr Erscheinen und an ihre Gebundenheit an den Körper. Wir aber schließen uns dieser ihrer Meinung über die Körperlichkeit der Seelen nicht an (...).»[25]

So ist sich dieser «aufgeklärte» Benediktiner der Tatsache bewußt, daß sich viele christliche Schriftsteller, unter ihnen einige der bedeutendsten, niemals wirklich von der antiken Vorstellung, daß eine Art zweites «Ich» nach dem Tode weiterlebt, gelöst haben. Für ihn bedeutet dagegen der Tod eine völlige Trennung von Körper und Seele, wobei letztere nicht wieder dorthin zurückkehrt, wo der Verstorbene gelebt hat. Trotz dieses kategorischen Urteils kommt Calmet im wesentlichen jedoch auf die Ansichten von Le Loyer und Taillepied zurück, denn er glaubt ans Fegfeuer. Er schreibt: «Obwohl vieles, was über Vorgänge und Erscheinungen erzählt wird, auf Sinnestäuschungen, Einbildung und Voreingenommenheit zurückgeführt werden muß, ist dennoch ein Körnchen Wahrheit in vielen dieser Erzählungen enthalten, und man kann sie vernünftigerweise nicht in Zweifel ziehen.»[26] Die Erscheinungen finden also auf göttlichen Befehl statt, und selbst wenn der Teufel dabei seine Hand im Spiel hat, so hat er die göttliche Erlaubnis dazu. Auf diesem Umwege wird also neuerlich allen Erscheinungen Glauben geschenkt, ob es sich nun um Seelen aus dem Fegfeuer handelt, die bitten, daß man für sie bete, oder um Seelen Verdammter, die die Lebenden aufrufen, Buße zu tun. Beide Themen waren bis in an die Schwelle unserer Zeit ein beliebter Stoff für Predigten.[27]

Wie alle Vorgängerwerke über dieses Thema ist auch das Buch des Benediktiners nicht nur eine theologische Abhandlung über Erscheinungen, sondern zugleich ein ethnographischer Bericht über jenen anderen Geisterglauben, den die Kirche umformen wollte und der auch im neuzeitlichen Europa lebendig blieb. Man kann ihn wie folgt charakterisieren: Während einer bestimmten Zeit nach dem Tode führen die Verstorbenen ein Leben, das dem unseren vergleichbar ist. Sie kehren an die Orte zurück, wo sie gelebt haben, manchmal wollen sie dort Unheil anrichten. Anhand eines Grenzfalles führt Calmet uns vor Augen, wie stark diese Überzeugung noch lebendig war. Durch ihn besitzen wir detaillierte Kenntnisse von einer wahren Angstepidemie vor Gespenstern, besonders vor Vampiren, die Ende des 17. und Anfang des 18. Jahrhunderts Ungarn, Schlesien, Böhmen, Mähren, Polen und Griechenland heimsuchte. In Mähren, so berichtet Calmet, ist es «ziemlich alltäglich», daß die Verstorbenen sich mit ihren Bekannten zu Tisch setzen. Wortlos weisen sie mit dem Kopf auf einen der Anwesenden, der «unweigerlich» ein paar Tage später stirbt. Man befreit sich von diesen Geistern, indem man die Leichen ausgräbt und verbrennt, in Böhmen rammt man Pfähle durch den Toten, die sie am Boden festnageln. Ebenfalls bei Calmet, der sich weigert, diese makabren Geschichten zu glauben, steht, daß man in Schlesien «Tag und Nacht» Gespenstern begegnet. Dinge, die ihnen einmal gehört haben, bewegen sich und befinden sich plötzlich an einem ganz anderen Platz, ohne daß jemand sie berührt hätte. Das einzige Gegenmittel gegen diese Erscheinungen besteht darin, die Körper der Zurückgekehrten zu enthaupten und zu verbrennen. In Serbien sind die Gespenster Vampire, die ihren Opfern das Blut aus dem Hals saugen, woraufhin diese an Entkräftung sterben. Wenn man die Toten ausgräbt, die verdächtigt werden, eines dieser unheilvollen Gespenster zu sein, so ist ihr Blut «leuchtendrot» wie das der Lebenden. Man schneidet ihnen dann den Kopf ab, legt die beiden Hälften des Körpers wieder ins Grab und bedeckt sie mit ungelöschtem Kalk.

Offensichtlich spielten die Vampire hier die Rolle des Sündenbocks, die in anderen Teilen Europas während des Wütens des Schwarzen Todes den Juden und im 17. Jahrhundert den Hexen zugewiesen wurde. Ist es insgesamt nicht besser, die Toten statt der Lebenden zu beschuldigen?

Unter Berufung auf einen Bericht von Tournefort beschreibt Calmet die Panik, die sich der Einwohner von Mykonos am Ende des Jahres 1700 bemächtigte. Ein für seinen griesgrämigen und streitsüchtigen Charakter bekannter Bauer war auf geheimnisvolle Weise umgebracht worden. Bald darauf entstieg er seinem Grab und begann, den Frieden der Insel zu stören. Zehn Tage nach seiner Beerdigung wurde er öffentlich exhumiert. Ein Metzger riß ihm nicht ohne Mühe das Herz aus dem Leibe, das am Strand verbrannt wurde. Aber das Gespenst erschreckte weiterhin die Bevölkerung. Die Pfarrer der Insel fasteten und veranstalteten Prozessionen. Die Leiche mußte erneut ausgegraben werden; als man sie auf einen Karren legte, brüllte sie und wehrte sich aus Leibeskräften. Schließlich verbrannte man sie. Daraufhin hörten die «Erscheinungen und Heimsuchungen» auf.

In Rumänien, im Lande Draculas, fürchtete man sich noch im 19. Jahrhundert vor Vampiren. Ein englischer Reisender schrieb 1828: «Wenn ein Mensch eines gewaltsamen Todes gestorben ist, dann wird an dem Ort, an dem er zu Tode gekommen ist, ein Kreuz errichtet, damit der Tote nicht zu einem Vampir wird.»[28]

Die von Calmet zusammengetragenen Fakten überzeichnen lediglich eine weitverbreitete Wirklichkeit, nämlich die des Glaubens an ein neues irdisches Leben, das die Verstorbenen zumindest während einer gewissen Zeit führen. Zu Anfang des 18. Jahrhunderts stellt der sehr sittenstrenge Monsignore Soanen bei einem Besuch seiner kleinen Diözese Senez mit Beunruhigung fest, daß es in den Bergen noch immer Brauch ist, ein Jahr lang nach dem Tod eines Verwandten Brot und Milch am Grab abzustellen.[29] Ein halbes Jahrhundert früher hatte Pater Maunoir in seinen Katechismus in bretonischer Sprache ein sehr aufschlußreiches Frage-und-Antwort-Spiel aufgenommen: «Was haltet Ihr (...) von jenen, die rund um das Johannisfeuer Steine aufsammeln und ein Vaterunser vor ihnen aufsagen, in dem Glauben, die Seelen ihrer verstorbenen Verwandten kämen, sich zu wärmen? (...) Sie sündigen.»[30] Cambry schreibt anläßlich einer Reise nach Finistère im Jahre 1794: «Man glaubt hier, daß alle Toten um Mitternacht die Augen öffnen.[31] (...) Im Bezirk Lesneven fegt man ein Haus niemals in der Nacht aus, da man glaubt, daß damit das Glück abgewendet würde, daß die Verstorbenen umgingen und daß sie durch den Besen verletzt und vertrieben würden.»[32] Am Beispiel der Bretagne läßt sich der Gespensterglaube der damaligen Zeit besser untersuchen als an anderen Landschaften. «Kaum hat man die Leiche im Sarg festgenagelt, sieht man sie schon an ihrem Gartenzaun lehnen», schrieb A. Le Braz in «La Légende de la mort»[33] und führte weiter aus: «Der Verstorbene behält seinen Körper, sein Aussehen und all seine Eigenschaften. Er behält gleichfalls die Kleidung, die er für gewöhnlich trug (...).»[34] In der Bretagne glaubte man früher auch, daß die Erde tagsüber den Lebenden und nachts den Toten gehöre. Aber kann man in diesem Falle von «Gespenstern» sprechen, fragten sich Le Braz und Van Gennep. Jedenfalls glaubte man in der Bretagne, daß die Verstorbenen eine eigene Gesellschaft bildeten, die mit einem besonderen Namen bezeichnet wurde, «Anaon», einem Plural, der als kollektiver Singular gebraucht wurde. Ihre Mitglieder bewohnen die Friedhöfe, aber im Schutze der Dunkelheit kehren sie an die Orte zurück, an denen sie gelebt haben. Deshalb werden um Mitternacht keine Häuser ausgefegt. Dreimal pro Jahr versammeln sich die Seelen der Verstorbenen: am Abend vor Weihnachten, am Johannistag und am Abend von Allerheiligen sieht man sie in langen Prozessionen den Versammlungsorten zustreben.[35] Dieses Zusammenleben mit den Verstorbenen führte zu einer gewissen Vertrautheit mit ihnen. Gleichzeitig verbreiteten sie aber auch Angst. Niemand wagte sich nachts auf einen Friedhof, und dem «Ankou» wurde eine bedeutende Rolle zugeschrieben. Als zuletzt Gestorbener in einem Jahr versah dieser in seiner Gemeinde das ganze folgende Jahr über das Amt des Sensenmannes, der unter den Lebenden Ernte hält und sie auf einen wackeligen Karren mit quietschenden Rädern lädt.[36]

Diese ethnographischen Fakten und viele andere, die sich noch anführen ließen, belegen, daß sich in unserer abendländischen Kultur lange eine Vorstellung vom Tod (oder besser von den Toten) gehalten hat, die eigentlich die der «archaischen Gesellschaften» war, in dem Sinne, wie E. Morin diesen Begriff versteht. In diesen Gesellschaften sind die Verstorbenen Lebende besonderer Art, mit denen man rechnen und sich gütlich einigen muß und, wenn möglich, gute Nachbarschaft hält. Sie sind nicht unsterblich, eher eine Zeitlang «ungestorben». Ihr Leben ist also verlängert, aber nicht unbedingt in alle Ewigkeit. Anders ausgedrückt heißt das, daß der Tod kein punktuelles Ereignis ist, sondern daß er sich nach und nach vollzieht.[37] Im Vorwort zu «La Crainte des morts» von J. G. Frazer schrieb Valéry: «Von Melanesien bis Madagaskar und von Nigeria bis Kolumbien fürchtet, beschwört, ernährt und benutzt ein jedes Volk seine Toten und steht im Austausch mit ihnen. Es räumt ihnen im Leben eine positive Rolle ein, erträgt sie wie Parasiten, empfängt sie wie mehr oder weniger erwünschte Gäste und schreibt ihnen Bedürfnisse, Absichten und Kräfte zu.»[38]

Was für diese nichteuropäischen Länder galt, trifft zumindest bis zu einem bestimmten Punkt auch für Europa zu, und zwar bis in die nahe Vergangenheit. Die Einschränkung «bis zu einem bestimmten Punkt» muß natürlich betont werden, da die theologische Debatte über die Toten, die wir in groben Zügen dargestellt haben, sich bemühte, die «archaischen Gesellschaften» in «metaphysische Gesellschaften» (ich übernehme hier die von E. Morin getroffene Unterscheidung) umzuwandeln, um damit die Vorstellung von einer völligen Trennung zwischen Lebenden und Toten durchzusetzen. Aber im täglichen Erleben und im Kollektivbewußtsein existierten diese beiden theoretisch unvereinbaren Vorstellungen – das «zweifache Weiterleben» einerseits und die völlige Trennung von Körper und Seele andererseits – oftmals nebeneinander.

Unter den vielfältigen, oft widersprüchlichen Verhaltensweisen, die Todeskampf und Sterben fast überall begleiteten, entsprangen einige zweifellos einer magischen Angst vor dem eben Verstorbenen und sogar vor dem Sterbenden. Das gilt zum Beispiel für den Brauch, der für viele Orte nachgewiesen wurde, das Wasser in den im Hause vorhandenen Behältern wegzuschütten, zumindest dann, wenn sie sich im Sterbezimmer befunden hatten. Die Haltung der brasilianischen Inquisition, die diesen Brauch als Beweis dafür wertete, daß die frisch getauften Christen ins Judentum zurückgefallen waren, bezeugt, daß die Kirche darin eine unchristliche Verhaltensweise sah.[39] Was war aber der Zweck dieser Sitte? Glaubte man, daß die Seele, bevor sie entwich, sich mit diesem Wasser gewaschen und es somit mit ihren Sünden verunreinigt hatte? Oder wollte man die fliehende Seele vor dem Ertrinken bewahren, was hätte geschehen können, wenn sie versucht hätte, das Wasser zu trinken oder sich darin zu betrachten, weswegen man auch die Spiegel verhängte? Beide Erklärungen hatten sicherlich Gültigkeit, die eine an diesem, die andere an jenem Ort. Auf jeden Fall sollte der Tod erleichtert werden, aus Angst, die Seele des Sterbenden könnte verharren, wo sie nichts mehr zu suchen hatte. Zur Zeit des Priesters J.-B. Thiers wurde im Perche das Sterbebett parallel zu den Deckenbalken aufgestellt, denn quer zum Bett stehende Balken hätten die Seele am Entweichen hindern können.[40] Im Berry zog man die Vorhänge des Sterbebettes so weit als möglich zurück.[41] Im Languedoc entfernte man einen Dachziegel, damit die Seele entweichen könne, man goß auch einige Tropfen Öl oder Wachs auf das Gesicht des soeben Verstorbenen, was demselben Zwecke diente.[42]

Zur Abwehr umherirrender Gespenster existierten gegensätzliche Bräuche: die einen wollten es ihnen erleichtern, an die ihnen vertrauten Orte zurückzukehren, wohingegen die anderen sich bemühten, sie so weit wie möglich von ihren Häusern und Feldern fortzulocken. Beide Haltungen setzten jedoch das «zweifache Weiterleben» voraus. Im Perche stellten die Teilnehmer am Leichenzug zur Kirche Kreuze an den Wegkreuzungen auf, damit der Tote nach Hause zurückfände.[43] Im Bocage der Vendée legte man einen polierten Stein in den Sarg, er sollte dem Verstorbenen helfen, den Weg wiederzufinden, wenn er zu seinen Angehörigen zurückkehren würde.[44] Der im damaligen Frankreich am weitesten verbreitete Brauch, in den Sarg oder sogar in den Mund des Toten ein Geldstück zu legen, sollte jedoch wahrscheinlich das Gegenteil bewirken. Es handelte sich sicher nicht um den Obulus für den Fährmann Charon, sondern wohl eher um einen Ritus, dem Toten sein Hab und Gut abzukaufen. Auf diese

Weise wurde das Erbe rechtmäßig erworben, und der ehemalige Besitzer hatte keinen Grund mehr zurückzukehren, um es den Lebenden streitig zu machen.[45] Nachdem der Sarg auf einem «Totenstein» abgesetzt worden war, beeilte man sich in der Bretagne, das Gespann, das den Leichenwagen gezogen hatte, zum Hof zurückzubringen, um den Verstorbenen daran zu hindern, wieder auf den Wagen zu steigen und zum Haus zurückzukehren.[46] Waren die schweren Grabsteine in unseren Kirchen und auf unseren Friedhöfen nicht ein – oft wirkungsloses – Mittel, um die Toten daran zu hindern, in der Welt der Lebenden zu spuken? Und hatten die Trauerkleider nicht den Sinn, die Verstorbenen abzuschrecken? Da ihr Andenken sichtbar geehrt wurde, hätten sie keinen Grund mehr, ihre auf der Erde verbliebenen Verwandten zu beneiden und zu verfolgen.

Es kann von Nutzen sein, die Verhaltensweisen, die die Furcht vor den Toten uns vorschrieb, mit Verhaltensweisen zu vergleichen, die in anderen räumlich und zeitlich von uns getrennten Kulturen demselben Zweck dienten. L.-V. Thomas beschreibt in diesem Zusammenhang die folgenden Bräuche:

«Im alten Griechenland hatten die Gespenster das Recht, drei Tage im Jahr in der Stadt zu verbringen (...). Am dritten Tag lud man sie in die Häuser ein, wo man ihnen einen speziell für sie gekochten Mehlbrei servierte. Wenn man glaubte, ihr Appetit sei gestillt, verkündete man ihnen in festem Tone: ‹Geliebte Geister, ihr habt gegessen und getrunken, jetzt macht euch davon.›

In Afrika ist es Brauch, gewisse Tote vor der Beerdigung zu verstümmeln, um sie an der Rückkehr zu hindern. Man bricht ihnen zum Beispiel die Oberschenkelknochen, reißt ihnen ein Ohr ab oder hackt ihnen eine Hand ab. Aus Scham oder weil es ihnen körperlich unmöglich ist zurückzukehren, sind sie gezwungen zu bleiben, wo sie sind. Wenn es sich um gute Tote handelt, so werden sie würdig bestattet.

In Neuguinea verließen die Witwer ihr Haus nur mit einer soliden Keule bewaffnet, um sich gegen den Schatten ihrer verstorbenen Frauen wehren zu können. (...)

In Queensland brach man den Toten mit Knüppelschlägen die Knochen, winkelte ihnen die Beine bis zum Kinn an und füllte ihnen zu guter Letzt den Magen mit Steinen. Es ist immer dieselbe Angst, die gewisse Völker dazu trieb, den Toten schwere Steinblöcke auf die Brust zu legen, die Gräber mit schweren Steinplatten hermetisch zu verschließen und die Urnen und Särge zuzunageln.»[47]

Zumindest seit Anfang des 16. Jahrhunderts nahm im Abendland die Angst, lebendig, das heißt in todesähnlichem Schlaf, begraben zu werden, immer größere Ausmaße an. Im Anjou des 17. und allgemeiner im Europa des 18. Jahrhunderts war sie weit verbreitet.[48] Aber diese Furcht ergriff auch die Umgebung des Toten und hielt sich lange Zeit. Mir wurde berichtet, daß vor zwanzig Jahren auf Sizilien eine Familie über einen längeren Zeitraum jeden Abend den Rosenkranz betete, um der eventuellen Rückkehr eines Verwandten vorzubeugen, der vielleicht lebendig begraben worden war.[49]

Es war allerdings noch wichtiger, sich vor einem Verstorbenen zu schützen, wenn dieser Selbstmord begangen hatte. Im alten Griechenland wurde ihm in diesem Falle die Hand abgeschlagen. Sein Wunsch zu sterben wurde als Ausdruck des Hasses gegen das Leben und gegen die Lebenden angesehen.[50] Im «modernen» Abendland wurde er aus dem Haus, in dem er gefunden worden war, herausgeschafft, indem man ihn entweder aus dem Fenster reichte oder, wie zum Beispiel in Lille im 17. Jahrhundert, indem «man ihn mit dem Gesicht nach unten wie ein Tier durch ein Loch unter der Schwelle des Hauses durchschob»[51]. Dies ist eine Art bannender Totenbeschwörung, die uns in Erinnerung ruft, daß in vielen Kulturen die Toten als Unheilbringer gelten. Der Priester Thiers berichtet, daß im Perche die Wäsche, die der Tote während seiner Krankheit getragen hat, nicht mit anderer Wäsche zusammen gebleicht werden darf, um zu verhindern, «daß sie den Tod derer verursacht, die sie nach ihm tragen»[52]. Der Tote durfte auch nicht auf dem Tisch des Zimmers, in dem er gestorben war, in sein Leichentuch eingenäht werden, dies mußte auf dem Boden oder auf einer Bank geschehen, da sonst «irgendein anderer Bewohner des Hauses noch im selben Jahre sterben würde»[53].

Die oben beschriebene Verfahrensweise mit Selbstmördern hat zwei Bedeutungen. Aus ethnographischer Sicht verfolgte sie den Zweck, den Schuldigen daran zu hindern, nach Hause zurückzukehren[54], weswegen man ihn mit dem Gesicht nach unten und durch das Fenster schob. Für die Kirche aber ging derjenige, der seinem Leben ein Ende bereitet hatte, der göttlichen Gnade verlustig. Er hatte sich selbst aus der Gemeinschaft der Christen ausgeschlossen – und dies wurde sichtbar unterstrichen. Wir stehen hier vor einem der zahlreichen Fälle, in denen vorchristliches oder ursprünglich nichtchristliches Verhalten christianisiert werden sollte.

Lange Zeit herrschte an allen Küsten der Glaube, daß die im Meer

Ertrunkenen auf den Fluten nahe den Klippen umherirrten, da sie kein Grab hatten. In der Bretagne blieb dieser Glaube, der erstmals im 4. Jahrhundert bezeugt ist, bis in die Mitte des 20. Jahrhunderts lebendig, hauptsächlich in den Gegenden um die Pointe du Raz und die Baie des Trépassés. Man war der Meinung, daß die im Meer Ertrunkenen dazu verurteilt waren umherzuirren, solange die Kirche nicht für sie gebetet hatte. Noch im Jahre 1958 zelebrierte man in Ouessant die «proella» für einen jungen Priester, der bei dem Versuch, ein Kind zu retten, ertrunken und dessen Körper noch nicht gefunden worden war. Die Zeitung «Le Télégramme de Brest», die über diese Zeremonie berichtet, gibt deutlich zu verstehen, daß es sich um einen Ersatz für die Totenwache und die Beerdigung handelte, bei der Symbolfiguren für den Leichnam, das Leichentuch und das Grab verwendet wurden:

«Ein weißes Wachskreuz wird als Zeichen des Christen und Symbol für den Verstorbenen im Hause des Ertrunkenen auf einen Tisch gelegt, den ein weißes Tuch bedeckt. Das kleine Kreuz liegt im allgemeinen auf einer Haube. Zwei brennende Kerzen rahmen es ein. Davor steht ein Teller mit einem Buchsbaumzweig, der in Weihwasser schwimmt. Am Abend beginnt die Totenwache.

Am nächsten Morgen kommt der Priester, dem das Kreuz vorangetragen wird, wie um den Toten abzuholen. Der Pate trägt respektvoll das kleine Wachskreuz, das noch immer auf der Haube ruht, die ihm als Leichentuch dient. Nach ihm kommen die Verwandten und Freunde des Toten.

Der Leichenzug begibt sich langsam zur Kirche. Man läßt das kleine Kreuz auf den Katafalk gleiten, und die Beerdigung ist vollzogen. Am Ende des Gottesdienstes legt der Priester das Wachskreuz in eine Holztruhe, die auf dem Altar der Verstorbenen im Querschiff steht. Die Zeremonie ist beendet.»[55]

Wenn man in früheren Zeiten auf dem Meer einer «Mannschaft toter Seeleute» begegnete, mußte man ein «Requiescant in pace» aufsagen oder eine Messe für sie lesen lassen. Dies ist offensichtlich eine christliche Umformung des Glaubens an das Erscheinen der Geister toter Seeleute und an von Toten kommandierte «Geisterschiffe».[56] Die Holländer sahen an stürmischen Tagen ein verfluchtes Schiff, dessen Kapitän wegen Gotteslästerung dazu verdammt war, bis in alle Ewigkeit auf den nördlichen Meeren umherzuirren.[57] Diese moralisierende christliche Umdeutung einer der Legenden von «Geisterschiffen» ist nicht die einzige ihrer Art. Im 15. Jahrhundert erzählte man sich in Flandern, daß die Möwen die Seelen böser Menschen seien, die von Gott zu ewigem Umherirren verurteilt wären, dem Hunger und der Kälte des Winters preisgegeben. In dieser Geschichte versteckt sich der Glaube an die Seelenwanderung.[58] In «Die Ahnen» legt Mickiewicz dem Verdammten folgende Klage in den Mund: «Ach, wäre ich doch in der Höll' (...), statt umherzuirren auf Erden, den bösen Geistern gleich, die Spuren meiner Ausschweifungen und die Denkmäler meiner Grausamkeit ständig vor Augen, hungernd und dürstend, von Sonnenuntergang bis Sonnenaufgang, von Sonnenaufgang bis Sonnenuntergang (...).»[59] Früher glaubte man in den meisten Provinzen Frankreichs an «nächtliche Wäscherinnen», die dazu verdammt waren, bis zum Jüngsten Tag die Wäsche zu waschen, weil sie kleine Kinder umgebracht, Verwandte unwürdig begraben oder zu oft am Sonntag gearbeitet hatten.[60]

Allgemeiner waren vor allem jene zum Umherirren «post mortem» verurteilt, die keines natürlichen Todes gestorben und somit unter anomalen Umständen ins Reich der Toten eingegangen waren. Diese Verstorbenen gehörten noch nicht richtig in ihre neue Welt und fühlten sich deshalb «nicht wohl in ihrer Haut». Dazu kam noch eine andere Art von Gespenster-Kandidaten: jene, die kurz vor oder während eines Übergangsrituals von einem Zustand in einen anderen gestorben waren, bei denen also der Übergang nicht geglückt war (totgeborene Kinder, Brautleute, die am Hochzeitstag verschieden waren, usw.). L. Stomma, ein polnischer Ethnologe, untersuchte für die zweite Hälfte des 19. Jahrhunderts 500 Fälle von Verstorbenen, die in der Meinung ihrer Angehörigen zu «bösen Geistern» geworden waren[61]

In dieser interessanten Statistik (s. S. 124) fallen besonders die vor der Taufe gestorbenen Kinder auf (Nr. 1, 2 und 3), die 38,6 % der Gesamtzahl ausmachen, gefolgt von der Kategorie der Ertrunkenen mit 20,2 %. Es muß also eine Verbindung zwischen dem Gespensterglauben und dem tragischen Scheitern eines Übergangsritus («rite de passage») bestanden haben und sogar, allgemeiner, zwischen Gespenstern und bestimmten Punkten in Raum und Zeit, die als Grenze oder Übergang dienten. So wurden 95 % der von L. Stomma untersuchten Toten, die zu «bösen Geistern» wurden, an der Grenze ihres Heimatgebietes oder eines Feldes oder neben einer Straße oder einem See begraben. Und in mehr als 90 % der Fälle erscheinen sie mittags,

Art der Toten, die zu bösen Geistern wurden	Zahl der Fälle	%
1. totgeborene Kinder	38	7,6
2. abgetriebene Föten	55	11
3. ungetaufte Kinder	90	18
4. während der Geburt gestorbene Frauen	10	2
5. nach der Geburt, aber vor dem ersten Kirchgang gestorbene Wöchnerinnen	14	2,8
6. kurz vor der Hochzeit gestorbene Brautleute	14	2,8
7. am Tage der Hochzeit gestorbene Brautleute	40	8
8. Selbstmörder	43	8,6
9. Gehenkte	38	7,6
10. Ertrunkene	101	20,2
11. eines unnatürlichen oder gewaltsamen Todes Gestorbene	15	3
12. andere	15	3
insgesamt	500	100

um Mitternacht oder in der Morgen- oder Abenddämmerung. Dieser Zusammenhang zwischen «Durchgang» (im weitesten Sinne des Wortes) und Geistern wurde jedoch von einer um sich greifenden Christianisierung ins Okkulte abgedrängt. Die Christianisierung verschob immer mehr die Wertungen und versuchte, den Begriff des «Seelenheils» durchzusetzen.

An christianisierten Gespenstern herrschte kein Mangel. In den Balkanländern war man überzeugt, daß die aus der Kirche Ausgeschlossenen solange auf Erden bleiben mußten, bis sie wieder aufgenommen wurden[62], und im gesamten katholischen Europa glaubte man an das Erscheinen von Seelen aus dem Fegfeuer, die die Lebenden um Gebete, Kollekten oder die Wiedergutmachung von begangenem Unrecht oder um die Verwirklichung unerfüllter Gelübde baten. Als Aufenthaltsort für Seelen, die ihren endgültigen Bestimmungsort noch nicht erreicht hatten, wurde das Fegfeuer zum großen Sammelplatz der Gespenster und Geister.

Das Christentum hat sich also nach und nach des Geisterglaubens angenommen, indem es ihm eine moralische Bedeutung verlieh und ihn in die Aussicht auf das ewige Seelenheil einbezog. Aber zwischen der kirchlichen Lehre über Erscheinungen und dem täglich Erlebten blieb eine Kluft bestehen, die je nach geographischem Raum und kulturellem Niveau größer oder kleiner war. Van Gennep schrieb mit Recht[63]: «Die Überzeugung, daß der Tote trotz aller Vorbeugungsmaßnahmen zurückkehren könne, war in Frankreich (und anderswo) jahrhundertelang in mehr oder weniger allen Gesellschaftsschichten vorhanden und ist erst seit etwa hundert Jahren schwächer geworden, langsamer in ländlichen Gebieten, schneller in den Städten und Industriezentren.» [64]

2. Die Angst vor der Dunkelheit

Gespenster, Stürme, Wölfe und Behexungen waren oft Komplizen der Nacht. Sie spielte bei vielen Ängsten von einst eine große Rolle. In ihrem Schoß schmiedeten die Feinde der Menschen Pläne zu deren physischem und moralischem Verderben.

Schon die Bibel kennt dieses Mißtrauen gegenüber der Finsternis, das so vielen Kulturen eigen war, und das Schicksal eines jeden von uns symbolisch in Begriffen von Licht und Dunkelheit definiert, das heißt von Leben und Tod. Der Blinde, sagt sie, der das «Tageslicht» nicht sehen kann, besitzt darin einen Vorgeschmack auf den Tod (Tob. 3,17, 11,8; 5,11 f.). Wenn das Tageslicht entschwindet, tauchen die auf Untaten ausgehenden Tiere auf (Ps. 104,20), die im Dunkeln schleichende Pest (Ps. 91,6), lichtscheue Menschen wie Ehebrecher, Diebe und Mörder (Hb 24,13–17). Daher muß man den Schöpfer der Nacht (Gn. 1,5) bitten, die Menschen vor den Schrecken der Nacht zu schützen (Ps. 91,5). Die Hölle – der Scheol – ist natürlich das Reich der Finsternis (Ps. 88,13). Jahwes Tag hingegen wird das ewige Licht sein. «Das Volk, das im Finstern wandelt, sieht ein großes Licht» (Is. 9,1; 42,9; Micha 7,8). Der Herr wird dein ewiges Licht, und dein Gott wird dein Glanz sein (Is. 60,19).

Christus selbst muß die Passionsnacht durchleben. Als die Stunde gekommen war, lieferte er sich den Gefahren der Nacht aus (Jo.

11,10), jener Nacht, in die der Verräter Judas untergetaucht war (13,30), jener Nacht, in der seine Jünger Ärgernis nehmen sollten (Mt. 26,31); er aber wollte dieser «Stunde und der Macht der Finsternis» die Stirne bieten (Lk. 22,53). Am Tage seines Todes aber senkte sich Finsternis auf die ganze Erde herab (Mt. 27,45). Seit der Verkündigung des Evangeliums und der Auferstehung Christi leuchtet jedoch Hoffnung am Horizont der Menschheit. Gewiß befindet sich der Christ gegenwärtig noch «in der Nacht», sagt der Apostel Paulus. Doch ist diese Nacht bereits «vorgeschritten» und jener Tag, der ihr ein Ende setzen wird, schon ganz nahe (Röm. 13,12). Wenn er die Berge der Nacht überwinden will (Jo. 12,35), so muß er auf Christus hören und ein «Kind des Lichtes» werden (Jo. 12,36). Um sich gegen den Fürsten der Finsternis vorzusehen (Eph. 6,12), muß er Christus und die Waffenrüstung des Lichtes anziehen und «die Werke der Finsternis» ablegen (Röm. 13,12 ff.; 1. Jo. 2,8 f.). Der Herr wird uns aus der Nacht herausführen. Schon die jüdischen Apokalypsen schildern die Auferstehung als ein Erwachen aus dem Schlafe des Todes (Is. 26,19; Dn. 12,2), als eine Rückkehr zum Licht nach dem Hinabtauchen in die völlige Nacht des Scheol. In der katholischen Liturgie, bei den Messen für Verstorbene, findet sich das folgende Gebet: «Herr Jesus Christus (...), bewahre die Seelen aller verstorbenen Gläubigen [davor] (...), daß sie nicht hinabstürzen in die Finsternis. Vielmehr geleite sie Sankt Michael, der Bannerträger, in das heilige Licht (...). Herr, gib ihnen die ewige Ruhe, und das ewige Licht leuchte ihnen.»[65]

Die Furcht, die Sonne für immer vom Horizont verschwinden zu sehen, hat die Menschheit verfolgt; als ein Beleg unter vielen möge der Glaube vieler Mexikaner vor der Ankunft der Spanier gelten. Für die Einwohner des Tales von Mexiko im goldenen Zeitalter der Kultur von Teotihuacán (300–900 n. Chr.) hatten sich die Götter in eben diesem Teotihuacán versammelt, um Sonne und Mond zu erschaffen. Dazu stürzten sich zwei von ihnen in ein Flammenmeer und schufen so die beiden Gestirne. Diese standen jedoch unbeweglich am Himmel. Daraufhin opferten sich alle Götter, um sie mit ihrem Blut zum Leben zu erwecken. Die Azteken glaubten später, daß sie dieses erste Opfer wiederholen und die Sonne ernähren müßten – so entstanden die Menschenopfer. Wenn sie das «kostbare Wasser», das menschliche Blut, nicht bekam, so würde sie aufhören, sich zu drehen. Daher erreichte die Unruhe bei jeder «Jahrhundertwende», das heißt alle zweiundfünfzig Jahre, ihren Höhepunkt. Das Volk wartete mit

Schrecken darauf, ob die Sonne ihren Vertrag mit den Menschen wohl erneuern würde. Die letzte Nacht des «Jahrhunderts» verging in Furcht, alle Lichter waren gelöscht worden. Die Hoffnung erwachte erst wieder, wenn das Gestirn schließlich am Himmel erschien, nachdem ein Priester das neue Feuer auf der Brust eines Geopferten entzündet hatte. Das Leben konnte weitergehen.

«Wenn die Sonne nicht mehr wiederkäme», diese angstvolle Frage der einstigen Mexikaner liefert C. F. Ramuz Thema und Titel für einen Roman (1939). Für die Einwohner eines Dorfes im Schweizer Kanton Wallis, das der Sonne den Rücken kehrt, verbirgt sie sich vom 25. Oktober bis zum 13. April hinter den Bergen. Aber in diesem Winter ist sie noch seltener zu sehen als sonst. Sie ist krank, sie kühlt sich ab und zieht sich zusammen, «sie hat nicht mehr Kraft genug, die Nebel zu zerstreuen». «(...) einen gelblichen Nebel, der, ein wenig oberhalb des Dorfes, von einem Hang zum andern ausgespannt war wie ein Stück altes Sackleinen». Das Tageslicht ist «etwas Graues und Unbestimmtes, das sich von jenseits der Nebelmassen langsam wie hinter blinden Scheiben aus der Nacht herauswand». Dieses ungewöhnliche Verharren des Nebels bringt den alten Anzévin, der in den dicken Büchern zu lesen versteht, dazu, den baldigen Tod der Sonne zu prophezeien. Sie wird «rotes Feuer speien, und dann wird sie nicht mehr da sein»; daraufhin wird sich die ewige Nacht ausbreiten, die «die gänzliche Verneinung alles Seienden» ist (C. F. Ramuz: Wenn die Sonne nicht mehr wiederkäme, Konstanz/Stuttgart 1961, S. 31, S. 32, S. 36, S. 51, S. 118). Ramuz'[66] Roman beschwört eindringlich und genau die tiefe Traurigkeit, die früher in den Gebirgsdörfern während der kalten Jahreszeit herrschte. Selbstmorde waren damals nicht selten. Noch heute sind sie in ungewöhnlich langen, schneereichen Wintern zahlreicher als sonst.

Aber die Furcht, daß die Sonne verschwinden könnte, findet sich nicht nur bei den Mexikanern von einst und bei den Bewohnern des Wallis von gestern. G. Simenon spricht wie selbstverständlich von den «Kindern, die Angst vor der Abenddämmerung haben» und die sich ihrerseits dieselbe Frage stellen: «Und wenn die Sonne morgen nicht mehr wiederkäme?» «Ist das nicht», fügt er hinzu, «die älteste Angst der Welt?»[67] Indessen haben die Säuglinge oft keine Angst vor der Dunkelheit. Blinde, die das Tageslicht nie gesehen haben, werden dennoch bei Einbruch der Dunkelheit von Angst ergriffen. Dies mag als Beweis dafür gelten, daß der Organismus den natürlichen Rhythmen unterliegt.

Mit J. Boutonier sollten wir methodisch die Angst *in* der Dunkelheit von der Angst *vor* der Dunkelheit unterscheiden, selbst wenn wir damit die Absichten dieses Autors verkehren.[68] Angst *in* der Dunkelheit empfanden die ersten Menschen, die nachts den Angriffen der wilden Tiere ausgesetzt waren, ohne daß sie sie in der Dunkelheit heranschleichen sahen. Sie mußten durch Feuer diese «objektiven Gefahren» fernhalten. Diese jeden Abend von neuem erwachenden Ängste haben die Menschheit zweifelsohne vorsichtig gemacht und sie gelehrt, die heimtückischen Gefahren der Nacht zu fürchten. Angst *in* der Dunkelheit empfindet auch das Kind, das ohne Schwierigkeiten eingeschlafen ist, dann aber ein- oder mehrmals aufwacht und von nächtlichem Schrecken erfaßt wird. Auch mit offenen Augen scheint es noch die entsetzlichen Bilder seines Traumes zu sehen. Diesmal handelt es sich um «subjektive Gefahren», sie sind vielleicht die beste Erklärung für die Ängste, die uns in der Nacht überfallen. Selbst «für viele Erwachsene besteht das Unbehagen – falls es wirklich existieren sollte –, das die Dunkelheit in ihnen wachruft, aus dem Gefühl, daß ihnen etwas Furchtbares zustoßen wird, das aus dem Schatten heraustritt oder sie unsichtbar belauert»[69]. «Dies ist die Stunde, wo all die sonderbaren Geräusche, / die der Schatten noch verstärkt, im Raume schweben», schreibt V. Hugo, dem Musset in «Le Saule» antwortet:

«O! Wer hörte nicht schon sein Herz schneller schlagen
Zur Stunde, in der der Mensch unter dem Himmel allein ist mit Gott?
Wer hat sich nicht schon umgewandt, sich verfolgt glaubend
Von einem gleitenden Schatten (...)
Es streift uns dann gewiß das Entsetzen
Wie der Wind, der über die Baumwipfel streicht.»[70]

«Jemand, der an Gespenster glaubt», schreibt Maupassant, «und sich einbildet, in der Nacht einen Geist zu sehen, der mag die Furcht in ihrem ganzen Entsetzen kennenlernen.»[71] Hier ein typischer Fall von nächtlichem Schrecken: Ein Förster hatte in einer Winternacht vor genau zwei Jahren einen Wilderer getötet. An diesem Jahrestag sind sowohl er als auch seine Familie überzeugt davon, daß das Opfer wie schon im Jahr zuvor zurückkehren wird. Der Förster hat sein Gewehr in der Hand, und sie verharren in angstvollem Schweigen, bis sie tatsächlich hören, wie etwas am Haus entlanggleitet und an der Tür kratzt. Ein weißes Haupt, dessen Augen wie die einer Raubkatze leuchten, erscheint vor der Scheibe des Guckfensters. Der Förster schießt, öffnet die Tür aber erst im Morgengrauen: Er hatte seinen Hund getötet.[72]

Es ist mehr als wahrscheinlich, daß die «objektiven Gefahren» durch ihre Häufung im Lauf der Zeit die Menschheit veranlaßt haben, die Nacht mit «subjektiven Gefahren» zu bevölkern. So konnte die Angst *in* der Dunkelheit sich als Angst *vor* der Dunkelheit intensivieren und verallgemeinern. Sie hat aber auch andere, tiefer liegende Ursachen, die in der menschlichen Konstitution begründet sind. Der Mensch sieht viel besser als viele Tiere, zum Beispiel Hunde und Katzen, in der Dunkelheit ist er aber hilfloser als viele Säugetiere. Außerdem löst der Lichtentzug die Bremsen der Einbildungskraft. Sie verwechselt leichter als bei Tage Trugbild und Wirklichkeit und gerät schneller auf Abwege. Gleichzeitig entzieht uns die Dunkelheit der Überwachung durch andere und durch uns selbst, sie verlockt uns eher als der Tag zu Handlungen, die uns unser Bewußtsein oder die Furcht verbieten, wie zum Beispiel Wagnisse, zu denen man sich nicht bekennen kann, kriminelle Handlungen usw. Und schließlich isoliert uns die Dunkelheit und hüllt uns in Schweigen ein, das uns unserer Sicherheit beraubt. All diese Gründe laufen auf dasselbe hinaus: Sie erklären das Unbehagen, das den Menschen bei Einbruch der Nacht befällt, sowie die Anstrengungen, die unsere städtische Kultur unternommen hat, um das Reich des Schattens zu bannen und den Tag durch künstliche Beleuchtung zu verlängern.

Wie erlebte man die Nacht zu Beginn der Neuzeit? Für die Antwort bräuchte es eine eigene Untersuchung. Hier kann zumindest in aller Kürze festgehalten werden, daß sie für viele ihre Schrecken nicht verloren, vielleicht sogar gesteigert hatte. Wenn die Sprichwörter versichern, daß die Nacht Rat bringt, dann nicht aufgrund der Dunkelheit, sondern wegen des Aufschubes, den sie vor einer Entscheidung gewährt. Außerdem beklagen sie ihre Finsternis: «Die Nacht ist so schwarz, daß ich es nicht beschreiben kann»[73] – und warnen vor ihren Gefahren: «Die Nacht, die Liebe und der Wein haben ihr besonderes Gift.»[74] Sie ist die Komplicin der Bösewichter: «Die guten Menschen bevorzugen den Tag und die schlechten die Nacht.»[75] «Ihr geht nur nachts aus, wie Knecht Ruprecht oder die Werwölfe.»[76] Auf der anderen Seite singen die Sprichwörter ein Loblied auf die Sonne: «Nichts kommt der Sonne gleich.»[77] «Wo die Sonne scheint, verliert die Nacht ihre Macht.»[78] «Wer die Sonne hat, der ist unsterblich.»[80]

Auch der Morgen wird von den Seeleuten nach einer Nacht voller Prüfungen wie die Hoffnung auf das ewige Seelenheil begrüßt:

«Nach Nächten, die trüb auf dem Meere lagen, /» schreibt Camoens, «Sturmvollen Wettern, ungestümem Nord, / Sieht man den Morgen hell und heiter tragen, / Und Hoffnung winkt auf Heil und sichern Port; / Aus allen Herzen schwindet Furcht und Zagen, / die Sonne treibt das schwarze Dunkel fort (...).»[81]

Als ob der Sturm sich zwangsläufig bei der Rückkehr des Tageslichts legen müßte. Auch auf dem Lande ist die Nacht beunruhigend. In «Ein Sommernachtstraum» ruft Pyramus aus:
«O Nacht, so schwarz von Farb, o grimmerfüllte Nacht!
O Nacht, die immer ist, sobald der Tag vorbei.
O Nacht! O Nacht! O Nacht! ach! ach! ach!»[82]

Sogar für die gebildete Elite wird die Nacht von furchterregenden Erscheinungen bevölkert, zum Beispiel von dem Geist, «der oft bei Nacht den Wandrer irre leitet, / Dann schadenfroh mit Lachen ihn begleitet»[83]. Sie ist der unheilvolle Treffpunkt der bedrohlichsten Tiere, des Todes und der Geister, insbesondere jener der Verdammten. «Die Mitternacht rief Zwölf mit ehrner Zunge!» das ist im selben Stück von Shakespeare zu lesen, und eine unmenschliche Zeit beginnt:
«Jetzt beheult der Wolf den Mond,
Durstig brüllt im Forst der Tiger;
Jetzt, mit schwerem Dienst verschont,
Schnarcht der arbeitmüde Pflüger;
Jetzo schmaucht der Brand am Herd,
Und das Käuzlein kreischt und jammert,
Daß der Krank' es ahnend hört
Und sich fest ans Kissen klammert;
Jetzo gähnt Gewölb und Grab,
Und, entschlüpft den kalten Mauern,
Sieht man Geister auf und ab,
Sieht am Kirchhofszaun sie lauern.»[84]

Die Morgenröte ist der Augenblick, ab dem die Erde wieder den Lebenden gehört:
«Auch schimmert schon Auroras Herold dort,
Und seine Näh scheucht irre Geister fort
Zum Totenacker: banger Seelen Heere,
Am Scheideweg begraben und im Meere –
Man sieht ins wurmbenagte Bett sie gehn!
Aus Angst, der Tag möcht ihre Schande sehn,

Verbannt vom Lichte sie ihr eigner Wille,
Und ihnen dient die Nacht zu ew'gen Hülle!» [85]

Für die alten Frauen, die beim abendlichen Beisammensein Gespräche führen, die unter dem Titel «Les Evangiles des quenouilles» [86] gesammelt wurden, entstehen die bösen Träume keineswegs in der Seele. Sie werden im Gegenteil von außen an den Schläfer herangetragen und ihm von einem unheilvollen und geheimnisvollen Wesen, das in Frankreich «Cauquemare» oder «Quauquemaire» (in Südfrankreich «Chauche-Vieille») genannt wird, aufgezwungen. Die verschiedenen Erzählerinnen gebrauchen manchmal den Singular – von «der ‹Cauquemare› geritten werden» –, manchmal den Plural, und im letzten Fall stellen sie einen Zusammenhang zwischen diesen unheilvollen Wesen und den Werwölfen her:

«Es sagte eine der Alten: Wenn ein Mann zum Werwolf wird, wäre es purer Zufall, wenn sein Sohn keiner wäre, und wenn dieser Töchter hat und keinen Sohn, so sind sie oft ‹Quauquemaires›.» [87]

Eine der «Weisesten» der Versammlung entgegnet der vorherigen, daß man sich vor «den Geistern der Toten ebenso in acht nehmen müsse wie vor den Kobolden, den ‹Quauquemaires› oder den Werwölfen, denn sie sind unsichtbar» [88]. So gehören diejenigen, die die Alpträume bringen, in eine gefährliche Kategorie, in der man in buntem Durcheinander auch Kobolde, Gespenster und Werwölfe findet. Um den Wesen, die ihren Schlaf stören, zu entrinnen, tauschen die Weiber untereinander Ratschläge und Gegenmittel aus:

«So sagte eine der Frauen, daß derjenige, der sich zu Bett lege, ohne den Schemel zu verrücken, auf dem er sich die Schuhe ausgezogen hat, Gefahr liefe, in der Nacht von der ‹Quauquemaire› geritten zu werden (...).» [89]

«Perrette Tost-Vestue sagt, daß die ‹Cauquemares› am meisten Angst vor einem Topf haben, in dem es noch kocht, obwohl er nicht mehr auf dem Feuer steht.» [90]

«Darauf antwortet eine andere: (...) Wer fürchtet, daß die ‹Cauquemare› ihn nachts stört, der sollte einen Schemel aus Eichenholz vor einem guten Feuer aufstellen. Und wenn sie kommt und sich darauf setzt, kann sie vor Tagesanbruch nicht wieder aufstehen (...).» [91]

Eine andere versichert, «daß sie die ‹Quauquemaire› los sei, seit man ihr gesagt habe, sie solle in der Johannisnacht acht Strohhalme pflücken, vier Kreuze daraus machen und sie an den vier Ecken des Bettes befestigen» [92].

Eine der Gesprächsteilnehmerinnen hingegen, die niemals von den Kobolden belästigt worden war, weiß nicht, wie sie die «Cauquemare» loswerden soll. Sie hatte gehört, daß derjenige, «der seine Kühe am Freitag melkt, indem er ihnen zwischen den Hinterbeinen durchgreift, von der ‹Quauquemaire› heimgesucht würde»[93]. Man empfiehlt ihr folgendes unfehlbares Gegenmittel: «Es hilft nichts, sagte eine der Frauen, wer die ‹Quauquemaire› los sein will und mit ausgebreiteten Armen einschläft und Angst vor dem Kobold hat, der muß sein Hemd verkehrt herum anziehen.»[94]

Wir haben schon erwähnt, daß in der Kultur von einst die Angst vor der Nacht Hand in Hand geht mit einem allgemeinen Mißtrauen gegenüber dem «kalten» Mond, «der Fluten Oberherr», ein von Shakespeare geprägter Ausdruck, der alles andere als schmeichelhaft sein soll. Ist der Mond «vor Zorne bleich», dann hat er «die ganze Luft gewaschen / Und fieberhafter Flüsse viel erzeugt»[95]. Wenn man dem englischen Dichter Thomas Dekker (1572–1632) Glauben schenken kann, so belauert jedermann mit ängstlicher Neugierde das wechselnde Aussehen des wandernden Gestirns. Es ist bekannt, daß der Mond verrückt machen kann. Wenn er zu «weinen» scheint, dann steht irgendein Unglück ins Haus. In Konjunktion mit anderen Planeten bringt er die Pest. Es wird erzählt, er sei von einem Mann bewohnt, der ein Reisigbündel auf dem Rücken und große, mit Nägeln besetzte Schuhe trage. Diese Person hat in den Ammenmärchen ihren festen Platz.[96] Indessen sahen viele Kulturen im Mond ein doppeldeutiges Symbol und eine ambivalente Macht. Er nimmt zu und er nimmt ab. Er stirbt und wird neu geboren. Er bestimmt die Wachstumszyklen. Er war das Vorbild für die Phantasiebilder, die das Prinzip «Leben – Tod – Wiedergeburt»[97] begleiten. Zu Beginn der Neuzeit werden in Europa jedoch vor allem die negativen Seiten des Mondes betont, eben in dem Maße, in dem er der Komplize der schädlichen Auswirkungen der Nacht ist. In diesem Zusammenhang ist das berühmte Gedicht von Hans Sachs aufschlußreich, «Die Wittembergisch Nachtigall», das er Martin Luther gewidmet hat. Dank des Gesanges dieses Vogels, der endlich den Morgen ankündigt:

«Des Mondes Schein tut sich verdrücken,
Der ist jetzt worden bleich und finster,
Der vor mit seinem falschem Glinster
Die ganze Herd' Schaf' hat geblend't,
Daß sie sich haben abgewend't

Von ihrem Hirten und der Weid',
Und haben sie verlassen beid',
Sind gangen nach des Mondes Schein
In die Wildnis den Holzweg ein,
Haben gehört des Löwen Stimm',
Und sind auch nachgefolget ihm,
Der sie geführet hat mit Liste,
Ganz weit abwegs tief in die Wüste,
Da han sie ihr' süß' Weid' verlor'n,
Haben gessen Unkraut, Distel, Dorn (...).» [98]

Trügerisch, wie er ist, hat der Mond also Verbindungen zur Hölle, was auch Ronsard glaubt, wenn er versichert, daß Denise, die Hexe aus dem Vendômois, «dem silbernen Mond gebietet» [99].

Allgemeiner ausgedrückt hat die herrschende Kultur zwischen dem 14. und dem 17. Jahrhundert die beunruhigende und unheilvolle Seite der Nacht (und des Mondes) aufgewertet, und zwar in dem Maße, in dem sie mit geradezu krankhafter Vorliebe Nachdruck auf die Hexerei, den Satanskult und die Verdammnis legte. Man glaubte, daß die meisten Hexensabbate im Schutz der Nacht veranstaltet würden, da Sünde und Dunkelheit zusammengehören. Und die Hölle, die in jener Epoche tausendmal gemalt und beschrieben wurde, wird von Dante und seinen Nachfolgern als ein Ort dargestellt, «wo die Sonne schweigt», wo das Wasser schwarz ist und wo sogar der Schnee seine Weiße verloren hat.[100] Der Satan – immer wieder dieselbe abgedroschene Vorstellung – ist der Herrscher im Reich der Schatten, wo seine grausame Erfindungsgabe ihn die schrecklichsten Martern ersinnen läßt, um die Verdammten zu erschrecken und zu quälen. Hieronymus Bosch hat in der Nachfolge des Autors der «Göttlichen Komödie» dieses Thema in immer wieder neuen Variationen ausgemalt. Aber auch für einen Humanisten wie G. Budé, der sich als Erbe der griechisch-römischen Tradition des Abstiegs in die Hölle und der christlichen Lehre über das Reich des Satans verstand, ist die Hölle in ewige Nacht getaucht. Wir haben es hier mit einem Gemeinplatz zu tun, der wohl von allen damaligen Zeitgenossen akzeptiert wurde. Wenn er die höllische Welt beschwört, spricht Budé einmal vom «finsteren Tartarus», der «im allertiefsten Abgrund, der unter die Erde reicht» liegt, ein andermal von einer «düsteren und schrecklichen Höhle» oder von «der furchtbaren und dunklen Hölle des Styx, der die Menschen entführt». Oder aber er beschreibt den «Brunnen, der niemals überläuft», in dem auf ewig «gefangen sind viele Reiche, Arme, Alte, Junge, Kinder [sic], Narren und Weise, Ungebildete und Gelehrte». Und für ihn wie für alle seine Zeitgenossen ist Luzifer der «Fürst der schrecklichen Finsternis», ein «Schurke in der Dunkelheit» und die «Erinnye, die die Finsternis bewohnt»[101], ein Ausdruck, den er von Homer übernommen hat.

So scheint durch die doppelte Betonung, die einerseits auf die Astrologie und andererseits auf die Macht des Satans gelegt wurde (worauf wir im siebten Kapitel zurückkommen werden), die europäische Kultur an der Schwelle zur Neuzeit einer wachsenden Angst vor der Dunkelheit nachgegeben zu haben, die vom aufblühenden Buchdruck unterstützt wurde.

Trotzdem fand sowohl auf dem Lande als auch in den Städten ein gewisses nächtliches Leben statt. Im Winter vertrieb man sich die Langeweile und die Zeit der Dunkelheit im abendlichen Beisammensein, das bis Mitternacht dauern konnte.

«In ganz Burgund», schreibt im 16. Jahrhundert Tabourot des Accords, «sogar in den Städten, denn dort wohnen viele arme Weinbauern, die nicht über die Mittel verfügen, Holz zu kaufen, um dem Winter zu trotzen, der in diesen Breiten viel härter ist als sonst in Frankreich, hat die Notwendigkeit, die Mutter der Erfindungsgabe, die Leute in einer abgelegenen Straße eine Hütte oder ein Gebäude errichten lassen, das aus mehreren Stangen besteht, die kreisförmig in den Boden gerammt und oben geknickt werden, so daß sie wie der obere Teil eines Hutes aussehen. Danach werden sie mit einer dicken Schicht Erde und Mist bedeckt, die so dick ist, daß kein Wasser durch sie hindurchdringen kann. Zwischen zwei Stangen an der windgeschützten Seite läßt man eine Öffnung, die einen Fuß hoch und zwei Fuß breit ist und als Eingang dient, und rundherum stellt man Schemel auf, damit die Leute sich setzen können. Nach dem Abendessen versammeln sich dort für gewöhnlich die schönsten Töchter der Weinbauern mit ihren Spinnrocken oder einer anderen Arbeit; und sie verabschieden sich erst um Mitternacht.»[102]

So wurde ein warmer Raum aus der Nacht ausgegrenzt, in dem während einiger Stunden eine freundschaftliche und beruhigende Atmosphäre die Bedrohungen der Dunkelheit vergessen ließ. Auf dem Lande war es fast überall Brauch, solche abendlichen Zusammenkünfte zu veranstalten, und diese Sitte hat sich bis in unsere Zeit gehalten.[103] Die Weihnachtsfeiern und die Johannisfeuer, die bretonischen «Nächte» («nuitées»), der Radau an Hochzeitsabenden, die Charivari, die Versammlungen der Pilger, die von weither gekommen waren und die, wenn sie abends angekommen waren, den Tag in oder in der Nähe der Kirche erwarteten, die das Ziel ihrer Reise war, alle diese gemeinsamen Unternehmungen dienten dazu, die Schrecken der Nacht zu vertreiben. Außerdem fanden in der Renaissance in den höchsten gesellschaftlichen Kreisen immer mehr Festivitäten nach Einbruch der Dunkelheit statt. Montaigne, der 1581 Rom bereist, wohnt einem nächtlichen Turnier bei, das vor adligen Zuschauern veranstaltet wird.[104] Einige Jahre später beschwört Thomas Dekker die Tanzveranstaltungen und Maskenbälle, die zu besonderen Anlässen des Abends bei Fackelschein in den Häusern der Reichen veranstaltet wurden.[105]

Trotzdem wurde die Nacht weiterhin mit Argwohn betrachtet, denn sie war die Verbündete der Wüstlinge, Diebe und Mörder. Deshalb wurden zum Beispiel in Spanien jene strenger bestraft, die jemanden nach Einbruch der Nacht oder an einem abgelegenen Ort überfallen hatten, da das Opfer sich in diesem Falle weniger wirksam verteidigen und kaum auf Hilfe hoffen konnte.[106] Noch in unseren Tagen betrachtet das Strafrecht die Dunkelheit bei einer Straftat als «erschwerenden Umstand». Der Zusammenhang zwischen Dunkelheit und Kriminalität ist übrgens ständig im Bewußtsein vorhanden und wird auch spontan hergestellt. In einer Untersuchung des französischen Instituts für Meinungsforschung IFOP von 1977 wird mangelhafte Beleuchtung von 43 % der Bevölkerung französischer Städte von mehr als 100 000 Einwohnern als Hauptunsicherheitsfaktor angegeben; im Ballungsraum Paris waren sogar 49 % der Bevölkerung dieser Meinung. In Saint Louis am Missouri gingen ein Jahr nachdem ein umfangreiches Programm zur Straßenbeleuchtung in die Tat umgesetzt worden war, die Autodiebstähle um 41 % und die Einbrüche um 18 % zurück.[107]

Der Renaissancedichter T. Dekker, der weiß, wovon er spricht, liefert eine wenig liebenswürdige Beschreibung von den Londoner Nächten zur Zeit Elisabeths I. und Karls I. Alle Verbrecher, die zu feige sind, sich bei Tageslicht zu zeigen, «kriechen nachts aus ihren Schlupfwinkeln hervor». Die Krämer, die tagsüber mürrisch und verdrossen die Zeit in ihren Kramläden totgeschlagen haben, betreten verstohlen eine Kneipe, aus der sie schwankend wieder herauskommen, wobei einige in einen Bach stürzen. Die Lehrlinge wagen trotz ihrer vertraglichen Verpflichtungen einen Ausflug ins Wirtshaus.

Junge Ehemänner fliehen das eheliche Bett. Eine grölende Menge versammelt sich um den Ordnungshüter, der einen Betrunkenen festnimmt. Freudenmädchen tauchen in den Straßen auf und promenieren dort bis Mitternacht. Wenn die Nacht schwarz genug ist, dann faßt sich auch der gestrenge Puritaner ein Herz und wagt sich in ein Bordell, was er bei Mondschein niemals täte. In den dunklen Straßen eilen die Hebammen zur Geburt von Bastarden, die sie bald darauf von dieser Welt verschwinden lassen. Die Nacht ist um so gefährlicher, als oftmals die wachhabenden Hellebardiere an einer Kreuzung eingeschlafen sind und geräuschvoll schnarchen. Außerdem «riecht» man sie schon von weitem, da sie Zwiebeln gegessen haben, um sich gegen die Kälte zu schützen. So kann das Böse ungestört seinen nächtlichen Tanz in der großen Stadt fortsetzen, während die Schürzenjäger von der Schwelle der Kneipen aus den eingenickten wachhabenden Soldaten eine Nase drehen.[108] T. Dekker nennt für London die Zahl von gut tausend Wirtshäusern.[109] Einige werden von den «Birdlime» unterhalten, die ein Doppel- oder sogar ein Dreifachkinn haben. Sie trinken Schnaps oder Likör und tragen wie die Prostituierten, auf die sie aus sind, am Mittelfinger einen Ring mit einem Totenkopf. In ihren Tag und Nacht geöffneten Häusern servieren sie den Besuchern die berühmten Backpflaumen, die in der elisabethanischen Literatur das Symbol des ehrlosen Gewerbes der Elendsviertel sind.[110] Im Schutz der Dunkelheit werden auch die Einbrecher, die sich auf das Öffnen von Türschlössern spezialisiert haben, aktiv. Ihre bevorzugten Ziele sind die Tuchhandlungen und die Goldschmiedewerkstätten, da sie lohnende Beute versprechen. Um ganz sicherzugehen, bestechen sie manchmal den wachhabenden Soldaten oder den Nachtwächter.[111]

Sogar im Paris des 18. Jahrhunderts, in dem die Hauptverkehrsadern durch ungefähr 5500 Laternen beleuchtet sind, ist es nicht ratsam, sich abseits dieser beleuchteten Straßen zu bewegen. Der Deutsche Joachim Christoph Nemeitz, der 1718 seine «Anleitungen, wie Reisende sich in Paris zu verhalten haben» unter dem Titel «Séjour de Paris» veröffentlicht:

«Ich rate niemandem, in dunkler Nacht durch die Stadt zu gehen. Denn obwohl die Wache und die berittene Polizei durch die ganze Stadt patrouillieren, um die Ordnung aufrechtzuerhalten, gibt es viele Dinge, die ihnen entgehen (...). Die Seine, die durch die Stadt fließt, trägt viele Leichen fort, die sie an ihrem Unterlauf wieder ans Ufer spült. Es ist also ratsam, sich nirgendwo lange aufzuhalten und zu früher Stunde nach Hause zu gehen.»[112]

Dennoch herrschte zur Zeit der Régence ein weitaus regeres Nachtleben als zweihundert Jahre zuvor. In Auslegung alter Verordnungen, die den Gastwirten vorschrieben, nach dem Abendläuten der Kathedrale Notre-Dame zu schließen, setzte das Pariser Gericht im Jahre 1596 diese Stunde vom 1. Oktober bis Ostern auf sieben Uhr abends und von Ostern bis zum 1. Oktober auf acht Uhr abends fest.[113] Die Stadttore wurden geschlossen, die Handwerker machten Feierabend, und die anständigen Menschen hatten nach dem Abendläuten nichts mehr auf der Straße zu suchen. Ihr Platz war daheim und in ihrem Bett. So argumentierten damals all jene, die über die Herde der Christen zu wachen hatten. Als Pater Maunoir, der von 1640 bis 1683 in der Bretagne das Evangelium verkündete, von den bretonischen «Nächten» reden hörte, brachte er sie mit den Hexensabbaten in Verbindung und bekämpfte sie energisch. Die burgundischen «écraignes» («Spinnstuben») erschienen der Kirche ebenfalls verdächtig. Sie gaben Anlaß zu Schlägereien – in den Begnadigungsbriefen ist tatsächlich die Rede von Prügeleien bei den abendlichen Zusammenkünften – und lieferten den Rahmen für «Anstößigkeiten», weswegen sie von der Kirche untersagt wurden. In einem Hirtenbrief der Synode von Saint-Brieuc aus dem Jahre 1493 ist zu lesen:

«Um den unstatthaften und schändlichen Ausschweifungen ein Ende zu setzen, die sehr häufig bei diesen Zusammenkünften der Spinnerinnen vorkommen, haben wir schon bei einer früheren Synode diese Zusammenkünfte in unserer Stadt sowie in der gesamten Diözese untersagt, unter Androhung der Strafen, die in den Statuten dieser Synode aufgeführt sind. Wir wissen, daß mehrmals gegen diese Verordnung verstoßen wurde. Wir erneuern deshalb insbesondere diese Statuten und verbieten erneut jedermann, welchen Standes auch immer, diese Zusammenkünfte und Spinnabende mit Tanz, tollen Streichen und Narrheiten zu veranstalten, daran teilzunehmen oder dabei zu erscheinen, und zwar bei Strafe der Exkommunikation (...).»[115]

Es wurden natürlich weiterhin «écraignes» veranstaltet. Die «Heiligenwachen», zu denen man sich in einer Kirche oder auf einem Friedhof zusammenfand, waren ebenfalls oft Schauplatz ausgelassener «Spiele», «Tänze», Vergewaltigungen und anderer Gewalttätigkeiten. Das ging so weit, daß das Domkapitel von Notre-Dame zu Paris vor der Nachtwache am 15. August Soldaten in die Kirche einließ, die den Auftrag hatten, gegen die Unruhestifter mit aller Strenge vorzugehen.[116] R. Vaultier führt mehrere Begnadigungsbriefe an, die sich auf Ausschweifungen bei den Heiligenwachen beziehen, zum Beispiel folgende:

«[1383] ‹In der Nacht des Festes Unserer Lieben Frau im September (...), wo eine große Nachtwache stattfindet und viele Menschen sich in der großen Kirche [in La Charité-sur-Loire] versammeln, (...) vergriffen sich mehrere bewaffnete junge Männer, die dem Fest beiwohnten, an einem Kameraden, den sie in einer ungehörigen Situation mit einer Frau in der Kirche entdeckt hatten.›»[117]

«[1385] Ein gewisser Perrin begab sich ‹aus großer Frömmigkeit zur Kirche Notre-Dame des Barres im Amtsbezirk Orléans, um an einer Wache teilzunehmen, und vom bösen Feind versucht begannen genannter Perrin und einige andere junge Leute, in der genannten Kirche mit mehreren Männern und Frauen zu tanzen. (...) Dazu bliesen die oben genannten Gefährten die Kerzen aus und warfen sie hinter den Altar, woraufhin sie auch die Lampen löschten.› Danach knebelten sie eine Frau.»[118]

Der böse Feind macht sich also die Nacht zunutze, um den Menschen, der durch das fehlende Tageslicht anfälliger dafür geworden ist, zu Sünde und Unrecht zu verleiten. Deswegen konnte früher in den Städten nicht auf den Nachtwächter verzichtet werden, der mit seiner Laterne, seiner Glocke und seinem Hund seine Rundgänge machte. Nach T. Dekker ist er «die Schildwache der Stadt, der Turmwächter aller Viertel, der ehrbare Spion, der den nächtlichen Machenschaften auf die Spur kommt und der wie die Positionslaterne am Heck des Schiffes, die die Seeleute bestärkt und sie durch die schwärzeste Nacht geleitet, durch die Stadt geht, der er viele gefährliche Brände erspart»[119]. Es liegt also im Interesse eines jeden, seine weisen Ratschläge anzuhören und zu befolgen, denn die Nacht ist eine Gefahr für Leib und Seele, sie ist der Vorhof des Todes und der Hölle. Die Glocke des Nachtwächters ist schon die Totenglocke:
«Männer und Knaben, Frauen und Mädchen,
Noch ist's nicht zu spät, euch zu bessern:
Verschließt eure Türen, bleibt in euren warmen Betten,
Die Jungfräulichkeit zu verlieren ist ein schwerer Verlust.
Um Mitternacht zu feiern, das ist verschwenderisch,
Die Ausschweifungen der Diener sind der Ruin ihrer Herren:
Wenn ihr diese Glocke hört,
So denkt, es ist euer Totengeläut.»[120]

Das ist das schaurige, ewig gleiche Lied des Londoner Nachtwächters, hinter dem sich die jahrtausendealte Angst vor der bedrohlichen Nacht verbirgt. Wir haben an anderer Stelle an die Offenbarung des Johannes erinnert: Im neuen Himmel und auf der neuen Erde, die den Seligen versprochen sind, wird es kein Meer mehr geben. Es wird auch keine Nacht mehr geben. Das ewige Jerusalem wird vom Licht Gottes erleuchtet, da Gott das Licht ist (Apok. 21,1; 21,23; 1. Jo. 1,5).

Drittes Kapitel

Typische kollektive Verhaltensweisen in Pestzeiten

1. Das Auftreten der Pest [1]

Vor dem Hintergrund der weiter oben beschriebenen alltäglichen Ängste (die wir natürlich nicht vollzählig darstellen konnten) spielten sich in mehr oder weniger großen Abständen Episoden kollektiver Panikausbrüche ab, besonders dann, wenn eine Stadt oder eine Region von einer Seuche heimgesucht wurde. In Europa handelte es sich dabei meistens um die Pest, besonders in den vier Jahrhunderten zwischen 1348 und 1720. Während dieses langen Zeitraums dezimierten aber auch andere Seuchen die Bevölkerung des Abendlandes: das «englische Schweißfieber» wütete auf den britischen Inseln und in Deutschland im 15. und 16. Jahrhundert, der Typhus in den Armeen des Dreißigjährigen Krieges, daneben traten Pocken, Lungenpest und Ruhr epidemisch auf, die drei letztgenannten noch im 18. Jahrhundert.[2] Die Cholera hingegen erschien in diesem Teil der Welt lediglich im Jahre 1831.

Eine aufmerksame Lektüre der Texte aus dem Hochmittelalter hat den Schluß erlaubt, daß die Pest in Europa und im Mittelmeerraum zwischen dem 6. und 8. Jahrhundert periodisch auftrat und alle neun bis zwölf Jahre einen Höhepunkt erreichte.[3] Im 9. Jahrhundert schien sie dann verschwunden zu sein, bis sie im Jahre 1346 mit brutaler Heftigkeit an den Ufern des Asowschen Meeres wieder ausbrach. Im Jahre 1347 drang sie bis nach Konstantinopel und Genua vor und verbreitete sich über ganz Europa, von Portugal und Irland bis nach Moskau. Der «Schwarze Tod» wütete von 1348 bis 1351 und raffte «ein Drittel der Menschheit» dahin, das versichert zumindest Froissart.

Von da an bis wenigstens zum Anbruch des 16. Jahrhunderts brach die Pest fast jedes Jahr an irgendeinem Ort in Westeuropa aus. Im Jahre 1359 wütet sie in Belgien und im Elsaß, von 1360 bis 1361 in

England und Frankreich. 1369 überfällt sie erneut England, verwüstet danach von 1370 bis 1376 Frankreich, um dann neuerlich jenseits des Ärmelkanals ihre Opfer zu suchen. Den Italienern erging es nicht besser. Ein Chronist aus Orvieto berichtet: «Die erste Pestepidemie, die gleichzeitig die schlimmste war, fand 1348 statt.» Er fügte hinzu: «Zweite Pestepidemie: 1363. Dritte Pestepidemie: 1374. Vierte Pestepidemie: 1383. Fünfte Pestepidemie: 1389.» Eine andere Feder vervollständigte diese Aufzählung: «Sechste Pestepidemie: 1410.» E. Carpentier kommentiert: «Andere hätten diese Liste im 15. Jahrhundert weiterführen können.»[4] Dies war zum Beispiel in Châlons-sur-Marne der Fall. Die Seuche scheint in dieser Stadt in einem bestimmten Rhythmus aufzutreten, etwa alle zehn Jahre: 1455–1457; 1466 bis 1467; 1479; 1483; 1494–1497; 1503; 1516–1517; 1521–1522.[5] J.-N. Biraben zieht daraus folgende Schlüsse:

«Wenn man die Geschichte der Pest am Beispiel einer Stadt jener Zeit verfolgt (...), dann stellt man fest, daß sie alle zehn oder fünfzehn Jahre mit großer Heftigkeit in der ganzen Stadt auftrat, wobei bis zu 20, 30 und sogar 40 % der Bevölkerung dahingerafft wurde. Von diesen Höhepunkten abgesehen, war sie fast ständig gegenwärtig, brach einmal in dieser oder jener Straße oder in diesem oder jenem Viertel aus, meistens während der heißen Jahreszeit, und das über einen Zeitraum von einem, zwei oder sogar fünf und sechs Jahren hinweg, dann verschwand sie für einige Jahre. In der ‹abgeschwächten› Form trat sie dann oft wieder vor einer Periode ihrer ‹explosiven› Form auf.»[6]

Als unausrottbares, unerbittlich wiederkehrendes Übel versetzte die Pest die Bevölkerung in «einen Zustand der Angespanntheit und der Angst»[7]. Für die 189 Jahre zwischen 1347 und 1536 zählte Biraben in Frankreich 24 Fälle von großen, mittleren oder kleinen Pestepidemien, das bedeutet etwa eine Epidemie alle acht Jahre. Im Zeitraum von 1536 bis 1670 wurden 12 Epidemien gezählt (eine alle 11,2 Jahre).[8] Danach scheint die Krankheit zu verschwinden, um 1720 in der Provence erneut heftig auszubrechen. In Frankreich wie im gesamten Abendland werden Pestepidemien ab dem 16. Jahrhundert seltener, die schlimmsten Ausbrüche treten aber um so deutlicher hervor: in London in den Jahren 1603, 1625 und 1655; in Mailand und Venedig 1576 und 1630; in Spanien von 1596 bis 1602, von 1648 bis 1652 und von 1677 bis 1685; in Marseille im Jahre 1720. Diese Zeit- und Ortsangaben liefern natürlich nur einige wenige Anhaltspunkte für die Diachronie und die geographische Verbreitung der Pest im Barockzeitalter, denn die Epidemien von 1576 bis 1585 und von 1628 bis 1631 verwüsteten in Wirklichkeit einen großen Teil Europas.[9] So heftig die letzten Ausbrüche der Pest, insbesondere die letzte Epidemie in Marseille, auch waren, so vergrößerten sich doch die Abstände zwischen ihnen immer mehr, und viele Jahre lang wurde nicht ein einziger verdächtiger Todesfall angezeigt. Das Übel trat also sporadischer und nur in engbegrenzten geographischen Räumen auf, nach 1721 verschwand es ganz aus dem Abendland. Aber davor, und das fast vierhundert Jahre lang, war die Pest in den Worten B. Benassars «eine große Persönlichkeit der Geschichte von gestern»[10]. Ihre Größe war das Unheil, das sie brachte. Urteilen wir selbst darüber anhand ihrer Verbrechen, die ihre Zeitgenossen aus der Fassung brachten:

«In diesen beiden Jahren [1348-1349]», schreibt der Pariser Karmeliter Jean de Venette, «war die Zahl der Opfer so groß wie nie zuvor.»[11] Boccaccio schreibt in der Einleitung des «Decameron» über die Pestepidemie in Florenz: «Der tötlich iamer was also grosse vor der stat und in der stat; umb des willen die krancken ir nottorfft nicht gehaben mochten, und von den gesuntten umb forcht willenn alle [allein] gelassen warn. Darumb man spricht, und für ware gelaubet das mere hundert tausent menschen inerhalb der mauern der stat Florenz von dem lebenn zu tode genomen warn. Auch mancher vor dem sterben nicht gelaubet hat das so vil creature und menschenn dar inne gewest werenn. O wie mancher schöner palast und herliche und schöne geheuse die vor mit edelm und wirdigem gesinde grossenn und kleinen besessen waren. Nun alle sölche gezirde und schöne gepewe öde ligen. O wie manches edels und groses geschlechte und auch schöne erbere grosser namhaftiger reichtum gesechen worden an erben, noch yemant der ir begert. O wie manche weise redliche männer, und schöne züchtig frawen, iunckfrawen hübsch iüngling! Die alle von dem grossen meinster Galieno Ipocrate Exulapio gesunt und frisch gemeint und geurteilt worden weren; die des morgens und abencz mitt iren guten freunden ze tische sassen, darnach an dem andern morgen in der andern welt mit iren vodern waren.»[12]

Die Schätzung Boccaccios ist wohl ziemlich übertrieben. Stimmt es überhaupt, daß Florenz, wie viele Historiker versichert haben, 1338 einhundertzehntausend Einwohner zählte und nur noch fünfzigtausend im Jahre 1351? Nach der Schätzung von K. J. Beloch hatte die Stadt am Arno 1347 fünfundfünfzigtausend Einwohner und vier Jahre später nur noch vierzigtausend, was immerhin eine Dezimierung um fast 30 % bedeutet. Und während die Bevölkerung in der zweiten Hälfte des 14. Jahrhunderts wieder anzuwachsen begann, raffte die «Pestilenz» im Jahre 1400 erneut 11 500 Menschen dahin und vielleicht 16 000 im Jahre 1417. Siena soll 1347 zwanzigtausend Einwohner gehabt haben, fünfzehntausend im Jahre 1349 und zwölftausendfünfhundert im Jahre 1380.[13] Nach Schätzungen britischer Historiker hat England zwischen 1348 und 1377 vierzig Prozent seiner Bevölkerung verloren (die Bevölkerungszahl betrug 3 757 000 im Jahre 1348 und 2 223 375 im Jahre 1377).[14] Der «Schwarze Tod» und die folgenden Epidemien waren hier die hauptsächlichen, wenn auch nicht die allein Verantwortlichen für diese Katastrophe.

Hier nun einige traurige Rekorde: Albi und Castres verloren zwischen 1343 und 1357 die Hälfte ihrer Bevölkerung. Im Jahre 1350 soll die Seuche in Magdeburg 50 % der Einwohner, in Hamburg 50 bis 66 % und in Bremen sogar 70 % der Bevölkerung dahingerafft haben, Berechnungen, die natürlich zweifelhaft sind.[15] Der Schwarze Tod verwüstete vor allem die Städte, die ländlichen Gegenden blieben jedoch nicht verschont. In Givry in Burgund starb 1348 ein Drittel der Bevölkerung an der Seuche. Die Zahl der Haushalte in der Gemeinde Sainte-Pierre-du-Soucy in Savoyen schmolz von 108 im Jahre 1347 auf 55 im Jahre 1349 zusammen; in sieben Nachbargemeinden verringerte sich ihre Zahl von 303 im Jahre 1347 auf 142 im Jahre 1349.[16] Auf einigen Pachthöfen der Abtei von Winchester wurden 1346 vierundzwanzig, 1347 und 1348 je vierundfünfzig Todesfälle unter den Bauern gezählt. 1349 stieg die Zahl sprunghaft auf 707 an.[17] Wenn man einen allgemeinen Schätzwert der von der Epidemie 1348 bis 1350 hervorgerufenen Verwüstungen in West- und Mitteleuropa will, so braucht man nur bei Y. Renouard nachzulesen: «Die Zahl der durch die Pest verursachten Todesfälle schwankte je nach Gegend zwischen zwei Dritteln und einem Achtel.»[18] Froissart hatte also wahrscheinlich recht mit seiner Annahme, daß ein Drittel der Bevölkerung Europas der Seuche zum Opfer gefallen war, die besonders heftig in Italien, Frankreich und England gewütet hatte.

In Europa insgesamt sollte es später keine schlimmere Epidemie mehr geben als jene von 1348 bis 1350. Trotzdem nahm das Aufflakkern der Seuche in einzelnen Städten, auf regionaler und sogar nationaler Ebene das Ausmaß einer Katastrophe an. 1450 soll Paris 40 000 seiner Einwohner verloren haben.[19] In London, das im Jahre 1665 etwa 460 000 Einwohner hatte, starben in jenem Jahr 68 500 Menschen an der Pest.[20] Von den etwas weniger als 100 000 Einwohnern Marseilles zu Beginn des 18. Jahrhunderts raffte die Seuche im Jahre 1720 etwa 50 000 dahin (wobei die umliegenden Gemeinden mit einbezogen sind).[21] Die gleichen Ausmaße hatte die Epidemie von 1656 in Neapel, nur mit dem Unterschied, daß sie eine größere Anzahl Menschen betraf. Diese mit 400 000 bis 450 000 Seelen übervölkerte Stadt verlor 200 000, vielleicht sogar 270 000 ihrer Einwohner.[22] Betrachten wir nun Italien und Spanien im 17. Jahrhundert in ihrer Gesamtheit. Zwischen 1600 und 1650 war in Oberitalien (von Venedig bis Piemont einschließlich Genua) ein Bevölkerungsrückgang von 22 % zu verzeichnen, der hauptsächlich von der Pest im Jahre 1630 verursacht wurde, wobei 32 % der Einwohner von Venedig, 51 % der Bevölkerung von Mailand und 63 % der Bevölkerung von Cremona und Verona an der Pest starben. Den tragischen Rekord hält Mantua mit 77 %. Insgesamt verlor Italien in der ersten Hälfte des 17. Jahrhunderts 14 % seiner Bewohner, das entspricht 1 730 000 Seelen.[23] Im dünner besiedelten Spanien wurden vergleichbare Verluste gemeldet. Die «drei großen Angriffe des Todes» (durch die Pest) – 1596 bis 1602, 1648 bis 1652 und 1677 bis 1685 – sollen 1 250 000 Menschen das Leben gekostet haben. 1652 starben in Barcelona 20 000 von 44 000 Menschen.[24] Sevilla begrub zwischen 1649 und 1650 sechzigtausend Tote bei einer Einwohnerzahl von 110 000 oder 120 000.[25] Die Pest war also eine der Hauptursachen für die Krise, die Italien und Spanien im 17. Jahrhundert durchmachten.

Bis zum Ende des 19. Jahrhunderts kannte man die Ursachen der Pest nicht; die damalige Wissenschaft machte die Verseuchung der Luft dafür verantwortlich, die ihrerseits von unheilvollen Konjunktionen der Planeten oder von fauligen, aus dem Boden und dem Untergrund aufsteigenden Ausdünstungen verursacht worden sei. So erklären sich auch die in unseren Augen unnützen Vorsichtsmaßnahmen, zum Beispiel das Besprengen von Briefen und Geldstücken mit Essig, das Anzünden von reinigenden Feuern auf den Straßenkreuzungen einer verseuchten Stadt, die Desinfektion von Menschen, Kleidern und Häusern unter Zuhilfenahme von starken Parfums und Schwefel sowie der Brauch, sich eine Vogelmaske, deren Schnabel mit wohlriechenden Essenzen gefüllt war, aufzusetzen, wenn man in Pestzeiten auf die Straße ging. Die Chroniken der Pestzeit und die Bildzeugnisse weisen jedoch kaum auf den massiven Anstieg der Sterberate unter den Ratten als Vorankündigung einer Epidemie hin, worauf Albert Camus in «Die Pest» so großen Nachdruck legt. Die Rolle der Flöhe war gleichfalls nicht bekannt. Dagegen erwähnen alle Berichte die Gefahr der Ansteckung der Menschen untereinander. Wir wissen heute, daß diese Gefahr bei der Lungenpest gegeben ist, die durch Speichel übertragen wird. Die aktuelle medizinische Forschung stellt jedoch das «Dogma der Ratten» im Falle der Beulenpest in Frage. Gewiß ist die Geschichte dieser Krankheit von Anbeginn eng mit derjenigen der Ratten verknüpft. In zahlreichen Beulenpestepidemien scheint aber der Hauptüberträger nicht der Rattenfloh gewesen zu sein, sondern der Menschenfloh, der von einem Sterbenden auf einen Gesunden übersprang. Der Pest mußte also nicht unbedingt eine Seuche unter Tieren vorausgegangen sein.[26] Deswegen wütete die Seuche auch am schlimmsten in den Vierteln, in denen diese Parasiten zu Hause waren. Auch wenn die Reinigungen und die Aderlässe, die Furcht vor einer Übertragung durch die Exkremente und das Abschlachten von Tieren, die keine Flöhe haben – Pferde, Ochsen usw. –, gegenstandslos waren, so war es doch sinnvoll, in den infizierten Häusern die Stoffe, insbesondere die Wollstoffe, zu verbrennen. Und es ist leider wahr, daß man wenn möglich die Flucht ergreifen, oder, wenn das nicht ging, sich abkapseln mußte. Um so mehr, als die Beulenpest oft als Komplikation eine Lungenpest nach sich zog. Der gesunde Menschenverstand hatte also recht, wenn er den «Gelehrten», die es ablehnten, an eine Übertragung durch Ansteckung zu glauben, keinen Glauben schenkte. Und schließlich waren es die immer wirksameren Maßnahmen zur Isolierung der Kranken, die die Seuche zurückdrängten.

Zu diesen zumindest teilweise richtigen Vorbeugungsmaßnahmen gesellte sich eine oftmals genaue Beobachtung der Symptome der Krankheit, insbesondere der Beulenpest: Neben der Beschreibung und Lokalisierung der Beulen fanden besondere Erwähnung die angeschwollene Zunge, der brennende Durst, das hohe Fieber, der Schüttelfrost, der unregelmäßige Puls, das oftmals heftige Delirium, die Störungen im Nervensystem, die Kopfschmerzen und der starre Blick. Nach der Epidemie von 1720 schrieb ein Arzt aus Marseille:

«Die Krankheit begann mit Kopfschmerzen und Erbrechen, worauf ein hohes Fieber folgte. (...) Die allgemeinen Symptome waren Schüttelfrost, ein schwacher, langsamer, beschleunigter oder unregelmäßiger Puls, ein so schwerer Kopf, daß der Kranke Mühe hatte, ihn zu heben, begleitet von einem Schwindelgefühl und von Beschwerden, wie sie ein Betrunkener hat, sowie ein starrer Blick, der Entsetzen und Verzweiflung ausdrückte (...).»[27]

Es war den Leuten früher auch schon aufgefallen, daß die Pest meistens im Sommer auftrat, wenn auch nicht ausschließlich – der Menschenfloh bevorzugt in der Tat Temperaturen zwischen 15 und 20 Grad Celsius bei einer Luftfeuchtigkeit von 90 bis 95 % –, und daß besonders die Armen, die Frauen und Kinder von ihr befallen wurden, ebenso wie sie sich mit Vorliebe dort einstellte, wo Hungersnot herrschte. Der «Traité de la peste» von César Morin (Paris 1610) enthält ein Kapitel, das die Überschrift trägt: «Die Pest als Folgeerscheinung der großen Hungersnöte». Und ein unbedeutender lombardischer Domherr, der die Pest von 1630 in seiner kleinen Heimatstadt Busto-Arsizio miterlebte, schrieb über das Jahr 1629:

«Die Lebensmittelknappheit wurde so arg, daß man nicht einmal mehr für Geld etwas bekam. (...) Die Armen aßen wurmstichiges Kleiebrot, (...) Wolfsbohnen, Rüben und alle Arten von Kräutern. Die Rüben wurden für 16 Soldi das Ster verkauft, aber es gab kaum welche. Wenn Fremde mit einem Karren voller Rüben kamen, konnte man die Armen herbeieilen und sich gegenseitig beiseitestoßen sehen; sie sahen aus wie hungrige Ziegen, die zur Weide geführt werden (...). Darauf folgten schreckliche, unheilbare Krankheiten, die weder den Ärzten noch den Chirurgen noch sonst irgend jemandem vorher bekannt gewesen waren und die sechs, acht, zehn oder zwölf Monate lang wüteten. Im Jahre 1629 starben unzählig viele Menschen daran.»[28]

2. Bilder aus einem Alptraum

Auch wenn der Domherr übertreiben sollte, seine Schilderung ergänzt das Bild, das wir vom Überlebenskampf in Notzeiten und von der periodisch wiederkehrenden Pest haben.[29] Der Bericht verdeutlicht zudem eine Auffassung der Epidemien, die besonders in Italien im 17. Jahrhundert mit den beiden anderen traditionellen Plagen Hand in Hand zu gehen scheinen, nämlich dem Hunger und dem Krieg. Die Pest ist also eine «Plage», vergleichbar jenen, die Ägypten einst heimsuchten. Sie wird zugleich als große, alles verschlingende Wolke bezeichnet, die aus der Fremde kommt und von Land zu Land zieht, von den Küsten ins Landesinnere und von einem Stadtviertel zum anderen, und dort, wo sie vorbeizieht, sät sie den Tod. Sie wird auch als einer der Apokalyptischen Reiter beschrieben, als eine neue «Sintflut», als «furchtbarer Feind», zumindest nach Ansicht von Daniel Defoe, aber vor allem als Feuersbrunst, die häufig durch den Feuerschweif eines am Himmel dahinziehenden Kometen angekündigt wird. Früher sahen die Provenzalen und die Österreicher die «Pestfunken» durch eine Stadt tanzen und von den Leichen auf die bis dahin Gesunden überspringen.[30] Das Gefühl, sich einer Feuersbrunst gegenüberzusehen, wurde vielleicht auch dadurch verstärkt, daß die Epidemien oft im Sommer ausbrachen, sowie durch die Gewohnheit, auf den Kreuzungen reinigende Feuer, eine Art «Gegen-Feuer», anzuzünden. Vor allem verglich man aber die Seuche mit einer Feuersbrunst: Im «Decameron» schreibt Boccaccio: «Dise pestilencz was von sölicher sterke und kraft das sy floge auch von dem kranken zu dem gesuntten. Zu geleicher weiß als das feüer in dem stro thut auch nicht alleine das reden dem gesunten mit dem kranken den gesunten kranckheit pracht und tode (...).»[31] D. Defoe bemerkt seinerseits: «Die Pest ist wie ein großes Feuer; (...) Bricht es (...) in einer engbebauten Ortschaft oder Stadt aus und hat erst einmal die Übermacht bekommen, wächst seine Wut, und es tobt über den ganzen Ort hinweg und verzehrt alles, was es erreichen kann.»[32] Auch ein Arzt aus Marseille, der die Epidemie von 1720 miterlebte, gebraucht das Bild der Feuersbrunst und spricht von «der erstaunlichen Schnelligkeit, mit der die Krankheit plötzlich von einem Haus zum anderen und von einer Straße zur anderen übersprang wie die Funken bei einem Brand (...). Sie raste mit der Schnelligkeit einer Feuersbrunst über diese große Stadt hinweg.»[33]

Auch in den Erzählungen eines italienischen Domherrn und eines waadtländischen Pfarrers, die beide über die schreckliche Pestepidemie von 1630 berichten, die ein wahrer «Sturm des Leides» war, kehrt der Vergleich zwischen Pest und Feuer wieder. Der Pfarrer aus Busto-Arsizio, den wir schon zitiert haben, gebraucht eindringliche Worte beim Wortspiel mit dem Namen seiner Stadt (arsizio = versengt, verbrannt):

«Ach, geliebte, unglückliche Heimat! O Busto, warum weinst du nicht? (...) Verbrannt und vom Feuer verzehrt besteht es nur noch aus glimmenden Holzstücken und Asche und ist zum untröstlichen, menschenleeren Busto geworden. (...) Man könnte ihm keinen passenderen Namen mehr geben als Busto-Arsizio, denn es steht in Flammen.»[34]

Der waadtländische Pfarrer antwortet ihm mit der Erwähnung von Pinerolo, wo die Pest «noch immer wie ein Feuer wütet»[35]. Ein portugiesischer Mönch aus dem 17. Jahrhundert beschreibt die Pest als «heftiges, verzehrendes Feuer»[36].

Für die Kirchenmänner und die Künstler, die dank ihr nie arbeitslos wurden, war die Pest indes vor allem ein von einem erzürnten Gott gesandter Pfeilregen, der plötzlich auf die Menschen niederging. Gewiß stammt dieses Bild aus vorchristlicher Zeit. Im 1. Gesang der «Ilias» steigt der «Bogenschütze» Apoll verärgert von der Höhe des Olymp herab, über der Schulter seinen Bogen und den gut verschlossenen Köcher. Die Pfeile klappern an der Schulter des erzürnten Gottes, der die Truppen durch ein «gefährliches Übel» dezimiert.[37] Aber es war die Kirche selbst, die diesen Vergleich wiederaufnahm und populär machte. Schon Ende des 13. Jahrhunderts erwähnte Jacobus de Voragine in der «Legenda aurea»[38] eine Vision des Dominikus: Er hatte Christus am Himmel gesehen, der drei Lanzen gegen die Menschheit schwang, die sich der Sünde des Hochmuts, der Habgier und der Wollust schuldig gemacht hatte. Kirche und Gläubige sahen die Große Pest von 1348 bis 1350 und die Epidemien der folgenden Jahrhunderte als göttliche Strafe an, sie brachten selbstverständlich die Angriffe des Übels mit den tödlichen, von oben abgeschossenen Pfeilen in Zusammenhang. Im Personenregister der Stadt Orvieto wurde am 5. Juli 1348 die «große Sterblichkeit, die auf die Pest zurückzuführen ist, die zur Zeit unerbittlich ihre Pfeile überallhin abschießt»[39], vermerkt. Die Ikonographie nahm diesen Vergleich auf und verbreitete ihn im 15. und 16. Jahrhundert von Italien bis über die Alpen. Die pestbringenden Pfeile erscheinen zum erstenmal auf einem Altarbild (1420) der unbeschuhten Karmeliter in Göttingen.[40] Christus schießt sie wie einen dichten Regen auf die Menschen ab. Siebzehn Personen werden von ihnen durchbohrt. Indessen schützt die heilige Jungfrau einige andere mit ihrem weiten Mantel, ein Thema, das oft wiederkehrt. Ein Fresko von B. Gozzoli in San Gimignano (1464) zeigt den Herrgott, der trotz der vor ihm knienden Jesus und Maria den giftigen Pfeil auf die Stadt abschießt, die im Vorjahr von der Seuche heimgesucht worden war. Ein Diptychon von Martin Schaffner (um 1510–1514), das in Nürnberg[41] aufbewahrt wird, veranschaulicht gleichfalls die allgemeingültige Darstellung der Pest. Auf der linken Seite schießen Engel von einem Gewitterhimmel aus Pfeile auf die sündige Menschheit ab, die daraufhin bereut und um Gnade fleht. Auf der rechten Seite ist Christus zu sehen, der zu den Pestheiligen betet und die Bestrafung mit einer Handbewegung aufhebt. Die von ihrer ursprünglichen Bahn abgelenkten Pfeile verfehlen die bedrohte Stadt und verlieren sich. Manchmal wird nicht der Bestrafungsakt selbst dargestellt, sondern das Ergebnis. Auf einem deutschen Gemälde von einem unbekannten Meister, das aus derselben Zeit stammt wie das eben beschriebene, werden Menschen plötzlich von Pfeilen getroffen, die alle von oben kommen. Sie werden an der Leiste und in der Achselhöhle getroffen (dort, wo die Beulen am häufigsten auftraten), aber auch an anderen Körperteilen. Eine durchbohrte Frau taumelt, ein Kind und ein Erwachsener liegen schon am Boden, das eine tot, der andere im Todeskampf. Ein Mann in der Blüte seiner Jahre wird dem Pfeil, der sich ihm nähert, nicht entrinnen.[42]

Auch auf der Grabplatte eines Domherrn in Moosburg erinnern die von Gott gesandten Pfeile an die Pest (Kirche Sankt Kastulus, 1515), desgleichen auf einem Gemälde im Dom zu Münster und auf einem Gemälde von Veronese, das im Museum von Rouen hängt. Ein Votivbild in einer Kirche in Landau an der Isar zeigt einen Pfeilregen, der kein einziges Haus in der Stadt verschont. In einer Variante dieses Themas tritt nicht Gott, sondern der Tod als Bogenschütze auf. Er wird als Skelett mit fratzenhaft verzerrtem Gesicht dargestellt, das manchmal über Leichen hinweggaloppiert und seine Pfeile auf die Lebenden jeglichen Standes abschießt, die gerade bei der Arbeit sind oder sich zerstreuen. Solche Darstellungen sind in der Stadtbibliothek der «Intronati» in Siena (1437) zu finden, in Saint-Étienne-de-Tinée (1485), im Palazzo Abatello in Palermo (ein «Triumph des Todes» aus dem 15. Jahrhundert), auf einem Stich von J. Sadeler (im Cabinet des Estampes in Brüssel) und auf einem anonymen Stich von 1630, der die Einwohner von London auf der Flucht vor drei Skeletten darstellt, die sie mit ihren Pfeilen bedrohen.

Neben dem göttlichen Strafakt wollten die Künstler betonen, mit welcher Plötzlichkeit das Übel zuschlug und daß niemand ihm zu entrinnen vermochte, sei er nun arm oder reich, jung oder alt. Diese beiden Aspekte der Seuche beeindruckten ganz besonders die Zeitgenossen der großen Epidemien. In allen Berichten über «Pestilenzen» wird mit Nachdruck auf die Plötzlichkeit verwiesen, mit der sie zuschlägt.

Der Pariser Karmeliter Jean de Venette schreibt über die Epidemie von 1348: «[Die Menschen] lagen nur zwei oder drei Tage krank darnieder und starben rasch, ihre Körper waren fast unversehrt. Wer heute bei guter Gesundheit war, war morgen tot und begraben.»[43] Ein spanischer Arzt, der die Pest in Malaga 1650 schildert, machte dieselbe Beobachtung: «Viele starben plötzlich, bei andern dauerte es nur wenige Stunden, und jene, die man gerettet glaubte, starben in einem Moment, wo man am wenigsten damit rechnete.»[44] In seinem «Bericht vom Pestjahr» bemerkt D. Defoe über die Pest von London im Jahre 1665, daß sie «heftig wütete und die Leute so schnell erkrankten und so rasch starben, daß es unmöglich und einfach zwecklos war herumzugehen, um festzustellen, wer krank war und wer gesund, oder sie mit der Sorgfalt, die von der Sache her erforderlich war, einzuschließen (...)»[45]. Ein Arzt aus Marseille, der die Epidemie von 1720 miterlebte, berichtet über die raschen Fortschritte, die die Krankheit machte: «Manche Menschen starben plötzlich, bei anderen dauerte es zwei oder drei Tage.»[46] Dies erklärt auch die vielen Bemerkungen über Leute, die auf dem Wege zur Quarantänestation starben.

Diese Beobachtungen, die verständlicherweise panischen Schrecken hervorriefen, sind ausgesprochen realistisch. Wenn jemand zuerst von der Lungenpest befallen wird, so bricht diese plötzlich aus, greift den gesamten Organismus an, der ihr keine wirksamen Abwehrstoffe entgegensetzen kann, «und in 100 % der Fälle tritt der Tod zwei oder drei Tage nach Auftreten der Beschwerden ein»[47]. Die klassische Form der Beulenpest äußert sich zunächst durch hohes Fieber von 39 bis 40 Grad, die Begleiterscheinungen sind beeindruckend – beschleunigter Puls, erweiterte Pupillen, glänzender Blick, Erbrechen und ein trockener Mund. Die Beulen bilden sich erst in den nächsten 48 Stunden. Sie müssen aber nicht unbedingt auftreten. Es handelt sich dann um eine Pestseptikämie. In diesem Falle hatte die Beule entweder keine Zeit, sich zu bilden, oder die infizierten Lymphknoten sitzen zu tief, um bis nach außen zu dringen. Vor allem diese letztere Erscheinungsform der Krankheit hat die Menschen von einst bestürzt, denn sie schlägt blitzartig zu, das Fieber steigt schnell auf 40 bis 42 Grad. Die hauptsächlichen Begleiterscheinungen sind nervöse und psychische Störungen, plötzliche Blutungen der Haut, der Schleimhäute und der Eingeweide, was innerhalb von 24 oder 30 Stunden zum Tode führt.[48] Ein Chirurg aus Marseille notierte 1720: «Keiner der Kranken, bei denen sich keine Beule gezeigt hat, ist mit dem Leben davongekommen.»[49]

Die bildende Kunst hat natürlich die Plötzlichkeit des Todes an der Pest gebührend hervorgehoben und sogar übertrieben.[50] Im 17. Jahrhundert wurde diese Seuche deshalb von den Holländern die «eilige Krankheit» genannt. Das Thema erscheint erstmals in Miniaturen, die der von Papst Gregor I. in Rom veranstalteten Prozession anläßlich der Pest von 590 gewidmet sind. In «Les très riches heures du Duc de Berry», dem Stundenbuch des Herzogs von Berry (Chantilly), und in denen von Pol van Limburg (New York, Cloisters) und des Meisters des heiligen Hieronymus (Bodleian Library, Oxford) werden Menschen dargestellt, die während des Gottesdienstes plötzlich zusammenbrechen. Auf einer Zeichnung «Die Pest zu Bern 1439» (Bern, Nationalbibliothek) werden zwei Personen einer Trauergemeinde plötzlich niedergestreckt. Auf zwei holländischen Stichen, von denen der eine von einem unbekannten Meister, der andere von W. de Haen stammt, sieht man zwei Sargträger, die zusammenbrechen und den Sarg mitreißen (Van Stolk-Museum, Rotterdam). Den plötzlichen Tod rücken in den Mittelpunkt «Die große Pest», die J. Lieferinxe zugeschrieben wird (Walters Art Gallery, Baltimore), «Die Pest, die auf die römischen Soldaten niederfährt» (1539), ein Stich von J. Sanredam, der im Museum der medizinischen Fakultät in Kopenhagen aufbewahrt wird, das riesige Gemälde von A. Spadero «Dankbezeigungen nach der Pest von 1656» (Museo S. Martino, Neapel) sowie das Werk von N. Mignard «Die Pest von Epirus» (Paris, Institut Pasteur), auf dem ein Chirurg dargestellt ist, der gerade eine Beule aufgeschnitten hat und zusammenbricht, wobei die Lanzette seinen Händen entgleitet.

Auf den oben beschriebenen Gemälden in München und Nürnberg geht ein vom Himmel kommender tödlicher Pfeilregen auf eine ganze Stadt nieder und trifft alle ohne Unterschied. Einige Dokumente lassen aber vermuten, daß die Pest wählerisch war und sich vor allem unter den Armen ihre Opfer suchte.

B. Bennassar hat die folgenden Berichte über die Epidemie gesammelt, die 1599 in Nordspanien wütete. Valladolid, 26. Juni: «In kurzer Zeit sind einige Personen aus der guten Gesellschaft gestorben, aber die meisten Opfer sind Arme.» Sepulveda, 26. April: «Alle Personen, die in dieser Stadt und ihrer Umgebung gestorben sind, waren sehr arm und hatten (...) nichts zu essen.»[51]

Daniel Defoe erzählt, daß die Pest in London im Jahre 1665 vor allem Opfer unter den zahlreichen Arbeitslosen der Hauptstadt fand und daß sie, «die am schlimmsten von Mitte August bis Mitte Oktober wütete, innerhalb dieses Zeitraums dreißig- oder vierzigtausend gerade von diesen Armen hinwegraffte, welche sonst durch ihre Bedürftigkeit eine unerträgliche Belastung dargestellt hätten (...)»[52].

1720 sprechen die Schöffen in Marseille «von kleinen Leuten, die fast immer von der Pest heimgesucht wurden». Der Arzt Roux führt weiter aus: «Diese Plage wirkte sich besonders schlimm für diese armen Unschuldigen, die schwangeren Frauen und das Volk aus, die anfälliger dafür waren als die anderen Leute.»[53]

Andere Berichte behaupten jedoch das Gegenteil. Rufen wir uns den weiter oben zitierten Text von Boccaccio in Erinnerung:

«O wie mancher schöner palast und herliche und schöne geheuse die vor mit edelm und wirdigem gesinde grossenn und kleinen besessen waren. Nun alle sölche gezirde und schöne gepewe öde liegen. O wie manches edels und groses geschlechte und auch schöne erbere grosser namhaftiger reichtum gesehen worden an erben, noch yemant der ir begehrt.»[54]

Manzoni, der in «Die Verlobten» anhand der besten Quellen die Pestepidemie beschreibt, die 1630 in Mailand wütete, berichtet, daß die Seuche, die zuerst in den Armenvierteln aufgetreten war, sich anschließend über die ganze Stadt verbreitete: «Auch im Volke ließ jene Störrigkeit, die Pest zu leugnen, selbstverständlich nach und verlor sich (...) um so mehr, als die Seuche, die sich eine Zeitlang auf die Armen beschränkt hatte, auch bekanntere Personen zu ergreifen begann.»[55]

Auch in Marseille ging die Epidemie von den am dichtesten bevölkerten Vierteln aus und verbreitete sich dann über die ganze Stadt. Dr. Roux, der zwar erkannte, daß die Opfer hauptsächlich Arme waren, konnte trotzdem zu folgendem Schluß kommen: «Sie [die Pest] befällt ohne Unterschied Personen jeden Standes, Männer, Frauen, Junge, Alte, Schwache, Starke und Vermögende.»[56]

Alles in allem war man, ob nun reich oder arm, jung oder alt, den Pfeilen des furchtbaren Bogenschützen ausgesetzt, wenn man nicht rechtzeitig geflohen war. Kirchliche Kreise, die aufmerksam die Offenbarung des Johannes gelesen hatten und die für den strafgerichtlichen Aspekt der Epidemien empfänglich waren, hatten den Vergleich zwischen dem Angriff der Pest und dem Pfeilregen, der unversehens auf seine Opfer niedergeht, erfunden. Der Vergleich selbst hatte zur Folge, daß der heilige Sebastian eine Vorrangstellung in der Frömmigkeit des Volkes einzunehmen begann. Hier setzte sich eines der Gesetze durch, die die Welt der Magie beherrschen, nämlich das Gesetz der Gegensätzlichkeit, das oftmals nur ein Sonderfall des Gesetzes der Gleichartigkeit ist: Gleiches wird durch Gleiches vertrieben, um das Gegenteil zu bewirken.[57] Weil der heilige Sebastian von Pfeilen durchbohrt gestorben war, kam die Überzeugung auf, daß er die Pest von seinen Schutzbefohlenen abwenden könne. Schon im 7. Jahrhundert wurde er bei Epidemien angerufen. Aber nach 1348 nahm sein Kult einen gewaltigen Aufschwung.[58] Und seither gab es in der katholischen Welt bis einschließlich ins 18. Jahrhundert hinein kaum eine Kirche in der Stadt oder auf dem Lande, in der keine Darstellung des von Pfeilen durchbohrten heiligen Sebastian zu finden war.

Ein portugiesischer Pfarrer, der 1666 in allen Einzelheiten eine Kirche in Porto beschreibt, versäumt nicht, die Darstellung des heiligen Sebastian zu erwähnen:

«An dem Bildnis des heiligen Märtyrers ist auch ein Schlüssel zu sehen, er hängt an einem Pfeil, der sein Herz durchbohrt; dieser Schlüssel wurde ihm vom Stadtrat während der Pest übergeben, die vor siebzig Jahren wütete – Gott möge ihre Rückkehr verhüten –, damit der Heilige die Stadt von diesem großen Übel befreie, wie er es seither bis auf den heutigen Tag getan hat. Deshalb wagt niemand, ihm diesen Schlüssel zu nehmen.»[59]

Die Chroniken, die die Pestepidemien beschreiben, sind ein wahres Gruselkabinett. Das Leid einzelner und grauenerregende Szenen in den Straßen schufen eine unerträgliche Atmosphäre. Da war zunächst einmal das Martyrium der Pestkranken: «Den Kranken war unerträglich heiß, sie glaubten zu ersticken, hatten hohes Fieber und schier unerträgliche Schmerzen an den Leisten und in den Achselhöhlen»: das ist die Liste der Symptome, die 1650 ein Arzt aus Malaga aufstellt.[60] Die Chirurgen glaubten, das Richtige zu tun, wenn sie die tückischen Geschwulste aufzuschneiden oder auszubrennen versuchten. D. Defoe berichtet: «[Manche Beulen] wurden so hart, daß man sie mit keinem Instrument mehr schneiden konnte; dann brannte man sie mit ätzenden Mitteln aus, wobei manche durch den wahnsinnigen Schmerz starben, andre durch die Mittel selbst.»[61] Kommen wir vom Einzelnen zum Allgemeinen. Ein Zeitgenosse beschreibt die Stadt Marseille im Jahre 1720 folgendermaßen: Die «todbringenden Ausdünstungen» kommen aus den Häusern, in denen die Leichen verwesen, sie steigen von den Straßen auf, die voller Matratzen, Decken, Wäsche,

Lumpen und aller Arten von verfaulenden Abfällen liegen. In den mit Leichen überfüllten Gräbern sieht man «monströse Körper, die einen aufgetrieben und kohlschwarz, andere ebenfalls aufgetrieben, aber blau, violett oder gelb, die alle einen entsetzlichen Gestank verbreiten, aufgeplatzt sind und eine Spur fauligen Blutes hinter sich lassen (...)»[62]. Eine Pestepidemie war also selbst für die Überlebenden ein psychisches Trauma, das der entsetzte Bericht eines Mönches, der Zeuge der Pest in Mailand von 1630 war, uns nachempfinden läßt. Er nennt in einem Atemzug «das Durcheinander von Toten, Sterbenden, des Leides und der Schreie, das Gebrüll, das Entsetzen, den Schmerz, die Ängste, die Grausamkeit, die Diebstähle, die Verzweiflungstaten, die Tränen, die Hilferufe, die Armut, das Elend, den Hunger, den Durst, die Einsamkeit, die Gefängnisse, die Drohungen, die Bestrafungen, die Quarantänestationen, die Salben, die Operationen, die Pestbeulen, den Argwohn, die Ohnmachten (...)»[63].

3. Der Zusammenbruch des öffentlichen Lebens

Wenn Ansteckungsgefahr besteht, versucht man zunächst, die Augen davor zu verschließen. Die Pestchroniken lassen deutlich erkennen, daß die Obrigkeiten oft nur sehr zögernd Maßnahmen gegen die unmittelbar drohende Gefahr ergriffen. Wenn jedoch der Verteidigungsmechanismus einmal in Gang gekommen war, wurden die Methoden von Jahrhundert zu Jahrhundert immer weiter vervollkommnet.

Als die Seuche sich 1348 in Italien von den Häfen Genua, Venedig und Pisa aus immer weiter ausbreitet, ist Florenz die einzige Stadt im Landesinnern, die sich gegen den nahenden Feind zu schützen versucht.[64] Die gleiche Tatenlosigkeit wiederholt sich im Juni 1467 in Châlons-sur-Marne, wo man es trotz Anraten des Statthalters der Champagne ablehnt, die Schulen zu schließen und die Gottesdienste aufzugeben[65], auch in Burgos und Valladolid im Jahre 1599, in Mailand im Jahre 1630, in Neapel im Jahre 1656 und in Marseille im Jahre 1720, wobei diese Aufzählung keineswegs erschöpfend ist. Gewiß kann diese Haltung gerechtfertigt werden, man wollte zum Beispiel keine Panik in der Bevölkerung auslösen, was u. a. die zahlreichen Verbote von Trauerfeiern zu Beginn der Epidemien erklärt, aber vor allem wollte man die Handelsbeziehungen mit dem Umland nicht abbrechen. Die Verhängung der Quarantäne bedeutete nämlich für eine Stadt Versorgungsschwierigkeiten, den Zusammenbruch des Handels, Arbeitslosigkeit, Unruhen in den Straßen usw. Solange die Epidemie nur wenige Opfer forderte, bestand noch die Hoffnung, daß sie von allein abklingen würde, bevor sie die ganze Stadt verwüstete. Sicher gab es noch tiefere Gründe als die, die man sich nicht eingestand oder eingestehen wollte, sie wurden jedoch weniger bewußt wahrgenommen: Die durchaus berechtigte Angst vor der Pest führte dazu, daß man den Augenblick, in dem man ihr ins Gesicht blicken mußte, so lange wie möglich hinauszögerte. Ärzte und Behörden versuchten also, sich selbst zu betrügen. Indem sie die Bevölkerung in Sicherheit wiegten, beruhigten sie sich selbst. Im Mai und Juni 1599, als die Pest in fast ganz Nordspanien wütete (wenn es sich um die anderen handelt, scheut man sich nicht, das Kind beim Namen zu nennen), stellten die Ärzte in Burgos und Valladolid beruhigende Diagnosen für die in ihren Städten aufgetretenen Fälle: «Es handelt sich nicht wirklich um die Pest»; «es ist ein gewöhnliches Übel»; es handelt sich um «Tertianafieber, doppeltes Tertianafieber, Diphterie, hartnäckiges Fieber, Seitenstechen, Katarrhe, Gicht und ähnliches (...). Bei manchen treten Beulen auf, (...) aber sie heilen schnell ab.» [66]

Wenn eine Stadt von der Ansteckung bedroht war, gingen die städtischen Autoritäten gewöhnlich nach folgendem Schema vor: Man ließ die verdächtigen Fälle von Ärzten untersuchen, oft stellten diese eine beruhigende Diagnose, womit sie dem Wunsch der Behörden entsprachen. Wenn sie sich jedoch pessimistisch äußerten, dann wurden andere Ärzte oder Chirurgen hinzugezogen, die ganz bestimmt die Bedenken ihrer Kollegen zerstreuten. So war es 1630 in Mailand und 1720 in Marseille.[67] Die Schöffen und die Gesundheitsbehörden schlossen also die Augen vor der aufziehenden Gefahr, und die meisten Leute verhielten sich ebenso, was Manzoni am Beispiel der Epidemie von 1630 in der Lombardei anschaulich dargestellt hat:

«Wer sollte nicht glauben, daß bei dem Eintreffen dieser Nachrichten aus den so arg verseuchten Dörfern, die fast einen Halbkreis um die Stadt bilden und an einigen Punkten nicht mehr als achtzehn oder zwanzig Meilen von ihr entfernt sind, wer sollte da nicht glauben, daß solche Nachrichten eine allgemeine Bewegung, einen Wunsch nach gut oder schlecht verstandenen Vorsichtsmaßregeln oder wenigstens eine unfruchtbare Unruhe hervorgerufen hätten? Und dennoch, wenn die Denkschriften jener Zeit in irgendeinem Punkte übereinstimmen, so ist es in dem Zeugnis, daß nichts dergleichen geschah. Die Not des vergangenen Jahres, die Bedrückungen durch die Soldaten, die Trübsal der Gemüter schienen mehr als genugsame Gründe, um die Sterblichkeit zu erklären. Wer auf den Plätzen, in den Läden, in den Häusern ein Wort über die Gefahr äußerte, wer die Pest erwähnte, dem wurde mit ungläubigem Spotte, mit zürnender Verachtung begegnet. Dieselbe Ungläubigkeit oder, um es besser zu sagen, dieselbe Verblendung und Halsstarrigkeit hatte auch im Senate die Oberhand, im Rate der Dekurionen und bei jeder Behörde.» [68]

Die gleichen kollektiven Verhaltensweisen konnten in Paris anläßlich der Choleraepidemie von 1832 festgestellt werden. An Mittfasten veröffentlichte «Le Moniteur» die traurige Nachricht vom Ausbruch der Epidemie. Aber anfangs wollte man dieser zu offiziellen Zeitung nicht glauben. Heinrich Heine berichtet:

«(...) da dieses der Tag der Mi-carême und das Wetter sonnig und lieblich war, so tummelten sich die Pariser um so lustiger auf den Boulevards, wo man sogar Masken erblickte, die in karikierter Missfarbigkeit und Ungestalt die Furcht vor der Cholera und die Krankheit selbst verspotteten. Desselben Abends waren die Redouten besuchter als jemals; übermütiges Gelächter überjauchzte fast die lauteste Musik, man erhitzte sich beim Chahut, einem nicht sehr zweideutigen Tanze, man schluckte dabei allerlei Eis und sonstig kaltes Getrinke – als plötzlich der lustigste der Arlequine eine allzu große Kühle in den Beinen verspürte, und die Maske abnahm, und zu aller Welt Verwunderung ein veilchenblaues Gesicht zum Vorscheine kam.» [69]

Im gleichen Jahr weigerte sich die Bevölkerung von Lille, an den Ausbruch einer Choleraepidemie zu glauben. Sie hielt die Nachricht anfangs für eine Erfindung der Polizei.[70]

Über alle Zeiten und Räume hinweg herrschte also Einverständnis darüber, gewisse tabuisierte Wörter nicht auszusprechen. Und wenn man sie zu Beginn einer Epidemie dennoch aussprach, so in einem Negativsatz, wie etwa «Es ist nicht wirklich die Pest», um sich selbst zu beruhigen. Das Übel beim Namen zu nennen hätte bedeutet, es anzulocken und das letzte schützende Bollwerk niederzureißen. Indessen kam irgendwann der Augenblick, indem es nicht mehr zu umgehen war, das Übel bei seinem schrecklichen Namen zu nennen. In diesem Augenblick brach in der Stadt die Panik aus.

Die vernünftigste Lösung war die Flucht. Man wußte, daß die Ärzte machtlos waren, das sicherste Mittel war also ein «Paar Siebenmeilenstiefel». Schon im 14. Jahrhundert hatte die Sorbonne allen, die es möglich machen konnten, den Ratschlag erteilt zu fliehen, und zwar «möglichst frühzeitig, weit weg und so lange wie es geht»[71]. Das «Decameron» besteht aus den fröhlichen Gesprächen junger Leute, denen es gelungen war, der florentinischen Hölle von 1348 zu entrinnen. So rät Pampineo am Morgen des ersten Tages: «Darumb deucht mich ob euer gefallen were, so sprech ich das es wol getun wäre geleiche als wir sein; wir tatten als vil ander vor uns getun haben. Wer mein meinung wir zügen auß der stat (...).»[72] Die Reichen waren natürlich die ersten, die das Weite suchten, und riefen damit eine allgemeine Panik hervor. Es bildeten sich Menschenschlangen vor den Schreibstuben, die Passierscheine und Gesundheitszeugnisse ausstellten, und die Straßen waren von Karren und Kutschen verstopft. Lauschen wir der Erzählung von D. Defoe:

«(...) und die reicheren Leute, vor allem der Hochadel und der Adel aus dem Westteil der Altstadt, zogen in Scharen mit ihren Familien und Bediensteten aus der Stadt. (...) man konnte wahrhaftig nur noch Wagen und Karren, mit Besitztümern, Frauen, Kindern und Dienern sehen (...).»[73]

Viele folgten sehr bald dem Beispiel, das ihnen die Reichen gegeben hatten; so 1720 in Marseille:

«Sobald sie gewisse Leute von Stand die Stadt verlassen sahen, folgten eine Unzahl Bürger und andere Einwohner diesem Beispiel. Es herrschte daraufhin ein reges Treiben in der Stadt, wo man nichts anderes als Möbeltransporte mehr sah.» Dieselbe Chronik führt weiter aus: «Die Stadttore reichen kaum für die fliehende Menge aus (...). Alle lassen ihre Häuser im Stich, geben alles auf und fliehen.»[74]

Das gleiche Schauspiel wiederholt sich in Paris anläßlich der Choleraepidemie im Jahre 1832. L. Chevalier bemerkt zur «Flucht der Bürger»: «Am 5., 6. und 7. April werden 618 Postpferde zurückgehalten, und die Zahl der pro Tag ausgestellten Pässe steigt auf fünfhundert. Louis Blanc schätzt, daß ungefähr 700 Personen täglich mit den Fuhrunternehmen die Stadt verlassen.»[75]

Die Reichen waren allerdings nicht die einzigen, die eine von einer Seuche bedrohte Stadt verließen. Auch die Armen ergriffen die Flucht, so 1597 in Santander und 1598 in Lissabon; im Jahr darauf flüchteten die Armen aus Segovia in die Wälder.[76] Gleiches trug sich in London während der Epidemien im 17. Jahrhundert zu. Ein Arzt aus Malaga schrieb über die Pest von 1650: «Die Seuche wütete dergestalt, daß die Menschen wie wilde Tiere aufs Land flüchteten; in den Dörfern wurden sie jedoch mit Musketenschüssen empfangen.»[77] Zeitgenössische englische Stiche zeigen «Menschenmassen, die aus London fliehen», sowohl auf dem Wasser- als auf dem Landweg. D. Defoe versichert, daß 1665 zweihunderttausend Menschen (von weniger als fünfhunderttausend) die Hauptstadt verließen[78], und er widmet einen Teil seines Romans der Odyssee von drei Flüchtenden – drei Handwerkern, die auf dem Land einer Gruppe Umherirrender begegnen. Die drei wollen einen Wald in Richtung Romford und Brentwood durchqueren, man entgegnet ihnen aber, «daß dorthin viele Leute aus London geflohen seien, die in dem an Romford heranreichenden Wald, Hainault Forest genannt, hier und dort lagen, und, ohne Verpflegung und Unterkunft, nicht nur in den ungewöhnlichsten Umständen in Feldern und Wäldern lebten und, ohne Unterstützung, äußerste Not litten (...)»[79]. Theoretisch hatte man also recht, vor der Pest zu fliehen. Aber dieser improvisierte Massenaufbruch und diese Menschenströme in Richtung auf die Stadttore, die bald geschlossen werden sollten, nahmen das Ausmaß eines Exodus an, da viele aufs Geratewohl aufbrachen, ohne recht zu wissen, wohin sie sich wenden sollten. Dieses Schauspiel kündigt jenes an, das Frankreich aus ganz anderen Gründen im Juni 1940 erlebte.

Die Stadt wird nun von der Krankheit belagert, über sie wird Quarantäne verhängt, wenn nötig wird sie von Truppen eingeschlossen; sie sieht sich der täglichen Angst gegenüber und wird zu einem Lebensstil gezwungen, der nichts mehr mit demjenigen gemein hat, an den sie seit jeher gewöhnt ist. Auch die Familiengemeinschaft ist zerstört. Die Unsicherheit entsteht nicht nur aus dem Auftreten der Krankheit, sondern ebenso aus einer Auflösung des Alltags und der gewohnten Umwelt. Alles ist anders geworden. Und vor allem ist die Stadt seltsam still und verlassen. Viele Häuser stehen nun leer. Gleich zu Anfang hatte man die Bettler aus der Stadt verjagt, denn sind diese beunruhigenden, schmutzigen und stinkenden Asozialen nicht Pestüberträger? Außerdem sind sie überflüssige Mäuler, die man stopfen muß. Unter tausend anderen, ähnlichen Dokumenten ist in diesem Zusammenhang ein Brief aufschlußreich, den im Juni 1692 einer der «capitouls» von Toulouse, Marin-Torrilhon, schrieb, der eine Epidemie befürchtete:

«Hier wüten schwere Krankheiten, und es gibt jeden Tag mindestens zehn oder zwölf Tote in jeder Pfarre, die mit dunkelroten Flekken übersät sind. Zwei Städte in der Nähe von Toulouse, Muret und Gimond, sind von den gesunden Einwohnern verlassen worden, die nun das umliegende Land besetzt halten. In Gimond wurden wie in Pestzeiten Wachposten aufgestellt, es ist ein Elend. Wenn wir nicht sofort einschreiten würden, hätten wir hier erheblichen Ärger mit den Armen, daher bemühen wir uns, sie aus der Stadt zu schaffen, und gewähren keinem fremden Bettler Einlaß (...).»

In einem späteren Brief (wahrscheinlich vom Juli) schreibt MarinTorrilhon erleichtert: «Seitdem Befehl gegeben wurde, die Armen einzusperren, atmen wir hier auf.»[80]

Aus Vorsicht tötet man auch eine große Anzahl Haustiere: Hunde, Katzen und Schweine. 1631 wird in Riom in einem Erlaß verfügt, daß alle Katzen und Tauben getötet werden müßten, «um eine weitere Ausbreitung des Übels zu verhindern». Auf einer Radierung von J. Ridder (Van Stolk-Museum, Rotterdam) sind Leute dargestellt, die aus allernächster Nähe Haustiere erschießen. Die Kartusche darüber rät, «alle Haustiere in der Gemeinde und im Umkreis einer Wegstunde zu töten»[81]. 1665 sollen in London 40000 Hunde und fünfmal so viele Katzen umgebracht worden sein.[82]

Alle Pestchroniken erwähnen auch ausdrücklich den Zusammenbruch von Handel und Handwerk, die Schließung der Geschäfte, ja sogar der Kirchen, den Verzicht auf jede Art von Vergnügung sowie die leeren Straßen und die stummen Kirchenglocken. Der portugiesische Mönch, den wir schon zitiert haben und der den Mut seiner bei früheren Epidemien gestorbenen Mitbrüder rühmt, ist ein wertvoller Zeuge dessen, was die Pest für seine Zeitgenossen bedeutete, sowie der einschneidenden Veränderungen, die sie im täglichen Leben auslöste:

«Von allem Unheil, das uns Tag für Tag widerfahren kann, ist die Pest zweifelsohne das grausamste und wahrhaft entsetzlichste. Zu Recht wird sie ‹das Übel› genannt. Denn es gibt auf Erden kein Übel, das mit der Pest zu vergleichen ist. Sobald in einem Königreich oder in einer Republik dieses heftige, alles verzehrende Feuer ausbricht, weiß der Magistrat nicht mehr, was er tun soll, die Bevölkerung ist verschreckt, und die Regierungen sind aufgelöst. Die Gesetze werden gebrochen, niemand geht mehr zur Arbeit, der Zusammenhalt innerhalb der Familien bricht auseinander, und die Straßen sind verlassen. Es herrscht ein furchtbares Durcheinander. Alles bricht zusammen, denn nichts hält der Last einer so furchtbaren Geißel stand. Die Menschen verfallen ohne Unterschied des Standes oder Vermögens in tödliche Trostlosigkeit. Die einen an der Krankheit, die anderen an der Angst leidend, begegnen sie auf Schritt und Tritt dem Tod und der Gefahr. Jene, die gestern Totengräber waren, werden heute selbst begraben, manchmal auf den Toten, die sie am Vortag bestattet hatten.

Die Menschen haben sogar Angst vor der Luft, die sie atmen. Sie fürchten sich vor den Toten, den Lebenden und vor sich selbst, denn der Tod kriecht gern in die Kleider, die sie tragen und die ihnen dann zum Leichentuch gereichen, da das Ende so schnell kommt. (...)

Die mit Leichen bedeckten Straßen, Plätze und Kirchen bieten einen jämmerlichen Anblick, der die Lebenden die Toten um ihr Los beneiden läßt. Die bewohnten Stätten scheinen sich in Einöden verwandelt zu haben, und allein diese Verlassenheit vergrößert noch das Gefühl der Angst und Verzweiflung. Man versagt sich jegliches Mitleid Freunden gegenüber, da es gefährlich ist, Mitleid zu haben. Obwohl alle in gleicher Weise betroffen sind, kümmert sich kaum einer um den anderen.

Alle Gebote der Nächstenliebe und der Natur sind inmitten des Grauens untergegangen und vergessen, Kinder sind plötzlich von ihren Eltern getrennt, Frauen von ihren Männern, Brüder und Freunde verlieren sich aus den Augen – alle betrübt die Abwesenheit von Menschen, die man lebend verläßt und niemals wiedersehen wird. Die Männer verlieren all ihren Mut und irren wie verzweifelte Blinde umher, die bei jedem Schritt über ihre Angst und ihre Widersprüchlichkeit stolpern. Die Frauen tragen mit ihren Tränen und Klagen dazu bei, die allgemeine Verwirrung und Verzweiflung noch zu vergrößern und bitten um ein Heilmittel gegen eine Krankheit, gegen die nichts hilft. Die Kinder vergießen unschuldige Tränen, denn sie empfinden das Unglück nur und können es nicht begreifen.»[83]

Von der restlichen Welt abgeschnitten, kapseln die Einwohner sich sogar innerhalb der verfluchten Stadt voneinander ab, aus Furcht, sich gegenseitig anzustecken. Man hält die Fenster seines Hauses verschlossen und vermeidet es, auf die Straße zu gehen. Man versucht, zu Hause mit den Vorräten auszukommen, die man anlegen konnte. Wenn man dennoch hinaus muß, um das Nötigste einzukaufen, ergreift man Vorsichtsmaßnahmen. Käufer und Verkäufer der lebensnotwendigen Güter grüßen einander nur auf Abstand über den breiten Ladentisch hinweg. 1630 wagen sich in Mailand manche nur mit einer Pistole bewaffnet auf die Straße, mit der sie sich diejenigen vom

Leibe halten, die sie verdächtigen, die Pest zu haben.[84] Die Zwangseinsperrungen kamen zur freiwilligen Absonderung hinzu und verstärkten noch die Leere und Stille in der Stadt. Denn viele werden in ihren als infiziert erklärten Häusern eingeschlossen und bewacht, manchmal vernagelte man die Häuser sogar oder sicherte sie mit einem Vorhängeschloß. So ist die Gegenwart der anderen Menschen in der von der Pest belagerten Stadt kein Trost mehr. Das vertraute Treiben in den Straßen, die alltäglichen Geräusche, die den Tag und die Arbeiten begleiteten, das Gespräch mit dem Nachbarn zwischen Tür und Angel, all das gibt es nicht mehr. D. Defoe stellt verblüfft das «Fehlen jeglichen Umgangs der Leute miteinander»[85] fest, das charakteristisch in Pestzeiten ist. Im Jahre 1720 beschreibt ein Zeitgenosse seine tote Stadt folgendermaßen:

«Die Glocken sind alle verstummt (...), es herrscht Totenstille (...), dort, wo früher von weitem Gemurmel oder undeutliche Geräusche zu vernehmen waren, die entspannend wirkten und fröhlich stimmten, (...) steigt nun kein Rauch mehr aus den Schornsteinen über den Dächern der Häuser auf, die verlassen wirken; (...) alles ist verschlossen und verboten.»

Im Jahre 1832 während der Choleraepidemie herrschten in Marseille ähnliche Zustände. Ein Zeugenbericht: «Fenster und Türen wurden verschlossen gehalten, und in den Häusern rührte man sich nur, um die Leichen der Choleraopfer auf die Straße zu werfen. Nach und nach wurden alle öffentlichen Orte geschlossen; die Cafés und Klubs waren wie ausgestorben, überall herrschte Grabesstille.»[86]

Bedrückende Stille, aber vor allem eine Welt des Mißtrauens. Lesen wir dazu eine Stelle aus der italienischen Chronik über die Pest von 1630, die Manzoni in seinem Roman zitiert:

«Und während (...) die einzeln da und dort oder in Häusern liegenden Leichname, die die Einwohner immer vor den Augen, immer vor den Füßen hatten, aus der Stadt gleichsam ein einziges großes Leichenfeld machten, lag etwas noch viel Häßlicheres, viel Traurigeres in jener wechselseitigen Ergrimmtheit, in jenem zügellosen und ungeheuerlichen Argwohn ... Nicht nur den Nachbar, den Freund, den Gast verdächtigte man, selbst die Namen und Bande menschlicher Liebe, Gatte und Gattin, Vater und Sohn, Bruder und Bruder flößten Schrecken ein; und grauenhaft und unwürdig es auszusprechen: den häuslichen Tisch, das eheliche Bett fürchtete man wie einen Hinterhalt, wie einen Schlupfwinkel der Hexerei.»[87]

Jeder ist eine Gefahr, besonders dann, wenn ihn der Pfeil der Pest schon getroffen hat. Man schließt ihn dann entweder in seinem Hause ein oder schickt ihn auf dem schnellsten Wege zu einer der Quarantänestationen außerhalb der Stadtmauern. Welch ein Unterschied zu der sonstigen Behandlung von Kranken, die in normalen Zeiten von Verwandten, Ärzten und Priestern umsorgt werden! Während einer Seuche hingegen halten die Verwandten sich fern, die Ärzte berühren die Kranken nicht oder so wenig wie möglich oder auch mit einem Stab; die Chirurgen operieren nur mit Handschuhen, die Krankenpfleger stellen Nahrung, Medikamente und Verbände in einiger Entfernung der Kranken ab. All jene, die sich den Pestkranken nähern, besprengen sich mit Essig, parfümieren ihre Kleider und tragen bei Bedarf Masken; in ihrer Nähe vermeiden sie es, zu schlucken oder durch den Mund zu atmen. Die Priester erteilen aus der Ferne die Absolution und reichen das Abendmahl mittels eines flachen Silberlöffels, der an einem Stock befestigt ist, der manchmal über einen Meter mißt. Die Beziehungen der Menschen untereinander haben sich grundlegend geändert, und das in einem Augenblick, wo man einander am nötigsten gebraucht hätte und wo sich in normalen Zeiten jeder um den andern kümmert. Nun lassen sie einander im Stich. In Pestzeiten regiert die erzwungene Einsamkeit.

In einem zeitgenössischen Bericht über die Pest in Marseille von 1720 ist zu lesen: «[Der Kranke] wird in einem Loch oder im abgelegensten Zimmer des Hauses eingesperrt, ohne Möbel, ohne Toilette, mit alten Lumpen bedeckt oder mit den abgetragensten Kleidungsstücken, die man finden kann; zur Linderung seiner Qualen verfügt er nur über einen Krug Wasser, den seine Verwandten neben sein Bett gestellt haben, bevor sie flohen, und aus dem er allein trinken muß, trotz seiner Mattigkeit und Entkräftung. Oft ist er gezwungen, sich seine Nahrung an der Türschwelle selbst zu holen und sich danach in sein Bett zurückzuschleppen. Er kann soviel klagen und stöhnen, wie er will, niemand hört ihn (...).»[88]

Normalerweise läuft eine Krankheit nach einem bestimmten Ritual ab, das den Kranken mit seiner Familie und seinen Freunden vereint. Der Tod gehorcht seinerseits einer Liturgie, bei der Totenwäsche, Totenwache, Aufbahrung und Beerdigung aufeinander folgen. Tränen, geflüsterte Worte, der Austausch von Erinnerungen, das Herrichten des Sterbezimmers, Gebete, Leichenzug, die Anwesenheit von Verwandten und Freunden, all dies sind Bestandteile eines Übergangsrituals, das ordentlich und würdig ablaufen muß. In Pest- und in Kriegszeiten hingegen wurde unter grauenhaften, anarchischen Bedingungen gestorben, selbst die am tiefsten im kollektiven Unterbewußtsein verwurzelten Bräuche wurden aufgegeben. Zunächst verlor der Tod seine persönliche Bedeutung. Auf dem Höhepunkt der Epidemien starben täglich Hunderte und Tausende in Neapel, London oder Marseille. Die Krankenhäuser und die eilig errichteten behelfsmäßigen Baracken waren voll von Sterbenden. Es war unmöglich, sich um jeden einzelnen zu kümmern. Außerdem schafften viele es nicht bis zur Quarantänestation und starben auf dem Weg dorthin. Alle Berichte über Epidemien erwähnen die Leichen auf den Straßen, was sogar für London galt, wo die Behörden 1665 die vielen Probleme, die die Seuche mit sich brachte, besser gelöst zu haben scheinen als anderswo. In D. Defoes «Bericht vom Pestjahr» steht, «daß man (...) kaum durch die Straßen gehen konnte, ohne auf hier und da herumliegende Leichen zu stoßen»[89]. Es gab weder feierliche Bestattungen für die Reichen noch bescheidene Begräbnisse für die Armen. Keine Totenglocke, keine Kerzen rund um den Sarg, keine Lieder und häufig kein Einzelgrab. In normalen Zeiten fand man Mittel und Wege, um das furchtbare Antlitz des Todes hinter Zeremonien und einem gewissen feierlichen Rahmen zu verbergen, wenn es sich dabei auch nur um eine Fassade handelte. Der Tote bewahrt dabei seine Würde und wird zu einer Art Kultgegenstand. In Pestzeiten hingegen galt es, die Leichen so schnell wie möglich loszuwerden, da man an ihre schädlichen Ausdünstungen glaubte. Man legte sie eilig vor dem Hause ab oder ließ sie sogar am Seil aus dem Fenster herunter. Die Leichen wurden auf «Pestkarren» abtransportiert; die Leichenträger packten sie mit langen Stangen, an deren einem Ende ein Haken befestigt war, und warfen sie irgendwie auf jene gräßlichen Kippkarren, die in allen Chroniken über die Seuchen erwähnt werden. Wenn diese unheilverkündenden Karren, denen Männer vorausschritten, die Glöckchen läuteten, in einer Stadt auftauchten, dann war das ein Zeichen dafür, daß nichts der Epidemie mehr Einhalt gebieten konnte. Wer wissen will, woher Breughel das Motiv für sein Gemälde «Der Triumph des Todes» im Prado genommen hat, auf dem u. a. ein mit Skeletten beladener Karren dargestellt ist, braucht nicht lange zu suchen. Während der Spanne eines Menschenlebens war es üblich, in einer Stadt wenigstens eine Pestepidemie erlebt und dem beängstigenden Kommen und Gehen der Karren zwischen den Häusern und den Massengräbern beigewohnt zu haben. Zitieren wir dazu noch einmal D. Defoe:

«(...) das aber war voll Graus und Schrecken: Auf dem Karren lagen sechzehn oder siebzehn Tote; einige von ihnen waren in leinerne Laken gehüllt, einige in Tücher, andere hatten kaum etwas am Leib, oder was sie um sich hatten, war so wenig befestigt, daß sie es verloren, wenn sie in die Grube geschleudert wurden und so völlig nackt zwischen die anderen fielen, aber das machte ihnen wenig aus, und kaum jemand empfand es wohl als unanständig, waren sie doch alle tot und vereint in dem gemeinsamen Grab der Menschheit, wie man es nennen darf, denn hier gab es keinen Unterschied, Reiche und Arme gingen den einen Weg; denn es gab keine andere Begräbnisart mehr, es wäre auch nicht möglich gewesen, denn Särge waren nicht mehr zu haben bei der großen Zahl von Menschen, die dem Unheil zum Opfer fielen.»[90]

Der Sattler, den D. Defoe auftreten läßt, berichtet darüber hinaus: «In unserer Gemeinde Aldgate fand man (...) einige Male die mit Leichen beladenen Karren ohne den Glockenläuter, Fahrer oder sonst jemanden am Friedhofstor stehen (...).»[91] Die verseuchten Städte wußten nicht mehr, wohin mit ihren Toten. Während der großen Epidemien starben die Menschen wie die Fliegen. Schon Thukydides, der über die Epidemie von 430 bis 427 v. Chr. berichtet (die wahrscheinlich keine Pest war), schrieb: «(...) sie starben so weg wie das Vieh» (Geschichte des peloponnesischen Krieges, Heidelberg o. J., II, 51, S. 148). So wurden auch die Pestkranken in allen Städten in Europa zwischen dem 14. und dem 18. Jahrhundert, die man in ihrem Todeskampf allein gelassen hatte, wenn sie einmal gestorben waren, in wildem Durcheinander wie Hunde oder Schafe in die Massengräber geworfen, die sofort mit ungelöschtem Kalk bedeckt wurden. Die Preisgabe der beruhigenden Riten, die in normalen Zeiten mit dem Abschied von dieser Welt verbunden sind, bedeutet für die Lebenden eine Tragödie. Wenn der Tod so sein wahres Antlitz zeigt, seinen sakralen Charakter verloren hat und anstößig geworden ist, kollektiv, anonym und ekelerregend, dann läuft eine ganze Bevölkerung Gefahr, dem Wahnsinn oder der Verzweiflung anheimzufallen, da sie sich plötzlich uralter Riten beraubt sieht, die ihr bis dahin bei Heimsuchungen Würde und Sicherheit verliehen und ihre Identität gewahrt hatten. Deshalb herrschte in Marseille große Freude, als gegen Ende der Epidemie von 1720 wieder Leichenwagen auf den Straßen zu sehen waren.[92]

Die Aufgabe der gewohnten Tätigkeiten, das Schweigen in der Stadt, die Einsamkeit in der Krankheit, das anonyme Sterben und die

Preisgabe der kollektiven Freuden- und Trauerbezeigungen waren ein unvermittelter Bruch mit den täglichen Gewohnheiten, den die völlige Unmöglichkeit, Pläne für die Zukunft zu schmieden, begleitete. Die «Initiative» ging von nun an allein von der Pest aus.[93] In normalen Zeiten handeln sogar alte Menschen im Blick auf die Zukunft, so zum Beispiel jener Greis bei La Fontaine, der nicht nur baut, sondern auch pflanzt. Ohne Zukunftspläne zu leben ist unmenschlich. Die Epidemie zwang die Menschen jedoch, in jeder Minute nichts als einen Aufschub und vor sich allein die Aussicht auf einen baldigen Tod zu sehen. Defoes Sattler bedauert es, in London geblieben zu sein, er bemüht sich, das Haus so selten wie möglich zu verlassen, beichtet unablässig seine Sünden, legt sein Schicksal in Gottes Hand, fastet, macht Bußübungen und meditiert. «Weiter beschäftigte ich mich in solchen Tagen mit Bücherlesen und schrieb in einem Tagebuch nieder, was mir täglich vorkam (...).»[94] Als im Jahre 1720 in Marseille die Pest in der ganzen Stadt wütet, schreibt ein Zeitgenosse folgendes Eingeständnis seiner Machtlosigkeit in sein Tagebuch: «[Von nun an] kann man nur noch Gott um Barmherzigkeit bitten und sich auf den Tod vorbereiten.»[95] Die Pest löste die Strukturen des täglichen Lebens auf und verbaute alle Zukunftsperspektiven; damit erschütterte sie gleich zweimal die Grundlagen der individuellen sowie der kollektiven Psyche.

4. Stoischer Gleichmut und Ausschweifungen; Entmutigung und Wahnsinn

Die Ärzte von damals glaubten, daß Mutlosigkeit und Angst die Ansteckungsgefahr vergrößerten. Viele gelehrte Abhandlungen des 16. bis 18. Jahrhunderts laufen auf diese Behauptung hinaus. Paracelsus glaubt, daß die verseuchte Luft allein nicht genügt, um eine Pestepidemie auszulösen. Sie ruft die Krankheit nur in Verbindung mit dem Keim der Angst hervor. A. Paré lehrt, daß man deshalb in Pestzeiten «fröhlich sein und sich in angenehmer, lustiger Gesellschaft aufhalten soll, ab und zu Musik hören und lustige Geschichten lesen oder hören soll (...)»[96]. Ein Lothringer Arzt aus dem 17. Jahrhundert versichert im Hinblick auf die Pest mit Nachdruck: «O innere Ruhe! Teure

Freundin der Seele, du bist der wunderbare Schlüssel zur Gesundheit des Körpers.»[97] Einer seiner Kollegen in der Auvergne sieht im Verhalten der Stoiker einen ausgezeichneten «Schutzwall» gegen die Pest, denn sie kennen «keine Angst, keine Furcht und keine Gemütsbewegungen; und in der Tat glauben alle Gelehrten, daß schon die Furcht vor diesem Übel es auslösen kann, wenn die Luft verdächtig ist. Die Einbildung und der Schrecken machen den Menschen diesem Gift gegenüber schwach und empfänglich.»[98]

Die gleiche Meinung vertritt der italienische Gelehrte Muratori, der 1714 eine Abhandlung darüber veröffentlicht, wie man sich bei Ansteckungsgefahr verhalten soll: «Furcht, Schrecken und Trübsal», schreibt er, «sind auch eine Art von Pest, denn sie vertreiben unsere Lebensgeister und bewirken bei den meisten Charakteren, daß sie nicht nur empfänglicher für die Krankheit werden, sondern das Übel, das in der Luft liegt, schon von weitem anziehen, wie die Erfahrung es anhand unzähliger Fälle lehrt.»[99]

Im gleichen Sinne ist der Kommentar des Verfassers einer Statistik der Cholera von 1832 zu verstehen: «Man hat festgestellt, daß starke Gemütsbewegungen nicht nur den Zustand der Kranken verschlimmern, sondern die Krankheit auch auslösen können. Zu den Ursachen der Cholera werden fürderhin gezählt: Überarbeitung, Wutausbrüche, unerwarteter Kummer, alle Arten von seelischen Erregungen und vor allem die Angst.»[100]

Bekanntmachungen dieser Art erklären, warum bei einer Pestepidemie im 17. Jahrhundert der Magistrat von Metz «öffentliche Vergnügungen» anordnete, um den von der Seuche dezimierten Einwohnern der Stadt Mut zu machen und ihre Lebenslust neu zu wecken. Ein Gemälde von A. Mignette (Museum zu Metz) stellt diese Festlichkeiten dar.[101]

Aber wie weit soll man die gute Laune treiben? A. Paré führt genauer die oben erwähnten Ratschläge aus und fordert die Einwohner einer von der Pest heimgesuchten Stadt auf, Frauen und zu üppige Tafelfreuden zu meiden:

«Zumal durch jene [die Frauen] sich Kraft und Tugend verringern und der Geist geschwächt wird, vor allem kurz nach den Mahlzeiten, wodurch der Magen schwach wird, was Verdauungsstörungen zur Folge hat, die wiederum eine Unzahl anderer Beschwerden nach sich ziehen; woraus man schließen kann, daß Frau Venus die wahre Pest ist, wenn man ihr nicht mit Mäßigkeit begegnet. Auch soll man sich vor dem Müßiggang hüten und vor unmäßigem Essen und Trinken, denn auch diese Dinge bewirken Verstopfungen, und die lasterhaften Menschen, nämlich jene, die diesen Ausschweifungen frönen, erkranken leichter an der Pest.»[102]

Sollte man also während einer Seuche jeglichen Geschlechtsverkehr verbieten? Das war zumindest die Ansicht eines Arztes aus Metz, die der Arzt Bompart aus Clermont-Ferrand lebhaft bekämpfte, wobei er sich auf die Autorität eines deutschen Kollegen berief:

«Ein deutscher Gelehrter behauptet, daß die Trennung von Männern und Frauen traurig und melancholisch macht und daß er erlebt hat, wie in einer Stadt alle Frauen gestorben sind, die von den Männern getrennt worden waren. Die Ursache hierfür ist nichts anderes als die Trennung.»[103]

Mit geringen Unterschieden lehren all diese Ärzte das gleiche, nämlich daß man dann die besten Aussichten hat, nicht an der Pest zu erkranken, wenn man der Angst nicht nachgibt und sich mit guter Laune und einer kräftigen Dosis stoischer Ruhe wappnet. Diese Ratschläge stammen jedoch von einer geistigen und moralischen Elite. Die große Masse kümmert sich nicht um Stoizismus, und viele gaben sich sicher nicht aus Optimismus dem Alkohol und den Ausschweifungen hin. Alle Berichte über die Pest erwähnen tatsächlich mit schöner Regelmäßigkeit das Verhalten von Leuten, die sich während einer Epidemie wie besessen in Ausschweifungen und Exzesse stürzen. «Die Leute wurden in Ausübung solcher Lüste, welche sie vorher geheimgehalten hatten, nunmehr schon kühner (...)»[104], schreibt Thukydides. Boccaccio stimmt ihm im «Decameron» zu:

«Etlich ander waren die sprachen man solt wol trinken und essen, umb gen und frölich sein und allen lust und willenn ein genügen tun, und kein erczney nicht pesser gesein möcht; geleich als sy sprachenn also sie auch theten, und sölichem vihischen leben also nach komen; tag und nacht mit schimpffen und scherzen essen und trincken, von einer tabern in die andern, on alle masse und ordnung iren willen verprachten!»[105]

In seinem «Bericht vom Pestjahr» schreibt D. Defoe über die Epidemie in London von 1665, «daß jede Art von Schurkerei, Leichtfertigkeit und Lasterhaftigkeit so weit verbreitet war wie je (...)»[106]. Es wird versichert, daß 1720 in Marseille «unter dem Volk eine allgemeine Liederlichkeit, schrankenlose Zügellosigkeit und ein erschrekkender Verfall der Sitten beobachtet wurden»[107]. Diese Verhaltensweisen entsprachen natürlich keineswegs dem, wozu die Ärzte geraten hatten, nämlich Mäßigkeit zu üben und Ruhe zu bewahren. Sie waren jedoch alles andere als der Ausdruck von Lebensmut. Dafür waren sie herausfordernd, so als ob die Herausforderung die Krankheit fernhalten könnte. Es spielten sich Szenen ab, die man nicht bedenkenlos auf der Bühne oder auf der Leinwand zeigen würde, so unglaubhaft würden sie wirken. Im Jahre 1665 wird in London ein armer, verzagter Mann in eine Schenke gebracht. Er ist zwar bei guter Gesundheit, hat es sich aber zugemutet, bis zum Massengrab dem Pestkarren zu folgen, der seine Frau und seine Kinder fortschaffte. In der Schenke wird er von ein paar Leuten angegriffen, die ein Glas nach dem anderen leeren. Warum kehrt er eigentlich nicht dorthin zurück, woher er kommt? Und warum ist er nicht in die Grube gesprungen, um schneller gen Himmel zu fahren? Als D. Defoes Sattler, der die Szene beobachtet, dem Unglücklichen zu Hilfe eilt, wird er selbst zur Zielscheibe der Spötter: Er täte besser daran, zu Hause zu bleiben und zu beten, bis der Leichenkarren ihn abholen käme![108] Im Jahre 1722 werden in Avignon Krankenschwestern wegen lasterhaften Lebenswandels entlassen und weil sie mit den Pestleichen Bockspringen gespielt hatten.[109]

Freveltaten dieser Art waren wohl selten. Häufig dagegen waren die Trinkgelage und Zügellosigkeiten, die dem leidenschaftlichen Wunsch entsprangen, die letzten Lebenstage ganz auszukosten. Man lebte das «carpe diem» mit um so größerer Intensität, als man sich gewiß war, eines baldigen, furchtbaren Todes zu sterben. Durch 1800 Jahre getrennt beschrieben Thukydides und Boccaccio dasselbe Phänomen:
Athen im 4. Jahrhundert v. Chr.: «Daher nahmen sie sich vor, derselben [der Lüste] so geschwind und so reizend als möglich zu genießen, weil sie ihres Lebens und ihrer Güter nur auf wenige Tage versichert zu sein glaubten. (...) Daher erklärte jedermann das für löblich und ersprießlich, was seine Sinnlichkeit vergnügte oder wobei er gewinnen konnte, die Quellen mochten sein, welche sie wollten. Und da hielt sie weder die Furcht vor den Göttern noch menschliche Gesetze in Schranken. Denn was die Götter anlangt, so glaubten sie, es sei einerlei, ob man sie verehre oder nicht, da sie sahen, daß alles ohne Unterschied hingerissen wurde. Und in Ansehung der bürgerlichen Verbrechen glaubte niemand, daß er so lange leben würde, daß er dafür zur Strafe gezogen werden könnte; wogegen ein bereits über sie gefälltes weit schrecklicheres Gericht schon über ihren Häuptern

schwebe, vor dessen wirklichem Eintritt sie billig ihres Lebens noch froh zu werden suchen müßten.»[110]

Nachdem Boccaccio jene erwähnt hat, die während der Pestepidemie im 14. Jahrhundert in Florenz nur Vergnügen und Zerstreuung suchten, kommentiert er ihre Haltung folgendermaßen:

«Zu geleicher weise als sy nicht mer leben wölten, und vor irem tode in wölten gar ein gut leben schaffen und frölich sterben; Auch sy hätten alle ihre güter frey gelassen und alle ire dinge waren gemeine worden; (...) Es was unser stat in sölichem iamer daz der widrig gewalt der gesecze geleich als wol geistlich als weltlich ser zergangen was; dann alle die söliches pfleger und verweser warn als wol tode und schaden genomen hetten als die andern menschen; Dar umb sy keinen gotz dinst oder anders nicht mer verpringenn mochten, dar umb sy sich gedunckcen liessen ein iglicher wol tun möcht sein gefallen.»[111]

In London wurden 1665 dieselben Verhaltensweisen beobachtet, wie Thomas Gumble in seinem Buch «La Vie du général Monk» berichtet:

«Die Gottlosigkeit und Schändlichkeit gingen so weit, daß ich es kaum zu sagen wage. Während in einem Haus die Menschen mit dem Tode rangen, geschah es oft, daß man sich nebenan Ausschweifungen aller Art hingab.»[112]

Dieser gierige Lebenshunger entsprang der Angst vor einem Ende, das zu vergessen man sich bemühte, indem man sich betäubte. Der unbeherrschte Überschwang, mit dem man die schönen Dinge des Lebens feierte, war ein Versuch, den unerträglich quälenden Gedanken an den Tod zu entrinnen.[113]

Die Aussicht, daß die Pest erst verschwinden wird, wenn alle ihr zum Opfer gefallen sind, gibt noch einer anderen Versuchung Raum, nämlich derjenigen, sich der Mutlosigkeit zu überlassen. Fürchterliche Anblicke erschüttern selbst die stärksten Charaktere. Monsignore de Belsunce, der 1720 Marseille nicht verlassen wollte und dies auch öffentlich bekanntgab, der elf Menschen in seinem eigenen Hause sterben sah und der die Sterbenden, «die man aus ihren Häusern geworfen und mit den Toten auf Matratzen gelegt hatte», tröstete und ihnen die Beichte abnahm, lernte seinerseits Angst und Schwäche kennen und vermied es eine Zeitlang, sein Haus zu verlassen. Am 4. September schrieb er an den Erzbischof von Arles:

«Ich hatte große Mühe, einhundertfünfzig halb verweste und von den Hunden angefressene Leichen vor meiner Türschwelle fortzuschaffen, die mein Haus schon verseucht haben, so daß ich gezwungen bin, woanders zu wohnen. Der Gestank und der Anblick so vieler Leichen in den Straßen haben mich seit vielen Tagen daran gehindert auszugehen, da ich weder das eine noch das andere zu ertragen vermochte. Ich habe um Wachen gebeten, damit man nicht noch mehr Leichen in den umliegenden Straßen ablegt.»[114]

Zur selben Zeit, als der Bischof von Marseille dieses Eingeständnis machte, schrieben die Schöffen der Stadt an den Marschall de Villars, den Statthalter der Provence, um ihn über ihre vollkommene Machtlosigkeit in Kenntnis zu setzen. Die Epidemie befand sich gerade auf ihrem Höhepunkt. Ähnliches berichtet auch D. Defoe, als die Epidemie in London im Jahre 1665 sich in einem vergleichbaren Stadium befand: Magistrat und Bevölkerung überließen sich der Verzweiflung:

«Zu guter Letzt befahl der Lord Mayor keine weiteren Feuer mehr, vor allem freilich aus dem Grund, weil die Pest so mächtig war, daß sie deutlich sichtbar aller Mittel Hohn lachte und sich bei jeder Maßnahme, die ihr Einhalt gebieten und sie abschwächen sollte, eher zu verstärken statt zu vermindern schien; dieses tatenlose Zuschauen der Beamten entsprang jedoch eher der Einsicht in die Unmöglichkeit, irgendwelche erfolgversprechenden Maßnahmen ergreifen zu können, als dem fehlenden Willen, sich der Gefahr auszusetzen oder die Mühe und Last ihres Amtes auf sich zu nehmen; (...) sie scheuten weder irgendeine Mühe, noch schonten sie ihr eigenes Leben. Aber nichts half, die Pest wütete, und die Menschen waren nun bis zum äußersten verängstigt und verschreckt, so daß sie, wie ich es ausdrücken möchte, sich aufgaben und sich, wie ich schon erwähnt habe, ihrer Verzweiflung überließen.»[115]

Eine der Folgen dieser kollektiven Mutlosigkeit, erzählt Defoe, war die Tatsache, daß die Londoner nicht mehr versuchten, einander aus dem Weg zu gehen. Sie verbarrikadierten sich nicht länger in ihren Häusern, gingen überallhin, denn sie sagten, was hilft es, vorsichtig zu sein, da «wir alle dahingehen»[116]? Verzweiflung und Niedergeschlagenheit trieben manche über fatalistische Haltungen hinaus. Ihr «Geist verwirrte sich», oder sie wurden melancholisch; andere wiederum brachen unter der Last des Kummers nach dem Tod ihrer Familie zusammen, manche starben vor Angst, andere erhängten sich.[117] Defoe versichert, daß «Menschen, die durch das Wüten der Pest oder die Schmerzen ihrer Geschwüre, die wirklich unerträglich waren, von

Sinnen gerieten, tobten und rasten, oft Hand an sich selber legten (...)»[118]. Erinnern wir uns an dieser Stelle an den Fall der von der Pest bedrohten Bauern, über die Montaigne in seinen «Essais» berichtet. Sie gruben sich ihr eigenes Grab und legten sich hinein, um zu sterben, und bedeckten sich selbst mit Erde. Eine solche Tat ist nicht nur ein Beweis für tiefe Verzweiflung, sondern auch für düsteren Mut.

«In unserer Gegend grub sich einer schon sein Grab, wenn er noch frisch und gesund war. Andere legten sich noch bei Leibesleben hinein, und einer von meinen Tagelöhnern kratzte mit Händen und Füßen im Sterben begriffen die Erde auf sich.» Montaigne vergleicht diese Leute, die sich freiwillig lebendig begraben, mit den römischen Soldaten, «die man nach der Schlacht bei Cannä fand, welche Löcher in die Erde gegraben, ihre Köpfe hineingesteckt und mit ihren Händen ausgegrabene Erde über sich geschüttet hatten, um darin zu erstikken (...)»[119].

Ähnliches trägt sich Mitte des 17. Jahrhunderts in Malaga und London zu. Es handelt sich also um eine Verhaltensweise, die sich unter gleichen Bedingungen in allen Ländern wiederholte.

«Während dieser Epidemie», schreibt der Arzt aus Malaga, «geschahen so entsetzliche Dinge, daß man sie kaum beschreiben kann. Eine Frau begrub sich lebendig, um nicht den Tieren als Fraß zu dienen. Ein Mann zimmerte sich seinen eignen Sarg, nachdem er seine Tochter begraben hatte, und starb neben ihr (...).»[120] D. Defoe seinerseits erwähnt diese «verrücktgewordenen oder verzweifelten Menschen, die sich (...) selbst begraben wollten»[121].

Französische Missionare in Obervolta haben mir versichert, sie seien während der Hungersnot von 1972/73 Zeugen ähnlicher Verhaltensweisen geworden. Vergleichbares trug sich ebenfalls während der Belagerung von La Rochelle im Jahre 1628 zu.

Zur Pest in Mailand 1630 bemerkt Manzoni: «Zugleich mit der Verderbnis wuchs der Wahnsinn.»[122] Offenbar lief eine Bevölkerung in Pestzeiten Gefahr, ein Opfer des Wahnsinns zu werden. Er äußerte sich in individuellen Wahnsinnstaten – einige Beispiele dafür haben wir gegeben – oder in kollektiven Ausbrüchen, mit denen wir uns weiter unten befassen werden. Die einen schlossen übrigens die anderen nicht aus. Derartige Verhaltensweisen können durch den Zusammenbruch der vertrauten Strukturen, die Veränderung in den menschlichen Beziehungen, die ständige Angst und das Gefühl der Ohnmacht erklärt werden sowie dadurch, daß der Tod seinen sozialen Charakter verlor. In seinem «Bericht vom Pestjahr» erwähnt D. Defoe sechzehn Fälle, in denen die Kranken die Fenster öffneten, um ihre Angst hinauszuschreien, und die Wörter «Verrückte», «Wahnsinn» und «Delirium» kommen häufig vor. Als Beweis mögen folgende Texte dienen:

«Diese Ängste und Befürchtungen veranlaßten die Leute zu tausend törichten, albernen und üblen Handlungen, wobei denn jene Sorte wirklich übler Menschen nicht fehlte, die sie dazu noch ermunterten (...).»[123]

«Je mehr das Elend in dieser schrecklichen Zeit wuchs, um so verwirrter wurden die Leute, und sie pflegten, wie die Kranken in ihrer Todesnot, tausend unberechenbare Dinge zu tun, daß es einem das Herz rühren konnte. Manche liefen weinend, brüllend und händeringend durch die Straßen (...).»[124]

Welch ein Alptraum ist das Leben in einer Stadt, in der der Tod an jeder Straßenecke lauert! D. Defoes «Bericht vom Pestjahr» stellt die beste Dokumentation einer Pestepidemie dar, über die wir verfügen, obwohl es sich um einen Roman handelt. Defoe schildert grauenhafte Szenen und erschütternde Begebenheiten: Menschen beginnen zu schreien, wenn sie den Leichenkarren in eine Straße einbiegen sehen; ein Kranker tanzt nackt auf der Straße; verzweifelte, irrsinnig gewordene Mütter bringen im Delirium ihre Kinder um; ein an sein Bett gefesselter Pestkranker befreit sich, indem er seine Laken mit einer Kerze in Brand steckt; ein «gemeingefährlich verrückter» Pestkranker singt auf der Straße, als ob er betrunken wäre, und stürzt sich auf eine schwangere Frau, um sie zu küssen und ihr die Pest anzuhängen.[125] Ist es da noch verwunderlich, daß sich angesichts solch traumatischer Szenen krankhafte Neigungen entwickelten? Ebenfalls im Blick auf die Pestepidemie in London 1665 spricht Samuel Pepys von «dem Wahnsinn, der die Bevölkerung der Stadt dazu trieb, den Leichen bis zum Massengrab zu folgen (was natürlich verboten ist), um zu sehen, wie sie bestattet werden»[126]. Das tut auch der Kaufmann zumindest einmal, der in D. Defoes Bericht die Rolle des Erzählers innehat. Von unwiderstehlicher Neugierde getrieben, nähert er sich einer «Grube» – einem Massengrab –, in der schon vierhundert Leichen liegen. Er geht nachts hin, um zu sehen, wie man die Toten hineinwirft, denn tagsüber würde er nur die frisch umgegrabene Erde zu sehen bekommen.[127]

Diese Geschichte macht verständlich, warum die Große Pest und die schnell auf sie folgenden anderen Epidemien die europäische

Kunst so stark veränderten und warum häufiger als früher Gewalt, Leiden, Sadismus, Irrsinn und andere grausige Szenen dargestellt wurden.[128] Die Bild gewordenen «Projektionen» sind eine Art «Exorzismus» der Seuche, sie gehören wie Flucht und Aggressivität zu den normalen Reaktionen auf eine Furcht, die sich in Angst verwandelt. H. Mollaret und J. Brossolet haben mit Fug und Recht behauptet, daß die Pest «eine verkannte Quelle künstlerischer Inspiration» zwischen dem 14. und 17. Jahrhundert war, von den Fresken Orcagnas in Santa Croce zu Florenz bis zum «Besuch Napoleons bei den Pestkranken von Jaffa» von Gros und dem «Spital der Pestkranken» von Goya. Es scheint fast sicher zu sein, daß das Motiv des Totentanzes während der großen Epidemie von 1348 aufkam; bezeichnenderweise entstanden die meisten Totentänze zwischen dem 15. und 18. Jahrhundert, zu einer Zeit also, in der die Pest ständig das Abendland bedrohte.[129] Der Zusammenhang zwischen der Pest und dem Auftrag für einen Totentanz wird für den Totentanz in Lübeck (Marienkirche, 1463) und in Füssen (Stiftskirche, 1600) bezeugt – Füssen wurde in den Jahren 1583, 1588 und 1598 von der Pest heimgesucht – sowie für den Totentanz von Basel (1439), den ein Kupferstich von Merian überliefert. Über Beliebtheit und Fortleben dieses Themas gibt der folgende Hinweis Aufschluß: Der Totentanz, den Holbein der Jüngere um 1530 in London zeichnete (wo er 1543 selbst an der Pest starb), erlebte zwischen 1530 und 1844 achtundachtzig verschiedene Auflagen.[130] Der Geist und die ikonographische Vielfalt der Totentänze finden sich auch in den Stichen eines Italieners aus dem 17. Jahrhundert, Stefano Della Bella (um 1648), wieder, die die Pest in Mailand im Jahre 1630 darstellen sollen: Der Tod holt ein Kind, zieht einen Greis ins Grab, wirft einen jungen Mann in einen Brunnen und flieht mit einer Frau, die er sich über die Schulter geworfen hat.[131]

Mit einem fast krankhaften Realitätssinn bemühen die Künstler sich, das furchtbare Antlitz der Pest und den Alptraum, den ihre Zeitgenossen durchlebten, darzustellen. Ihre Aufmerksamkeit galt, wie schon erwähnt, dem blitzartigen Zuschlagen des Todes sowie den grauenhaftesten, unmenschlichsten und abstoßendsten Auswirkungen der Seuche.[132] Manche Einzelheiten kehren wie ein Topos wieder, zum Beispiel das Thema des Kindes, das sich an den erkalteten Busen seiner toten Mutter klammert. Es findet sich u. a. auch auf einem Bild von Raffael, auf dem Gemälde «St. Rochus betet für die Pestkranken» von Domenichino (Palazzo Rosso, Genua), auf zwei Bildern, die

Poussin einer Epidemie in Athen gewidmet hat (Cook Gallery, Richmond), und auf «Die Pest zu Asdod» (Louvre, Paris) sowie auf allen Gemälden, die die aufopferungsvollen Taten des heiligen Carlo Borromeo und seines Neffen Federigo in Mailand verherrlichen. Das Thema nimmt auch einen hervorragenden Platz in Tiepolos Fresko der «Heiligen Thekla, die Stadt Este von der Pest befreiend» (Kathedrale zu Este) ein.

Auf einer großen Anzahl figürlicher Darstellungen vermitteln die Personen durch ihre Haltung dem Betrachter eine Vorstellung vom Gestank der Sterbenden und der Toten. Einer hält sich die Nase zu und wendet sich mit einem Ausdruck von Abscheu von dem Sterbenden ab («Die Pest zu Basel» von Hieronymus Hess, Kupferstichkabinett, Basel); ein anderer – ein Arzt – hält sich ein Taschentuch vors Gesicht, wenn er sich den Kranken nähert (Illustration des «Fascicul Medecine te Antwerpen», Medizinisch-historisches Museum, Amsterdam); wieder ein anderer, der in der «Pestilenz» von G. Zumbo (farbiges Wachsbildnis im Bargello, Florenz) eine Leiche in ein Massengrab legt, hat sich ein Taschentuch vor die Nase gebunden und wirft mit einer Geste des Abscheus den Kopf zurück. Viele Maler, unter ihnen auch Poussin, stellen neben den Säugling, der sich an den Körper der Mutter klammert, noch eine dritte Person, die, während sie sich die Nase zuhält, das Kind von seiner Mutter zu lösen versucht.

Die Künstler wollten das Grauen, das von den Leichenbergen und dem unerträglichen, engen Nebeneinander von Lebenden und Toten ausging, darstellen, um sich von ihm zu befreien und ihm seine Wirkungen zu nehmen. In den Straßen herumliegende Leichen, die verwesen, bevor sie fortgeschafft werden, überladene Karren und Kähne, die unter ihrer Last zusammenbrechen, Leichen, die man mit Haken fortschleift oder den Pferden an den Schwanz bindet, Kranke und Tote, die in den überfüllten Quarantänestationen so dicht aneinandergedrängt liegen, daß man bei jedem Schritt auf sie tritt, all das sind wirklichkeitsgetreue Darstellungen, die von einem Gemälde zum anderen immer wiederkehren, auch in den Stichen, die L. Rouhier 1657 der «Pest zu Rom» gewidmet hat (Medizinische Fakultät Kopenhagen), genauso wie auf dem berühmten Bild «Die Piazza del Mercatello zu Neapel im Jahre 1656» von Spadero, auf dem der Maler schonungslos dem Betrachter auch nicht die kleinste Einzelheit erspart: Weder die Krämpfe und das Flehen der Sterbenden noch die aufgetriebenen, verwesenden Leichen, weder den Anblick der sich um die

Eingeweide balgenden Ratten noch den der Toten, die man auf den Schultern oder in Sänften herbeischleppt, usw.

Diesen Bildthemen, die nur allzu realistisch waren, entsprechen nicht nur die zeitgenössischen Erzählungen, sondern auch die Beschwörung der Pest von Scudéry:
«Tote und Sterbende liegen durcheinander
Ohne Unterschied und überall,
Hier liegt einer, aschfahl, mit entsetztem Blick,
Dort ein anderer, ganz bleich, der regt noch sich;
Und wenn all diese Gespenster sich nicht mehr regen,
Wer will dann noch unterscheiden den Tod vom Leben.
Den Blick voller Grauen, halb offen der Mund,
Spannt sich über ihre Knochen nur noch eine grünliche Haut,
Und diese armseligen Körper, halb entblößt,
Von Würmern zerfressen, sind schon halb verwest (...).»[133]

Es ist nicht verwunderlich, daß in der zweiten Hälfte des 16. und im 17. Jahrhundert die Künstler von jenseits der Alpen, die in Italien gelebt haben wie Poussin und Rouhier, und stärker noch die Italiener, den Epidemien, die die Halbinsel verwüsteten, einen wichtigen Platz in ihren Werken eingeräumt haben. «Die ‹Pestszenen› waren eines der Lieblingsmotive des florentinischen Graphikers G. B. Castiglione (genannt ‹Il Grechetto›), sie entstanden um 1650.»[134] Sicherlich kannte er auch «Die Pest der Philister», die Poussin während der verheerenden Epidemie von 1630 gemalt hatte. Ähnliches gilt für Spanien. B. Bennassar merkt an, daß die beiden Bilder von Valdès Leal, «Die beiden Leichname» und «Der von den Sinnbildern der menschlichen Eitelkeit umgebene Tod» von einem Manne gemalt wurden, der mit Entsetzen die Pest in Sevilla erlebt hatte, der 1649 sechzigtausend von einhundert- oder einhundertzwanzigtausend Einwohnern zum Opfer fielen.[135] Wenn es in der Kunst des «Goldenen Zeitalters» in Spanien von Totenschädeln, Blut, Tod, fahlem Fleisch und verdrehten Augen nur so wimmelt, dann nicht zuletzt aufgrund der Epidemien, die wie Wogen über dem ruhmreichen, aber verwundbaren Spanien zusammenschlugen.

5. Feigheit oder Heldenmut?

Um die Psyche einer von einer Epidemie heimgesuchten Bevölkerung zu verstehen, darf ein wesentlicher Faktor nicht außer acht gelassen werden: Während einer solchen Prüfung gibt es keine «Durchschnittsmenschen» mehr.[136] Man war entweder Held oder Feigling, dazwischen gab es nichts. Unsere Welt des «goldenen Mittelweges» und der Zwischentöne, in der zu viele Tugenden genauso verdächtig sind wie zu viele Laster, war auf einmal außer Kraft gesetzt. Grelles Scheinwerferlicht fiel plötzlich auf die Menschen und enthüllte schonungslos ihr wahres Gesicht: Viele erschienen feige und verabscheuungswürdig, einige mutig und voller Tugenden. Die Chroniken sind unerschöpflich in der Beschreibung dieser beiden Seiten der unmenschlichen Wirklichkeit. In seinem Bericht über die Pest in Frankreich von 1348 versichert Jean de Venette: «In vielen Städten, ob nun groß oder klein, flohen die von Furcht ergriffenen Pfarrer.»[137] Als die Pest 1539 in Wittenberg wütete, stellte Luther betrübt fest:

«Es flieht (...) einer vor dem andern, und man kann weder einen Aderlässer noch einen Diener mehr finden. Ich halt, der Teufel hat die Leute besessen mit der rechten Pestilenz, daß sie so schändlich erschrecken, daß der Bruder den Bruder, und der Sohn die Eltern verläßt, und dies ist ohne Zweifel der Lohn für die Verachtung des Evangeliums und den wütenden Geiz.»[138]

1596 zieht sich der oberste Gerichtsbeamte von Santander mit seiner ganzen Familie in ein Dorf zurück. Im September 1599 wird aus Bilbao berichtet, daß die Gemeindepfarrer sich weigerten, den Kranken des Spitals die Sterbesakramente zu erteilen, die demzufolge zur «großen Empörung» des Volkes ohne geistlichen Beistand sterben mußten.[139] In seiner Schilderung der Pest in Mailand von 1630 erwähnt Manzoni die «vielen Erliegenden und Fliehenden, die zur Aufsicht und Vorsorge berufen gewesen wären»[140]. 1656 in Neapel untersagt der Kardinal-Erzbischof den Pfarrern schon zu Beginn der Epidemie, ihre Gemeinde oder ihr Kloster zu verlassen, und trifft Maßnahmen, um den Kranken leichter geistlichen Beistand leisten zu können. Er selbst jedoch zieht sich eiligst in das Kloster Sant'Elmo zurück, das er erst wieder verläßt, als die Epidemie abgeklungen ist.[141] Im Jahre 1720 in Marseille beten die Domherren von Saint-Victor hinter den dicken Mauern ihrer Abtei für das Allgemeinwohl. Die Autoren von «Marseille, ville morte» führen außerdem weiter aus: «Die meisten Bürger und Notabeln haben die Flucht ergriffen; die Domherren der Kathedrale und der Gemeinden Saint-Martin und Accoules, Edelleute, Verwaltungsbeamte, Händler, Ärzte, Rechtsanwälte, Staatsanwälte und Notare haben ihre Herden, ihre Verantwortlichkeiten, Geschäfte, Patienten und Klienten im Stich gelassen.» [142] Ein Zeitgenosse klagt an: «Zur großen Schande der Pfarrer, Domherren und Mönche ist zu sagen, daß, seit die wahren Diener Gottes das Weite gesucht haben (...) drei Viertel der Pestkranken zum großen Kummer unseres würdigen Prälaten ohne Beichte gestorben sind.» [143]

Die frommsten unter den Kirchenmännern, jene, die blieben, sowie die Einwohner, die oft nicht mehr fliehen konnten und deshalb in der Stadt ausharrten, waren natürlich auf die Abwesenden nicht gut zu sprechen. Sie versuchten zu glauben oder glauben zu machen, daß der Tod die Geflohenen ebensowenig verschone wie alle anderen. In seiner Schrift «Ob man vor dem Sterben fliehen möge» (1527) versichert Martin Luther: «So jagt denn der teuffel wer da fleucht, und behelt gleichwol den der da bleibt, da yhm also niemand entleufft.» [144] Im gleichen Sinne ist ein englischer Stich aus dem 17. Jahrhundert zu verstehen, auf dem mit Pfeilen bewaffnete Skelette zu sehen sind, sie greifen in einer Kutsche sich zusammendrängende Menschen an, die vergeblich aus einer verseuchten Stadt zu fliehen versuchen.[145] Der Domherr aus Busto-Arsizio seinerseits weist auf die vielfältigen Strafen hin, die den Flüchtigen beschieden sind:

«Wer sich der Hand des Herrn und den Plagen, die sie schickt, entziehen will, der tut unrecht. (...) Keiner von denen, die aus Busto geflohen sind, als dort die Pest ausbrach, ist davongekommen. (...) Die einen sind eines kläglichen Todes gestorben, andere wurden zeitlebens mit langwierigen Leiden geschlagen, wieder andere verloren Hab und Gut, da ihre Geschäfte immer schlechter gingen. Dies alles sind Warnungen (...) des Herrn (...), nicht die Widrigkeiten zu fliehen, die der Himmel schickt, denn letzten Endes muß alles mit dem Leben bezahlt werden.» [146]

Konnten diese Ermahnungen und der englische Stich, auf dem sich die demokratischen und gleichmachenden Absichten der Totentänze wiederfinden, schließlich überzeugen? Es ist jedenfalls eine Tatsache, daß die meisten von denen, die nicht mehr hatten fliehen können, nur an ihr eigenes Überleben dachten und es daher unterließen, ihre kranken Verwandten zu pflegen. Die Chronisten berichten immer wieder dasselbe, nämlich daß die Kranken von Verwandten, Freunden und Nachbarn im Stich gelassen wurden.

Ein Domherr aus Brügge schreibt 1348 von Avignon: «Der Vater läßt seinen Sohn im Stich, die Mutter die Tochter, der Bruder den Bruder, der Sohn den Vater, der Freund den Freund, der Nachbar den Nachbarn, der Partner den Partner. Man besucht einander nur, um gemeinsam zu sterben (...).»[147]

Boccaccio berichtet folgendes: «auch mer und erger die kinder liessen vater und muter und alle freunde; Der man liesse weybe und kinde. Die frawe mann und kinder; do hat alle liebe unnd freuntschafft ein ende. Alle barmherzigkeit waz verschwunden (...).»[148]

Als 1609 in Braunschweig die Pest ausbricht, schreibt ein Zeitgenosse: «Manche unbarmherzigen Leute stießen ihre infizierten Diener und Schüler aus den Häusern und gaben sie dem Elend preis.»[149]

Der lombardische Domherr, der die Pest von 1630 in Busto-Arsizio miterlebt, versichert, daß, wenn Bruder, Schwester, Mutter oder Vater krank werden, die anderen Familienmitglieder das Weite suchen, «so wie der Teufel das Weihwasser flieht oder so als ob sie Heiden oder Hugenotten wären»[150].

Gleiches trägt sich nach Defoe 1665 in London zu: «(...) in solcher Zeit war jeder nur um seine eigne Sicherheit besorgt, und da blieb kein Raum, auch noch das Elend der andern zu empfinden; (...) der Selbsterhaltungstrieb schien hier das oberste Gesetz zu sein: Kinder flohen vor ihren Eltern, die in schlimmster Pein dahinsiechten. Und mancherorts, wenn auch nicht so häufig, geschah Kindern gleiches von ihren Eltern (...).»[151]

Diese Szenen wiederholen sich 1720 in Marseille. Als Beleg mag folgender Bericht über von ihren Eltern verlassene Kinder gelten: «Es handelte sich um Kinder, deren unmenschliche Eltern, in denen die Angst vor der Krankheit jedes Gefühl ihnen gegenüber erstickt hatte, sie aussetzten und ihnen nur ein paar alte Lumpen ließen, um sich zu bedecken. Diese barbarische Hartherzigkeit machte sie zu den Mördern jener, denen das Leben geschenkt zu haben sie sich früher gerühmt hatten.»[152]

Handelt es sich um ein Leitmotiv, das sich von Chronik zu Chronik wiederholt? Wohl eher um die typische Verhaltensweise von Menschen, die von Angst gequält werden, und die sich von Stadt zu Stadt und von einem Jahrhundert zum anderen wiederholte, wie alle Verhaltensweisen, die wir in der vorliegenden Studie untersuchen.

Zu der Feigheit der einen kam die zynische Amoralität anderer, wahrer Leichenfledderer, die sicher waren, straffrei auszugehen, da das Rechts- und Strafsystem zusammengebrochen war. «(...) dar umb sy sich geduncken liessen», schreibt Boccaccio, «ein iglicher wol tun möcht sein gefallen».[153] Die meisten Verbrechen begingen jene, die in Mailand «monatti» hießen. So wurden die Leute genannt, die die Leichen von den Straßen und aus den Häusern oder Quarantänestationen holten, sie zu den Massengräbern schafften und begruben und die infizierten Gegenstände reinigten oder verbrannten. Da sie in keiner Weise überwacht wurden, verlangten einige unter ihnen Lösegeld von denen, die nicht in die Krankenhäuser gebracht werden wollten, oder sie weigerten sich, die schon verwesenden Leichen fortzuschaffen, wenn man ihnen nicht hohe Geldsummen zahlte, oder sie plünderten die Häuser, in die sie gerufen wurden. In Marseille hatte man 1720 für diese Aufgabe Sträflinge eingesetzt, über die allerlei unheimliche Gerüchte im Umlauf waren: Es wurde erzählt, daß sie ungestraft in allen Häusern, aus denen sie die Leichen holten, stahlen, was sie konnten; um nicht zweimal ins selbe Haus gehen zu müssen, warfen sie die Sterbenden zusammen mit den Toten auf die Pestkarren usw. Schließlich gab es in jeder verseuchten Stadt Leute, die sich unter dem Vorwand einschlichen, die Toten abzuholen, und die die Häuser ausraubten. Es wurden auch viele Plünderungen von leerstehenden Wohnungen angezeigt.[154]

Zweifellos hat die Bevölkerung die Schilderung von Greueltaten und Verbrechen in Pestzeiten übertrieben. D. Defoe glaubt zwar nicht, daß 1665 in London die Krankenschwestern die Kranken Hungers sterben ließen oder sie sogar erstickt haben oder daß die Wächter eines von den Behörden geschlossenen Hauses den Tod derer, die dort krank daniederlagen, beschleunigt hätten, er versichert aber: «Daß selbst in dieser grausigen Zeit viele Diebstähle und verbrecherische Taten begangen wurden, leugne ich nicht. Die Habsucht war in manchen so mächtig, daß sie bei ihren Diebstählen und Plündereien alles aufs Spiel setzten (...).»[155]

Den Leichenfledderern und Plünderern leerstehender Häuser und den – weitaus zahlreicheren – Menschen, die einfach nur in Panik gerieten, stehen die Helden gegenüber, die ihre Angst unterdrücken, sowie jene, deren Lebensweise (vor allem in den religiösen Orden), Beruf oder Verantwortlichkeiten sie der Ansteckung aussetzen und die sich ihrem Auftrag nicht entziehen. Der Schwarze Tod raffte alle Augustiner Avignons und alle Franziskaner in Carcassonne und Marseille dahin (in Marseille gab es deren 150). In Maguelone bleiben von 160 Franziskanern nur sieben übrig, in Montpellier sieben von einhundertvierzig, in Santa Maria Novella in Florenz zweiundsiebzig von einhundertfünfzig. Die Klöster dieses Ordens in Siena, Pisa und Lucca, die weniger als einhundert Brüder zählen, verlieren je neunundvierzig, siebenundfünfzig und neununddreißig. Die Stadträte werden in gleicher Weise dezimiert. In Venedig sterben 71% der Mitglieder des Stadtrats, in Montpellier 83%, in Béziers 100% und in Hamburg 76%. Besonders stark betroffen von der Seuche sind natürlich die Ärzte – in Perpignan sterben 1348 sechs von acht Ärzten – sowie die Notare: In Orvieto sterben vierundzwanzig am Schwarzen Tod, es finden sich lediglich sieben Nachfolger.[156] Unerbittlich vernichtet die Epidemie die einen und erhebt die anderen über sich selbst. Jean de Venette rühmt 1348 das Verhalten der Nonnen in Paris:

«Die heiligen Schwestern des Hôtel-Dieu, die den Tod nicht fürchten, bewältigen ihre Aufgabe bis zum Schluß mit großer Milde und in Demut. Und viele der genannten Schwestern, die immer wieder ersetzt worden waren, um die Lücken zu füllen, die der Tod gerissen hatte, ruhen nun im Frieden unseres Herrn Jesu Christi.»[157]

Wenn die Pfarrer von Bilbao während der Epidemie von 1599 auch wenig Mut bewiesen, so opferten sich die Mönche von Burgos, Valladolid und Segovia am Lager der Kranken auf und erteilten «mit großer Pünktlichkeit» die Sterbesakramente, wobei sie ihr Leben aufs Spiel setzten. 1575 und 1630 weigerten sich der heilige Carlo Borromeo und sein Neffe Federigo trotz Anraten ihrer Umgebung, Mailand zu verlassen. Sie gingen durch die Straßen, besuchten die Quarantänestationen, trösteten die Kranken und machten deren Pflegern Mut.[159] 1630 taten sich in jener Stadt vor allem die Kapuziner hervor. Ein von Manzoni zitierter Zeitgenosse berichtet:

«Wenn sich diese Mönche nicht gefunden hätten (...), so wäre sicherlich die ganze Stadt zu Grunde gegangen; denn es ist wunderbar, wieviel sie in einem so kurzen Zeitraum für das öffentliche Wohl getan und wie sie mit wenig oder fast ohne jede Unterstützung der Stadt, nur durch ihren Eifer und durch ihre Klugheit, Tausende von Armen im Lazarett erhalten haben.»[160]

Wenn den Kapuzinern, die gemeinsam mit den Jesuiten die hauptsächlichen Verfechter der Gegenreformation waren, niemals so offene Feindschaft entgegengebracht wurde wie den Mitgliedern der Gesellschaft Jesu, so liegt das vor allem an ihrer Opferbereitschaft in Pestzeiten, zum Beispiel in den Jahren 1580 und 1581 in Paris. Die Bevölkerung war ihnen unter diesen tragischen Umständen (aber auch bei Großbränden) für ihre Selbstlosigkeit dankbar. In Frankreich und anderswo förderten viele Städte im 17. Jahrhundert die Gründung von Kapuzinerklöstern, in der Hoffnung, auf diese Weise über Beichtväter und Krankenpfleger zu verfügen, wenn eine Seuche ausbrach. Diese Mönche waren jedoch nicht die einzigen, die Mut bewiesen. Als sich der Erzbischof von Neapel 1656 zu Hause einschloß, starben von einhundert Kamillianern sechsundneunzig an der Pest, 1743 in Messina waren es neunzehn von fünfundzwanzig. Mehrmals spricht D. Defoe der Obrigkeit von London seine Komplimente aus, die der Epidemie von 1665 die Stirn bot. Als die Seuche ausbrach, gaben der Lord Mayor, die Sheriffs und die Mitglieder der Stadt- und Gemeinderäte bekannt, daß sie die Stadt nicht verlassen, die Ordnung aufrechterhalten, Hilfe leisten und ihre Aufgabe so gut als möglich erledigen würden. Was sie dann auch ohne unnötige Überschreitungen ihrer Amtsbefugnisse taten:

«Auch verfehlte die Obrigkeit nicht, so unerschrocken das ihre zu tun, wie sie es versprochen hatte; denn unser Lord Mayor und die Sheriffs waren dauernd unterwegs, auf den Straßen und an den Orten der größten Gefahr, und wenn sie auch gerne vermieden, von einer zu großen Menschenmenge umdrängt zu werden, versagten sie doch in dringenden Fällen den Leuten nie den Zutritt bei sich und hörten sich geduldig all ihre Beschwerden und Klagen an.»[161]

Die Haltung von Monsignore de Belsunce in Marseille war eher großtuerisch. Man behauptete andererseits, daß er einmal seiner Angst nachgab und, wie er selber sagte, eine «Schwäche» verspürte.[162] Er blieb jedoch im wahrsten Sinne des Wortes der Hirte seiner Herde und war den Einwohnern von Marseille, die es bitter nötig hatten, ein leuchtendes Vorbild. Die meisten Verantwortlichen waren nämlich geflohen. Der Mut der Zurückgebliebenen war dafür um so größer, besondere Erwähnung verdienen dabei vier Schöffen, die sich von der «offensichtlichen Gefahr» nicht beirren ließen und sich um alle dringenden Angelegenheiten gleichzeitig kümmerten: Versorgung, Arbeitslosigkeit, öffentliche Ordnung, Säuberung der Straßen, Wegräumen der Leichen usw.[163] Die Pfarrer und Mönche, die ihren Posten nicht verlassen hatten, wurden von der Pest dahingerafft: neunundvierzig Kapuziner, zweiunddreißig Observanten, neunundzwanzig Rekollekten, zweiundzwanzig reformierte Augustiner und einundzwanzig Jesuiten, insgesamt mehr als ein Fünftel des Marseiller Klerus.[164]

6. Wer ist schuld?

So betroffen sie auch sein mochte, eine von der Pest heimgesuchte Bevölkerung versuchte dennoch, eine Erklärung für ihr Unglück zu finden. Die Ursache eines Übels festzustellen heißt, eine beruhigende Atmosphäre zu schaffen und Zusammenhänge zu erkennen, die logischerweise die Mittel zur Abhilfe anzeigen werden. Früher herrschten drei verschiedene Meinungen über die Ursachen der Pest vor: Die erste wurde von den Gelehrten geäußert, die zweite von der anonymen Masse und die dritte zugleich von Kirche und Masse. Die Gelehrten schrieben die Pest der verseuchten Luft zu, die ihrerseits durch Himmelserscheinungen (das Auftauchen von Kometen, der Konstellation der Planeten usw.) hervorgerufen wurde oder aber durch verschiedene faulige Ausdünstungen oder durch beides zugleich. Die anonyme Masse klagte an: Seuchenträger würden absichtlich die Krankheit verbreiten, man müsse sie festnehmen und bestrafen. Die Kirche versicherte, daß Gott, der über die sündigen Menschen erzürnt sei, beschlossen habe, Rache zu üben. Es sei also ratsam, Buße zu tun, um ihn zu besänftigen. Obgleich unterschiedlicher Herkunft, überlagerten sich diese drei Erklärungsmuster in der Vorstellungswelt der Menschen. Gott konnte seine bevorstehende Rache durch Wunderzeichen am Himmel ankündigen, daher riefen das Auftauchen von Kometen und alarmierende Konstellationen der Planeten, zum Beispiel wenn Jupiter und Mars in einer Linie standen, regelmäßig Paniken hervor. Außerdem lehrte die Kirche, daß Dämonen und Hexen bisweilen zu «Henkern» des Allerhöchsten bestellt wurden, zu Vollzugsbeamten seiner Urteilssprüche. Es ist daher nicht verwunderlich, daß es unheilvolle Wesen gab, die, ohne es zu wissen, die göttlichen Absichten ausführten, indem sie absichtlich den Tod säten. Der Domherr aus Busto-Arsizio faßte die drei Ursachen der Pest zusammen und begann seinen Bericht folgendermaßen:

«Erinnerungsschrift betreffend das unabwendbare Schicksal und das grauenvolle Schauspiel einer entsetzlichen, ansteckenden und pestilenzartigen Krankheit, die im Jahre 1630 ausbrach, hauptsächlich auf Geheiß Gottes, auch durch das Werk und die teuflische Wirkung von Salben, dann durch die Jahreszeiten und die der menschlichen Natur feindlich gesinnten Konstellationen der Planeten (...).» [165]

Die Öffentlichkeit versuchte also, so viele Gründe wie nur möglich für ein so großes Unglück zu finden. Die Gelehrten jedoch bestanden aus Berufung und Berufsblindheit auf den «natürlichen» Ursachen der Krankheit, das heißt, sie machten die Gestirne und die verseuchte Luft dafür verantwortlich und wiesen beharrlich die Möglichkeit der Ansteckung, auf die doch schon im 16. Jahrhundert Fracastoro und Bassiano Landi hingewiesen hatten, weit von sich.

Als 1350 die Medizinische Fakultät zu Paris über den Schwarzen Tod befragt wurde, äußerte sie die Meinung, «daß die entfernte und erste Ursache dieser Pest irgendeine Konstellation der Gestirne war und ist (...), die zusammen mit anderen Konstellationen und Finsternissen – der Wirkursache für die tödlich verpestete Luft, die uns umgibt – Tod und Hungersnot verheißt (...)»[166].

Die gleiche Ansicht vertraten noch im 17. Jahrhundert die meisten Ärzte: «Die schlechte Qualität der Luft», schreibt einer unter ihnen, «könnte auf teuflische Einflüsse und unheilvolle Konstellationen der Gestirne zurückzuführen sein»[167]. Ein anderer führt gleichfalls «die Position und die Bewegung der Sterne» an, «die bösartige Atome und Arsendämpfe erzeugen und den Tod durch die Luft mit sich bringen»[168]. Noch 1721 glaubt der Leibarzt des preußischen Königs, daß die Pest durch «ungesunde Befleckungen, die von fauligen, aus der Erde aufsteigenden Dämpfen oder von dem unheilvollen Einfluß der Sterne verursacht werden»[169], hervorgerufen wird. Kritische Geister zogen es indessen vor, den Fachleuten die Verantwortung für diese Erklärungen zu überlassen, und hüllten sich in Schweigen.

«Im August desselben Jahres 1348», schreibt der Karmeliter Jean de Venette, «erschien bei Einbruch der Dämmerung am westlichen Himmel über Paris ein auffallend großer, strahlender Stern. (...) War es ein Komet oder ein aus Ausdünstungen entstandener Stern, der sich später in Dämpfe auflöste? Ich überlasse es den Astronomen, darüber zu entscheiden. Aber es ist möglich, daß er die Vorankündigung der Epidemie war, die kurz darauf in Paris, ganz Frankreich und anderswo ausbrach.»[170]

Auch Boccaccio äußert sich vorsichtig: «villeicht mer umb unser sünde und übeltät willen oder villeicht der lauffe der planeten oder gestirn das gabe; oder got selber in seinem zorn uns zu ein straffung umb unser pösen wercke willen gesant hat. Auch etlich iare vor in allem auffgang der sunnen gereigirt und den betrüebet hat.»[171]

Die andere «natürliche» Erklärung (die übrigens nicht im Widerspruch zu der vorherigen steht) schreibt die Pest den schädlichen Ausdünstungen der unbestatteten Leichen, der Müllhalden, ja sogar des

Bodens zu. Ein großer Teil der von den Behörden angeordneten Vorbeugungsmaßnahmen bezog sich auf die Theorie der sowohl von oben als auch von unten verpesteten Luft, die wir schon beschrieben haben: reinigende Feuer und Parfums, Schutzmasken, Isolierung der Kranken und Schließung der infizierten Häuser, Reinigung der Straßen, eiliges Forträumen der Leichen, die Tötung von Tieren, die im Verdacht standen, die Krankheit zu verbreiten, usw. Diese Maßnahmen, von denen einige aus medizinischer Sicht durchaus wirksam waren, stellten außerdem eine psychologische Waffe gegen das Übel dar. Sie trugen dazu bei, die kollektive Mutlosigkeit zu bekämpfen. Sie hielten in der Stadt eine gewisse Energie und den Willen aufrecht, die alles verzehrende Pest zu bekämpfen.

Wenn also die Vorstellung von der verseuchten Luft wirkungsvolle Reaktionen hervorrief, was sollte eine Bevölkerung dagegen mit der ersten Erklärung anfangen, die auf die unheilvollen Einflüsse der Sterne hinwies, die zu weit entfernt waren und sich so dem menschlichen Tun und Handeln entzogen? Der in allen Bevölkerungsschichten weitverbreitete Glaube an die Launen der Planeten und die schädlichen Einflüsse der Kometen konnte in einer Stadt, die von einer Seuche bedroht wurde, die Angst nur steigern. D. Defoe versichert, daß das Auftauchen eines Kometen am Londoner Nachthimmel im Jahre 1665 zu einer Zeit, als man schon von der Seuche sprach, Entsetzen hervorrief. Der Handel mit alarmierenden Vorhersagen hatte Konjunktur. Man sprach nur noch von Prophezeiungen, Visionen, Gespenstern und von Zeichen in den Wolken.[172] Der astrologische Glaube an den Einfluß der Sterne auf die Luft wurde von der Kirche aufgegriffen, und in der öffentlichen Meinung vollzog sich ein Wandel: Die Zeichen am Himmel kündigten nunmehr die göttliche Rache an. Die Stadt würde zerstört werden, wer also war schuld daran?

Die erste und natürlichste Regung war, seinen Nächsten anzuklagen. Schuldige zu bezeichnen, das hieß, das Unerklärliche verständlich zu machen. Das hieß ebenfalls, Abhilfe zu schaffen, indem man diejenigen, die den Tod säten, daran hinderte, ihr zerstörerisches Werk fortzusetzen. In einem tieferen Verständnis bedeutet dies: Wenn die Seuche eine Strafe war, dann mußte nach Sündenböcken gesucht werden, denen man unbewußt die Sünden der Gemeinschaft anlastete. Frühere Kulturen haben versucht, die erzürnten Götter durch Menschenopfer zu besänftigen. Haben nicht auch die von Epidemien heimgesuchten und von der Allgegenwart des Todes verängstigten Europäer zwischen dem 14. und 18. Jahrhundert mehrmals unbewußt dieses blutige Ritual nachgeahmt? Die Notwendigkeit, den Zorn der übernatürlichen Mächte zu besänftigen, ging Hand in Hand mit der Entladung einer Aggressivität, die die Angst in jeder von einer Epidemie bedrohten Gruppe Menschen entstehen läßt. Es gibt keinen Bericht über Pestepidemien, in dem nicht von diesen gewaltsamen kollektiven Ausbrüchen die Rede wäre.

Die potentiellen Schuldigen, gegen die sich die kollektive Aggressivität richten kann, sind zunächst die Fremden, die Reisenden, die Randgruppen der Bevölkerung sowie all jene, die nicht völlig in die Gemeinschaft integriert sind – entwede weil sie deren Glauben nicht annehmen wollen (wie die Juden), weil sie aus verständlichen Gründen ausgeschlossen wurden (wie die Aussätzigen) oder einfach weil sie von woandersher kommen und deshalb verdächtig erscheinen (hier kommt von neuem das Mißtrauen gegenüber dem «Andersartigen» und der Ferne zum Ausdruck, das wir weiter oben untersucht haben). In den Jahren 1348 bis 1350 wurden die Aussätzigen tatsächlich beschuldigt, den Schwarzen Tod verbreitet zu haben. Der schreckliche Anblick ihrer Verstümmelungen galt als Strafe des Himmels. Man behauptete, sie seien arglistig, «melancholisch» und unzüchtig. Man glaubte ebenfalls – eine Vorstellung, die in die Welt der Magie gehört –, daß sie sich durch eine Art Übertragung ihrer Krankheit entledigen konnten, indem sie ihre sexuellen Triebe an einer gesunden Person befriedigten oder diese töteten.[173] 1321, also siebenundzwanzig Jahre vor Ausbruch der Großen Pest, wurden in Frankreich Aussätzige angeklagt, Brunnen und Quellen vergiftet zu haben.

Die Juden, die beschuldigt wurden, Brunnen vergiftet zu haben, waren im Deutschen Reich schon in den Jahren *vor* dem Auftauchen der Flagellanten und der Pest Opfer von Pogromen, wie mittlerweile überzeugend nachgewiesen ist. So wurden im Jahre 1348 in Stuttgart Juden verbrannt, die Pest brach in dieser Stadt aber erst 1350 aus. In Straßburg und Köln vergingen mehrere Monate zwischen der Hinrichtung der Juden und dem Auftreten der Pest.[174] Indessen wußte man in diesen Städten, daß die Pest sich über Europa verbreitete, und die Hinrichtungen der Juden standen in gewisser Weise in Zusammenhang mit der Epidemie. Es ist allerdings auch eine Tatsache, daß Guillaume de Machaut in «Le Jugement dou roy de Navarre» feststellt, daß die Brunnen vor Auftreten der Pest von den Israeliten vergiftet wurden. Seiner Ansicht nach war die Reihenfolge der Ereignisse folgende: Zunächst tauchten Wunderzeichen am Himmel auf, die Erde bebte, und Missetaten aller Art wurden begangen (Ketzerei und Verbrechen, vor allem die Vergiftung der Brunnen durch die Juden); danach entschied Gott, die Menschen zu bestrafen, wobei der Zorn des Allerhöchsten sich in schrecklichen Gewittern und Stürmen äußerte; schließlich brach die Pest aus, die auf die von den Gewittern und Stürmen hervorgerufene Verseuchung der Luft zurückzuführen sei.[175]

Der Schwarze Tod brach also in einer von Judenfeindlichkeit schon geschwängerten Atmosphäre aus. Nachdem sie zunächst verdächtigt worden waren, die Christen mit Gift ausrotten zu wollen, wurden die Juden alsbald – sehr bald manchmal, wie in Spanien – angeklagt, die Seuche mit Hilfe von Gift verbreitet zu haben. In Katalonien brachen 1348 Pogrome in den Städten Barcelona, Cervera, Tarrega, Lerida usw. aus. In Tarrega brachte man über dreihundert Juden mit dem Schrei: «Tod den Verrätern!»[176] um. Für den Rest Europas, insbesondere für das Deutsche Reich, belegt der Bericht Jean de Venettes, der die Reihenfolge der Ereignisse richtigstellt, daß die öffentliche Meinung in den Juden immer stärker die Hauptverantwortlichen für den Schwarzen Tod sah:

«Aus der Vorstellung heraus, daß die Pest von verseuchter Luft und vergifteten Gewässern herrühre, beschuldigte man die Juden, Gewässer und Luft vergiftet zu haben. Das hatte so grausame Ausschreitungen zur Folge, daß in Deutschland und überall dort, wo es Juden gab, Tausende von ihnen von den Christen getötet, abgeschlachtet und verbrannt wurden.»[177]

Auch die darauf folgende Passage verdient Beachtung, wenn auch aus anderen Gründen: «Es wird behauptet, daß auch viele schlechte Christen dabei ertappt wurden, als sie Gift in die Brunnen schütteten, aber derartige Handlungen, falls sie wirklich stattgefunden haben, konnten unmöglich eine so große Katastrophe auslösen noch so viele Menschen betreffen. Die Ursache war eine andere, vielleicht Gottes Wille, vielleicht die sittliche Verderbtheit oder aber der schlechte Zustand von Luft und Boden?»

Dieser gelehrte Mönch verfügte über einen bemerkenswert kritischen Geist. Auch Papst Clemens VI. griff in einer Bulle vom 26. Juli 1348 diejenigen an, die die Juden für die Pest verantwortlich machen wollten. Seine Argumentation war folgende: Wenn diese Anklage zu Recht erhoben wird, wie ist es dann möglich, daß Israeliten an der

Pest erkranken oder daß die Seuche an Orten ausbricht, wo es keine Juden gibt?[178]

Da diese, wie Jean de Venette feststellt, nicht die alleinigen Sündenböcke sein konnten, galt es, noch andere Schuldige zu benennen, meistens handelte es sich dabei um Fremde. In den Jahren 1596 und 1599 sind die Einwohner Nordspaniens davon überzeugt, daß die Seuche, von der sie heimgesucht werden, den Flamen zuzuschreiben sei.[179] Man glaubte, sie sei mit Schiffen eingeschleppt worden, die aus den Niederlanden gekommen waren. In Lothringen bezeichnet man 1627 die Pest als «ungarisch», 1636 als «schwedisch»; in Toulouse spricht man 1630 von der «Mailänder Pest»[180]. Und was sagte man damals in der Lombardei? Hier die Antwort des Domherrn aus Busto-Arsizio, der die Geschichte der Pest in seiner Stadt erzählt hat: Die Franzosen, die nach Italien gekommen waren, um in Mantua die Sache des Herzogs von Nevers zu unterstützen, waren zunächst siegreich. Danach hielten die kaiserlichen Truppen ihren Vormarsch auf. Dann haben die Feinde – der Autor ist den Habsburgern ergeben – ersonnen, das Volk mit verhextem Brot zu vergiften. Der Erzähler wollte zunächst nicht an ein solches Verbrechen glauben, aber er mußte sich schließlich den Tatsachen beugen, denn «es wurden häufig solche Brote an den verschiedensten Orten unseres Landes gefunden. Ich kann es bezeugen, denn ich habe sie mit eigenen Augen gesehen.»[181]

Die Haltung des Domherrn ist klassisch. Auf Zypern brachten die Christen in Pestzeiten die maurischen Sklaven um. Wenn in Rußland eine Epidemie ausbrach, machte man die Tataren dafür verantwortlich. In abgeschwächterer Form klagten die Engländer während der Pest in London im Jahre 1665 einmütig die Holländer an, mit denen sich England damals im Krieg befand.[182] Die gleiche Anklage wurde im Jahr darauf anläßlich der Feuersbrunst von 1666 erhoben.

Die dritte Stufe der eskalierenden Anklagen ist die Benennung der Schuldigen inmitten der von der Seuche heimgesuchten Gemeinschaft. Von nun an kann jeder, wer es auch sei, als Feind betrachtet werden, und die Jagd auf Hexen und Hexenmeister gerät gänzlich außer Kontrolle. Diese furchtbare Erfahrung machte man 1630 in Mailand. Man glaubte, an den Wänden und Türen der öffentlichen Gebäude und der Wohnhäuser giftige Substanzen festzustellen. Man behauptete, dieses Gift bestehe aus Kröten- und Schlangenextrakten, aus dem Eiter und dem Speichel der Pestkranken. Eine solche Mixtur war natürlich ein teuflisches Rezept, das der Satan jenen verraten hatte, die einen Pakt mit ihm geschlossen hatten. Eines Tages trug sich folgendes zu: Ein Achtzigjähriger kniet in einer Kirche nieder, um zu beten, danach will er sich setzen. Vorher jedoch wischt er die Bank mit seinem Umhang ab. Diese unglückliche Geste wird sofort von Frauen ausgelegt: Er «salbt» die Bank! Die Menge rottet sich zusammen, schlägt auf den Greis ein und zerrt ihn zum Gefängnis, wo er der Folter unterworfen wird. Ripamonti berichtet: «Ich sah ihn, während sie ihn so hinausschleiften, (...) das Ende seiner traurigen Geschichte erfuhr ich allerdings nicht, doch glaube ich, daß er nur noch wenige Augenblicke zu leben hatte.»[183] Kein Zweifel besteht indessen über das tragische Ende des Gesundheitsbeauftragten Piazza und des Barbiers Mora, die von Frauen beschuldigt worden waren, Türen und Mauern mit einer fettigen, gelblichen Substanz «gesalbt» zu haben. Im August 1630 errichtete man in Mailand nahe dem Stadttor zum Tessin eine riesige Säule, die folgende feierliche Inschrift in lateinischer Sprache trug:

«An der Stelle, wo sich nun dieser Platz erstreckt, befand sich einst der Laden des Barbiers Mora, der während einer schrecklichen Pestepidemie sich mit Guglielmo Piazza, dem Beauftragten für Volksgesundheit, und einigen anderen verschworen hatte, alles mit tödlichen Salben zu bestreichen, wodurch viele Bürger einen schrecklichen Tod erlitten. Deshalb verfügte der Senat, der beide des Hochverrats für schuldig befand, daß sie auf einem hohen Karren mit einem glühenden Eisen gepeinigt werden, daß ihnen die rechte Hand abgeschlagen und ihnen die Glieder gebrochen werden sollten; danach sollten sie aufs Rad gebunden und nach sechs Stunden hingerichtet und verbrannt werden. Damit nichts von diesen Verbrechern übrigbleibe, versteigerte man ihr Hab und Gut und streute ihre Asche in den Fluß. Und um auf ewig die Erinnerung an diese Begebenheit zu bewahren, ordnete der Senat an, daß das Haus, in dem das Verbrechen vorbereitet wurde, abgerissen und an seiner Stelle eine Säule errichtet werden sollte, die ‹Schandsäule› genannt werden sollte. Weicht also zurück, gute Bürger, auf daß dieser verfluchte Boden euch nicht mit seiner Schändlichkeit besudele. – August 1630.»[184]

Diese «Schandsäule» stand dort bis 1778 als stete Mahnung, daß solch eine Strafe für Leute, die sich gegen das «Vaterland verschworen» hatten, nicht zu hart sei. R. Baehrel hat zu Recht einen Zusammenhang zwischen «Epidemie» und «Terror» hergestellt. Eine von der Pest belagerte Bevölkerung – 1530 und 1545 in Genf, 1565 in

Lyon und 1630 in Mailand – verhielt sich genauso wie die Pariser im September 1792, als die Preußen auf Paris marschierten: Sie beseitigten die inneren Feinde.

Im Jahre 1530 wurde in Genf eine Verschwörung aufgedeckt, die von «Salbern» angezettelt worden war und der, wie man glaubte, der Leiter des Seuchenspitals, dessen Frau, der Wundarzt und sogar der Armenpfleger der Anstalt angehörten. Als man sie der Folter unterwarf, gestanden die Verschwörer, sich dem Teufel verschrieben zu haben, der ihnen im Austausch dafür verraten hatte, wie die tödliche Mixtur herzustellen sei: Sie wurden alle zum Tode verurteilt. Während der Epidemie von 1543 wurden ebenfalls in Genf mindestens 43 Personen als «Salber» verurteilt, 39 von ihnen wurden hingerichtet. In den Jahren 1567 und 1568 wurden 13 «Salber» hingerichtet, 1571 mindestens 36. In diesem Jahr veröffentlichte Jean-Antoine Sarrasin, einer der Ärzte der Stadt, eine Abhandlung über die Pest, in der er zu beweisen suchte, daß bei dieser Art von Epidemie zweifellos Giftmischer und «Salber» am Werke seien. Im Jahre 1615, während der letzten großen, von einer Pestepidemie hervorgerufenen Panik in Genf, verurteilten die Gerichte sechs «Salber» zum Tode. 1572 erhielten die Wachen in Chambéry den Befehl, auf jeden «Salber» zu schießen, dessen sie ansichtig würden. Im Faucigny wurden 1571 mindestens fünf Frauen verbrannt und sechs weitere verbannt, weil sie die Pest verbreitet haben sollten. Zwanzig weitere Personen wurden unter dem gleichen Vorwand vor Gericht gestellt.[185]

Es gab früher also keine Epidemie, bei der man nicht an eine fünfte Kolonne oder an eine Verschwörung innerhalb der Stadtmauern geglaubt hätte. Ich habe eben «früher» gesagt, aber R. Baehrel erinnert daran, daß 1884 im Departement Var während einer Choleraepidemie nur von «Choleraträgern», von «einer von den Reichen zur Beseitigung der Armen erfundenen Krankheit» und von Spezialraketen, die von geheimnisvollen, schwarzgekleideten Personen abgeschossen wurden, die Rede war.[186]

In der Geschichte der Mentalitäten, des kollektiven Bewußtseins, müssen wir uns demnach von den Chronologien und Epochenmodellen lösen, die wir aus der Geschichte von Politik und Wirtschaft kennen. Waren unter denen, die absichtlich die Pest verbreiteten, nicht auch die Pestkranken selbst, die plötzlich das kriminelle Bedürfnis verspürten, die anderen in ihre Krankheit hineinzuziehen? In der oben erwähnten Schrift stellt Luther sich diese Frage, nachdem er diese Annahme wie eine feststehende Tatsache beschrieben und bis ins kleinste ihre möglichen psychischen Ursachen untersucht hat:

«Aber das sind etliche noch erger: welche so die Pestilenz nehmlich haben, unter die leute ausgehen und haben solchen glauben, wo sie ander leute kundten damit beschmeissen und vergifften, so wurden sie der selbigen los und gesund, gehen also ynn solchem namen beide auff gassen und ynn heuser, das sie die Pestilenz wollen andern odder yhren kindern und gesinde an den hals hengen und sich damit erretten. Und wil wol gleuben, das der teuffel solchs thu und helffe also das redlin treiben, das es also gehe und geschehe. Auch las ich mir sagen, das etliche so verzweiffelt boshafftig sind, das sie mit der Pestilenz alleine darumb unter die leute odder ynn die heuser lauffen, das yhn leyd ist, das die Pestilenz nicht auch da ist, und wollen sie dahin bringen (...). Ich weis nicht, ob ichs gleuben sol: Ists war, so weis ich nicht ob wir deudschen menschen odder selbs teuffel sind.»[187]

Es ist kaum zu bezweifeln, daß es Verhaltensweisen, wie Luther sie beschrieben hat, tatsächlich gegeben hat, zumindest in Einzelfällen. Daß so etwas häufig vorkam, ist schwieriger zu beweisen. Sicher ist indessen, daß der Glaube an Kranke, die absichtlich die Pest verbreiteten, in den von der Seuche heimgesuchten Städten weit verbreitet war. D. Defoe bezeugt, daß die Einwohner Londons im Jahre 1665 fest davon überzeugt waren und daß die Ärzte darüber diskutierten, wie dieser widernatürliche Hang der Kranken, andere zu infizieren, zu erklären sei. Ließen sich die Pestkranken mit den Tollwütigen vergleichen? War es die verdorbene menschliche Natur, die es nicht ertragen kann, andere glücklich zu sehen, wenn man selbst leidet? Wurden die Kranken in ihrer Verzweiflung allen und jedem gegenüber gleichgültig, die Sicherheit der anderen eingeschlossen? Der Verfasser des «Berichtes vom Pestjahr» glaubt ganz einfach, daß die Einwohner der Dörfer in der Nähe von London dies zum Vorwand nahmen, die Flüchtigen zurückzuweisen, indem sie sie beschuldigten, sadistische Kranke zu sein, die die Seuche verbreiten wollten.[188] Im Hinblick auf die dahinter stehende Mentalität ist für uns die Anklage wichtig, die oft gegen die Pestkranken erhoben wurde in Analogie zu der einst gegen die Aussätzigen vorgebrachten.

Die Verbreiter der Pest waren eine wahre Satansbrut. Ist es da noch verwunderlich, daß man hier und da daran glaubte, daß gespensterhafte Wesen – Feen und Geister – ihre Hände im Spiel hätten und daß der Satan sie dazu angestiftet hätte, die Krankheit zu verbreiten? In

Tirol erzählte man sich von einem langbeinigen Gespenst, das, mit einem roten Mantel angetan, die Seuche verbreitete. In Siebenbürgen und in der Gegend des Eisernen Tores hatte diese Rolle ein «reisendes Mütterchen» inne, die geheimnisvolle, ewige Hexe, alt und klagend, die ein schwarzes Kleid und ein weißes Schultertuch trug. In der Türkei wußte man von einem «Pestgeist» zu erzählen, der seine Opfer mit einer Lanze berührte. In Mailand, so sagte man, ging ein schwarzer Teufel mit glänzenden Augen um und drang in die Häuser ein.

Weil in einer von der Epidemie heimgesuchten Stadt alles und jeder gefürchtet wurde, weil das Übel sein Geheimnis nicht preisgab und weder Medizin noch Vorbeugungsmaßnahmen es zu besiegen vermochten, schien jedes Abwehrmittel recht. Daher wuchs in Pestzeiten die Zahl der Scharlatane und Verkäufer von Amuletten, Talismanen und Wunderheiltränken sprunghaft an. So auch 1665 in London.[189] Aber, so berichtet D. Defoe, es starben auch viele Ärzte und Scharlatane. An wen sollte man sich also wenden? Blieb noch die Medizin der Religion. Die Kirche betonte in einem fort und berief sich dabei auf Stellen im Alten Testament, vor allem auf die Geschichte von Ninive, daß die Seuchen das vom erzürnten Allerhöchsten gesandte Strafgericht seien. Diese Lehre wurde lange Zeit sowohl von den aufgeklärten Geistern als auch von der Masse des Volkes akzeptiert. Viele Kulturen haben spontan eine Verbindung zwischen irdischem Unglück und göttlichem Zorn hergestellt, das Judenchristentum hat diese Beziehung nicht «erfunden». Allerdings haben die Kirchenmänner und die Elite, die ihnen folgte, versucht, diesen Glauben auf jede erdenkliche Art zu stärken.

Die Zeugnisse aus allen Zeiten, die diese kirchliche Lehre vom kollektiven Unglück vertreten, sind Legion. Die Schuld am Unheil trifft nicht nur ein paar Sündenböcke, sondern einen jeden einzelnen. M. Luther, A. Paré, der heilige Carlo Borromeo, D. Defoe und Monsignore Belsunce, um nur einige wenige zu nennen, kommen einhellig zu demselben Schluß: Eine Pest ist «Gotts verhengnis und seine straffe» (Luther). Sie ist «eine der Plagen, die Gott in seinem Zorne schickt, [und] wir können nur noch im Unglück versinken, wenn die Zahl unserer Sünden den Herrn dazu veranlaßt hat, uns seine schützende Hand zu entziehen und uns eine solche Geißel zu senden» (A. Paré). Sie ist «Gottes Gericht» und seine Strafe, schreibt D. Defoe, der auf eine Stelle im Buch Jeremia, Kap. 5,9, hinweist: «Und ich sollte sie nicht heimsuchen! spricht der Herr; und meine Seele sollte sich nicht rächen an einem Volk, wie dies ist!»[190]

Während der Choleraepidemie von 1832 argumentierte die Kirche in Frankreich genauso. L. Chevalier zitiert einige dieser offiziellen kirchlichen Meinungen:

«All diese Unglücklichen sterben unbußfertig. Aber der Zorn des gerechten Gottes steigert sich immer weiter, und bald wird er an jedem Tage tausend Opfer fordern. Das Verbrechen der Zerstörung des Erzbistums ist noch lange nicht gesühnt» (Saint-Roch).

«Nachdenkliche Geister machen darauf aufmerksam, daß das Verhängnis inmitten Frankreichs allein Paris getroffen hat, die Stadt der Revolution, die Wiege der politischen Stürme, die Lasterhöhle und den Schauplatz so vieler Attentate» («La Quotidienne»).

«Unbemerkt hing die Cholera in der Luft, um über der Brutstätte der Verderbtheit anzuhalten und wie ein Geier auf die Stadt der Zügellosigkeiten herabzustoßen. Sie überrascht sie inmitten ihrer Vergnügungen und rafft vor allem zügellose Menschen dahin, die sich sexuellen Ausschweifungen und gemeinen Genüssen hingeben» («La Gazette d'Auvergne»).[191]

Diese beharrlich wiederholte Lehre hat zwei Konsequenzen. Einmal soll man sich mit dieser Strafe klaglos abfinden und keine Angst davor haben, an der Pest zu sterben. Wenn man Verantwortung trägt, ist es eine Sünde, zu fliehen und ein Verdienst, zu bleiben. Martin Luther schreibt, die Pest sei eine göttliche Strafe, «der wir uns mit gedult untergeben sollen, und unserm nehesten zu dienst also unser leben ynn die fahr setzen (...)». A. Paré erteilt denselben Ratschlag: «Wenn es Gott gefällt, (...) uns derart zu schlagen, mit dieser oder einer anderen Geißel, die er in seinem ewigen Rat uns schickt, so müssen wir sie geduldig ertragen, wissen, daß es nur zu unserem Besten und zu unserer Besserung geschieht.»[192] Der Islam argumentierte ebenso, nur legte er noch mehr Nachdruck auf die Verdienste derjenigen, die an der Seuche starben. Tatsächlich verkündet Mohammed, daß die Pest eine Geißel sei, mit der Gott schlägt, wen ihm beliebt, und daß «alle Gläubigen, die nicht vor ihr fliehen, nur erkranken, wenn Gott es so will. In diesem Falle werden sie zu ‹Märtyrern›, gleich jenen, die im heiligen Kriege fallen»[193].

Die zweite Konsequenz ist, daß man sich bessern und Buße tun muß. Auf dem Umweg über die Pest sprechen wir hier die Erscheinung des kollektiven Schuldkomplexes in Europa an, auf den wir in einem späteren Werk zurückkommen werden. Die Ärzte, die für den Körper und für die Seele zuständig waren, wetteiferten darum, wer über das einzig wirksame Heilmittel gegen die Seuche verfügte: «Je größer das Übel ist», schreibt A. Paré, «desto eher müssen wir zu dem einzig wirksamen Gegenmittel greifen: Groß und klein muß zu früher Stunde um die Barmherzigkeit Gottes flehen und seine Sünden freimütig bekennen und bereuen, mit dem Versprechen, sich zu bessern und Gott lobzusingen.»[194] Ein anglikanischer Prediger verschreibt 1613 folgenden Heiltrank: «Zuerst faste und bete; dann nimm ein Viertel der Reue Ninives, gib zwei Handvoll Glauben an Christi Blut zu, mit aller Hoffnung und Nächstenliebe, deren du fähig bist, und gieße alles in das Gefäß des reinen Gewissens. Danach koche es so lange auf dem Feuer der Liebe, wie der schwarze Abschaum deiner weltlichen Leidenschaften in deinem Magen brodelt. Mit den Augen des Glaubens wirst du feststellen, wann er verschwunden ist (...).»[195]

Katholiken und Protestanten predigten also in Pestzeiten dasselbe und verordneten in unterschiedlicher Form dieselbe Therapie, nämlich seine Sünden zu bereuen, wessen ein gut Teil der von der Seuche heimgesuchten Bevölkerung sich auch befleißigte. D. Defoe schreibt: «Es war in der Tat nichts erstaunlicher, als den Mut zu beobachten, mit dem die Menschen selbst in jener Zeit zu den gemeinsamen Gottesdiensten gingen, in der sie Angst hatten, aus irgendeinem andern Grund das Haus zu verlassen (...).»[196] Er bemerkt ebenfalls: «(...) die Menschen oblagen voll frommen Eifers der Andacht, und da die Kirchentüren immer offen waren, gingen zu allen Zeiten Leute, jeder für sich, hinein, ob gerade ein Gottesdienst stattfand oder nicht (...).»[197] Im Jahre 1720 in Marseille wurden die in der Stadt verbliebenen Pfarrer von den Gläubigen «belagert». Ein Trinitarier berichtet, daß «die Leute während der Beichte jammerten und bittere Tränen vergossen»[198]. Auch während der Choleraepidemie von 1832 wurden die Einwohner von Paris, Lille, Marseille und London (vorübergehend) wieder fromm: «Die Epidemie, die in Marseille wütet», schrieb «La Gazette», «hat den religiösen Eifer der Einwohner angestachelt. Jedesmal, wenn das heilige Viatikum in die Nacht hinausgetragen wird, macht eine große Anzahl Bürger es sich zur Pflicht, sich sofort zur Kirche zu begeben, um ihm das Geleit zu geben.»[199]

Einzelinitiativen reichten indessen nicht aus. Wenn eine ganze Stadt für schuldig befunden wurde, empfand man das Bedürfnis zu kollektivem Flehen und öffentlich bezeugter Bußfertigkeit, deren Einstimmigkeit und Massenhaftigkeit den Allerhöchsten vielleicht beeindrucken konnten. Ein englischer Stich aus dem 17. Jahrhundert zeigt eine Menschenmenge, die sich während einer Epidemie vor St. Paul's Cathedral versammelt hat, um eine Predigt zu hören. Die Legende lautet: «Herr, erbarme dich unser. Tränen, Fasten und Gebete.» Im Jahre 1625 ordnet das Parlament für den 2. Juli ein feierliches Fasten an. An jenem Tage hörten der König, die Lords und die Richter zwei Predigten in der Kathedrale zu Westminster. Ein Graf, ein Bischof und ein Baron notierten die Namen der Abwesenden. Die Mitglieder des Unterhauses hörten ihrerseits drei Predigten in Saint Margaret's. Die erste dauerte drei Stunden, die beiden anderen je zwei Stunden. Am selben Tag wurden in jeder Gemeinde Londons zwei Predigten gehalten. Der Resident der Toskana äußerte sich mit einem Anflug von Ironie über die Menge der Gebete: Die Leute, die an diesem Fastentag in jeder Gemeinde Londons beobachtet werden, «halten sich den ganzen Tag in der Kirche auf, singen Psalmen, lauschen den Predigten und schicken, der Himmel weiß, wie viele Gebete hinauf, um den Herrn anzuflehen, er möge der Pestepidemie und dem unaufhörlichen Regen ein Ende bereiten»[200].

Da die Aktion vom 2. Juli sich als unzureichend erwies, fing man am 20. und an allen darauffolgenden Mittwochen von vorn an, bis zum Ende der Epidemie. An diesen Tagen mußten wie an Feiertagen die Geschäfte geschlossen bleiben und das Handwerk ruhen.

Auf katholischem Boden war es sich die Obrigkeit ebenfalls schuldig, im Falle einer Seuche öffentliche Kundgebungen im Sinne des römisch-katholischen Glaubens zu veranstalten; das heißt, es wurden alle erdenklichen gemeinsamen Schritte unternommen, mittels derer eine Gemeinschaft sich selbst beruhigt, indem sie die Arme nach dem Allerhöchsten ausstreckt – und auf diesem Gebiet verfügen die Katholiken über ein weit größeres Arsenal an Gebeten und Anrufungen als die Protestanten. Daher rühren auch die von einer ganzen Stadt geleisteten Gelübde – aus solchen Gelöbnissen gingen zum Beispiel die Kirche Santa Maria della Salute in Venedig und mehrere Kalvarienberge in der Bretagne hervor, wobei besonders der von Plougastel-Daoulas erwähnenswert ist[201], sowie die «Pestsäulen», die in Süddeutschland, Österreich und Kroatien zu finden sind. Die berühmteste unter ihnen wurde 1662 in Wien errichtet. Die Schäfte der Säulen schmücken oft große, runde Reliefplatten, die die Beulen symbolisieren sollen. Allein in Österreich gibt es über zweihundert dieser Säulen.

Zu diesen gemeinsamen Bitten gehörten auch die feierlichen Weihen – so weihte zum Beispiel de Belsunce am 1. November 1720 Marseille dem Herzen Jesu –, die Wallfahrten zu den Reliquien von Schutzheiligen und schließlich und endlich die prunkvollen Prozessionen. Letztere konnten in verschiedenen Stadien der Epidemie veranstaltet werden: vorher, um die Seuche, die sich ankündigte, abzuwenden, nachher als Danksagung, oder, wie 1720 in Marseille, als die Epidemie schon abzuklingen begann, als letztes Gebet, bevor der rettende Hafen erreicht wurde. Manchmal wurden auch Prozessionen veranstaltet, wenn die Epidemie sich auf ihrem Höhepunkt befand.[202] In diesem Falle wurde die Prozession beharrlich von der Bevölkerung gefordert, während die Kirche zögerte, so in Mailand im Jahre 1630. Der Kardinal-Erzbischof Federigo Borromeo fürchtete das Risiko der Ansteckung bei einer solchen Massenveranstaltung und die abergläubischen Ausschreitungen der Menge, schließlich auch die Gelegenheit zum Handeln, die diese Massenveranstaltung den «Salbern» bieten könnte.[203] Er mußte sich jedoch der behördlichen Anordnung und dem Wunsche des Volkes beugen. Am 11. Juni wurde der Reliquienschrein seines Onkels, des heiligen Carlo, durch die Straßen von Mailand getragen.

Derartige Prozessionen sind in mehrfacher Hinsicht erstaunlich. Zunächst weil sie, wie die Fastentage bei den Protestanten, eine Art Buße sind: Eine ganze Bevölkerung beichtet ihre Sünden und bittet um Vergebung. Die Kirche kanalisiert und kontrolliert diese Sühnebekundungen, die während der Großen Pest Anlaß zu den hysterischen und blutigen Irrfahrten der Flagellanten gegeben hatten. Gewiß gibt es in den Prozessionen zwischen dem 16. und dem 18. Jahrhundert «battuti», aber sie fügen sich in einen wohlgeordneten Zug ein, in dem jeder seinen Platz zugewiesen bekommt. Indessen verbirgt sich hinter dem Aspekt der Buße, der offen zur Schau getragen wird, ein anderer, nämlich die Teufelsaustreibung. Es ist kein Zufall, daß die heilige Prozession in der lombardischen Hauptstadt im Jahre 1630 durch alle Stadtviertel zieht und an jeder Straßenkreuzung anhält. Jedem Winkel der Stadt soll die schützende Wirkung zuteil werden, die vom Körper des Heiligen ausgeht, der sich fünfundfünfzig Jahre zuvor für die von der Pest heimgesuchte Stadt aufgeopfert hatte. Nicht weit von Mailand, in Busto-Arsizio, wird ebenfalls eine Prozession veranstaltet, zu Ehren der heiligen Jungfrau Maria diesmal, als die Epidemie sich auf ihrem Höhepunkt befindet. Der Chronist berichtet, daß sie «auf Wegen und Umwegen allergenauestens» den Ort umrundet und sich danach außerhalb der Stadtmauern begibt, wo sich die «Hütten» der Pestkranken befanden.[204] Der Exorzismus verspricht also nur Erfolg, wenn er das Übel vom gesamten bewohnten Gebiet zu vertreiben sucht. Am 16. November 1720 ruft der Bischof vom Kirchturm von Accoules aus Beschwörungsformeln gegen die Pest in alle vier Himmelsrichtungen.[205] Bei einer Gelbfieberepidemie 1801 in Sevilla zeigt man der Menge von der Höhe der Giralda aus ein Stück des authentischen Kreuzes, das 1649 schon die Pest aufgehalten hatte.[206]

Die Prozession gegen die Pest ist also zugleich Bitte um Schutz und Exorzismus, sie geht darin auf die alten Bräuche des Rundganges zurück, die eine Gemeinschaft vor den Kräften böser Geister schützen sollen. Im 17. und 18. Jahrhundert verteidigte man sich in vielen Städten und Dörfern in der Niederlausitz, in Schlesien, in Serbien, in Siebenbürgen, in der Moldau und Rumänien gegen die Seuche, indem man nackte junge Mädchen (manchmal auch nackte Knaben) einen Graben rund um den Ort ausheben ließ oder indem man sie in diesem Zauberkreis tanzen ließ, um so das Unheil abzuwenden.[207] Diese schützende Wirkung der Prozessionen muß auch in Zusammenhang mit den «Wachsgürteln» gesehen werden, die der Heiligen Jungfrau oder den Pestheiligen von den verzweifelten Behörden angelegt wurden. Im Jahre 1348 bringen die Konsuln der Stadt Montpellier in Notre-Dame-des-Tables eine große Kerze dar, die zuvor um die Stadtmauern herumgetragen wurde. Das gleiche Opfer wird 1418 in Amiens gebracht, 1453 in Compiègne, 1468 und 1472 in Louviers, 1494 in Châlons-sur-Saône (zu Ehren des heiligen Vinzenz), 1490 in Nantes, 1501 ebenfalls in Nantes zu Ehren des heiligen Sebastian und 1601 in Mantes zu Ehren des heiligen Rochus.[208]

Da die Prozession die ganze Stadt retten soll, ist sie auch ein Bittgang der ganzen Stadt. Zuschauer sind gezwungenermaßen nur jene, die ihre Behausung nicht verlassen können und die durch die geschlossenen Fenster die Prozession verfolgen. Alle anderen, Geistliche und Laien, Mönche und Angehörige aller denkbaren Brüderschaften und Zünfte, Beamte und Bürger, die Masse der Einwohner – sie alle beteiligen sich an der Zeremonie, beten, flehen, singen, bereuen und klagen. Da keine Straße ausgelassen werden darf und weil eine Unmenge Menschen an der Prozession teilnimmt, dauert sie sehr lange. Aber von diesen konkreten Anlässen einmal abgesehen, sollte eine religiöse Zeremonie sowieso geraume Zeit in Anspruch nehmen. Erinnern wir uns der spanischen Autodafés, die einen ganzen Tag lang dauerten, und an die in Pestzeiten eingelegten englischen Fastentage mit ihren ununterbrochenen Predigten. In einer solchen Gefahr kann ein Bittgesuch an den Himmel nur dann günstige Aufnahme finden, wenn die Zeremonie sich genügend in die Länge zieht und so die Aufmerksamkeit und das Mitleid des erzürnten Weltenrichters erregt. Damit er den wehklagenden Umzug der Menschen besser sehe und höre, werden so viele Kerzen und Lichter wie möglich angezündet, die Flagellanten ächzen ohn Unterlaß, und gebetet wird ohne Unterbrechung. In seiner Chronik der Epidemie von 1630 weist der Domherr aus Busto-Arsizio im Bericht über die große Prozession zu Ehren der Mutter Gottes ausdrücklich darauf hin, daß die Marien-Litaneien ununterbrochen gesungen wurden und daß vom Anfang bis zum Ende der Zeremonie die Kirchenglocken läuteten.[209] Wir dringen hier tief in eine Religion ein, die ihre Wirksamkeit in der Menge ihrer Bekundungen sieht und deren tiefere Beweggründe in gefährlichen Lagen offen zutage treten.

Bei einer so großen Gefahr wie der Pest mußte man alles Menschenmögliche tun und den Zorn des Allerhöchsten durch die Gebete der geeignetsten Fürsprecher zu besänftigen versuchen. Man redete sich ein, daß Maria niemals den göttlichen Zorn teilte und nur danach trachtete, den strengen Richterspruch ihres Sohnes aufzuheben. Im «Mortilogus» von C. Reitter, der aus dem Jahre 1508 stammt, wird sie mit folgenden Worten angerufen: «Biete den Verlassenen deine Zuflucht, o Maria! Unter deinen Fittichen kann der Schwarze Tod mit seinen giftigen Pfeilen uns nicht erreichen.»[210] Die Mutter Gottes mit dem vor der Pest schützenden Mantel erschien ab dem 14. Jahrhundert auf italienischen, französischen, deutschen u. a. Gemälden, ein Thema, das bis ins 17. Jahrhundert hinein immer wieder aufgegriffen wird. Bald schon wurde es ausgeschmückt, denn Maria thronte im Glorienschein inmitten der Pestheiligen, durch deren Vermittlung die Gebete der Kranken sie erreichten.

Die Heiligen, die in Pestzeiten am häufigsten angerufen wurden, waren der heilige Sebastian und der heilige Rochus. Die beiden hagiographischen Quellen, die Leben und Legende des heiligen Rochus († 1327?) erzählen, berichten, daß Rochus, der in Montpellier geboren wurde und in Italien lebte, dort an der Pest erkrankte und aus Piacenza vertrieben wurde. Er flüchtete sich in eine Hütte außerhalb der Stadt. Der Jagdhund eines Grundherrn in der Nachbarschaft stahl vom Tisch und aus der Hand seines Herrn Brot und brachte es regelmäßig dem Kranken. Sein stutzig gewordener Herr, der Gothard hieß, folgte ihm eines Tages und kam ihm auf die Schliche. Er ernährte daraufhin Rochus, bis dieser geheilt war. Der Heilige bekehrte Gothard, der zum Einsiedler wurde. Als Rochus nach Montpellier zurückkam, erkannten die Seinen ihn nicht. Da man ihn für einen Spion hielt, wurde er ins Gefängnis geworfen, wo er starb. Das Verlies erstrahlte nach seinem Tod in hellem Licht, und der Kerkermeister entdeckte neben dem Leichnam eine von Engelshand geschriebene Inschrift: «Eris in pestis patronus.»[211] Später wurden die Gebeine des heiligen Rochus von Montpellier nach Venedig überführt; von da an gewinnt dieser Heilige immer mehr an Popularität und übertrifft darin schließlich sogar den heiligen Sebastian. In der Bildtradition wird manchmal sein ganzes Leben erzählt – so zum Beispiel in der Kirche der Bruderschaft des heiligen Rochus zu Lissabon, in der Scuola San Rocco in Venedig (die berühmten Malereien Tintorettos) und in der Lorenzkirche zu Nürnberg –, manchmal werden nur einzelne Episoden dargestellt. Eine tausendfach wiederkehrende stereotype Darstellung – Beweis für die Allgegenwart der Pestangst – zeigt ihn mit seinem Stock und seinem Hund, wobei er mit dem Finger auf die Beule an seiner Leiste zeigt. Außer dem heiligen Sebastian und dem heiligen Rochus gab es noch gut fünfzig andere unbedeutendere Pestheilige, die der Eifer und die allgemeine Angst den Erstgenannten zugesellte und die an bestimmten Orten besonders verehrt wurden. Der heilige Carlo Borromeo indes stieg zu beträchtlichem Ruhm auf, der ihn den beiden wichtigsten Schutzheiligen fast gleichstellte. Seine Opferbereitschaft während der Epidemie in Mailand im Jahre 1575 sowie die Tatsache, daß seine Verehrung vom Papsttum und den Jesuiten unterstützt wurde, sind wohl eine hinreichende Erklärung dafür, daß ihn die von der Pest heimgesuchten Katholiken anriefen.

Gebete, Messen, Gelübde, Fastentage und Prozessionen vermochten indessen nicht alles. Wenn die Epidemie weiterhin mit unverminderter Stärke wütete, verfielen die Menschen in eine Art Betäubungszustand, ließen jegliche Vorsicht außer acht und vernachlässigten ihr Äußeres: die Gleichgültigkeit griff um sich. Bezeichnenderweise fügt D. Defoe seiner Bemerkung «mit welch frommem Eifer die Menschen der Andacht oblagen» gleich darauf hinzu: «(...) das war, genauer gesagt, vor der Zeit der Verzweiflung (...).»[212] Und dann klang die Epidemie plötzlich ab, flammte wieder auf und beruhigte sich endlich. Das war der Augenblick, in dem jeder das Te Deum sang, seiner überschwenglichen Freude Ausdruck verlieh und in dem eine Unzahl Ehen geschlossen wurden, lange bevor es ratsam schien, worüber sämtliche Pestchroniken berichten: Im November 1720 brach in Marseille eine wahre «Heiratswut» aus: «In jener Zeit waren wir nicht wenig erstaunt, daß im Volke so viele Hochzeiten stattfanden. (...) Die Heiratswut war so groß, daß, wer nicht krank gewesen war, durchaus und ohne Schwierigkeiten jemanden heiratete, dessen Beule kaum abgeheilt war; es heirateten sogar Pestkranke untereinander.»[213]

Fast vier Jahrhunderte zuvor hatte Jean de Venette geschrieben:

«Als die Epidemie, die Pest und der Tod verschwunden waren, heirateten die übriggebliebenen Männer und Frauen um die Wette. Die überlebenden Frauen brachten außerordentlich viele Kinder zur Welt. (...) Leider ging die Welt aus dieser Erneuerung nicht geläutert hervor, denn die Menschen waren danach noch habgieriger und geiziger, weil sie mehr Reichtümer anhäufen wollten als zuvor. Habgieriger geworden, verloren sie die Ruhe in ihrem Trachten, den Streitereien, den Händeln und den Prozessen.»[214]

Die Angst war vergessen – für wie lange?

Viertes Kapitel

Angst und Aufstände I

1. Ziele, Grenzen und Methoden der Untersuchung

Oftmals weniger mörderisch als die Epidemien, dafür aber häufiger, setzten Aufstände jeglicher Art durch plötzlich losbrechende Gewalt starke Akzente innerhalb einer allgemeinen Besorgnis, die zwischen den Ausbrüchen stumm und nur unterschwellig vorhanden war. Nehmen wir zum Beispiel Aquitanien in seiner größten Ausdehnung: Yves-Marie Bercé zählt dort zwischen 1590 und 1715 vierhundertfünfzig bis fünfhundert Volksaufstände, wobei er unter diesem Begriff die Bildung einer bewaffneten Truppe versteht, die Teilnehmer aus mehreren Gemeinden eines Gebietes vereinigt und länger als einen Tag besteht.[1] Das 18. Jahrhundert war in Frankreich ruhiger, wenn man von der Revolution von 1789 bis 1799 einmal absieht. Dennoch kommt Daniel Mornet bei der Aufstellung einer Liste der in Frankreich ausgebrochenen Aufstände zwischen 1715 und 1787 ohne Mühe auf etwa einhundert, gibt aber zu, daß diese Liste unvollständig ist.[2] Georges Rudé seinerseits zählt zwischen 1735 und 1800 zweihundertfünfundsiebzig Aufstände der englischen Landbevölkerung.[3] Man kann also bei der Kultur des vorindustriellen Europa davon sprechen, daß «Revolten an der Tagesordnung waren»[3], vorausgesetzt, man nimmt diese Behauptung nicht allzu wörtlich.

Die folgende Untersuchung soll wie die von Rudé die Rolle der «Volksmassen in der Geschichte» beleuchten, aber sie verfolgt ein anderes Ziel als jenes, das sich die Historiker gesetzt hatten, die in jüngerer Zeit auf dieses Thema eingingen. Wir werden nicht grundsätzlich auf das umstrittene Problem des Klassenkampfes als Moment des Aufruhrs und der Aufstände von einst zurückkommen. Wir werden nicht fragen, ob die Gewalt sich proportional zum sozialen Unterschied zwischen den Rebellen und ihren Gegnern verhielt. Wir werden nicht um ihrer selbst willen die «Riten der Gewalt» beschreiben.[4] Dagegen wird sich in diesem und dem folgenden Kapitel die Frage stellen, welche Rolle die Angst bei den Unruhen der vorindustriellen Epoche gespielt hat. Als ich dem einst von G. Lefebvre[5] geäußerten Wunsch entsprach und die Arbeiten von G. Le Bon[6] wiederaufnahm, habe ich versucht, unabhängig von jedem vorgefaßten System Ängste und Schrecken von einst vergleichend zu untersuchen, und zwar im Hinblick darauf, in welchem Maße sie zu Unruhen geführt haben. Aus diesem Grund habe ich die reiflich überlegten, nach einer ausgeklügelten Strategie organisierten und durchgeführten Bewegungen beiseite gelassen, da sie selten und für den untersuchten Zeitraum wenig repräsentativ sind. Dagegen werden in die Untersuchung mit vollem Recht die Volksaufstände, so wie sie Yves-Marie Bercé definiert, einbezogen, die «Ausbrüche des Volkszorns» in all ihren Ausprägungen sowie die aggressiven Gegengesellschaften, die – wie jene von Münster 1535 – so utopische Ziele vertraten und zu verwirklichen suchten, daß sie keinerlei Aussichten hatten, sich über längere Zeit an der Macht zu halten. Wir konzentrieren uns also vor allem auf die plötzlichen Ausbrüche, auf die exzessiven Gewalttätigkeiten, auf die blutigen Utopien und auf die schnell vorübergehenden Ausschreitungen. Die einen wie die anderen ließen sich indessen wie besondere Episoden in den Gang der Ereignisse einfügen, den die großen Widerstandsbewegungen geprägt haben. Das aggressive Verhalten der böhmischen Chiliasten innerhalb des taboritischen Lagers in den Jahren 1419 bis 1421 bezeichnet eine solche Episode. Wir sollten uns aber daran erinnern, daß große und kohärente Widerstandsbewegungen früher selten waren.

Zwei Reihen Beispiele sollen das Auswahlkriterium verständlicher machen. In Lyon entstehen im 18. Jahrhundert soziale Auseinandersetzungen des modernen Typus. Die Arbeiter in den Seidenfabriken erheben sich nie in Zeiten der Not oder Arbeitslosigkeit. Ihre konzertierten Aktionen, besonders 1744 und 1786, finden in Zeiten gesicherter Arbeitsplätze und relativen materiellen Wohlstandes statt, in denen ihr Auskommen und das ihrer Familien nicht bedroht ist. Einmal wegen einer Regelung, von der sie sich unterdrückt fühlen, ein anderes Mal, damit die Händler nicht frei und nach Gutdünken den Meistern ihre Preise aufzwingen könnten, organisieren und versammeln sich die Arbeiter der Seidenfabriken und entscheiden, daß gestreikt wird. Sie plündern und brandschatzen nicht, und es kam nie zu anderen Gewalttätigkeiten als zu kurzen Zusammenstößen mit den

Wachen. Dennoch reagierten die Behörden hart, nachdem sie wieder fest im Sattel saßen.[7] Diesen bewußt geführten Auseinandersetzungen lassen sich drei weitgehend spontane Unruhen gegenüberstellen, die ebenfalls in Lyon im 18. Jahrhundert ausbrachen, nämlich jene der «Metzger» von 1714, die kurze, aber brutale «Revolte des Collège de Médecine» von 1768 und der Sturm auf die städtischen Zollschranken von 1769. In diesen drei Fällen reagiert eine Menschenmenge, die sich ohne präzise Ziele zusammengerottet hat, auf Gerüchte, spinnt sie weiter aus, greift Leute an und zieht plündernd durch die Straßen. Dies war das übliche Verhalten einer aufgebrachten Menge, auf das wir näher eingehen werden, da die Angst dabei eine weitaus größere Rolle spielte als bei der überlegten Aktion der Arbeiter der Seidenfabriken.

Die Unterscheidung dieser beiden Arten von kollektiven Auseinandersetzungen kann auf die Untersuchung der tragischen Tage angewendet werden, die in Frankreich die Zeit zwischen 1789 und 1799 prägten. Der Angriff auf die Manufaktur Réveillon, der Sturm auf die Bastille, die «Große Angst» (die sich aus dem Zusammenwirken vieler verschiedener lokaler Unruhen ergab), der Marsch auf Versailles, um den König von dort nach Paris zu schaffen im Jahr 1789 und die Septembermorde 1792 waren Bewegungen, die im wesentlichen spontan entstanden. Ihre Motive und Verlaufsformen waren traditionell, sie gehorchten keinem rationalen Plan, entwickelten sich plötzlich, flauten schnell ab und bezogen in keiner Weise die Zukunft in einen kohärenten Schlachtplan ein. Dagegen waren die Aufstände vom 10. August 1792 und vom 31. Mai bis 2. Juni 1793 organisiert und wurden von denjenigen Pariser Sektionen angeführt, die entschlossen waren, sich nacheinander des Königs und der Girondisten zu entledigen. Diese Analyse zeigt deutlich die Kluft, die während der gesamten Französischen Revolution und trotz des ungewollten Zusammenspiels und der vorübergehenden Querverbindungen das niedere Volk in der Stadt und auf dem Lande von den bürgerlichen Schichten trennte, die aus den Massenbewegungen Nutzen zogen. Auf der einen Seite finden sich das Irrationale, Magische, die unterschiedlichsten Ängste, der Traum vom goldenen Zeitalter, die (rasch sich legende) Verehrung der «heiligen Guillotine», die in den Rang einer geweihten Statue aufrückt und die durch die Straßen getragen wird wie einst der Reliquienschrein der heiligen Genoveva; auf der anderen Seite politische Pläne, Sinn für Taktik und Organisationstalent. Die Kluft zwischen diesen beiden Welten scheint durch das Privateigentum gesetzt zu werden. Alles geschieht so, als ob der Besitz auch nur eines Minimums an wirtschaftlicher Sicherheit die notwendige Bedingung eines wirksamen Rationalismus im politischen Verhalten gewesen wäre.[8]

Eine historische Untersuchung der Rolle, die die Angst in den Aufständen von einst spielte, führt unweigerlich auch zu einer Diskussion über biologische Fragen. Hier stehen sich zwei Lager gegenüber: das eine hält die Aggressivität des Menschen für angeboren, das andere betrachtet sie als erworben. Gibt es, wie K. Lorenz versichert, einen Kampfinstinkt, oder ist das biblische Ideal des Wolfes, der in Eintracht neben dem Lamm weidet, nur aufgrund «schlechter Gewohnheiten» oder Frustrationen nicht zu verwirklichen?

Der Historiker ist kein Biologe, er kann aus eigenen Kräften kein vielleicht schlecht gestelltes Problem lösen, das in jedem Falle den Rahmen seines Forschungsgebietes sprengt. Dagegen kann er seinen Beitrag zur Diskussion leisten und aufgrund seines Beweismaterials zeigen, daß die meisten Aufstände in Europa zwischen dem 14. und 18. Jahrhundert Verteidigungsreaktionen waren, die aus Angst vor einer realen, teilweise eingebildeten oder sogar völlig aus der Luft gegriffenen Gefahr (die natürlich nicht als solche empfunden wurde) entstanden. Eine solche Untersuchung stellt selbstverständlich ein Modell dar, das mindestens in Teilen auf andere Zeiten und Räume übertragen werden kann.

In der Tat kann die Studentenbewegung, die 1968 Frankreich erschütterte, meiner Meinung nach durch zwei einander sich verstärkende Ängste erklärt werden: Die eine ist konjunkturbedingt, die andere zugleich vage und tiefsitzender. Erstere bezog sich auf die unmittelbare Zukunft: Da die Studentenzahlen an den Universitäten anwuchsen, konnte die Zahl derer, die bei Prüfungen auf der Strecke blieben, nur ansteigen. Die Revolte flammte nicht zufällig kurz vor Ende des Universitätsjahres auf. Die Zahl derjenigen, die begriffen, daß sie niemals die Karriere machen würden, von der sie geträumt hatten, wurde immer größer. Aus dieser Erkenntnis heraus, die sich jeden Tag deutlicher abzeichnete, verlangten die von Panik ergriffenen Studenten die Abschaffung von Prüfungen und Auswahlverfahren, die Einführung einer ständigen Leistungskontrolle anstelle des «Lotteriespiels» des Abschlußexamens, die Verwendung eines Notensystems bei schriftlichen Prüfungen sowie die Möglichkeit, in der Gruppe zu arbeiten und sogar gemeinsam Prüfungsarbeiten zu verfassen, womit die individuelle Prüfungsangst aus der Welt geschafft wäre. Sie wollten ihre Professoren dazu zwingen, sie mehr zu unterstützen, sich ihnen näher zu fühlen und die Kluft zwischen Lehrer und Schüler zu schließen. Da sie sich schlecht auf das Berufsleben und auf die Bereitschaft, Neues zu lernen, die heute von den meisten unserer Zeitgenossen gefordert wird, vorbereitet fühlten, wollten sie, daß man sie das Lernen lehrte. Schließlich und endlich verlangten sie damals Mitbestimmungsrechte an den Universitäten, da sie glaubten, auf diese Weise die Selektionsverfahren unterbinden zu können. Diese Forderungen stellten fast alle Studenten, selbst jene, die kaum politisch engagiert waren. Es war ihre Reaktion auf eine Besorgnis, die nicht völlig der Grundlage entbehrte und die von ihren Eltern in großem Maße geteilt wurde.

Aber eine andere, unbestimmtere und weniger konkret formulierte Angst (die seither jedoch immer greifbarer geworden ist), kam zu der oben genannten hinzu. Die jungen Leute auf der ganzen Welt haben als erste vor den Gefahren und dem unmenschlichen Materialismus gewarnt, die das Wachstum um des Wachstums willen mit sich bringt. Sie waren weit mehr als die Erwachsenen am Schicksal der Menschheit von morgen und übermorgen interessiert, sie haben deutlich gemacht, daß unsere Kultur den falschen Weg eingeschlagen hat und daß Technik und Glück nicht ein und dasselbe sind, daß es bald unmöglich sein wird, in den Städten zu leben, daß die Umweltverschmutzung die Erde zu ersticken droht, daß ein Übermaß an Organisation und Technokratie eine wachsende Unterdrückung darstellt. So kamen zur Besorgnis über die sich eröffnenden Perspektiven und die nahe Zukunft eine globale Angst und die berechtigte Frage hinzu, wie die weitere Entwicklung der Menschheit verlaufen wird. Im Frankreich von 1968 liefen die beiden Prozesse des intellektuellen Aufbruchs, die Panik und Verweigerung bewirken, praktisch zur gleichen Zeit ab.

Nicht nur durch ihre Ursachen, sondern auch durch ihren Verlauf erhellen die Studentenunruhen von 1968 rückwirkend die Unruhen früherer Zeiten, die wir weiter unten untersuchen werden. Gewalt und Fest, die beide ein relatives Machtvakuum nutzen, bilden den gemeinsamen Nenner der Bewegungen, desgleichen Bildersturm, Vergeltung von seiten der Stummen, schnelle Verbreitung von Phantasien, der plötzliche Ausbruch, der für jeden überraschend kommt, Versammlungen unvorhersehbaren Ausmaßes, die schnelle Auflösung einer bald ermüdeten und demobilisierten Masse und schließlich, nach dem Ende der heroischen Episode, die Spur eines Mythos im Kollektivgedächtnis sowie eine anhaltende Angst bei der Bevölkerung. Die «Schrecken» von 1968, um einen Begriff in einer seiner früheren Bedeutungen als Synonym für «Volksunruhen» wiederaufzunehmen, stellten also das Wiederaufleben einer Verhaltensweise der Masse dar, die über die Taktiken der Arbeiterbewegung und die Strategie der methodischen Revolutionäre hinausgeht und an das Verhalten der Menschen von früher bei Unruhen anknüpft.

Muß man also von einem «modernen Mittelalter» sprechen und hinzufügen, daß das moderne Zeitalter neue Archaismen herausbildet?[10] Handelt es sich nicht eher um die Erkenntnis, daß die (oberflächliche) Rationalität unserer Kultur die kollektiven Reflexe verborgen, aber nicht zerstört hat und daß sie nur eine günstige Gelegenheit abwarten, um erneut in Erscheinung zu treten? Diese Vermutung wird durch die Untersuchung der Gerüchte gestützt, die bald da, bald dort in unseren Städten des 20. Jahrhunderts kursieren. Auch auf diesem Gebiet, das dem vorherigen benachbart ist, kann der Gang aus der Gegenwart in die Vergangenheit nur nützen.

1946 glaubte die japanische Kolonie auf den Hawaii-Inseln fast ein Jahr lang daran, daß die Amerikaner den Krieg in Asien verloren hätten und daß die Regierung mit allen Mitteln versuchte, die Wahrheit zu verschleiern.[11] Von 1959 an hielten sich in zahlreichen Städten Frankreichs, besonders in Orléans, beharrlich Gerüchte, die sich gegen die Inhaber von Damenbekleidungsgeschäften richteten. Diese Geschäfte sollten dem Mädchenhandel als Vorzimmer dienen; die betroffenen Geschäftsleute waren meistens erst seit kurzer Zeit ansässige Juden. 1975 löste die Festnahme eines in Rauschgiftgeschäfte verwickelten Friseurlehrlings in Dol-de-Bretagne kollektive Wahnideen aus: Ein Möbelfabrikant aus der Gegend, dessen Unternehmen einen schnellen Aufschwung genommen hatte, wurde von der öffentlichen Meinung beschuldigt, in den Beinen von Tischen und Stühlen Drogen zu verstecken. Die Banken überlegten, ob sie ihm weiter Kredit gewähren sollten, die Kundschaft kehrte ihm den Rücken, und seine Lieferanten warteten weitere Informationen ab, bevor sie ihn belieferten. Die einhundertzwanzig Beschäftigten der Fabrik mußten auf die Straße gehen, um gegen ein Gerücht zu protestieren, das ihre Arbeitsplätze bedrohte.[12]

Die soziologische Untersuchung Edgar Morins und seiner Gruppe über Ereignisse in Orléans im Jahre 1969 kann den Historiker der Gerüchte von einst nicht gleichgültig lassen. Denn Gerüchte und Unruhen gingen fast immer Hand in Hand, und wer Gerücht sagt, sagt Angst. Edgar Morin hat gezeigt, daß ein lokales Gerücht nur «die oberste faßbare Schicht eines Mythos ist, der weder lokal, noch isoliert, noch zufällig ist»; daß ein Gerücht aus den Tiefen des Unterbewußten heraus entsteht, und, einmal in Umlauf gebracht, sich wie eine «ungebändigte» Kraft bemerkbar macht, die sich auf verblüffende Weise ausbreitet. Das Gerücht wirkt zugleich anziehend und abstoßend, es entzieht sich einer Überprüfung durch Tatsachen, stärkt sich an allem möglichen, wuchert in alle Richtungen aus, wird von hysterischen Prozessen begleitet und durchbricht die Schranken zwischen Altersgruppen, sozialen Klassen und Geschlechtern, wobei es von weiblichen Gruppen gleichwohl mit besonderer Gunst aufgenommen wird. Sobald es vom «Gemunkel» zur Gewißheit wird, ist das Gerücht eine Anklage, die Schuldige benennt, die grauenhafter Verbrechen verdächtigt werden. Zum Schluß, wenn ihm auf verschiedene Arten entgegengewirkt wurde, löst es sich in viele kleine Gerüchte und Mythen auf, die untergründig weiterbestehen. Es ist also nicht tot. In den Schatten zurückgedrängt, wartet es auf eine neue Gelegenheit, wieder zutage zu treten, gegebenenfalls in neuem Gewand.[13]

Eine dritte Folge von Untersuchungen zu Erscheinungen unserer Zeit oder einer uns nahen Epoche kann ebenfalls zum Verständnis der kollektiven Gewaltausbrüche von einst beitragen. Es handelt sich um die Untersuchung chiliastischer (millenaristischer) Bewegungen im 19. und 20. Jahrhundert, die in der Erwartung eines «großen Tages» entstanden. Diese Bewegungen gründeten häufig auf einem messianischen Glauben an einen Erlöser, der eine Gemeinde der Glücklichen, wenn möglich inmitten einer vom Bösen gereinigten Welt um sich sammeln würde.[14] Sie können einmal einen einfach reformerischen Charakter annehmen oder aber einen wahrhaft revolutionären, der Grad ihrer Aggressivität ist folglich verschieden. Sie können aus einem Ungleichgewicht im Innern einer gegebenen Gesellschaft entstehen oder aus einer Auflösung der Gesellschaft, die durch äußere Einflüsse hervorgerufen wird. Ihre Anhänger können sämtlichen Gesellschaftsschichten entstammen – wie es der Fall bei den gemäßigten Chiliasten war – oder aber nur der untersten Schicht (den «Parias», von denen Max Weber spricht). In der Sicht des Psychologen zeigen sie nichtsdestoweniger gemeinsame Züge.

Als David Lazzaretti in den siebziger Jahren des 19. Jahrhunderts seine messianische Bewegung und seine landwirtschaftlichen Kollektive im Süden der Toskana gründete, waren die Bauern dieser Gegend – die zum großen Teil über geringen Landbesitz verfügten – durch alle möglichen Neuerungen, die das traditionelle Gleichgewicht verändert hatten, erschüttert worden. Die Einigung Italiens, die wenige Jahre zurücklag, bedeutete für sie den Aufbau eines neuen Beziehungs- und Kommunikationsnetzes, die Erhebung neuer Steuern, die sich von den früheren unterschieden, sowie eine bisher unbekannte Vermarktung der landwirtschaftlichen Produkte. Als es dann auch noch Mißernten gab, brachen die alten Ordnungen zusammen und die gesellschaftlichen Verhältnisse gerieten vollends durcheinander. Als Reaktion auf diese Ereignisse gründete Lazaretti unter der Bezeichnung «Gesellschaft der christlichen Familien» stark durchstrukturierte landwirtschaftliche Kollektive. Dem italienischen Staat und der Kirche gegenüber verhielt er sich immer aggressiver. Er gab sich für den erleuchteten König aus, der das letzte Zeitalter der Welt einleitet, und machte sich mit dreitausend seiner Anhänger auf den Weg, um die nächstgelegene Stadt im Sturm zu nehmen. Dort sollte dann das Reich Gottes errichtet werden. Nach einem kurzen Kampf wurde er von den regulären Truppen getötet (1878).[15]

Im Laufe des 19. und 20. Jahrhunderts sind in Brasilien weitaus mehr messianische Bewegungen entstanden als in Italien. Maria-Isaura Pereira de Queiroz führt dafür an, daß die messianischen Bewegungen, wenn sie in ländlichen Gegenden entstehen, im wesentlichen auf die Neuordnung der bäuerlichen Gesellschaften abzielen. Je brüchiger aber Struktur und Ordnung dieser bäuerlichen Gesellschaften sind, desto leichter kommt es zur Entstehung dieser Bewegungen. Die gesellschaftlichen Strukturen in den Landwirtschaftsgebieten Brasiliens befinden sich seit langem in der Dauerkrise.[16] Erwähnenswert scheint uns in diesem Zusammenhang auch eine von Father Divine in den Vereinigten Staaten nach der Weltwirtschaftskrise von 1929 gegründete Sekte zu sein, die noch heute besteht. Die Gläubigen bringen ihrem schwarzen Anführer «ihr Geld, ihre Dienste, ihre Gedanken und ihre Liebe dar». Als Gegenleistung werden sie in ihren Wohnanlagen oder «Königreichen» unentgeltlich (oder fast unentgeltlich) verpflegt und gekleidet. In diesen irdischen Paradiesen hat Father Divine strengstens untersagt, Zeitung zu lesen, Radio zu hören oder fernzusehen.[17] Der anfängliche Erfolg dieser Sekte erklärt sich aus der Suche nach wirtschaftlicher und psychischer Sicherheit zu einer Zeit, als die Folgen der Weltwirtschaftskrise von 1929 die Existenz vieler Menschen aus den Unterschichten gefährdeten. Wenn diese Sekte in den Vereinigten Staaten weiterlebt, dann deshalb, weil die Landflucht und die Wanderung der Farbigen vom Süden in den Norden des Landes bei den Menschen, die unter dieser Entwurzelung am meisten leiden, das Bedürfnis wachhält, sich in eine schützende und zugleich der Gesellschaft, die sie im Stich gelassen hat, kritisch gegenüberstehende Gemeinschaft zurückzuziehen. Wenn sie sich in streng organisierten Gemeinschaften zusammenfinden, dann wenden sie sich zugleich an einen Gott, der sie «von der Unterdrückung durch Herrschende» und von der «Rassentrennung durch die Anhänger der Rassentrennung» befreien soll.

Die anregendsten anthropologischen Erkenntnisse über die verschiedenen Formen des Glaubens an das Tausendjährige Reich finden sich jedoch zweifellos in neueren Untersuchungen des melanesischen «Cargo-Kultes».[18] Der politische und wirtschaftliche Einfluß der Europäer und ihre missionarische Tätigkeit im 19. und 20. Jahrhundert bewirkten bei der Bevölkerung Papuas einen seelischen Schock und lösten eine Art Identitätskrise aus, die Hand in Hand mit einem Ansteigen der oftmals großen Spannungen zwischen Eingeborenen und Kolonialherren ging. So wurde der Mythos vom «Cargo» geboren, der periodisch wiederauflebt. Am Tage der Rache und des Heils würde ein von den Ahnen gesteuertes Dampfschiff den Unterdrückten Gewehre sowie alle Arten von Lebensmitteln und irdischen Gütern bringen. Man bereitete sich in einer Atmosphäre großer Erregung auf die Ankunft des Wunderschiffes vor. Krämpfe und Zuckungen dienten als Ausgleich für die Enttäuschungen und Niederlagen der drangsalierten Gemeinschaft. Man fürchtete sich nicht mehr davor, die mehr oder weniger von außen aufgezwungenen Tabus der alltäglichen Moral zu verletzen. Die Ankunft des «Cargo»-Schiffes würde eine lange währende, glückliche Zeit einleiten, anderen Moralvorstellungen zum Sieg verhelfen und die Gleichheit unter den Untertanen des neuen Königreiches herstellen.

2. Ein Gefühl der Unsicherheit

Die Untersuchung dieser aktuellen oder noch nicht lange zurückliegenden Erscheinungen läßt uns die millenaristischen Gewaltausbrüche, die Westeuropa vom 12. bis zum 16. Jahrhundert und darüber hinaus erlebt hat, besser verstehen. Wer verbirgt sich hinter dem Notar Tanchelm († 1115), der einen Augenblick lang Antwerpen beherrschte, und wer steckte hinter den Kreuzzügen der «Armen» und der «Pastorellen» («kleine Hirten»), die einige Male zwischen 1096 und 1320 aufbrachen und auf ihrem Weg Angst und Schrecken verbreiteten? Die Namen der Bewegungen lassen auf ein Proletariat schließen. Die Besitzlosen stammen aus zwei verschiedenen Welten. Kommen sie aus den Städten, insbesondere den niederländischen, so stellen sie zu einer Zeit, in der sich Verstädterung und die Textilindustrie entwickeln, einen Überhang an Arbeitskräften dar, der ständig von Hunger und Arbeitslosigkeit bedroht ist. Kommen sie vom Lande, so ahnt man, daß die Verknappung der landwirtschaftlichen Nutzflächen sie ins Elend gestürzt und gezwungen hat, ein Tagelöhner- oder Bettlerdasein zu führen. Die neu sich herausbildenden Strukturen einer freieren Wirtschaft als die des Feudalzeitalters weisen also schon die Unglücklichen zurück – dies wird mehrere Jahrhunderte lang der Fall sein –, die weder in die Gesellschaft der sich vergrößernden Städte noch in die ländliche Welt integriert sind. Sie besitzen keinen gesellschaftlichen Status und sind deswegen für alle Träume, Gewalttätigkeiten und Vergeltungsvorschläge empfänglich, die ihre Propheten ihnen suggerieren. Entlassene Soldaten, Geistliche in unsicheren Positionen, verarmte Adlige und Kriminelle jeder Art verstärken ihr Heer, das sich um einen Messias sammelt, der manchmal einen «göttlichen Geleitbrief» zu besitzen behauptet. Sie predigen den unmittelbar bevorstehenden Anbruch eines Zeitalters der Gleichheit, massakrieren die feindlichen Juden – die Blutsauger der Christenheit – und versuchen, die Kirche mit Gewalt zu ihrer ursprünglichen Armut zurückzuführen.

Was für die Kreuzzüge der Armen gilt, trifft ebenfalls für die Geißlerzüge zu; die Bewegung der Flagellanten wird von 1349 an vor allem in Deutschland und den Niederlanden zu einer «Suche nach dem militanten, blutigen Tausendjährigen Reich». Die Flagellanten sind von da an überzeugt, daß ihre Säuberungsaktionen und der Tod der Gottlosen zu den in der Offenbarung des Johannes versprochenen tausend Jahren der Glückseligkeit führen werden. Diese ideologische Radikalisierung erklärt sich aus der veränderten sozialen Zusammensetzung der Bewegung selbst. Dies ist der Augenblick, in dem Adlige und Bürger abtrünnig werden. Den Handwerkern und Bauern, die die Bewegung jetzt tragen, gesellen sich immer mehr Landstreicher, Gesetzlose und Geistliche, die mit der Kirche gebrochen haben, zu, die den Flagellanten-Gruppen in wachsendem Maße den Anstrich einer aggressiven Gegengesellschaft verleihen. Die gleiche Erscheinung kann noch deutlicher am Beispiel der Hussitenkriege (1420 bis 1434) beobachtet werden.

Die Lehre von Johannes Hus trägt im wesentlichen religiöse Züge: Er verurteilt die Mißstände in der Kirche; er lehnt die Ablässe für die Pseudo-Kreuzzüge ab; er fordert würdige und arme Priester, die Abschaffung der kirchlichen Hierarchie seiner Zeit, das Abendmahl in beiderlei Gestalt sowie die Bibel für alle (daher macht er sich daran, sie ins Tschechische zu übersetzen).[19] Gegen Ende seines Lebens indessen, als er unter den Bauern Südböhmens predigt, nehmen seine Angriffe auf gesellschaftliche Mißstände und den Antichrist nebst seinen Dienern – sprich die hierarchische Kirche – an Heftigkeit zu. Im Jahre 1415 wir er in Konstanz als Ketzer verbrannt (er hatte sich vor allem geweigert, die Verurteilung von Wiclif zu unterzeichnen) und steigt zum Nationalhelden auf. Die Empörung, die sein Tod und der Tod seines Freundes Hieronymus von Prag hervorriefen, verbreitet sich in einer Bevölkerung, die seit langem aus wirtschaftlichen Gründen unruhig ist. Die Geldentwertungen und Preiserhöhungen schmälern die ohnehin bescheidene Kaufkraft der einfachen Leute. Die Ausbeutung der Bauern verschlimmert sich aus zweierlei Gründen: einmal, weil der Frondienst für den Lehnsherrn noch härter geworden ist als früher, zum zweiten wegen der höheren Steuerlast, die die Kirche ihnen auferlegt. Die Ärmsten unter der Landbevölkerung strömen in die Städte, insbesondere nach Prag, dessen Einwohnerzahl um 1400 auf 35 000 steigt. 40 % davon waren Arme. Da das Angebot an Arbeitsplätzen auf Baustellen, zum Beispiel der des Domes, sich als unzureichend erwies, verkaufte die Stadt Tausende von Gegenständen, die in Schwierigkeiten geratene Prager im Pfandleihhaus versetzt hatten, um sich das zum Leben nötige Geld zu verschaffen.[20] Wer wüßte nicht, welche wichtige Rolle die Verschuldung bei den Ängsten der Armen gespielt hat?[21]

Trotzdem sind die Hussitenkriege (1420–1434) nicht einfach nur eine Episode im Klassenkampf. Von den vier «Prager Artikeln», die 1420 ihre Stellung gegen die Kirche und den König Sigismund festlegen, hat nur ein einziger gesellschaftliche Folgen: die Forderung nach Säkularisation des kirchlichen Besitzes. Die drei anderen Artikel fordern die Predigerfreiheit, das Abendmahl in beiderlei Gestalt und die Bestrafung der Todsünden durch die weltliche Obrigkeit. Den Hussiten hängen auch Adlige und Bürger an – die Kalixtiner –, die so genannt werden, weil sie das Abendmahl in beiderlei Gestalt fordern (Laienkelch; lat.: «calixta»); sie sind gemäßigte Reformisten, die sich schließlich mit dem Basler Konzil und König Sigismund verständigen. Daneben gibt es eine radikale Richtung der Hussiten, die zum großen Teil aus Armen und Entwurzelten besteht, die zum Chiliasmus neigen. Auch hier sind wirtschaftliche und psychische Unsicherheit sowie apokalyptische Erwartungen miteinander verknüpft. Diese radikale hussitische Gruppe entsteht im Jahre 1419, sie setzt sich im wesentlichen aus armen Bauern, Knechten, Lohnarbeitern, verarmten Edelleuten und Bürgern[22] sowie Wanderpredigern zusammen. Sie vereinigen sich auf dem Lande zu großen Pilgerzügen und versuchen, sich mit den Armen Prags zu verbünden. Die Hauptstadt bleibt jedoch schließlich in den Händen der Gemäßigten, die die radikaleren Gruppen vertreiben. Aber in Süd- und Westböhmen faßt die volkstümliche Ketzerei in fünf von Gott auserwählten Städten festen Fuß. An dem – nahe bevorstehenden – Tag, der der Herrschaft des Antichrist ein Ende bereiten wird, wird Jesus wieder auf die Erde herabsteigen. Schon 1420 beginnen die Radikalen auf dem Berggipfel, wo sich die Burg Hradiště erhob, mit der Errichtung der Festung Tabor, die sich nach und nach zur Stadt entwickelt. Jene, die fieberhaft die ersten Häuser und Befestigungsanlagen bauen, sind vor allem Leibeigene, Bauern und Knechte. Die Einwohner der umliegenden Dörfer haben ihre eigenen Häuser verbrannt und damit alle Brücken hinter sich abgebrochen, um die Wiederkunft Christi in der heiligen Stadt zu erwarten. Die Jahre 1420 und 1421 bezeichnen die chiliastische Phase während der Revolution der Taboriten. Ungefähr fünfzig Pfarrer, unbedeutende, arme Prediger, stellten damals die Elite, die über das neue Jerusalem herrschte, in dem die Armen Deutschlands, Österreichs, Böhmens, der Slowakei und Polens zusammenströmten. In Tabor wird kein Unterschied mehr zwischen Priestern und Laien gemacht; die Kirche ist keine Institution mehr; der Glaube, daß beim Abendmahl der wahre Leib und das wahre Blut des Herrn gereicht werden, wird verworfen;

ebenso der Glaube ans Fegfeuer, an die Sakramente, die Gebete zu den Heiligen und die Wallfahrten. Das Privateigentum, der Zehnte und die Abgaben an den Feudalherrn werden abgeschafft. Gleichzeitig wird der Beginn des Tausendjährigen Reiches der Glückseligkeit vorausgesagt. Dann «werden die Bettler nicht mehr unterdrückt, und die Adligen werden vergehen wie Stroh in der Feuersglut (...), alle Vorrechte und Steuern werden abgeschafft, und niemand wird einen anderen Menschen wozu auch immer zwingen können, denn alle werden gleich und Brüder sein»[23]. In Tabor selbst und überall, wo die Taboriten ihren Fuß hinsetzen werden, werden die Schmerzen der Menschen schwinden, und die Frauen werden ohne Schmerzen gebären. Die Ankunft von Millenaristen aus dem Norden Frankreichs («Pikarden») oder den Niederlanden («Begharden» oder «Brüder vom Freien Geist») in Böhmen trug sicher dazu bei, den Chiliasmus der radikalsten Taboriten noch zu verstärken, von denen einige mit den Adamiten sympathisierten, die «Liebesfeste» veranstalteten, dem rituellen Nudismus huldigten und die sexuelle Emanzipation predigten.

Der militärische Befehlshaber der Taboriten, Jan Žižka, der einäugige Ritter, war indessen kein Chiliast und hielt am Abendmahl fest. Da er der Meinung war, daß die millenaristischen Narrheiten das revolutionäre Lager schwächten, verfolgte er die Adamiten und ließ sie verbrennen. Unter seinem Befehl und nach seinem Tode (1424) unter dem des Pfarrers Andreas Prokopp, erwachten die Taboriten aus ihren Träumereien und schufen eine gewisse Hierarchie in ihren Reihen. Tabor wurde zur Stadt, und die Zahl der Handwerker, die sich dort niederließen, wuchs ständig. In dieser demokratischen Republik hatten Bauern und Arme wirklich Anteil am politischen Leben und konnten eine Rolle in der Religion übernehmen. Schon allein deswegen war sie im politischen Umfeld jener Epoche todgeweiht. Bei Lipan wurden die Taboriten 1434 von den gemäßigten Hussiten und der Koalition Utraquisten/Katholiken entscheidend geschlagen. Sie leisteten indessen bis 1452 Widerstand.

Die Verbindung zwischen Millenarismus und wirtschaftlicher – und somit psychischer – Unsicherheit kommt ein Jahrhundert nach dem Chiliasmus der Taboriten in den Beweggründen und Taten des «Bundes der Auserwählten» erneut zum Ausdruck, der 1525 auf Betreiben Thomas Müntzers in den deutschen Bauernaufstand eingriff. Obwohl die Niederlage Müntzers auch eine Niederlage für die Bauern bedeutete, da sie gemeinsam kämpften, darf man nicht die gemäßigten Forderungen der einen mit dem aufrührerischen Programm des anderen verwechseln.[24] Die Hauptschauplätze des Aufstandes waren das Elsaß sowie Süd- und Westdeutschland, wo Müntzer so gut wie keinen Einfluß hatte. Außerdem bildeten diese «Bauerntölpel» wie ihre Gegner sie abfällig bezeichneten, keineswegs eine verelendete Masse, die sich mit dem Mut der Verzweiflung plötzlich und unüberlegt erhoben hätte. Unter ihren Anführern fanden sich zahlreiche Bürgermeister, die über eine gewisse Erfahrung in Verwaltungsdingen verfügten, sowie den neuen Ideen offen gegenüberstehende Priester.[25] Die zwölf Artikel ihres Programms waren in keiner Weise utopisch. Sie verlangten das Recht für die Gemeinden, ihre Pfarrer selbst zu wählen und abzusetzen, die Senkung oder die Abschaffung des Zehnten, der Zölle und den Frondienstes, die Wiederherstellung der alten Rechtsbräuche sowie die Freiheit, zu jagen und zu fischen, und das Recht, das Gemeindegut gemeinsam zu nutzen. In Wahrheit beunruhigte sich eine Gesellschaftsschicht, deren wirtschaftliche Lage sich in der vorangegangenen Zeit verbessert hatte, nun darüber, daß im Innern des Reiches absolutistische Fürstentümer entstanden. Deren Aufstieg bedeutete in den Augen der meisten Bauern neue Abgaben sowie die Ablösung des römischen Rechtes durch das Gewohnheitsrecht und die wachsende Einmischung zentraler Verwaltungen in lokale Angelegenheiten.

Der Aufstand wurde jedoch von chiliastischen Strömungen überlagert, die hauptsächlich von Böhmen ausgingen; sie wurden von denselben sozial und psychisch verunsicherten Teilen der Gesellschaft verbreitet, denen wir schon in den Kreuzzügen der «Pastorellen» begegnet sind, nämlich den Gruppen der Flagellanten und den radikalen Taboriten. Sie waren das «Lumpenproletariat», von dem Friedrich Engels spricht: «Sie [die plebejische Opposition] vereinigte die verkommenen Bestandteile der alten, feudalen und zünftigen Gesellschaft mit dem noch unentwickelten, kaum emportauchenden proletarischen Element der aufkeimenden, modernen bürgerlichen Gesellschaft.»[25] Im Rheinland brachen zwischen 1500 und 1520 mehrere Revolten aus, die unter der Bezeichnung «Bundschuh» in die Geschichte eingingen und die unter ihrem Banner Bauern, aber auch Arme aus den Städten, Bettler und umherirrende Söldner usw. vereinigten. Der «Bundschuh» strebte einen radikalen Umsturz an, der von apokalyptischen Visionen inspiriert wurde, die das «Buch der hundert

Kapitel» überliefert, das Anfang des 16. Jahrhunderts von einem oberrheinischen Aufständischen verfaßt wurde: Wenn die Heerscharen des Antichrist und die Gotteslästerer erst einmal beseitigt wären, würde göttliche Gerechtigkeit auf Erden herrschen, und alle Menschen wären gleich und Brüder. Die Hoffnungen des «Bundschuh» lebten weiter, und als 1524 die Bauernkriege ausbrachen, malten die Aufständischen den Bundschuh auf ihre Fahnen. Thüringen und das südliche Sachsen, wo Müntzer predigte, wurden ihrerseits seit langem von chiliastischen Unruhen erschüttert, die sich durch die Nähe Böhmens und die Silber- und Kupferbergwerke um Zwickau und Mansfeld erklärten. Die Arbeiter strömten förmlich zu diesen Bergwerken, wo ständig ein Überschuß an Arbeitskräften herrschte. Außerdem scheint die Textilindustrie in jenen Gegenden damals gerade eine Krise durchgemacht zu haben. Thomas Müntzer, ein in der Heiligen Schrift bewanderter Pfarrer, der zunächst ein Anhänger Martin Luthers gewesen war, wandte sich dem revolutionären Chiliasmus zu, als er in den Kreisen der Weber von Zwickau verkehrte. Das Ende der verderbten Welt stehe bevor, sagte er, und die Auserwählten müßten sich erheben, um den Antichrist und die Feinde Gottes zu vertreiben. «Man muß das Unkraut ausraufen aus dem Weingarten Gottes in der Zeit der Ernte (...). Die Engel aber, welche ihre Sicheln dazu schärfen, sind die ernsten Knechte Gottes (...). Denn die Gottlosen haben kein Recht zu leben, allein was ihnen die Auserwählten wollen gönnen (...).»[27] Wenn die Feinde Gottes erst einmal geschlagen sind, kann das Tausendjährige Reich der Glückseligkeit beginnen. Die aufständischen Thüringer Bauern, die Luther für ihre Sache nicht hatten gewinnen können, fanden bei Müntzer Unterstützung, der sich mit seinen fanatischsten Anhängern zu ihnen schlug. Am 15. Mai 1525 wurden die Bauern bei Frankenhausen geschlagen. Zehn Tage später wurde Müntzer enthauptet.

Der heftigste – und für uns aufschlußreichste – Ausbruch des Millenarismus im 16. Jahrhundert fand 1534 und 1535 in Münster statt, wo die Aufständischen für kurze Zeit den Sieg davontrugen. Die Rolle, die die «Entwurzelten» der damaligen Gesellschaft in dieser Tragödie gespielt haben, erscheint hier im hellsten Licht. In dieser Bischofsstadt ergriffen 1532 die Zünfte die Macht, vertrieben den Bischof und predigten die Reformation. Zur gleichen Zeit entstand in den Niederlanden und in Westfalen eine Bewegung der Wiedertäufer, die von den Prophezeiungen über das Tausendjährige Reich geschürt wurde. Diese Propaganda stieß insbesondere bei den Armen und Entwurzelten jeder Art auf offene Ohren. Aus allen Richtungen strömten diese Wiedertäufer nach Münster.

«‹So sint vortan gekhomen die Hollanders und Fresen. Die boeswichter uth allen luiden, die nirgends bliven konden, die tuegen nach Munster und versambleten sick dair.› (...) Manche Quellen sprechen von Flüchtlingen, Verbannten, mißtätigen Bürgern, und eine äußert sich dahin, daß sich die Anzahl der Abtrünnigen in Münster hauptsächlich aus Leuten rekrutiert habe, welche das Vermögen ihrer Eltern durchgebracht und nichts für sich durch eigenen Fleiß erworben hatten (...).»[28]

Der Zusammenhang zwischen revolutionärem Chiliasmus und den Randgruppen der städtischen oder bäuerlichen Bevölkerung kann nicht deutlicher aufgezeigt werden. Im Februar 1534 bemächtigten sich die von zwei Niederländern, Jan Matthys und Jan Bockelson (Johann von Leiden), angeführten Wiedertäufer des Rathauses und der Stadtverwaltung und errichteten dort ein «Königreich Sion», das über ein Jahr lang bestand. Katholiken und Lutheraner wurden als «Gottlose» vertrieben, während ein Schneesturm wütete. Der Rest der Bevölkerung ließ sich noch einmal taufen. Alle Verträge und Schuldscheine wurden verbrannt. Man richtete Lager für Kleider, Bettzeug, Möbel, Haushaltswaren und Lebensmittel ein, die von sieben «Diakonen» verwaltet wurden. Der private Besitz von Geld wurde abgeschafft. Für die zahlreichen Einwanderer wurde Wohnraum beschlagnahmt. Alle Bücher außer der Bibel wurden verboten; man zündete ein Freudenfeuer vor dem Dom damit an – Rache einer Volkskultur an einer elitären Schriftkultur, die als unterdrückend galt.

Schon im Februar 1534 hatte der Bischof von Münster die Feindseligkeiten gegen die aufständische Stadt eröffnet und Truppen für eine Belagerung gesammelt. Die Belagerung verstärkte Begeisterung und Spannung in der Stadt ebenso wie die Schreckensherrschaft, die ihre neuen Machthaber dort ausübten. Da Jan Matthys bei einem Ausfall getötet worden war, erhielt der unehelich geborene Johann von Leiden, der vorher Schneiderlehrling und dann Kaufmann ohne Kundschaft gewesen war, den Oberbefehl über das neue Jerusalem. Seine Gesetze verwandelten die Handwerker in öffentliche Angestellte; die biblische Polygamie wurde eingeführt (es profitierten jedoch nur die Männer davon), und während die Stadt die Truppen des Bischofs zurückschlug, ließ Johann von Leiden sich zum König ausrufen. Er kleidete sich in prunkvolle Gewänder und umgab sich mit einem Hofstaat, vom Volke jedoch forderte er strenge Einfachheit. Seine Wache setzte sich aus Ortsfremden zusammen. Jegliche Opposition wurde mit dem Tode bestraft. Unermüdlich predigte man dem Volk, daß die Zeit der Mühsale sich ihrem Ende zuneige. Christus werde wiederkehren und sein Reich in Münster errichten. Von diesem Reiche aus würde das auserwählte Volk aufbrechen und, bewaffnet mit dem Schwerte der Gerechtigkeit, Gottes Reich auch in den entlegensten Winkeln der Erde errichten. In der Nacht des 24. Juni 1535 trugen die Belagerer jedoch einen Überraschungsangriff vor und eroberten die ausgeblutete Stadt. Alle Führer der Wiedertäufer wurden getötet.

Die chiliastische Ideologie war, insbesondere in ihrer gewalttätigsten Form, eine unbedingt beruhigende Antwort auf die Angst jener Menschen, die sich von der Gesellschaft ausgestoßen fühlten und befürchteten, um die Reste ihrer Identität gebracht zu werden. Sie flüchteten sich in Phantasien und apokalyptische Vorstellungen, denen der kalabrische Zisterzienser Joachim von Fiore († 1202) zu einer neuen Blüte verholfen hatte. Dieser heilige Mönch, der den Frieden predigte, hatte für 1260 den Anbruch eines «Zeitalters des Geistes» vorausgesagt, in dem die Menschen, die von da an von Mönchen regiert würden, zur evangelischen Armut zurückfänden. Diese Prophezeiung, die in der Vorstellung der aggressiven Chiliasten einen zugleich revolutionären und antiasketischen Anstrich erhielt, verwandelte sich für sie in die Ankündigung eines neuen goldenen Zeitalters, das das genaue Gegenteil dessen sein würde, in dem zu leben eine verabscheuungswürdige Gesellschaft sie zwang. Leibeigenschaft, Steuern, Zwänge, Privateigentum, Schmerz und Trauer würden abgeschafft werden. Eine Welt des Elends und der Ungerechtigkeit würde sich in eine Welt des Glücks verwandeln, allerdings erst, nachdem sie eine Zeit des Schreckens durchgemacht hätte. Dieser Mythos von der Rückkehr zum irdischen Paradies war insofern eine Beruhigung, als er aus der Heiligen Schrift eine zweifache Sicherheit schöpfte: Der Anbruch dieses goldenen Zeitalters stünde nicht nur nahe bevor, sondern es würde damit auch der ursprüngliche Zustand vom Beginn der Schöpfung wiederhergestellt. Selbstverständlich durfte man bis zu diesem nahen apokalyptischen Tag nicht untätig sein. Die «Auserwählten» sollten die Stunde des großen Umsturzes beschleunigen und den Anbruch des Tausendjährigen Reiches erleichtern, indem sie die Hindernisse beseitigten, die sich seinem Triumph noch in den Weg stellten. Die Macht der Reichen und der Kirche mußte gebrochen, Schlösser und Klöster mußten verbrannt und die Bilder zerstört werden. Als Beauftragte für diesen Rachezug und dieses Läuterungswerks fühlten die Individuen, die für sich allein nur Ausgestoßene waren, eine unbesiegbare Kraft in sich. Überzeugt davon, daß sie dazu ausersehen seien, eine Elite «Heiliger» zu sein und parakletische Gemeinschaften oder Inseln der Gerechtigkeit inmitten einer verderbten Welt zu errichten, konnten sie weder Ausflüchte noch Diskussionen zulassen. Ihre Selbstsicherheit und Unbeugsamkeit wurden scharf wie das Schwert, besonders dann, wenn sie sich innerhalb der Mauern einer heiligen Stadt – Tabor oder Münster – befanden. All jenen, die sich ihnen in den Weg stellten, verhießen sie den Tod. Sie waren die Gerechten, die anderen die Schuldigen, und die Stunde der Bestrafung der Feinde Gottes hatte geschlagen. Diese ideologische Geborgenheit wurde durch einen gleichfalls beruhigenden Gehorsam gegenüber einem Führer verstärkt, der als Erlöser und Messias angesehen wurde wie etwa Tanchelm, Müntzer oder Johann von Leiden. Dank übermenschlicher Fähigkeiten war er der Vater aller oder manchmal sogar ihr König, und dies mit allen kultischen Konsequenzen, die damals den Titel begleiteten. Seine Getreuen, die selbst in Armut lebten, akzeptierten es, daß er prunkvoll gekleidet ging, einen Hofstaat um sich versammelte und sich wie ein Monarch gab – was besonders zu Münster der Fall war. Sie sahen in diesem Gegensatz keinen Widerspruch, denn schuldete man nicht demjenigen Ehre und Ruhm, der wie durch Zauberei das Antlitz der Erde verwandeln und sein kleines auserwähltes Volk zu Eroberern der Welt machen würde? Man dachte auch nicht über das klägliche Mißverhältnis zwischen den Streitkräften des Tausendjährigen Reiches und denen seiner zahlreichen Feinde nach. Gott würde an der Seite seiner Diener kämpfen. Am 15. Mai 1525 bei Frankenhausen und am 24. Juni 1535 in Münster wurden sie dann jäh aus ihren Träumen gerissen und sahen sich mit einer Wirklichkeit konfrontiert, die nichts von ihrem Beharrungsvermögen und ihrer Härte eingebüßt hatte. Was folgte, waren Auflösung und Flucht. Aber der Mythos überlebte dennoch.

Die revolutionären chiliastischen Strömungen stellen zwar nur eine Reihe von Grenzfällen dar, wir können an ihnen jedoch wie durch ein Vergrößerungsglas einen allgemeinen Zusammenhang zwischen den Randgruppen der Gesellschaft und den kollektiven Gewaltausbrüchen von damals erkennen. Denn bei vielen Aufständen erschienen hinter den Anführern, die oftmals Handwerker waren, Leute auf dem Plan, die am Rande der Gesellschaft lebten. Die Unruhen in den Städten im 14. bis 18. Jahrhundert und insbesondere die in Paris kurz vor Ausbruch der Französischen Revolution wären weniger zahlreich und unblutiger gewesen, wenn es in den Städten nicht so viele arbeits- und brotlose Menschen gegeben hätte, die keinen festen Wohnsitz hatten. Diese sozial und geographisch Entwurzelten[29], die nichts mehr zu verlieren hatten, hegten in ihrem Innern wohl nur den einen Wunsch, sich einen festen Platz in der Gesellschaft zu erobern, um sich nicht mehr ausgestoßen zu fühlen. Um sich für diese Zurücksetzung zu rächen, war ihnen jede Gelegenheit recht.

Eine erneute Betrachtung der Verbindung zwischen Aufständen und allgemeinem Gefühl der Unsicherheit läßt nun den häufig anzutreffenden Zusammenhang zwischen kollektiven Gewaltausbrüchen und der unbestimmten Furcht, die ein Machtvakuum auslöst, deutlicher hervortreten. Diese Furcht konnte auch normalerweise in die Gesellschaft integrierte Individuen befallen. In die Leere, die das Verschwinden einer Autorität, eines Herrschenden usw. hinterläßt, stoßen alle möglichen Ängste, die auf ebensoviele tatsächlich vorhandene oder nur eingebildete Feinde verweisen. Als erstes Beispiel wären die revolutionären Unruhen in Paris und die «Jacquerie» von 1358 zu nennen. Den psychologischen Hintergrund zu diesen Bewegungen bildet die Verwirrung, die im Hundertjährigen Krieg zwischen Franzosen und Engländern die Niederlage von Poitiers[15] vom 13. September 1356 hervorrief. Froissart schreibt darüber:

«Wodurch das edle Königreich stark geschwächt und in großes Elend und in Aufruhr gestürzt wurde. Während das Königreich England, die Engländer und ihre Verbündeten über die Gefangennahme König Johanns von Frankreich sehr erfreut waren, war das Königreich Frankreich sehr verwirrt und aufgebracht; zu Recht, denn es war ein großes Unglück und fügte vielerlei Leuten großen Schaden zu. Und die Verständigen im Königreich begriffen sogleich, daß ein großes Unheil daraus entstehen mußte, denn der König, die Herren und die Blüte der französischen Ritterschaft waren tot oder gefangen, und die drei Söhne des Königs, die zurückgekehrt waren, Charles, Louis und Jean, waren im zartesten Alter und noch unerfahren; in ihnen hatte man keine große Stütze, und keiner von ihnen wollte die Regierung des Reiches übernehmen.

«Rechtzeitige und vorsorgliche Angst ...

... ist die Mutter der Sicherheit», meinte der englische Philosoph Edmund Burke.

Das könnte auch ein Motiv sein, warum Menschen sparen, aber sicher nicht das beherrschende. Denken wir an die Freude, die es macht, unser Geld sicher angelegt zu wissen und ständig wachsen zu sehen!

Pfandbrief und Kommunalobligation

Meistgekaufte deutsche Wertpapiere - hoher Zinsertrag - schon ab 100 DM bei allen Banken und Sparkassen

Verbriefte · Sicherheit

Nach all dem wurden die Ritter und Knappen, die aus der Schlacht zurückkehrten, so verachtet und waren so schlecht angesehen bei den kleinen Leuten, daß sie nur ungern in die Städte des Reichs zurückkehrten.»[30]

Johann der Gute gefangen, die Söhne des Königs noch zu jung, um zu regieren, die besten Ritter tot oder in Gefangenschaft: Im Leben eines jeden entsteht eine plötzliche Leere, denn die Schutzmächte existieren nicht mehr. Verängstigt werden die Einwohner von Stadt und Land sich bewußt, daß sie ihr Schicksal selbst in die Hand nehmen und zunächst die schlechten königlichen Ratgeber sowie viele Adlige bestrafen müssen, die, statt vor Poitiers zu fallen, geflohen waren oder Verrat begangen hatten. Es ist also nur ein Akt der Gerechtigkeit, ihre Schlösser niederzubrennen und sich des langgehegten Grolls gegen ihre Gewaltherrschaft zu erinnern.[31]

Den chronologischen Zusammenhang zwischen Machtvakuum und Aufständen, der zwar nicht immer, aber häufig besteht, belegt folgende Aufzählung, die nur einen groben Überblick bietet. Der Tod Karls V. im Jahre 1380 und die Thronbesteigung Karls VI., der erst zwölf Jahre alt war, führten alsbald zu Unruhen in den Städten, insbesondere 1382 in Rouen («la Harelle») und in Paris (Revolte der «Maillotins»).[32] Ein weiterer Markstein in der Regierungszeit des wahnsinnigen, regierungsunfähigen Königs war der Volksaufstand unter dem Metzger Simon Caboche (1413). Der große englische Bauernaufstand fand nur fünf Jahre nach dem Tod Eduards III. statt, der 1377 nach über fünfzigjähriger Regierungszeit starb. Sein Sohn, der «Schwarze Prinz», war einige Monate zuvor gestorben, sein Nachfolger war also sein Enkel Richard. Dieser war erst vierzehn Jahre alt, als «diese bösen Menschen – die Bauern – sich gegen ihn erhoben (...) wie sich einst Luzifer gegen Gott erhob»[33]. Der Aufstand Böhmens fiel mit dem Tod des Königs Wenzel (1419) zusammen; die Religionskriege in Frankreich mit dem fast ununterbrochenen Machtvakuum, das mit dem unerwarteten Tode Heinrichs II. eintrat und sich nach der Ermordung Heinrichs III. verschärfte. Während der Regierungszeit Heinrichs III. herrschte ständig Unruhe, da er keine Erben hatte. Umgekehrt war der Übertritt Heinrichs IV. zum Katholizismus ein heilsamer psychologischer Schock, Frankreich hatte endlich wieder das Gefühl, einen richtigen König zu besitzen. Die «Fronde» gegen Kardinal Mazarin bildete sich während seiner Regentschaft für den noch minderjährigen Ludwig XIV.

Die verheerenden psychischen Auswirkungen, die die Auflösung politischer Strukturen zur Folge haben kann, waren wohl am deutlichsten zu Beginn der Französischen Revolution spürbar. Rufen wir uns kurz den Ablauf der Ereignisse ins Gedächtnis zurück. Im Mai 1789 versammeln sich die Generalstände, die von Ludwig XVI. einberufen worden sind. Am 19. Juni hebt der König die Sitzungen jedoch auf und verordnet am 23., daß sie nur noch getrennt beraten dürften. Am 27. macht er diese Entscheidung rückgängig und gibt bekannt, daß sie nun den Status einer Nationalversammlung hätten. In Wirklichkeit ist das nur ein Täuschungsmanöver, da er Truppen sammelt. Am 11. Juli entläßt er Necker. Sechs Tage später ruft er ihn zurück, belehrt durch die Ereignisse in Paris. Zur größten Beunruhigung der wohlhabenden Bürger kehren die Truppen in ihre Kasernen zurück. Am 4. August beschließt die Nationalversammlung die (theoretische) Abschaffung der Feudalrechte. Aber der König lehnt es ab, den Beschluß der Abgeordneten gegenzuzeichnen. Als ihn am 6. Oktober die erregte Menge nach Paris bringt, akzeptiert er schließlich die berühmt-berüchtigten Erlasse. Darüber hinaus hatten die Franzosen, hin- und hergerissen zwischen übertriebenen Hoffnungen und großer Furcht, in diesen zehn heißen Monaten der Auflösung der Armee zugesehen, der Flucht jener Adligen, die am meisten im Blickpunkt der Öffentlichkeit standen, sowie der Ablösung der lokalen Behörden durch neue Gemeindevorstände, die in aller Eile gebildet worden waren. Der Staatsapparat des «Ancien Régime» hat sich aufgelöst, dazu kommt der drohende Bankrott. In einem Land, das sich Straßenräubern, Verschwörungen und ausländischen Armeen gegenüber ungeschützt glaubte, verbreitete sich ein Gefühl tiefer Unsicherheit. Es galt, in aller Eile Maßnahmen zur Selbstverteidigung zu ergreifen und die vielen Feinde, deren Angriffe man fürchtete, auszuschalten. Dieses Klima war der Nährboden für die Ausbreitung örtlicher Unruhen, die unter der Bezeichnung «Große Angst» bekannt wurden.[34] Auch weniger weit zurückliegende Ereignisse stützen unsere Annahme. Die zahlreichen Unruhen, die 1848 Frankreich erschütterten, wurden durch das Zusammenwirken eines erhöhten Steuerdrucks (Steuer der «45 Centimes») und das Fehlen eines legitimen Staatsoberhauptes (provisorische Regierung) hervorgerufen.[35]

Die Schwäche des staatlichen Machtapparates (oder gar ein Machtvakuum) ist eine zweischneidige Sache. Sie läßt denjenigen Kräften freien Lauf, die gezügelt wurden, solange die Herrschenden fest im

Sattel saßen. Sie leitet eine Phase ein, während der alles erlaubt ist. Sie schafft Raum für Hoffnungen, Freiheit, Zwanglosigkeit und Feste. Sie erzeugt also nicht allein Angst, sondern setzt auch positive Gefühle frei. Könnte man deswegen aber das Gefühl tiefer Unsicherheit leugnen, das sich hinter dieser Schwäche verbirgt? Sie ruft eine Art Taumel hervor, sie setzt der Beständigkeit und somit der Sicherheit ein Ende. Sie birgt das ungewisse Morgen in sich, das vielleicht besser, vielleicht aber auch schlechter als das Gestern sein wird. Sie erzeugt Angst und Nervosität, die nur zu leicht zu gewaltsamen Ausbrüchen führen können.

3. Genauer bestimmte Ängste

Das Gefühl der Unsicherheit, zumindest in der Form, in der wir es eben beschrieben haben, war häufiger unbewußt als bewußt vorhanden. Gewisse genauer bestimmbare Ängste hingegen, die manchmal keineswegs nur der Einbildung entsprangen, gingen ebenfalls oft den Aufständen voran. Die Indios Mexikos und Perus, die sich zwischen dem 16. und 18. Jahrhundert mehrmals, und weit häufiger, als die offizielle Geschichtsschreibung es lange Zeit ahnen ließ, gegen die spanischen Eroberer erhoben, fühlten sich von den Spaniern in ihrer Identität bedroht, vor allem durch die Taufe, den Katechismus und die Liturgien der europäischen Missionare. Deswegen zogen sie sich wiederholt ins Gebirge zurück, und daher auch ihre plötzlichen Angriffe auf die Dörfer der Kolonisatoren und die Missionsstationen, ihre Gewalttätigkeiten während der Aufstände gegenüber den Mönchen, Kirchen, Glocken, frommen Bildern usw. Im 16. Jahrhundert nahmen diese Revolten in Peru und Mexiko manchmal eine chiliastische Färbung an, die sehr deutlich den Zusammenstoß zweier Kulturen erkennen läßt: Zuerst hatte der Gott der Christen die lokalen Götter besiegt und die Spanier die Indios. Aber «nun hatte das Blatt sich gewendet. Diesmal würden Gott und die Spanier besiegt werden, wobei alle Spanier getötet und ihre Städte dem Erdboden gleichgemacht würden. Das Meer würde anschwellen, um sie zu verschlingen und um jede Erinnerung an sie zu tilgen.»[36] Mitten im 20. Jahrhundert entstand in Mexiko genau die umgekehrte Situation, Gegenstand der Verfolgungen ist nun der Katholizismus. Am Ende des 19. Jahrhunderts war er in den ländlichen Gegenden im Innern des Landes durch eine neue Blütezeit der Verkündigung des Evangeliums bestärkt und zum wesentlichen Inhalt des kollektiven Bewußtseins schlechthin geworden; und das in einem Augenblick, in dem die Gegner der Kirche in den großen Städten – Bürokraten, Bürger und Militärs – den Klerus, die Kirche und den Glauben vernichten wollten. Auch hier handelt es sich um den Kampf zweier Kulturen. In den zwanziger Jahren unseres Jahrhunderts scheut sich ein Abgeordneter – er vertritt den gegen die Kirche gerichteten Radikalismus, der damals an der Macht war – nicht vor folgenden Äußerungen.

«Man muß in die Familien eindringen, die Heiligenbilder und -statuen zerstören, die Rosenkränze vernichten, die Kruzifixe von den Wänden reißen, die Novenen und ähnliche Dinge verbieten, die Türen vor den Priestern verbarrikadieren, die Versammlungsfreiheit abschaffen, damit niemand sich in den Kirchen den Priestern nähern kann, die Pressefreiheit aufheben, damit die Kirche auf diesem Wege keine neuen Anhänger mehr werben kann, die Religionsfreiheit abschaffen und zu guter Letzt, wenn diese Welle der Intoleranz abgeebbt ist, ein einziges Gesetz proklamieren, nämlich daß in der Republik nur Rechtssicherheit hat, wer so denkt wie wir.» [37]

Die Logik eines solchen Programms verlangte es, daß der Präsident Calles (1924–1928) beschloß, die Kirchen zu schließen und die Priester zu vertreiben (1926). Fünf Monate lang flehen die eifrigsten unter den mexikanischen Katholiken, hauptsächlich Bauern, durch Buße und Gebete den Himmel an, das Herz des neuen Pharaos zu erweichen. Aber er bleibt hart. Vom Verlust ihrer Seele bedroht und trotz der Ermahnungen der Hierarchie und des Vatikans, Vorsicht walten zu lassen, erheben sich die «cristeros» plötzlich, organisieren sich und halten drei Jahre lang die Regierungstruppen in Schach.

Es war unvermeidlich, daß die berechtigten Ängste gegenüber diesen nur allzu wirklichen Gefahren, die wir beschrieben haben, noch durch die Schrecken verdoppelt wurden, die der kollektiven Einbildung entsprangen. Unter den Ureinwohnern Zentralperus verbreitete sich um 1560 das Gerücht, daß die Weißen nach Amerika gekommen seien, um die Indios umzubringen, deren Fett sie zu Medikamenten verarbeiten wollten. Die Indios vermieden also jeden Kontakt zu den Spaniern und weigerten sich, ihnen zu dienen.[38] Den Tarahumara Mexikos, die sich mehrere Male gegen die Eroberer erhoben, insbesondere 1697 und 1698, versicherten ihre Medizinmänner, daß die Kirchenglocken Epidemien auslösten, daß die Taufe die Kinder verseuche und daß die Priester Zauberer seien.[39] Die «cristeros» glaubten zu Beginn der grauenhaften Christenverfolgungen, daß der Tag des Jüngsten Gerichts gekommen sei und daß sie es nicht mit «den Regierungstruppen, sondern mit Luzifers Heerscharen»[40] zu tun hätten.

Wenn wir nun nach Europa zurückkehren und in der Geschichte zurückblicken, so entdecken wir ohne Schwierigkeiten als Ursache mancher Aufstände andere begründete Ängste, mit denen sich aber auch phantastische Vorstellungen verbreiteten. Mehrere Jahrhunderte lang fürchteten die Bewohner kleiner Städte und des flachen Landes zu Recht den Durchzug von Kriegsvolk, auch wenn es sich offiziell nicht um Feinde handelte. In Frankreich scheint diese Furcht zur Zeit der Söldnertruppen Gestalt angenommen zu haben und ebbte erst nach und nach ab, als Ludwig XIV. und Louvois Kasernen zu bauen begannen und der Armee strengste Disziplin auferlegten. In seinem Bericht über die Ereignisse des Jahres 1357 erzählt Froissart die Missetaten dieser Banden von räuberischen Soldaten in der Ile-de-France folgendermaßen:

«[Sie] beherrschten von Tag zu Tag mehr das ganze Land zwischen den Ufern der Loire und denen der Seine und raubten es aus: weswegen niemand wagte, sich zwischen Paris und Vendôme, zwischen Paris und Orléans oder zwischen Paris und Montargis zu bewegen, und niemand vom Land wagte, dort zu bleiben, vielmehr waren alle Menschen vom flachen Land nach Paris oder Orléans geflohen, und es blieb kein fester Platz, keine Stadt oder Festung – es sei denn, sie wären zu gut bewacht gewesen –, die nicht von den Horden durchzogen und ausgeraubt worden wären. (...) Und sie ritten in Trüppchen durchs Land, mal zwanzig, mal dreißig, mal vierzig, und sie trafen auf niemanden, der sie abgehalten oder der ihnen entschlossen entgegengetreten wäre.»[41]

Im 14. Jahrhundert trieben die Söldnertruppen ihr Unwesen auch in der Normandie, im Rhônetal und im Languedoc. In der letztgenannten Provinz schlugen die Räuber sich entweder auf eigene Rechnung, oder sie standen im Sold von Jean d'Armagnac oder des Grafen von Foix, die damals Krieg gegeneinander führten. In den Jahren zwischen 1360 und 1380 nahm das Elend in Südwestfrankreich in den ländlichen Gegenden furchtbare Ausmaße an, da dort ständig beutegierige

Bewaffnete durchzogen. Der Bauer war auf seinem Hofe nicht mehr sicher, und der Händler wagte sich nicht mehr auf die Landstraßen. Die Armen verließen ihre Hütten, flüchteten sich in die Städte oder in die Wälder und zogen nun ihrerseits plündernd durchs Land, um sich das Lebensnotwendige zu verschaffen. Sie wurden «Tuchins» genannt, ein Wort, das auf «touche» zurückgeht («Waldstück»), da die Unglücklichen sich in die Wälder geflüchtet hatten.[42] Vor allem um 1380 war im nördlichen und südlichen Languedoc und in der Auvergne ihre Zahl sehr groß, ihre Raubzüge waren eine Landplage.

Die Berichte über die Verwüstungen, die der Durchzug und die Einquartierung von Truppen nach sich zogen, sind in den Jahrhunderten des Feudalismus und Absolutismus zahllos. 1557 sandte Mailand einen Botschafter zu Philipp II., der diesem verkündete:

«Dieser Staat [das Herzogtum Mailand] ist zum größten Teil derartig verwüstet, daß viele ihr Land im Stich gelassen haben (...). Dieser Ruin rührt von allem her, was auf dem Staate lastet: Von den Sondersteuern (...) genauso wie von der Einquartierung der Soldaten. Letztere sind eine solche Last für die Bevölkerung, daß es kaum zu glauben ist. Und das vor allem, da sie weder Mitleid noch Mäßigung kennen, sondern nur Grausamkeit und Habgier.» Sie sind verantwortlich für das «Unglück und die Zerstörung so mancher Stadt (...), zum Beispiel Alessandria, Tortona und Vigevano und Umgebung, des größten Teils der Gegend um Pavia, insbesondere Lomellina, (...) von wo zahlreiche Einwohner, nachdem sie Hab und Gut verloren hatten, geflohen sind und sich in anderen Gegenden niedergelassen haben»[43].

In der zweiten Hälfte des 16. Jahrhunderts führten die Religionskriege in Frankreich mehrfach dazu, daß fremde Soldaten ins Land kamen: Spanier, Italiener und Schweizer auf katholischer Seite und ebenfalls Schweizer, Engländer, vor allem aber Deutsche auf protestantischer Seite. Die Deutschen, die man in den Jahren 1562, 1567 bis 1569 und 1576 sah, blieben den Franzosen in schlechter Erinnerung. 1576 erlaubte der Pfalzgraf Johann Kasimir, der Sohn des Kurfürsten von der Pfalz, seinen Truppen, sich am Volk schadlos zu halten, nachdem er nach dem Frieden von Beaulieu die versprochenen Schadensersatzzahlungen von Heinrich III. nicht erhalten hatte. Die Dörfer, die Widerstand leisteten, wurden im Sturm genommen, und die Soldaten begingen dort furchtbare Greueltaten. Außerdem verwandelten die Soldaten beider Lager sich während dieses lange währenden Bürgerkrieges oftmals in Straßenräuber. Im Jahre 1578 beklagten die Stände des Languedoc, die den Protestanten feindlich gesinnt waren, «die mit dem Blut dieser armen Bauern, Frauen und Kinder getränkte Erde; die verlassenen Städte, Häuser und Felder, die verwüstet und zum größten Teil verbrannt sind. Und all dies ist seit dem Friedensvertrag [von 1576] geschehen (...). Nicht die Tataren, Türken oder Moskoviter sind verantwortlich dafür, sondern jene, die in diesem Lande geboren sind und die dies Land bisher ernährt hat, die sich aber nun der Reformation zugewendet haben (...).»[44]

Der Dreißigjährige Krieg rief in einem großen Teil Europas von neuem die Furcht vor dem Durchzug und der Einquartierung von Truppen wach. In «Der abenteuerliche Simplizissimus», einem Roman, der von einem Augenzeugen des Dreißigjährigen Krieges geschrieben wurde, erzählt der Held Simplizissimus, wie sein Dorf von Soldaten geplündert und die Einwohner gefoltert wurden: «Da fing man erst an, die Steine von den Pistolen und hingegen anstatt deren der Bauern Daumen aufzuschrauben und die armen Schelmen so zu foltern, als wann man hätte Hexen brennen wollen; maßen sie auch einen von den gefangenen Bauern bereits in Backofen steckten und mit Feuer hinter ihm her waren, unangesehen er noch nichts bekannt hatte. Einem andern machten sie ein Seil um den Kopf und reitelten es mit einem Bengel zusammen, daß ihm das Blut zu Mund, Nas und Ohren heraussprang.»[45]

Ist Grimmelshausens Beschreibung übertrieben? Sicherlich waren schreckenerregende Gerüchte im Umlauf, die eine ohnehin düstere Wirklichkeit in noch schlechterem Licht erscheinen ließen. Außerdem trugen die Prahlereien und Drohungen der Soldaten zweifellos dazu bei, daß man tatsächlich an die Geschichten von am Spieß gebratenen Kindern glaubte, die zur Zeit des «Stempelpapieraufstandes» in der Bretagne wieder aufkamen.[46] Es gibt jedoch viele Berichte, zum Beispiel die Akten des Parlaments von Bordeaux, die beweisen, daß 1649 Bauern aus Barsac und Macau über dem Feuer gefoltert wurden.[47] Y.-M. Bercé, der die Greueltaten der Soldaten in Südwestfrankreich im 17. Jahrhundert untersucht hat, äußert sich sehr bestimmt zu diesem Punkt: Sie lebten auf Kosten der Bevölkerung, vergewaltigten die Frauen, entrissen den Einwohnern unter furchtbaren Drohungen das Geheimnis, wo sie ihr Geld versteckt hatten, fesselten die Männer, rupften ihnen den Bart aus, stießen sie ins Kaminfeuer und fesselten sie an Balken, um sie zu schlagen. Sie plünderten die Häuser, in denen sie nicht genug Geld fanden, zerschlugen die Weinfässer, verstümmelten die Haustiere und massakrierten das Geflügel. Wenn sie ein Haus verließen, nahmen sie Möbel, Kleider, Geschirr und Decken mit sich.[48] Die Offiziere rührten keinen Finger, um diesen Plünderungen Einhalt zu gebieten, die den größten Anreiz bildeten, in die Armee einzutreten.

Die gleichen Gewalttätigkeiten wurden im Norden Frankreichs begangen, als die Söldner des Grafen von Rosen, die Mazarin angeworben hatte, nach 1648 in den Krieg gegen die Spanier geschickt wurden. Die Bewohner der Gegenden von Guise, Bapaume und Saint-Quentin mußten sich in die Wälder flüchten, sich mit Mistgabeln und Sensen bewaffnen und Partisanentruppen aufstellen. Der heilige Vinzenz von Paul beklagte sich vergeblich bei Mazarin über die Ausschreitungen Rosens. Dieselben Ausschreitungen waren während der Fronde rund um Paris zu beobachten: vergewaltigte Frauen, ermordete Bauern, geplünderte Kirchen, Diebstähle von liturgischen Gefäßen, das Mähen von unreifem Weizen, um die Pferde damit zu füttern, verwüstete Weinberge, gestohlene Herden. Eine traurige Chronik, die anhand der «Relations charitables», zu denen in jener Zeit die Frommen der Hauptstadt den Anstoß gaben, erstellt werden kann.[49]

Die Soldaten genossen einen derart schlechten Ruf, daß das Volk oft in Alarmbereitschaft versetzt wurde, wenn eine Einquartierung bevorstand. Die königlichen Befehle mißachtend, erhob es sich bisweilen. Y.-M. Bercé hat zweiundvierzig dieser Aufstände in Aquitanien zwischen 1590 und 1715 untersucht. Sobald man die Soldaten nahe wußte, wurde in mehreren Gemeinden die Sturmglocke geläutet, gleichzeitig wurde die Feldarbeit eingestellt, die Märkte wurden abgebrochen, und an den Wegkreuzungen wurden Wachposten aufgestellt. Um die ungeschützten Dörfer errichtete man Barrikaden aus Karren und Fässern. Im schlimmsten Falle verschanzten die Bauern sich in der Kirche, dem letzten Zufluchtsort der ländlichen Gemeinden. Die befestigten Städte schlossen ihre Tore, organisierten Kontrollgänge auf den Stadtmauern, von deren Höhe aus mit Hakenbüchsen auf die anrückenden Truppen gefeuert wurde. Manchmal versuchten sie auch, die Kompanien zu zerschlagen, wenn sie sich noch in einiger Entfernung von der Stadt befanden. Dies war 1636 in Montmorillon und Périgueux der Fall und 1651 in Mur-de-Barrez.[50] Bercé weist darauf hin, daß diese Aufstände zwischen 1638 und 1640 und zwischen 1649 und 1653 ausbrachen, also auf dem Höhepunkt des Dreißigjährigen Krieges und während der Fronde, beides Perioden großer Unsicherheit, in denen die alten Methoden der Selbstverteidigung, in die die ganze Gemeinde einbezogen wurde, wieder zu Ehren kamen.[51] Außerdem brachen sie meistens im Spätherbst aus, wenn die Soldaten sich anschickten, ihre Winterquartiere zu beziehen, und im Frühjahr, wenn sie wieder in Richtung Grenze zogen.[52]

Die Furcht vor dem Durchzug von Kriegsvolk kam zu der allgemeineren Furcht vor jeder Art von Landstreichern hinzu, die oft mit Verbrechern im Bunde standen. Über die Angst vor den Bettlern werden wir noch sprechen. Aber stellen wir schon jetzt fest, daß die Europäer mehrere Jahrhunderte lang gute Gründe hatten, zwischen Soldaten und Landstreichern keinen Unterschied zu machen. Die Vagabunden machten ihrem Elend vorübergehend ein Ende, indem sie die Angebote der Werber annahmen. Umgekehrt schlossen entlassene Soldaten sich oft zu Truppen von Gesetzlosen zusammen, die plünderten, um zu überleben, so zum Beispiel nach 1559 in Italien.[53] Zwischen 1636 und 1643 hatten sich die Überreste einer kaiserlichen Armee auf dem Rückzug in der Freigrafschaft Burgund in kleine Grüppchen von Straßenräubern aufgesplittert.[54] Wenn der Krieg wiederaufflammte, ließ das Banditenunwesen in der einen oder anderen Gegend kurzfristig nach, da die Straßenräuber wieder Soldaten geworden und zu den Grenzen aufgebrochen waren, was in Italien 1593 der Fall war, als die Feindseligkeiten zwischen Türken und Habsburgern wiederaufgenommen wurden.[55] Aber auch aus anderen Gründen bestanden viele Gemeinsamkeiten zwischen den Armeen und den Banden der Landstreicher: Viele Betrüger desertierten, sobald sie ihre Prämie erhalten hatten und ließen sich in Abständen wieder anwerben.[56] Außerdem trieben im Kielwasser der Armeen Soldatenkinder, alte Soldaten, Flüchtlinge, Mörder, Pfarrer, die mit der Kirche gebrochen hatten, und Freudenmädchen.[57] Schließlich schlugen sich in Rußland des 17. Jahrhunderts, in Frankreich unter Ludwig XIV. und im Portugal des 18. und 19. Jahrhunderts all jene Landbewohner, die der Aushebung entgehen wollten, als Landstreicher durch und stahlen, um zu leben.[58] So brachte der Absolutismus zwischen dem 17. und dem 19. Jahrhundert eine Außenseitergesellschaft von Soldaten-Räubern hervor, deren übler Ruf noch nicht vergessen war, als 1789 die Große Angst ausbrach, der größte Teil Frankreichs in Alarmbereitschaft stand und Jagd auf Hirngespinste machte.

4. Die Furcht, Hungers zu sterben

Eine andere große Furcht von einst, die nur allzu berechtigt war, war die Furcht, Hungers zu sterben – «a bello, peste et fame libera nos, Domine» («O Herr, bewahre uns vor Krieg, Pest und Hunger») –, eine Furcht, die «jeder Jahreszeit, jedem Monat, ja sogar jedem Tag anhaftete».[59] In Krisenzeiten führte sie zu Paniken und unsinnigen Beschuldigungen derjenigen, die man für Hamsterer hielt.

Der Erfolg der Geschichte Josephs, Jakobs Sohn, im deutschen Theater des 16. Jahrhunderts ist zweifellos auf die damalige Versorgungssituation in Deutschland (und im gesamten Europa dieser Zeit) zurückzuführen. Der Wesir des Pharaos hatte einst Ägypten vor der Hungersnot bewahrt; er hatte in den fetten Jahren Getreidespeicher bauen und füllen lassen und so die katastrophalen Auswirkungen der folgenden mageren Jahre von vornherein unterbunden. Er war also das Musterbeispiel eines «sorgenden Fürsten».[60] In seinem Kommentar zu dem Satz des Vaterunser «Unser täglich Brot gib uns heute» bemerkt Martin Luther im «Großen Katechismus», daß im Wappen eines frommen Herrschers wohl eher ein Brot abgebildet sein sollte als ein Löwe oder eine Krone.

Die Ernährung im Europa von einst war unausgewogen. Die Nahrungsmittel enthielten zu viele Kohlehydrate und zuwenig Vitamine und Proteine. Außerdem herrschte ein ständiger Wechsel zwischen kargen Mahlzeiten und großen Gelagen, wobei letztere (die übrigens selten stattfanden) bei einem großen Teil der Bevölkerung die Angst vor Hungersnöten nicht vertreiben konnten. In den Augen der Kirche war das höchste Werk der Barmherzigkeit nicht ohne Grund «die Speisung derer, die Hunger leiden».[61] Obwohl sie schon in den Städten schlimme Auswirkungen zeitigte, machte die Getreideknappheit sich auf dem Lande noch weitaus härter bemerkbar, wo die meisten Kleinbauern ihr Brot kaufen mußten, wie P. Goubert berichtet. In manchen französischen Provinzen konnten zwei Drittel der Bauern ihre Familien mit dem Ertrag ihrer Höfe nicht ernähren.[62] Die Ernährungskrise verschärfte sich noch durch den Umstand, daß zwischen dem 16. und dem 18. Jahrhundert in Europa im Vergleich zum Mittelalter weitaus weniger Fleisch verzehrt wurde, denn als Folge des starken Bevölkerungswachstums wurde immer mehr Getreide angebaut, die Viehhaltung ging entsprechend zurück, wodurch wiederum die Ernährung mehr und mehr auf Getreide umgestellt wurde.[63] Die

Herrschaft des Getreides bedeutete eine Hierarchie der Brotqualitäten, die von weiß bis schwarz reichte und sich mit der gesellschaftlichen Hierarchie deckte. Die Ernten bestimmten nun über Leben und Tod[64], akute Unterernährung raffte die schlecht Ernährten dahin und ebnete den Seuchen den Weg.[65]

In unserer westlichen Gesellschaft des Überflusses fällt uns die Vorstellung schwer, daß man vor ein paar hundert Jahren in unseren Städten und in den ländlichen Gegenden noch Hungers sterben konnte. Dennoch gibt es unzählige Berichte darüber. Schauen wir uns einige wenige davon an.

Mitte des 15. Jahrhunderts resümiert König René für Karl VII. die Lage im Anjou folgendermaßen: «Wegen der schlechten Ernten und der Lebensmittelknappheit in den vergangenen Jahren, die noch immer anhält, muß der größte Teil der Bevölkerung auf Strohlagern schlafen, hat nichts mehr, um seine Blöße zu bedecken, und ganze Familien sterben Hungers.»[66]

Die Chronik der Abtei Saint-Cybard in Angoulême berichtet, daß während des Winters 1481/82 fast überall die «Leute Hungers starben und nur Wurzeln von Gräsern und Kohl zu essen hatten. In jener Zeit traf man auf den Landstraßen nur Arme und in den Wäldern nur Räuber. (...) Die Armen kauften grobe Kleie und mahlten sie zusammen mit dem Hafer (...), andere aßen nur Hafer, wenn sie überhaupt welchen auftrieben.»[67]

Über die grausame Hungersnot von 1590/91 in Rom berichtet ein Flugblatt («avviso»): «Jeden Tag hört man davon, daß jemand Hungers gestorben sei.» Papst Gregor XIV. verläßt seinen Palast nicht mehr, um nicht die Rufe seines Volkes hören zu müssen. Aber während einer päpstlichen Messe in St. Peter beginnen die Gläubigen zu schreien und bitten um Brot.[68] Nach einer Mißernte ist die Situation in der Schweiz im Jahre 1630 folgende: «[Im Waadtland] mußten die Armen zu den äußersten Mitteln greifen, manche starben Hungers, andere aßen Heu und alle Arten von Gräsern, die sie auf den Feldern fanden. Ebenso erging es den Einwohnern der Berge und Dörfer um Genf, die sich von Kleie, Kohl und Eicheln ernährten.»[69]

Kehren wir ins Anjou zurück, diesmal ins ausgehende 17. Jahrhundert. Im März 1683 kamen die Bewohner der Gegend um Craon nach Angers und bettelten um Brot «mit bleichen, verhärmten Gesichtern, die gleichermaßen Mitleid erregten und Furcht einflößten»[70]. Joseph Glandet, der Direktor des Seminars von Angers, dem wir diesen Bericht verdanken, beschloß damals, den am härtesten betroffenen Gemeinden mit einigen Kameraden zu Hilfe zu eilen. Sie werden empfangen von «Tausenden von Armen, die an den Hecken standen, mit finsteren, bleichen Gesichtern, bis auf die Knochen abgemagert, die meisten stützten sich auf Stöcke und schleppten sich mehr schlecht als recht dahin, um ein Stück Brot zu erbitten»[71]. 1694 herrscht erneut große Hungersnot. Ein Domherr aus Angers fühlt sich veranlaßt zu schreiben: «Die Hungersnot ist so groß, daß viele Hungers sterben, sogar in der Stadt Angers.»[72]

Im Norden des Königreiches Frankreich war die Situation während derselben Getreideknappheit nicht besser. Als Beweis mag folgende Eintragung im Tagebuch des Priesters von Rumegies gelten: «In jenen Zeiten war von nichts anderem die Rede als von Dieben und von Personen, die Hungers gestorben waren. (...) [Ein armer Mann] war Witwer; man hielt ihn nicht für so arm, wie er tatsächlich war, und er hatte drei Kinder zu ernähren. Er wurde krank oder war eher schwach und erschöpft. Man hätte den Priester indessen nicht verständigt, wenn nicht eines Sonntags (...) eine seiner Schwestern gekommen wäre, um dem Priester zu sagen, daß ihr Bruder Hungers stürbe, ohne etwas hinzuzufügen. Der Pfarrer gab ihr ein Brot, das sie ihm unverzüglich bringen sollte; man wußte aber nicht, ob die Schwester es nicht selbst dringend brauchte, wie es den Anschein hatte. Sie hat es ihm jedenfalls nicht gebracht, und beim zweiten Vesperläuten ist der arme Mann Hungers gestorben. Nicht nur er ist gestorben, weil er kein Brot hatte, sondern auch noch andere, hier in diesem und in anderen Dörfern, denn in diesem Jahr wurde eine hohe Sterblichkeit verzeichnet. Allein in unserer Gemeinde sind in diesem Jahr so viele Leute gestorben wie sonst in mehreren Jahren. (...) Man war tatsächlich des Lebens auf dieser Erde überdrüssig.»[73]

Diesen aufschlußreichen Berichten könnten weitere, noch grauenhaftere aus der Zeit des Dreißigjährigen Krieges und der Fronde zur Seite gestellt werden. Ein Priester aus der Champagne erzählt, daß eines Tages eines seiner Pfarrkinder, ein Greis von 75 Jahren, in sein Pfarrhaus kam, um über seinem Feuer ein Stück Fleisch zu braten. Das Fleisch stammte von einem Pferd, das zwei Wochen zuvor an der Krätze eingegangen war, in dem die Würmer wimmelten und das man in ein Schlammloch geworfen hatte.[74] In der Pikardie, so versichern Zeitgenossen, aßen die Menschen Erde und Baumrinde und, «was noch entsetzlicher ist und was wir auch niemals zu behaupten wagen, wenn wir es nicht mit eigenen Augen gesehen hätten, sie essen ihre Hände und Arme und sterben in der Verzweiflung»[75]. Unter solchen Umständen kann es uns nicht verwundern, daß es auch Fälle von Kannibalismus gegeben hat. In Lothringen wurde eine Frau zum Tode verurteilt, weil sie ihr Kind aufgegessen hatte. Ein hoher Beamter, der 1637 in Burgund ermittelte, berichtete, daß «die Kadaver von toten Tieren sehr begehrt waren. Die Straßen waren übersät mit Menschen, die meist vor Schwäche zusammengebrochen waren und im Sterben lagen. (...) Man ging nun zu Menschenfleisch über.»[76] Dafür, daß der Kannibalismus auch im 16. und 17. Jahrhundert noch nicht verschwunden war[77], findet sich ein indirekter Beweis in den Traktaten der Kasuisten. Wenn Menschen, um nicht zu verhungern, das Fleisch einer Leiche verzehrt haben, zeigen sich die meisten Kasuisten nachsichtig. Villalobos verkündet, daß, da es erlaubt sei, Medizin einzunehmen, in der Menschenfleisch enthalten sei, es ebenso erlaubt sei, in «größten Notfällen» Menschenfleisch zu essen.[78]

Kehren wir nun von den Grenzfällen zu Situationen zurück, die in Zeiten der Brotteuerung alltäglich waren. Einen typischen Fall hat P. Goubert geradezu glänzend analysiert: In Beauvais lebt 1693/94 ein Sergeweber, dessen Frau und drei Töchter als Spinnerinnen tätig sind. Die Familie verdient in der Woche 108 Sols (1296 Deniers) und verbraucht mindestens siebzig Pfund Brot. Solange das Graubrot 5 Deniers das Pfund kostet, ist der Lebensunterhalt gesichert. Wenn der Preis auf 12 Deniers (1 Sol) steigt, wird es schwieriger. Wenn der Preis noch weiter klettert, auf 24, dann auf 30, 34 Deniers, wie es 1649, 1652, 1694 und 1710 der Fall war, so versinkt die Familie im Elend:

«Da die Krise in der Landwirtschaft fast immer (1693 in jedem Falle) durch eine Krise der Manufakturen verschlimmert wird, gibt es keine Arbeit mehr und folglich auch keinen Lohn. Man nimmt Entbehrungen auf sich, bisweilen findet man ein paar Taler wieder, die man für schlechte Zeiten auf die hohe Kante gelegt hat; man verschafft sich Geld im Pfandleihhaus; man beginnt, widerliche Dinge zu essen: Kleiebrot, gekochte Brennesseln, Samenkörner, die man ausgegraben hat, Eingeweide von Tieren, die man vor den Abdeckereien aufgelesen hat; verschiedene ‹Seuchen› verbreiten sich: Nach Geldknappheit, Not und Hunger regiert nun ein ‹bösartiges, tödliches Fieber›. Im Dezember 1693 meldet die Familie sich bei der Armenfürsorge. Im März 1694 stirbt die jüngste Tochter, im Mai sterben die älteste Tochter und der Vater. Von einer ausgesprochen glücklichen

Familie, in der jedes Mitglied einer Arbeit nachging, bleiben eine Witwe und eine Waise übrig. Schuld daran ist der Brotpreis.»[79]

Wegen der geringen landwirtschaftlichen Erträge und aufgrund des fatalen Zusammenhanges zwischen Produktion und Demographie[80] kann eine zu feuchte Jahreszeit und eine Mißernte für einen Teil der Bevölkerung tatsächlich den Tod bedeuten: für die Bettler aller Art natürlich, die «unnützen Esser», die man aus den Städten jagt, sobald eine Hungersnot sich ankündigt, aber auch für die Kleinbauern, die in schlechten Jahren noch nicht einmal Saatgut kaufen können, für die Tagelöhner, die arbeitslos sind, wenn Getreide und Weinreben durch Hagelschlag vernichtet werden, und für all die Kleinverdiener, die zu Bettlern absinken, wenn das Brot zu teuer wird und es keine Arbeit mehr gibt.[81] Die Zahlen in den Kirchenbüchern bestätigen die Berichte der Zeitgenossen. Das Beispiel von Beaugé im Anjou ist aufschlußreich: «Im ersten Quartal 1694, als der Preis für einen Scheffel Weizen sich im Vergleich zu 1691 verdreifachte, starben 85 Personen. Im entsprechenden Quartal 1691 waren es 24, 1692 dann 33 und 20 im Jahre 1695; der Zusammenhang ist nicht zu übersehen.»[82] In Beauvais «bringt» die Hungersnot von 1693/94 zehn bis zwanzig Prozent der Bevölkerung «unter die Erde»[83]. Diese Zahlen, die in all ihrer Nüchternheit tragisch anmuten, sprechen für viele andere. Im vorindustriellen Europa haben die Jahre der Hungersnot mit all ihren Folgeerscheinungen (Anfälligkeit für Seuchen, Fehlgeburten usw.) lange Zeit ein Bevölkerungswachstum verhindert, sie dezimierten immer wieder die Bevölkerung, die sich in ruhigen, sorglosen Jahren vermehrt hatte.

All jene, die in normalen Zeiten am Rande der Armut lebten – und es gab deren viele –, hatten also zu Recht Angst, wenn der Getreidepreis stieg. Daher die «häufigen und als nichts Außergewöhnliches empfundenen»[84] Aufstände in den Jahren der Teuerung, vor allem in den Monaten der Überbrückung bis zur nächsten Ernte. Auslösendes Moment dieser Aufruhre waren zwei Arten von Vorkommnissen: einmal wenn Getreide aus dem Dorf, der Stadt oder der Provinz abtransportiert wurde; zum anderen die Brotknappheit bei den Bäckern und die leeren Stände am frühen Morgen, weil der erste Schub im Morgengrauen von den reichsten Haushalten aufgekauft worden war. Vor allem die Frauen gerieten in Panik; auf berechtigte Befürchtungen folgten übertriebene Angst und schließlich Gewalttätigkeiten. Man lauerte den Getreidetransporten an der Straße auf und plünderte sie, oder man löschte unter Gewaltanwendung die Ladung der Schiffe, wenn diese in einer Stadt anlegten. Man drang mit Gewalt in die Bäckerläden ein, plünderte sie und steckte sie manchmal in Brand. Es ist nicht weiter erstaunlich, daß akute Hungersnöte, die bei vielen Menschen zu einer sowieso chronischen Unterernährung hinzukamen, zu haltloser Panik und kollektiven Wutausbrüchen geführt haben. In sie waren Männer und Frauen verwickelt, die vom Hunger gequält wurden und die sofort nach Verantwortlichen in menschlicher Gestalt für eine Situation suchten, deren Ursachen für sie schwer faßbar und zu abstrakt waren: die Widrigkeiten des Klimas, die kargen Erträge, die langsamen Transporte. In ihren Augen waren die Sündenböcke die Bäcker, die Müller, die Getreidehändler und die Hamsterer, die sie beschuldigten, das Korn künstlich zu verknappen, um die Preise in die Höhe zu treiben und um es im Notfall, mit großem Gewinn in weit entlegene Gebiete zu verkaufen. In Zeiten des «Getreideaufruhrs» schrie man allenthalben: «Die Bäcker wollen, daß wir hungern!»; überall wurden Drohungen laut, man würde sie «in ihren Backöfen rösten»; überall beschimpfte man die «Monopolisten» und Spekulanten als «Geizkrägen», als «Wucherer», als «Volksfeinde» und als «reißende Wölfe». Die Ängste und der Groll der zornigen Bevölkerung teilten sich auch der Obrigkeit mit. Intendanten, Parlamente und Schöffen ordneten an, die Getreidetransporte zu beschlagnahmen, die Flußschiffer festzunehmen, die Bäcker zu überwachen, die Speicher zu durchsuchen und die «Monopolisten» zu verfolgen.

Im Laufe des 18. Jahrhunderts verbesserten sich die demographische Lage und die Versorgung in manchen französischen Provinzen. Aber hinter der Angst, kein Brot zu haben, stand eine lange Geschichte! Außerdem war ausgerechnet in jenem Jahr, in dem Turgot unvorsichtigerweise beschloß, den freien Getreidehandel einzuführen (im September 1774), die Ernte schlecht. Es kam sofort zur gleichen Panik und zu den gleichen Gewalttätigkeiten wie früher. Die Abläufe hatte das Volk seit langem festgelegt: Getreidespeicher und Märkte in der Umgebung von Paris wurden geplündert, die Bäckereien in Paris und Versailles von Banden überfallen. Um diese Feuersbrunst, den «Mehlkrieg», zu löschen, mußte der Finanzminister 25 000 Soldaten aufbieten.[86] Einige Jahre später kehrten die Franzosen wegen der Mißernten von 1785, 1787 und 1788 und wegen des strengen Frostes im Winter 1788/1789 erneut und in großem Maßstab zu den traditionellen Verhaltensweisen in Notzeiten zurück. Während sich im Bürgertum Neuerungen durchsetzen, nahm das niedere Volk häufiger als je zuvor archaische Verhaltensmuster wieder auf. «Niemals zuvor», schreibt G. Lefebvre, «waren die Getreideunruhen so zahlreich wie in der zweiten Julihälfte 1789»[87], insbesondere in der Umgebung von Paris: Transporte, Bauernhöfe und Abteien wurden von Leuten angegriffen, die nach Getreide suchten; Müller und Getreidehändler wurden umgebracht; Panik brach aus, und man griff zu den Waffen, wenn die Sturmglocke geläutet wurde, weil auf dem Markt dieser oder jener Gemeinde die Pariser Verwaltungsbeamten Getreide kaufen wollten, usw. Die Hungersnot von 1789, in der der Mythos vom «Hungerpakt» aufkam, führte vielerorts zur eiligen Aufstellung einer Gemeindemiliz und bahnte der Angst vor Räubern den Weg. Hier noch ein Detail, das nicht nur eine Anekdote ist, sondern zeigt, wie sehr man sich davor fürchtete, nicht genug Brot zu haben: Unter den Aufständischen, die im Oktober Ludwig XVI. und seine Familie von Versailles nach Paris schafften, waren viele Frauen, die vor allem gekommen waren, um den «Bäcker, die Bäckerin und den kleinen Bäckerjungen» zu holen. Während der gesamten Französischen Revolution stellte sich das Problem des «Lebensunterhalts» in dringlicher Weise, Hungeraufstände brachen während des schwarzen Frühlings des Jahres III (1795) in Rouen, Amiens und in Saint-Germain-en-Laye aus.[88]

5. Das Steuerwesen: ein Schreckgespenst

Die Ereignisse von 1789 dürfen uns nicht dazu verleiten, allzusehr zu verallgemeinern. Eine Hungersnot führt nicht zwangsläufig zu einem Aufstand. Als Beispiel hierfür mag England im 16. und 17. Jahrhundert gelten. Trotz zahlreicher Mißernten, vor allem in den Jahren 1594 und 1598, kam es zu keinem Volksaufstand. Umgekehrt fielen der Aufstand von Wyatt (1554) und jener in Nordengland im Jahre 1569 mit guten Ernten zusammen.[89] In seiner «Histoire des croquants» zieht Yves-Marie Bercé ebenfalls einen Trennungsstrich zwischen Hunger und Aufstand. «Die Getreideaufstände», schreibt er, «sind nur ein Beispiel, noch dazu ein eher seltenes, für kollektive Gewaltausbrüche im [Frankreich des] 17. Jahrhunderts.»[90] Das Elend, das die beiden großen, regelmäßig wiederkehrenden Plagen – der

Durchzug von Kriegsvolk und die Hungersnöte – hervorriefen, hat jedoch unbestreitbar und mehr als einmal die Bevölkerung empfindlich gereizt und aggressiv gemacht. Dadurch wurden spätere Aufstände psychologisch vorbereitet. Allerdings erreichten die Aufstände gegen das Steuerwesen, von denen nun die Rede sein wird, oft ein weit größeres Ausmaß als die gegen die Brotteuerung und dauerten auch länger an. Sie haben in der Geschichte der europäischen Städte und der ländlichen Regionen von einst eine wesentliche Rolle gespielt. Außerdem waren die Auferlegung oder auch nur die Androhung neuer Steuern oft das auslösende Moment für Volkserhebungen. Vergessen wir nicht, daß zum Beispiel der Aufstand von Perugia gegen Paul III. im Jahre 1540 und jene von Palermo und Neapel 1647 gegen die Spanier mit einer Auflehnung gegen eine Steuererhöhung begannen. Im folgenden sollen jene englischen und französischen Beispiele eingehender betrachtet werden, über die am meisten bekannt ist.

Die Revolte der englischen Arbeiter im Jahre 1381 nahm im Laufe der Ereignisse eine gegen das Feudalrecht gerichtete Färbung an (mehrere Schlösser wurden in Brand gesteckt, es wurden Forderungen nach Abschaffung der Leibeigenschaft laut); gleichzeitig kamen millenaristische Hoffnungen mit dem berühmten Couplet auf, das dem Prediger John Ball zugeschrieben wird: «Als Adam grub und Eva spann, wo war da der Edelmann?» Auslösendes Moment waren jedoch Steuerforderungen des Parlaments gewesen: Die Kopfsteuern von 1377 und 1379 waren ungerecht verteilt, da in manchen Dörfern von einem Arbeiter der Lohn von drei Arbeitstagen als Steuer erhoben werden konnte. Damit war diese Steuer höher als jede andere zuvor.[91] Als Heinrich VIII. 1513 die Kopfsteuer von neuem erheben wollte, kam es in Yorkshire zu Unruhen. Im 17. Jahrhundert rief die «Akzise», eine Steuer auf den Verkauf von Waren, die bei Ausbruch der Englischen Revolution erhoben wurde, in den Jahren 1646/47 eine Reihe von Revolten hervor, woraufhin die Regierung beschloß, sie nicht mehr auf Lebensmittel anzuwenden.[93]

Britische Historiker stellten fest, daß trotz der hauptsächlich politisch und religiös bedingten Unruhen, die unter Heinrich VIII. und Eduard VI. aufgrund des Kampfes gegen den Katholizismus und aufgrund des Verkaufes der Klöster ausbrachen, und trotz der Englischen Revolution von 1642 bis 1648, im 16. und 17. Jahrhundert in England weit weniger Volksaufstände als in Frankreich im selben Zeitraum ausbrachen. Den Grund hierfür sieht E. S. L. Davies darin, daß in jener Zeit in England «die unteren Bevölkerungsschichten fast keine Steuern zu zahlen brauchten, ganz im Gegensatz zu Frankreich, wo die Steuerlast der Anlaß, wenn nicht sogar die Ursache der meisten Revolten des 17. Jahrhunderts war»[94].

Zahlreiche Beispiele, die auch aus der Zeit vor dem 17. Jahrhundert stammen, untermauern für Frankreich diese These. Kurz vor seinem Tode im Jahre 1380 hatte Karl V. beschlossen, einige indirekte Steuern abzuschaffen, um sein unter den Abgaben aller Art stöhnendes Volk zu entlasten. Aber bald schon mußten die so unvorsichtig abgeschafften Steuern erneut erhoben werden, was 1382 zu Aufständen in den Städten führte.[95] Die Revolte der Gemeinden der Provinz Guyenne von 1548 richtete sich gegen die Ausdehnung der Salzsteuer auf die südwestlichen Provinzen Frankreichs, die 1549 von Heinrich II. wieder aufgehoben wurde.[96] Während des gesamten 17. Jahrhunderts waren eine zu hohe Steuerlast oder die Androhung neuer Steuern immer wieder der Anlaß zu Aufständen in den französischen Städten oder auf dem Lande: Der Aufstand der «Nu-pieds» («Barfüße») in der unteren Normandie im Jahre 1639 brach aus, weil die Salzsteuer auch in dieser Provinz erhoben werden sollte, die bisher davon ausgenommen war. Im selben Jahr kam es in Rouen und Caen wegen eines neuen «Färberei-Erlasses» zum Aufruhr: Ein Prüfer sollte von nun an in jeder Stadt und in jedem Marktflecken die Färbereien kontrollieren, und sein Besuch war natürlich gebührenflichtig.[98] Erwähnenswert sind noch die Bauernaufstände im Angoumois und in der Saintonge von 1636, jener des Périgord in den Jahren 1637 bis 1641 – «der größte Bauernaufstand der französischen Geschichte, abgesehen von dem der Vendée (1793)[99] – sowie die Aufstände der Gascogne und des Rouergue von 1639 bis 1642, die alle durch Erhöhungen der Kopfsteuer ausgelöst wurden.

In der Chronik der Aufstände gegen das Steuerwesen in Paris aber auch in der Provinz verdient das Jahr 1648, in das der Beginn der Fronde fällt, besondere Beachtung. Die Entrüstung über die Steuern und der Zorn des Volkes auf die Steuereintreiber erklären hinreichend die Haltung des Parlaments und den Widerhall, auf den diese in der öffentlichen Meinung stieß. Umgekehrt stachelte der Widerstand, den die Parlamente den neuen Steueredikten entgegensetzten («Klaftererlaß», «Zollerlaß», Neufestsetzung der Steuer auf erbliche Ämter), zu zahlreichen kollektiven Steuerverweigerungen an. «Man glaubte, das wäre das Ende der Schreckensherrschaft des Fiskus und der Steuerpächter sowie der Intendanten, die als ihre Handlanger galten.»[100] Obwohl der Aufstand von 1675, dessen Schauplatz die Bretagne war, sich in den ländlichen Gegenden gegen das Feudalsystem richtete, gaben jedoch in Rennes und Nantes die Empörung über neue Steuern – Stempelpapierrecht, Prüfsiegel für Zinn und Tabaksteuer – das Signal zur Erhebung. Darüber hinaus kursierte das Gerücht, in der Bretagne würde die Salzsteuer eingeführt. Die Bauern, die sich dem Aufstand der Stadtbewohner anschlossen, griffen die Amtssitze der Steuerpächter an. Wenn sie Adelssitze überfielen, dann oftmals, weil sie die Edelleute, die dort wohnten und Ämter bei Hofe bekleideten, verdächtigten, zu denen zu gehören, die die Salzsteuer auch in ihrer Provinz erheben wollten.[101]

Zwar war die Revolte der «Rotmützen» in der Bretagne in bestimmten Punkten antifeudal, dennoch nicht «antiaristokratisch»: Die Aufständischen wünschten, daß die Töchter der Adligen Männer aus dem «gemeinen Stand» heirateten und sie auf diese Weise adelten.[102] Neuere Untersuchungen haben gezeigt, daß während des Ancien Régime viele Bauernaufstände sich im allgemeinen weniger gegen den Adel als gegen die weit entfernte, anonyme Zentralregierung richteten, von der das Volk sich unterdrückt fühlte und die ständig neue Steuern ersann. In Frankreich fiel die heftige Ablehnung des aggressiven Steuerwesens im 16. und 17. Jahrhundert mit immer stärkeren Tendenzen der Bürokratisierung und Zentralisierung zusammen. Es war damals durchaus nicht selten, daß die Bürger der Städte und der Landadel mit dem aufständischen Volk zumindest eine Zeitlang gemeinsame Sache machten. Auf dem Lande bewohnten die Edelleute oftmals noch ihre Schlösser; man kannte sie, und sie waren eine Art natürlicher Beschützer. Wenn die Bauern sich 1789 gegen den Adel erhoben, dann deshalb, weil viele Edelleute im 18. Jahrhundert in die Städte gezogen waren und das Volk daher den Kontakt zu ihnen verloren hatte.

Die Aufstände gegen das Steuerwesen – insbesondere jene, die im 17. Jahrhundert in Frankreich ausbrachen – waren oftmals ein Akt der Verzweiflung, hervorgerufen von einem Übermaß an Elend sowie von der Furcht, eine ohnehin schon unerträgliche Situation könnte sich noch weiter verschlimmern. In einer Beschwerdeakte der Provinzstände der Normandie von 1634 lesen wir:

«Sire, uns schaudert, wenn wir das Elend der armen Bauern sehen; in den vergangenen Jahren haben wir beobachtet, wie einige unter ihnen aus Verzweiflung über die Belastungen, die sie nicht zu tragen vermochten, ihrem Leben ein Ende bereitet haben. Andere, die mehr ihre Geduld als das Vergnügen oder die Mittel, es zu erhalten, am Leben hielt, sahen wir vor ihren Pflug gespannt wie Zugochsen, sie pflügten das Land und aßen Gras und Wurzeln, die die Erde, auf der sie geboren waren, ihnen nicht vorenthalten konnte. Viele flohen in fremde Länder und in andere Provinzen, um sich den Steuern zu entziehen, viele Gemeinden sind verlassen. Die Steuern wurden indessen nicht gesenkt, sondern soweit erhöht, daß den armen Leuten nicht einmal mehr ein Hemd blieb, um ihre Blöße zu bedecken, und viele Frauen hinderte ihr Schamgefühl daran, in die Kirche zu gehen oder mit anderen Christen zu verkehren. Das geht so weit, daß diese armen Leute, die zu Tode erschöpft sind und nur noch aus Haut und Knochen bestehen, nur noch ihr Schamgefühl haben, um sich zu bedecken, und auf die Barmherzigkeit Eurer Majestät angewiesen sind.»[103]

Eine übertriebene Schilderung, um einen Minister zu beeindrucken? Gewiß, aber ebenso eine Beschwörung der täglichen Wirklichkeit jener Zeit, für die man tausend andere, ähnliche Beschreibungen finden würde in einem Europa, das von den Wirren des Dreißigjährigen Krieges erschüttert wird. Die Einmischung Frankreichs in diesen Konflikt hatte zur Folge, daß die Steuerlast, die die französischen Bauern zu tragen hatten, sich in wenigen Jahren verdoppelte. «Zum erstenmal übertrafen die Forderungen des Königs bei weitem jene der Kirche und in noch höherem Maße die der Feudalherren.»[104] Indirekte und direkte Steuern stiegen gleichermaßen; daher die Revolten in den Städten gegen die direkten Steuern des Königs, von denen besonders die Handwerker betroffen waren, und auf dem Lande die Erhebungen gegen die Kopfsteuer («taille»), von der hauptsächlich die Bauern betroffen waren. Die Pläne, die Salzsteuer auf weitere Gebiete auszudehnen oder zu erhöhen, riefen in der Stadt und auf dem Lande gleichermaßen Empörung hervor. Eine Verdoppelung der Steuern bedeutete für die Menschen, die am Rande des Elends lebten, je nachdem einen langsamen oder schnellen Tod. Das erklärt hinreichend den panischen Schrecken, den die Ankündigung neuer Steuererhöhungen auslöste. Der Intendant Verthamont beschreibt den Aufruhr in Périgueux von 1635 als «eine Krankheit, von der alle Menschen dort befallen sind, ein Übel, das von den Überlastungen herrührt, ein Verdruß, der in wilde Plünderungen, Umstürze und Morde ausarten könnte, ein Wahnsinn und ein Jammer»[105]. Zur Verzweiflung gesellte sich ohnmächtige Wut über das Vorgehen der Steuereinnehmer, deren «Unverschämtheiten» aufgrund der chronischen Geldnot des Staates während des Dreißigjährigen Krieges in einen wahren Steuerterror ausarteten. Die Eintreibung der Kopfsteuer («taille») brachte viele Bauern in den Schuldturm, während ihr Vieh und ihre Möbel beschlagnahmt wurden; manchmal wurde sogar ein ganzes Dorf in Schuldhaft genommen. Die epidemischen Bauernaufstände ließen es als notwendig erscheinen, eine richtige Armee von Steuereintreibern, die gehaßten «Steuerfüsiliere», aufzustellen. Indessen richtete sich die Erbitterung über das Steuerwesen und die Salzsteuerpsychose, die oftmals durch fahrende Händler und andere nicht Seßhafte von einer Provinz in die andere getragen wurde, hauptsächlich gegen die Beamten der Finanzpachtämter und deren Steuereintreiber. Die Steuereinnehmer, die man beschuldigte, sich auf Kosten des Volkes und des Königs bereichern zu wollen, galten bei den Gemeinden als Volksfeinde, als «Blutsauger», die bestraft werden mußten, als böser Geist des guten kollektiven Gewissens. Der gegen den Steuereinnehmer gerichtete Aufstand folgte daher einem bestimmten Zeremoniell: Zuerst wurde seine Wohnung oder die Herberge, in der er sich eingemietet hatte, angegriffen, danach wurde er wie ein Hahnrei in einer Art Charivari durch die Straßen geführt, und schließlich wurde der Bösewicht hingerichtet – oft wurde behauptet, daß er vorher seine Sünden bereut hätte, was die Aufständischen noch in dem Glauben bestärkte, daß sie sich im Recht befanden. Außerdem hatte die Menge gleich zu Anfang das Gefängnis gestürmt, um diejenigen zu befreien, die durch die himmelschreiende Ungerechtigkeit der Steuereinnehmer eingekerkert worden waren.

Wenn in einem solchen Klima des Aufruhrs ein gewisser Grad an Erregung einmal überschritten worden war, trat die Furcht vor einer Steuer in ihrer Bedeutung hinter einer jahrhundertealten steuerfeindlichen Mythologie zurück, es zählte nicht so sehr die tatsächliche Steuererhebung, sondern maßgeblich war nur das Schreckensbild, das man sich von ihr machte.

Fünftes Kapitel

Angst und Aufstände II

1. Die Gerüchte

Die kollektive Einbildungskraft reagierte auf Gerüchte jeglicher Art. Kurz vor dem Aufstand, der im England des 16. Jahrhunderts unter der Bezeichnung «Pilgrimage of Grace» bekannt wurde, verbreiteten sich beunruhigende und bösartige Gerüchte von einem Dorf zum anderen: Die Kontrolleure der Klöster, die auf Befehl des Königs geschlossen werden sollten, waren, so sagte man, schlechte Menschen, die sich an der Hinterlassenschaft besagter Klöster bereicherten.[1] Mehr noch war man überzeugt davon, daß mit ihren Raubzügen die «Zerstörung der heiligen Religion» ihren Anfang nahm.[2] Alarmierende Gerüchte gingen auch dem Aufstand von Cornwall (1547 bis 1549) voraus: Das neue «Prayer Book», glaubte man, würde die Taufe nur noch an Sonntagen gestatten.[3] In Wirklichkeit enthielt es nur den Ratschlag, die Taufzeremonien alle am Sonntag abzuhalten, damit sie in Gegenwart der Gemeinde der Gläubigen stattfänden. Aber diese glaubten, daß die kranken Neugeborenen von nun an womöglich ohne Taufe sterben müßten und demzufolge zur ewigen Verdammnis verurteilt seien. Daher die Erregung der Bevölkerung.

Zumindest für die vorindustrielle Gesellschaft ist es unmöglich, Gerüchte und Aufstände voneinander zu trennen. Im Europa von heute kann eine alarmierende Situation rechtzeitig unter Kontrolle gebracht werden, ohne daß es zum Aufruhr kommt. Früher jedoch war es schwierig, Gerüchte zu entschärfen, da sie oft in allen Gesellschaftsschichten auf Glauben stießen, auch in den Kreisen der Herrschenden. Und selbst wenn dies nicht der Fall war, so verfügten die Autoritäten weder über die Mittel, die Bevölkerung aufzuklären, noch über ausreichende Ordnungskräfte, um Volksaufläufe oder die «Selbsterregung» der Menge zu verhindern. Einige der Gerüchte, die früher Schrecken hervorriefen, erscheinen uns völlig abwegig. Aber haben wir nicht selbst erlebt, wie 1953 der Sprecher einer amerikanischen Radiostation eine allgemeine Panik mit der Meldung hervorrief, Marsmenschen seien in ihren fliegenden Untertassen gelandet?[4] Wichtig ist in unserem Zusammenhang, was die öffentliche Meinung oder ein Teil davon für möglich hält. 1768 dringt die Menge in das Kollegium der Oratorianer in Lyon ein und verwüstet es. Man beschuldigt die Ordensbrüder, einen einarmigen Prinzen aufgenommen zu haben. «Jeden Abend», so wird erzählt, «werden in der Nähe des Kollegiums Kinder festgehalten, denen man einen Arm abhackt, um ihn dem angeblichen Prinzen anzupassen.» Bei dem Aufruhr werden fünfundzwanzig Menschen verletzt.[5] Versuchen wir, diesen Wutanfall psychologisch zu erklären. Viele hielten damals diese außergewöhnliche chirurgische Operation für möglich. Andererseits war seit der Vertreibung der Jesuiten das Mißtrauen gegenüber ihren Nachfolgern in der öffentlichen Meinung geschürt worden, und man hielt sie der schlimmsten Freveltaten für fähig. Schließlich und endlich gingen in regelmäßigen Abständen in Lyon wie anderswo Gerüchte von Kindesentführungen um: Einmal beschuldigte man die Zigeuner und die Landstreicher, einmal wie im vorliegenden Fall die Oratorianer, ein anderes Mal die Polizei. Der Aufruhr von Lyon ist also jenem vergleichbar, der im Mai 1750 in Paris ein Blutbad verursachte und bei dem mehrere Menschen zu Tode kamen. Damals lief das Gerücht um, von ihren Dienstpflichten befreite Polizeibeamte in Zivil trieben sich in Paris herum und entführten Kinder im Alter von fünf bis zehn Jahren. Eines der Opfer, das in eine Kutsche gezerrt wurde, hatte geschrien, woraufhin das Volk sich voller Wut zusammenrottete. Der Rechtsanwalt Edmond J. F. Barbier berichtet:

«Es wird behauptet, der Anlaß zu diesen Kindesentführungen sei ein aussätziger Prinz, der, um geheilt zu werden, ein oder mehrere Bäder in Menschenblut nehmen müsse. Und da es kein reineres Blut als das der Kinder gebe, würde man sie entführen, an allen vier Gliedmaßen zur Ader lassen und danach opfern, worüber sich das Volk am meisten empört. Es ist nicht bekannt, worauf derartige Geschichten sich gründen; dieses Mittel wurde einst dem Kaiser Konstantin empfohlen, der jedoch seine Anwendung ablehnte. Aber bei uns gibt es keinen aussätzigen Prinzen, und wenn es einen gäbe, so würde man niemals ein so grausames Mittel anwenden, um ihn zu heilen. Wahrscheinlicher ist, daß man kleine Kinder braucht, um sie nach Mississippi zu verschiffen. Aber trotzdem ist nicht anzunehmen, daß der Minister Befehl gegeben habe, hier Kinder ihren Eltern wegzunehmen. Vielleicht hat man einigen Polizisten gesagt, daß, wenn sie auf verlassene Kinder stießen, die weder Vater noch Mutter haben, sie diese mitnehmen könnten. Vielleicht hat man ihnen eine Belohnung versprochen, und sie haben ihre Befugnisse überschritten (...). Alles erscheint uns völlig unverständlich, denn wenn man tatsächlich Kinder beiderlei Geschlechts für Ansiedlungen in Amerika benötigte, so gäbe es deren genug bei den Findelkindern des Faubourg Saint-Antoine und in den anderen Heimen.»[6]

Einen Monat später kursierte in Toulouse das Gerücht von Kindesentführungen. Auch diesmal unterrichtet uns Barbier:

«Diese Furcht soll sich in den Provinzen weiter verbreitet haben. Es wird behauptet, daß man in Toulouse ein paar Männer, die Puppen verkauften, fast erschlagen habe, da man annahm, sie nähmen dies zum Vorwand, Kinder zu entführen, und man räumt inzwischen ein, daß all jene, die bei den Unruhen in Paris getötet oder mißhandelt wurden, Opfer eines Versehens oder eines Verdachtes geworden sind (...).»[7]

Diese Beispiele lassen erkennen, wie weit früher die Überzeugung verbreitet war, daß es Kriminelle gab, die Kinder raubten. Wie oft hat man unartigen Kindern angedroht, der schwarze Mann werde kommen und sie holen! Als Beweis mag die moralisierende Darstellung in den populären Epinal-Bildern vom Beginn des 20. Jahrhunderts gelten. Diese Angst, für die wir zwei Beispiele angeführt haben, traf auf einen anderen Glauben, der für Menschen, die einem magischen Weltbild anhingen, nichts Unsinniges hatte, und bestärkte ihn noch: Ich meine den Glauben daran, daß man ein gesundes Kind opfern müsse, um einen kleinen, kranken Prinzen zu heilen, wobei die Gesundheit des einen auf den anderen übertragen wird. Wer diese beiden Gewißheiten (die Kindesentführungen und die Heilung durch die Gesundheit eines anderen) besitzt, dem erscheint die wechselnde Identität der Sündenböcke zweitrangig. Oratorianer, Polizisten und Puppenhändler hatten durch falsch verstandene Verhaltensweisen, die nicht auszurottenden Befürchtungen der Öffentlichkeit noch bestärkt. Zwei weitere Belege dafür: Im Jahre 1769 mußte die Polizei die Pfarrer von Paris bitten, ihre Schäfchen zu beruhigen, die einmal mehr davon überzeugt waren, daß ihre Kinder in Gefahr seien;[8] noch im Jahre 1823 war im «Dictionnaire de police moderne» von Alletz unter dem Stichwort «Alarme» zu lesen: «Es ist strengstens untersagt, das Volk durch falsche Gerüchte oder Nachrichten, die Schrecken und Panik auslösen könnten, in Unruhe zu versetzen, wie es etwa die Furcht vor einer Hungersnot, Kindesentführungen usw. zuwege bringen.»[9]

Eine andere kollektive Angst, die zumindest in Frankreich nicht auszurotten war und die aus Gerüchten und Aufständen von einst rekonstruiert werden kann, ist die Angst vor einer «Lebenssteuer». Dieser Mythos scheint im 17. und Anfang des 18. Jahrhunderts am weitesten verbreitet gewesen zu sein, als die galoppierende Aufblähung des Steuerwesens dazu führte, daß die Öffentlichkeit dem Staat alles zutraute. Im Grunde aber war diese Angst zurückzuführen auf die Feindseligkeit einer wesentlich von mündlicher Kommunikation bestimmten Volkskultur gegenüber dem Papierkrieg einer zentralistisch orientierten Bürokratie, die immer mehr gebührenpflichtige Aktenauszüge, Zahlungsaufforderungen usw. produzierte. Im Jahre 1568 wurde das sogenannte Aktenkontrollrecht eingeführt, eine Steuer, die zahlbar war, wenn Auszüge aus den Kirchenbüchern bei Gericht vorgelegt wurden. Im Jahre 1654 wurde es erneuert und später durch die Schaffung der Ämter des Gerichtsschreibers (1690) und des Aktenprüfers (1706) verschärft. Die Unruhe, die diese Beschlüsse zur Folge hatten, artete mehrmals in beängstigende Gerüchte und «Volksaufläufe» aus, die durch einen nicht richtig verstandenen Erlaß oder eine nicht richtig gelesene Bekanntmachung verursacht wurden. «Für jedes weitere Kind, das sie bekommen, müssen die Frauen von nun an eine bestimmte Summe Geldes entrichten»: Durch diese angebliche Geburtensteuer kam es 1627 in Villefranche-de-Rouergue, 1635 in den Städten der Guyenne, 1645 in Montpellier, 1655 in Carcassonne, 1657 in Pau, 1670 in Aubenas, 1706 und 1709 in Bayonne und 1707 im Quercy zu Volksaufständen. Zur Zeit der Fronde prangerte der «Catéchisme des partisans» (1649) die Geschäftsleute an, «die es einst gewagt hatten, dem Rat vorzuschlagen, eine Steuer auf die Kindstaufe zu erheben»[10]. Man bildete sich ein, auch Hochzeiten und Begräbnisse würden besteuert werden; man verunglimpfte die Steuereinnehmer, «die sich von Seufzern und Tränen ernähren». In Villefranche (1627), in Pau (1682) und in Bayonne (1709) glaubte man an eine Besteuerung des Brunnenwassers, wonach «auf jeden Krug Wasser, den die Frauen am Brunnen holten, eine Steuer erhoben werden würde»[11]. Die Furcht vor einer «Lebenssteuer» äußerte sich also in vielerlei Gestalt.

Auch wenn wir nun sicher sind, daß im Frankreich des 16. und

17. Jahrhunderts das Steuerwesen für die meisten und schlimmsten Aufstände verantwortlich war, sollten wir aus den Chroniken der Zeit festzustellen versuchen, was für Gerüchte auslösende Momente des Volkszorns waren. In den Gegenden, die von der Salzsteuer ausgenommen waren, brachen die meisten Aufstände durch das Gerücht aus, die Regierung habe die Absicht, die Salzsteuer auf das ganze Land auszudehnen. Diese Steuer genoß einen so katastrophalen Ruf, daß jede neue Steuermaßnahme in der erschreckten Öffentlichkeit oft zunächst als «Salzsteuer» bezeichnet wurde. Im Mai 1685 verbreitete sich in Bordeaux das Gerücht, daß «man die Salzsteuer in dieser Stadt erheben wolle». Desgleichen wurde behauptet, «es würden zwei Taler pro Faß und fünf Sous pro Topf erhoben sowie eine Unzahl anderer Unwahrheiten»[12]. Die Menge stürmte das Rathaus und brachte die Steuereinnehmer um. Andere Städte Südwestfrankreichs, insbesondere Périgueux und Agen, folgten dem Beispiel, das Bordeaux ihnen gegeben hatte. In Périgueux brachen die Unruhen im Juni aus, nachdem man «aus Bordeaux die Nachrichten erhalten hatte, der König wolle auf jeden Gast eine Steuer erheben sowie andere Steuern einführen, die man der Einfachheit halber ‹Salzsteuer› nannte»[13]. Die Ursache des Aufstandes von Agen, ebenfalls im Juni 1635, war «der Verdacht, daß in der Stadt die Salzsteuer erhoben werden solle und daß eine Anzahl der Einwohner (...) auf der Seite der Steuereinnehmer stünden»[14]. Natürlich entbehrten diese Gerüchte nicht immer jeder Grundlage. Richelieu dachte sehr wohl daran, in der unteren Normandie das Vorrecht des «quart bouillon» abzuschaffen, das den Regionen, die es genossen, das Recht verlieh, ihr Salz selbst zu produzieren und frei zu verkaufen, wobei sie dem König eine Steuer, die einem Viertel des Wertes entsprach, entrichten mußten. Aber der Aufstand der «Nu-pieds» im Avranchin brach im Juli 1639 aus, bevor irgendein offizieller Erlaß veröffentlicht worden wäre, der die Salzsteuer über dieses Gebiet verhängte. Man schrie also, bevor man den Schmerz spürte, sicherlich zu Recht, denn die Ausbreitung des Aufstandes führte dazu, daß die Regierung darauf verzichtete, ihren Plan zu verwirklichen. Es bleibt die Tatsache bestehen, daß ein Funke genügte, um das Pulverfaß zur Explosion zu bringen, wobei in unserem Falle der Funke ein Gerücht war, das in der mißtrauischen Grundstimmung des Volkes gereift und von einer ganzen steuerfeindlichen Mythologie genährt worden war: Man glaubte, daß Besnadière-Poupinel, Amtsdiener am Oberlandesgericht in Coutances, den gefürchte-

ten Erlaß bringen werde. Er wurde von der Menge umgebracht, und das Avranchin erhob sich.[15] Wenn 1675 die Unruhen in Rennes und Nantes einen Bauernaufstand in der unteren Bretagne hervorriefen, so deshalb, weil sich in der Cornouaille die Nachricht verbreitete, ein Leutnant des Königs wolle die Salzsteuer in den Diözesen Vannes, Saint-Pol-de-Léon, Tréguier und Quimper erheben. Die Steuereinnehmer wurden von Gruppen Bewaffneter angegriffen. Das Parlament von Rennes sah sich genötigt, einen Erlaß herauszugeben, der die Gerüchte über die Erhebung der Salzsteuer als erfunden und jeglicher Grundlage entbehrend hinstellte und der es bei Strafe untersagte, sie weiter zu verbreiten.[16] So groß war also damals die Angst vor dem Fiskus, daß es genügte, ein Gerücht über eine neue Steuer in die Welt zu setzen, um einen Volksaufruhr zu bewirken. Zum Beispiel Cahors im Jahre 1658: Als der Steuerhof beschloß, ein «compoix cabaliste» einzuführen (ein Verzeichnis, in dem die Berechnungsgrundlagen für die Steuern erstellt werden sollten), «wiegelten die Händler und Gastwirte das einfache Volk auf, indem sie überall verbreiteten, es handele sich um die Erhebung der Salzsteuer, was das Volk so dumm war zu glauben»[17].

Ein Gerücht entwickelt sich also auf einem Nährboden von aufgestauter Angst; es ist das Ergebnis eines bewußten Entwicklungsprozesses, den sich konzentrierende Bedrohungen oder widrige Umstände in Gang gebracht haben. Am 24. Mai 1524 wütet in Troyes eine Feuersbrunst. Früher waren derartige Großbrände in den Städten nicht selten, da die meisten Häuser aus Holz gebaut waren. Aber man redet sich ein, daß «unbekannte und vermummte Leute» sich in die Stadt eingeschmuggelt und Kinder zwischen zwölf und vierzehn Jahren angestiftet hätten, Feuer zu legen. Mehrere dieser Jungen werden gehängt. Schwieriger ist es, der wahren Brandstifter habhaft zu werden, die das Unternehmen geleitet haben, denn «sie treten jeden Tag in einer anderen Verkleidung auf, mal als Händler, mal als Abenteurer oder Bauer, mal sind sie völlig kahl auf dem Kopf, und mal haben sie Haare, kurzum, man kann sie nicht erkennen».[18] Die Angst vor den Brandstiftern macht sich bald auch in Paris breit, wohin man einen Mann aus Troyes gebracht hat, dessen Söhne, so wird versichert, an der Brandstiftung beteiligt gewesen seien und die deshalb hingerichtet worden wären. In der Hauptstadt kursieren zahlreiche Gerüchte: «Die Mixtur, die alles in Flammen aufgehen läßt», soll aus Neapel stammen; «Paris und andere Städte im Königreich Frankreich sollen verbrannt werden»; verantwortlich dafür ist der Konnetabel von Bourbon.[19] Zweiundzwanzig «verdächtige» Deutsche werden im Faubourg Saint-Denis festgenommen. Beim Verhör stellt sich heraus, daß sie unschuldig sind. Aber der Magistrat rät den «Kaufleuten, Bürgern und Einwohnern», nachts Wachen aufzustellen: «Was während zweier Jahre (...) durchgeführt wurde.» Das Parlament ordnet weiterhin an, um neun Uhr abends die Laternen vor den Häusern anzuzünden und immer Wasser in den Gefäßen vor der Haustür bereitzuhalten. Die Johannisfeuer und die Feuer an Peter und Paul wurden in jenem Jahr verboten. Landstreicher wurden festgenommen, die, immer zu zweit aneinandergekettet, die Gräben an der Porte Saint-Honoré reinigen mußten. In einem solchen Klima des Argwohns ist es nicht erstaunlich, daß viele an «Türen und Fenstern schwarze Andreaskreuze» zu sehen meinen, «die Unbekannte nachts dort aufgemalt haben»[20].

Was war die Ursache dieser kollektiven Panik? Im Grunde sicher die Angst vor Kriegsvolk und Landstreichern – wie wir schon gesehen haben, hegte das Volk den einen wie den anderen gegenüber denselben Argwohn. Nun führte ein Zusammenwirken von Umständen dazu, daß diese Furcht wieder hervorbrach. In Italien war 1521 wieder der Krieg aufgeflammt, Frankreich hatte in ihm eine Reihe von Niederlagen hinnehmen müssen. Außerdem verbreitete sich die Nachricht vom Tode Bayards. Auch in der Provence hatten schwierige militärische Unternehmungen stattgefunden. Im Norden Frankreichs waren die Engländer, die sich mit dem deutschen Kaiser verbündet hatten, weit in die Pikardie vorgedrungen und bedrohten 1523 sogar Paris. Man fürchtete sie so sehr, daß der Bischof in diesem Jahr verbot, an Allerheiligen die Glocken zu läuten, «damit man sie hörte, wenn sie herannahten»[21]. Der «Verrat» des Herzogs von Bourbon im Februar 1523 hatte in der Öffentlichkeit Bestürzung ausgelöst, und als man im Juli glaubte, Franz I. werde sich nach Italien aufmachen (in Wirklichkeit kam er nicht weiter als bis nach Lyon), fühlten die Pariser sich im Stich gelassen. Dazu kamen noch «das Gespenst der Reformation», die Auswirkungen des strengen Winters 1523/24, der die Versorgung mit Lebensmitteln zum Problem werden ließ, sowie die zahlreichen Prozessionen, die in Paris entweder des Wetters oder des Krieges wegen veranstaltet wurden. Es ist verständlich, daß ein solches Zusammentreffen widriger Umstände die Pariser in einen Schockzustand versetzt, sie für beunruhigende Gerüchte aller Art empfänglich gemacht und in ihnen die Angst vor den Landstreichern geweckt hatte. Noch am Tage vor der Feuersbrunst von Troyes hatte das Parlament angeordnet, daß alle Müßiggänger und «Hergelaufenen» unverzüglich die Stadt zu verlassen hätten. Konnte man noch daran zweifeln, daß es unter ihnen Brandstifter gab?

Ein Gerücht kann Ausdruck unbändiger Freude oder verrückter Hoffnungen sein – wir haben schon den Glauben an die Abschaffung der Steuern erwähnt. Häufiger jedoch ist es die Erwartung eines Unglücks. Wenn man sich vor Augen hält, welchen Platz die Angst vor neuen Steuern oder vor den Landstreichern in der kollektiven Psyche einnahm, ist es kaum erstaunlich, daß viele der beunruhigenden Gerüchte von einst sich auf diese beiden ständig vorhandenen Ängste bezogen. Die Große Angst von 1789 beweist, daß in einer Zeit der Auflösung staatlicher Macht solche Gerüchte den Lauf der Geschichte beeinflussen können. Im allgemeinen sind aber Bedeutung und Funktion, die die Gerüchte in der Kultur des Absolutismus hatten, unterschätzt worden. Ihre Entstehung oder besser ihre regelmäßige Wiederkehr war fester Bestandteil des täglichen Lebens der Völker, genau wie die Aufstände. Die Große Angst übertrug nur eine Wirklichkeit auf die Ebene einer Nation, die sich in den vorangegangenen Jahrhunderten in unterschiedlichem Ausmaß in den verschiedenen Regionen immer wieder manifestiert hatte. Die Verbreitung beunruhigender Gerüchte – die stets auf nicht institutionalisierten Wegen vor sich ging[22] – markierte den Augenblick, in dem die öffentliche Hysterie ihren Höhepunkt erreichte. Die Aktivierung des Selbsterhaltungstriebs durch die ständige Bedrohung der Daseinssicherheit einer Gruppe, die aufgestauten kollektiven Ängste und Enttäuschungen beschworen Halluzinationen und Projektionen herauf und würden unter gleichen Umständen sicher wieder Gleiches bewirken.[23] Das Gerücht ist also gleichermaßen Eingeständnis und Erklärung einer allgemeinen Angst und darüber hinaus das erste Stadium im Prozeß der Abreaktion, die die Menge vorübergehend von ihrer Angst befreien wird. Es ist die Identifizierung einer Bedrohung und die Klärung einer unerträglich gewordenen Situation. Denn wenn eine soziale Gruppe jeden Zweifel an dem Gerücht von sich weist und es akzeptiert, klagt sie auch an. Der Volksfeind wird entlarvt; und das ist schon eine Erleichterung. Sogar die hoffnungsträchtigen Gerüchte benennen immer einen oder mehrere Schuldige. So zur Zeit der Fronde: Die Steuern würden abgeschafft werden; wer hatte den König bisher daran gehindert? Mazarin! Diese geradezu paranoide Projektion ließ einst immer wieder die traditionellen Sündenböcke auftauchen: Steuereinnehmer, Hamsterer, Straßenräuber, Ketzer. Indem sie die Schuldigen benennt (und mit den Namen auch Gesichter verbindet), stellt sich eine Gemeinschaft als Opfer hin – was sie in der Tat häufig auch ist – und rechtfertigt damit im voraus die Selbstjustiz, die sie üben wird. Indem sie den – oder die – Angeklagten aller möglichen Verbrechen, Laster und dunklen Machenschaften beschuldigt, wäscht sie sich darüber hinaus von ihren eigenen aufrührerischen Absichten rein und schiebt der Gegenseite den Schwarzen Peter zu.

Wenn das Gerücht einen Punkt erreicht, an dem es sich jeder Kontrolle durch Kritik entzieht, neigt es dazu, die Macht des entlarvten Feindes zu überschätzen und ihn zum Zentrum teuflischer Machenschaften zu erklären. Je größer die allgemeine Angst ist, desto eher ist man geneigt, überall Verschwörungen zu sehen, die von Verbindungsmännern am Ort unterstützt werden. Das soll nicht etwa heißen, daß die fünfte Kolonne nicht mehr als ein Mythos ist. Aber zu allen Zeiten hat die Furcht, die man vor ihr empfand, die Grenzen der Wirklichkeit und des Möglichen gesprengt. So wird durch ein Gerücht häufig eine Verschwörung, also ein Verrat, aufgedeckt. Die Berichte über die gegen den Fiskus gerichteten Aufstände sind voll von Formulierungen wie «Salzsteuerverschwörung», «Verschwörung der Partei der Steuereinnehmer» oder der «Unheilspartei», die klar und deutlich auf ein Ränkespiel auf nationaler Ebene verweisen, dessen lokale Handlanger aber allen bekannt sind. Im Jahre 1524 glaubte man an eine konzertierte Aktion der Brandstifter, und 1776, während des «Mehlkrieges», an eine Verschwörung der Hamsterer und Spekulanten.

Die Massaker der Bartholomäusnacht von 1572 und an den darauffolgenden Tagen in Paris und in mehreren Städten Frankreichs können psychologisch nur dadurch erklärt werden, daß man allgemein an eine Verschwörung der Protestanten glaubte. Nach dem gescheiterten Attentat auf Coligny hatte Katharina von Medici beschlossen, mehrere Hugenottenführer hinrichten zu lassen. Aber die Regierung hatte nicht die Absicht, alle Reformierten in Paris umzubringen. Das Volk von Paris kümmerte sich allerdings nicht um die Meinung der Regierung, und trotz der Ermahnungen der Obrigkeit, ruhig Blut zu bewahren, wütete der Pöbel fast fünf Tage lang in den Straßen der Hauptstadt, wobei es zu entsetzlichen Greueltaten kam: Man schleifte die bedauernswerten Opfer nackt durch die Straßen und warf sie anschließend in die Seine, schwangeren Frauen wurde der Bauch aufgeschlitzt, Kiepen voller kleiner Kinder wurden in den Fluß geworfen usw. Das sind Verbrechen, die jenen vergleichbar sind, die im 16. Jahrhundert von den brasilianischen Tupinamba an ihren Kriegsgefangenen begangen wurden; der einzige Unterschied besteht darin, daß die Pariser keinen Kannibalismus übten.[25] Was war nun der Grund für den Volkszorn, der ein solches Ausmaß erreichte, daß selbst «ihre königlichen Hoheiten (...) im Louvre vor Angst erbebten»[26]? Jeanine Estèbe stellt fest, daß die beiden Friedensedikte von 1562 und 1570 gleichermaßen Gewaltausbrüche des Volkes in denjenigen Städten auslösten, in denen die Katholiken in der Überzahl waren. Letztere glaubten, daß ihre Gegner sich von nun an alles herausnehmen könnten und daß sie sich unter geschickter Ausnutzung der Zugeständnisse, die ihnen der König gemacht hatte, zu den Herren des Königreichs aufschwingen wollten. Haton, ein Pfarrer aus Provins, schrieb in diesem Sinne: «Besagter Friede [von 1570], der mit dem Hugenottenführer und dessen Anhängern geschlossen wurde, schien sehr vorteilhaft für die Freiheit der Hugenotten zu sein, was sich seither auch bestätigt hat (...).»[27]

Die Friedensedikte wurden von den Katholiken als Verrat aufgefaßt, da sie Leuten Vorrechte einräumten, die von der Masse des Volkes als Rebellen und Ketzer angesehen wurden. Die Ehe Margarete von Valois' mit dem Protestanten Heinrich von Navarra, die am 18. August geschlossen wurde, schien diese Befürchtungen zu bestätigen. Welche Ansprüche würden den Protestanten von nun an noch verwehrt werden? Auf der anderen Seite steht es außer Zweifel, daß die Protestanten sich nach dem Attentat auf Coligny vom 22. August in Drohungen ergingen: Sie würden sich rächen. Der 23., ein Feiertag, erwies sich als günstig für die Volksversammlungen in den Kirchen. Die Prediger verkündeten lautstark, die Calvinisten wollten Heinrich von Guise töten. Dieser schickte sich an, die Stadt zu verlassen, was die Pariser, die sich vielleicht ihres Verteidigers beraubt fühlten, in Unruhe versetzte. Am Nachmittag verbreitete sich ein alarmierendes Gerücht: Montmorency, der zu Unrecht beschuldigt wurde, Hugenotte zu sein, und den die Pariser verabscheuten, marschierte an der Spitze seiner Truppen auf die Stadt zu.

«Von dieser Stunde an [16 Uhr] kursierte in Paris das Gerücht, der König habe nach dem Marschall de Montmorency geschickt und ihn gebeten, mit einer großen Reitertruppe und einem Infanterieregiment anzurücken. Mithin hätten die Pariser Grund, sich vorzusehen, aber dieses Gerücht war falsch.»[28]

Als schließlich in der Nacht vom 23. auf den 24. der Magistrat in den Louvre beordert wurde und den Befehl erhielt, die Bürgerwehr zu bewaffnen, so geschah dies, wie versichert wurde, zur Verteidigung des Königs, des Rathauses und der Stadt Paris gegen eine Verschwörung der Protestanten. Wie hätte das Volk von Paris, dessen Nerven seit mehreren Jahren auf eine harte Probe gestellt worden waren und das unter der Glut der Augusthitze bange Tage erlebt hatte, beim Klang der Sturmglocke noch an der Realität dieser Verschwörung zweifeln können? Die Hugenottenmassaker wurden zu einem legitimen Verteidigungsakt.

Die panische Angst vor Verschwörungen geisterte gleichfalls in den ersten Jahren der Französischen Revolution durch das Land. G. Lefebvre hat zu Recht geschrieben, die Große Angst sei eine «gewaltige Falschmeldung» gewesen.[29] Das heimliche Einverständnis zwischen Adligen und Straßenräubern, an das alle Franzosen glaubten, war jedenfalls eine jener «Mythen, die den Lauf der Geschichte bestimmen»[30]. Anläßlich der Hungersnöte, die dem Sommer 1789 vorangingen, tauchte die Überzeugung von 1776 wieder auf, daß Minister und örtliche Verwaltungen einen «Hungerpakt» geschlossen hätten, natürlich auf Kosten des Volkes. Trotzdem weckte die Versammlung der Generalstände große Hoffnungen. Aber sehr bald schon gerieten sie mit der Regierung in Konflikt. Man redete sich ein, nicht ganz zu Unrecht übrigens, daß die Privilegierten die Reformen ablehnen und versuchen würden, die neue «Nationalversammlung» aufzulösen, die Kontrolle über den Staat an sich zu reißen und die Bauern unter dem Joch der Leibeigenschaft zu halten. Vom 15. Mai an kursierte das Gerücht, daß die Regierung in der Umgebung von Paris Truppen sammle. Die Entlassung Neckers schien die schlimmsten Befürchtungen zu bestätigen. Es ist eine unbestrittene Tatsache, daß ohne den Pariser Aufruhr vom 14. Juli die Nationalversammlung verloren gewesen wäre. Auf jeden Fall kursierten am Vortag des Sturms auf die Bastille unzählige beunruhigende Gerüchte in Paris: Die Einwohner glaubten, fremde Soldaten wollten die Stadt besetzen. Wenn sie zu den Waffen griffen, dann deshalb, weil sie wie ihre Vorfahren im Jahre 1572 meinten, es sei ihr gutes Recht, sich zu verteidigen, zumal man den Marschall de Broglie verdächtigte, er wolle «Paris dem Erdboden gleichmachen».

Der Sieg des Volkes vom 14. Juli wirkte keineswegs beruhigend, denn er gab das Signal für die Emigration. Die Flucht, schien ein weiterer Beweis für die «Verschwörung des Adels» zu sein. Es galt als sicher, daß die Emigranten Gold in ihrem Gepäck hatten, mit dem sie dank des Abkommens der europäischen Herrscher ausländische Söldner dingen wollten. Plötzlich fühlte sich Frankreich an allen Grenzen bedroht. Ende Juli erwartete Bordeaux die Ankunft von dreißigtausend Spaniern, in Briançon richtete man sich auf zwanzigtausend Piemontesen ein, und in Uzerche glaubte man, der Graf von Artois würde mit vierzigtausend Mann anrücken. Aus dem Osten wurde der Vormarsch der kaiserlichen Truppen gemeldet. In der Bretagne befürchtete man eine Landung der Engländer. Aber wie hätten die Emigranten, die Rückkehr- und Rachepläne schmiedeten, nicht auch in Frankreich nach Komplizen Ausschau halten können? So verbreitete sich nach dem 14. Juli die Nachricht, daß die ohnehin gefürchteten – und zu jener Zeit sehr zahlreichen – Landstreicher sowohl von den ins Ausland geflohenen Adligen als auch von den in Frankreich gebliebenen angeworben würden. Das «höllische Komplott» hatte den Untergang des Landes beschlossen und versicherte sich der Unterstützung «innerer» Verräter. Letztere, die «verabscheuungswürdigen Werkzeuge der Gewaltherschaft», würden versuchen, Frankreich auszuhungern und seine Dörfer und Felder in Brand zu stecken. Es ist also nicht verwunderlich, daß die Angst ihren Höhepunkt zur Erntezeit erreichte. Indem sie zu den Waffen griffen, um sich gegen die Halsabschneider zu verteidigen, bestätigten Städte und Marktflecken die Existenz der Verschwörung und schürten damit die kollektive Unruhe. Gewiß war nicht ganz Frankreich Schauplatz von Tumulten, in deren Verlauf Adelssitze in Flammen aufgingen[31], aber ganz Frankreich zitterte.

«Mörderische Zusammenrottungen» und «Verbrechen der Volksmenge», hervorgerufen von der Angst, prägten in Frankreich auch den Sommer 1792, wobei insbesondere die Pariser Septembermorde (vom 2. und 3. September) zu erwähnen wären. Letztere waren aber nur ein Zwischenspiel – allerdings das blutigste – in einer Reihe von Massakern, die überall im Lande in einer Atmosphäre der Unruhe und des Argwohns stattfanden, die der Kriegszustand, die ersten Rückschläge und die Gewißheit geschaffen hatten, daß die Feinde im Ausland Komplizen im Inland hatten. In Naves im Departement Ardèche kursiert am 9. Juli das Gerücht, daß neun eidverweigernde Priester, die man ins Gefängnis gesteckt hatte, verschwunden seien. Die Menge begibt sich daraufhin zum Gemeindehaus, zerrt sie heraus und bringt sie um, bis auf einen, der behauptet, er habe den Eid auf die Zivilverfassung geleistet.[32] Am 20. Juli verbreitet sich in Marseille das Gerücht, daß ein Tuchhändler eine Verschwörung gegen die «Patrioten» angezettelt habe. Als man ihn im Gefängnis, wohin er gebracht wird, durchsucht, findet man «besondere Patronen» bei ihm. Am nächsten Tag dringt die Menge gewaltsam ins Gefängnis ein und bringt ihn um. Bevor er stirbt, nennt er jedoch die Namen zweier Waffenmeister, die die Köpfe der konterrevolutionären Verschwörung sein sollen. Sie werden in Haft genommen. Am 22. nun, gegen sieben Uhr morgens, «nachdem das Volk am Vortag durch die Entdeckung einer großen Anzahl gelber, erhabener [sic] Knöpfe am Meeresufer, die für Kleider und Jacken bestimmt waren und die eine große weiße Lilie eingraviert trugen, in Aufruhr versetzt worden war», scheint der letzte Zweifel an der tatsächlichen Existenz der Verschwörung beseitigt. Die Menge dringt in das Gefängnis ein und tötet die beiden Waffenmeister. Am Ende desselben Monats Juli wird in Toulon behauptet, eine konterrevolutionäre Verschwörung bahne sich an: Eine Festung würde in Brand gesteckt, die Patrioten würden ermordet, eine andere Festung den Abgesandten des Grafen von Artois übergeben werden. Da sie der Meinung ist, die Obrigkeit würde nicht hart genug durchgreifen, bringt die Menge zwölf Personen um, darunter den Generalstaatsanwalt sowie vier Mitglieder des Departementdirektoriums und den öffentlichen Ankläger beim Strafgericht.[33] Diese und viele andere Vorgänge, die P. Caron aufgezählt hat, rekonstruieren die Morde vom 2. und 3. September in ihrem nationalen Zusammenhang und liefern den Beweis, daß sie weder geplant noch «organisiert», sondern das Ergebnis einer epidemischen Angst waren.

Wiederholen wir es noch einmal, daß diese Angst nicht unbegründet war. Die ungeheuerlichsten Gerüchte, die damals kursierten, können wie auch sonst durch einen langen, vorbereitenden Bewußtseinsprozeß und durch die plötzliche bewußte Wahrnehmung einer gefährlichen Situation erklärt werden. Das gilt zumindest für jene Leute, die der Revolution wohlwollend gegenüberstanden. Die Armee mußte Niederlagen einstecken; am 11. Juli hatte die Nationalversammlung verkündet, «das Vaterland sei in Gefahr»; das Manifest des Herzogs von Braunschweig («Koblenzer Manifest»), das am 1. August in Paris bekannt wurde, hatte die Hauptstadt tatsächlich mit einer «Exekution durch das Militär» und einem «völligen Umsturz» bedroht; am 10. August waren Ströme von Blut geflossen, was den Groll der «Patrioten» gegen jene, die verdächtigt wurden, königstreu zu sein — eidverweigernde Priester und Adlige —, noch weiter schürte. Die Pariser bemerkten indessen erst ziemlich spät das Herannahen der feindlichen Armeen, obwohl die Preußen am 23. August Longwy erobert hatten. In der Nacht vom 1. auf den 2. September verbreitete sich dann in der Hauptstadt das Gerücht, das belagerte Verdun habe sich ergeben — ein Gerücht, das der Wirklichkeit um einige Stunden voraus war. Diesmal stand der Feind vor den Toren! Die Sturmglocken wurden geläutet, Kanonenschüsse wurden abgefeuert, und die Pariser wurden aufgefordert, eine Armee von sechzigtausend Mann aufzustellen. Zugleich erging der Befehl, alle verdächtigen Personen zu entwaffnen. In dieser Atmosphäre äußerster Erregung drangen die «Führer» — Handwerker und Revolutionssoldaten —, moralisch unterstützt von mehr oder minder großen Volksansammlungen, in die Gefängnisse ein, urteilten die Häftlinge ohne Gerichtsverfahren ab und richteten sie hin. Sie glaubten an eine «Verschwörung der Gefängnisse»; während die «Patrioten» zur Front aufbrachen, würden die unbewachten Gefangenen die Gefängnisse verlassen, den Feinden die Stadt öffnen und ihre Aktionen vorbereiten. Diese Vorstellung war umso einleuchtender, als mehrere Gefängnisse und als Gefängnis benutzte Örtlichkeiten im Herzen der Stadt lagen: Inseln des Verrats in einer belagerten oder mit Belagerung bedrohten Stadt.

Unter den Mordopfern befanden sich weit mehr Strafgefangene als «politische» Gefangene, wobei das Verhältnis 67,61 % zu 32,38 % beträgt, wenn man die niedrigeren Zahlen (737 auf der einen Seite, 353 auf der anderen) zugrunde legt und 71,9 % zu 28,1 % bei den höchsten Schätzungen (1003 zu 392).[34] Damit ist die Behauptung widerlegt, die Strafgefangenen seien «obendrein» oder «im Eifer des Gefechts» und im «Blutrausch» getötet worden. Die Erklärung für den hohen Anteil der Strafgefangenen lautet ganz anders und steht in Zusammenhang mit der tief verwurzelten Angst vor Räubern. Diese Leute ohne Skrupel noch Gewissen, die wegen unterschiedlicher Vergehen verurteilt worden waren, würden nicht zögern, sich dem Meistbietenden zu verkaufen. Das Gold der Kirche und der Adligen würde sie zu Werkzeugen und willfährigen Handlangern der Feinde der Nation machen. Es war also notwendig, sich ihrer so schnell wie möglich zu entledigen. Diese «notwendige Selbstjustiz des Volkes» rief später

Abscheu und Ekel hervor. Aber in jenen Tagen, als die erste Sorge der Pariser den herannahenden ausländischen Truppen galt, wurde kaum darüber gesprochen. Außerdem scheint der größte Teil der Pariser tatsächlich an die «Verschwörung der Gefängnisse» geglaubt zu haben.

2. Die Rolle von Frauen und Priestern
Der Bildersturm

Die tragischen Ereignisse des Sommers 1792 fordern geradezu dazu auf, näher auf die Rolle einzugehen, die die Frauen einst bei Tumulten, Aufständen und den «Verbrechen des Pöbels» gespielt haben. Wenn man zwischen den Zeilen zeitgenössischer Berichte, gleich welcher Tendenz, über die Septembermorde liest, ahnt man die hysterischen Reden der Ehefrauen und Mütter, die sie auf der Straße oder zu Hause führten, als sich die feindlichen Armeen immer mehr Paris näherten: Die von den kriegstauglichen Männern verlassene Stadt würde den inneren Verrätern überlassen werden. Nach dem Bericht eines Priesters zu urteilen, sollen schon am 29. und 30. August «Megären» anläßlich einer Haussuchung im Collège de Navarre den Häschern zugerufen haben: «Mut, Freunde, man muß diese Halunken von Adligen mitleidslos beseitigen, diese Räuber, die uns umbringen wollen.»

Am 2. September sagen Soldaten zu der Menge, die Karren voller Gefangener in Richtung des Gefängnisses L'Abbaye vorbeifahren sieht: «Ja, das sind eure Feinde, die Komplizen derer, die Verdun übergeben haben, die nur darauf warten, daß ihr aufbrecht, um dann eure Frauen und Kinder zu ermorden.»

Mme Roland spricht von dem «Widerwillen», den das «Volk» bei dem Gedanken empfände, «sein Herdfeuer im Stich zu lassen und das Feld den reißenden Wölfen zu überlassen, die sich auf das Teuerste stürzen würden, was es zurücklassen mußte».[35]

Diese Reden werden meistens von Männern geführt. Aber sie sind klar und deutlich das Echo auf Ängste der Frauen, die sich von Haushalt zu Haushalt fortpflanzen: Ehefrauen und Kinder werden wehrlos ausgeliefert sein; ihr Leben ist in Gefahr. Wie sollte man den Frauen bei den Tumulten von Paris, Lyon und Toulouse Mitte des 18. Jahrhunderts, als es um angebliche Kindesentführungen ging, nicht gleichfalls eine bedeutende Rolle zusprechen? Denn wer fürchtete diese Entführungen ganz besonders, wenn nicht die Mütter?

Es wird nun besser verständlich, warum die Frauen so oft die treibende Kraft bei den Volksaufläufen waren, die durch Teuerung und Verknappung des Getreides hervorgerufen wurden. Durch eine Art biologischen Reflex verteidigten sie das Leben ihrer Kinder und den Fortbestand ihres Haushaltes. «Eine feste Größe [bei den Getreideaufständen]», schreibt Y.-M. Bercé, «ist die Anwesenheit der Frauen. Sogar bei den Hinterhalten, die die Bauern nachts auf den Landstraßen legten, waren Frauen dabei, die mit Steinen bewaffnet waren. (...) Sie stürzten sich in die durch die hohen Brotpreise verursachten Unruhen, wobei sie einzig von ihrer Angst vor der Zukunft und von dem Vorsatz, den Hamsterern und Spekulanten ihre gerechte Strafe zu verabfolgen, getrieben wurden.»[36] Für diese Verhaltensweise lassen sich viele Beispiele für die Zeit finden, als die ersten Unruhen der Französischen Revolution ausbrachen.

Da die wachsende Steuerlast einen großen Teil der Bevölkerung einer Stadt oder Provinz an den Bettelstab zu bringen drohte oder gar in seiner Existenz bedrohte, ist es nicht verwunderlich, daß die Frauen den gegen den Fiskus gerichteten Aufständen den Weg bereiteten, indem sie öffentlich Aufsehen erregten. 1637 verbrennen sie in Cahors öffentlich die Bank, auf der die Steuerbeamten in der Kathedrale zu sitzen pflegten, sowie die Einrichtung ihrer Diensträume.[37] In Agen (1635) und in Caen (1639) sind sie es, die den Aufruhr auslösen, indem sie hier den Salzsteuereinnehmer angreifen und die Unterkunft des königlichen Steuereinnehmers belagern.[38] In Montpellier werden 1645 die Hausfrauen, die sich gegen den Fiskus erheben, von einem Mannweib angeführt, das verkündet, man müsse entweder sterben oder die Steuerpächter aus der Welt schaffen, die ihren Kindern das Brot raubten.[39] In Limoges werden 1705 die Häuser der Steuereinnehmer von «einer großen Menge Frauen, Mädchen und Kindern, die dem niederen Volke angehören, in Brand gesteckt. Ihre Ehemänner und Väter sind dabei nicht in Erscheinung getreten»[40]. Die Angst vor der Salzsteuer scheint also zunächst eine fixe Idee der Frauen gewesen zu sein. Als Beleg mag folgende Anekdote dienen: An einem Sonntag des Jahres 1670 schickt sich der Priester der kleinen Kirche zu Lannes in den Pyrenäen an, einen Hirtenbrief des Bischofs zu verlesen. «Der größte Teil der Zuhörerschaft, die an diesem Tage der Heiligen Messe beiwohnte, glaubte fest, daß er ein Dokument zur endgültigen Einführung der Salzsteuer verlesen wolle und daß die Gemeinde deshalb verloren sei. Die anwesenden Gläubigen, insbesondere die Frauen und Mädchen, begannen, den genannten Priester zu beschimpfen.»[41] Die Frauen sind es auch, die als erste und mit großer Überzeugung an die sagenhafte «Lebenssteuer» glauben. Als 1691 in Montauban ein Finanzbeamter einen Anschlag machte, der den Verkauf neuer Ämter betraf, «verbreitete sich unter dem niederen Volke und vor allem unter den Frauen niedersten Standes das Gerücht, man wolle von ihnen sechs Deniers für jedes Hemd, das sie bleichen ließen, erheben, zehn Sous für jeden Knaben und fünf Sous für jedes Mädchen, das sie zur Welt brächten (...)»[42]. Daraufhin brach ein Aufruhr aus, an dem sich zweihundert oder dreihundert Hausfrauen beteiligten.

Zahlreiche Untersuchungen haben in jüngerer Zeit hervorgehoben, daß die Frauen in sehr unterschiedlichen aufständischen Bewegungen der vorindustriellen Epoche eine Rolle gespielt haben. So beteiligten sie sich Anfang des 17. Jahrhunderts in England an den Aufständen, die sich gegen die Einhegungen («enclosures») richteten und die die Beibehaltung der Allmende durchsetzen wollten.[43] Sie hielten sich auch aus den heftigen Unruhen, die durch religiöse Zwistigkeiten verursacht wurden, nicht heraus. Im Jahre 1637 begann in Edinburgh der Widerstand gegen das von Karl I. eingeführte «Prayer Book» mit einer lautstarken Protestaktion des «Dienstmädchenpacks» in der Saint Giles' Church. Sie unterbrachen den Dekan, der daraus vorlas, warfen mit Schemeln nach dem Bischof, und als dieser sich davonmachte, bewarfen sie Türen und Kirchenfenster mit Steinen. Crespin und der Verfasser der «Histoire ecclésiastique des Eglises réformées» berichten gleichfalls übereinstimmend, daß die Frauen an allen bilderstürmerischen Ausschreitungen beteiligt waren, in deren Verlauf im 16. Jahrhundert in Frankreich und den Niederlanden die Heiligenbilder zerstört wurden.[44] Läßt sich also sagen, daß sie auf den religiösen Bereich eine aufrührerische Aktivität «übertrugen», die sich ansonsten gegen die Getreidespekulanten und die Steuerbeamten richtete? Mir scheint die richtige Erklärung eine andere zu sein, nämlich die, daß die Frauen vor den Männern Opfer der Angst wurden, ob es sich nun um die Angst vor Brotteuerungen, Steuern, Einhegungen, Kindesentführern oder in Glaubensfragen handelte. Sie fühlten sich als erste bedroht, nahmen Gerüchte auf und verbreiteten sie. Sie teilten ihrer Umgebung ihre Angst mit und trieben sie dadurch an, sich auch für extreme Mittel zu entscheiden. Sie ergriffen dabei selbst die Initiative und begingen oft Taten, die den Gegner einschüchtern oder auch vernichten sollten. Gewiß hat es auch damals politisch aktive Frauen gegeben, die zum Beispiel den Generationen des 19. Jahrhunderts die Ideologie der «heißen Jahre» am Ende des 18. Jahrhunderts vermittelt haben. Man denke nur an die Witwen Babeuf und Lebas.[45] In unserer Zeit scheinen Frauen die treibenden Kräfte in der Baader-Meinhof-Gruppe gewesen zu sein. Meine Absicht ist allerdings nicht, länger andauernde Aktionen zu untersuchen, sondern die spontanen, kurzlebigen Handlungen, die sich dennoch im Laufe der Jahrhunderte im Rahmen nicht vorausgeplanter Aufstände wie eine Konstante wiederholt haben. Diese Verhaltensweise hat sich bis in unsere Tage gehalten. L. Pliouchtch berichtet, daß 1967 in Priluki in der Ukraine Milizsoldaten einen unbewaffneten Arbeiter folterten und töteten, der irrtümlicherweise festgenommen worden war, als er von einem Tanzvergnügen kam. Als der Leichenzug einige Tage später vor dem Polizeirevier vorbeikam, schrie eine Frau: «Nieder mit der sowjetischen SS!» Andere Frauen fielen in diesen Schlachtruf ein, dann die Männer. Die Menge drang daraufhin ins Büro der Miliz ein, verwüstete es und verprügelte die Milizsoldaten.[46] Hier haben wir ein modernes, anschauliches Beispiel für die Rolle der Frauen bei den Ausbrüchen kollektiver Wut.

Die «Riten der Gewalt» in den Aufständen von einst sind hinreichend bekannt; die jüngste Forschung hat mit den Anschuldigungen und Pseudo-Beschreibungen interessierter Kreise aufgeräumt, die das aufständische Volk als «von Sinnen», als «tausendköpfiges Ungeheuer», als zügellosen Pöbel «ohne Ordnung noch Führer» bezeichnet hatten – alles Attribute, die Guillaume Paradin im 16. Jahrhundert verwendet, um die Lyoner Aufstände, die durch die Teuerung des Korns verursacht wurden, zu charakterisieren.[47] E. Le Roy Ladurie entdeckt bei der Untersuchung des blutigen Karnevals zu Romans im Jahre 1580 eine Art exemplarisches Psychodrama, eine Art «Ballett-Tragödie», «deren Darsteller ihre Revolte gespielt und getanzt haben». Bei diesem «elisabethanischen Drama» hat er das Wiederauftauchen kannibalischer Vorstellungen und des damit verknüpften Themas des Frauentauschs festgestellt.[48] Wir brauchen hier nicht zu wiederholen, was an anderer Stelle schon gesagt wurde. Indessen bleibt der Nachweis zu führen, warum und wodurch Aufstände ein Mittel zur

Bekämpfung der kollektiven Angst darstellten, vor allem in jenen stürmischen Tagen, wo es besonders wichtig für die Bevölkerung war, als Masse handeln zu können. Der rasche Übergang zur Gewalt vollzog sich dabei in der Hoffnung – ja, sogar in der Gewißheit –, daß das Heil in der Stärke begründet sei. Zunächst jedoch bricht kein Aufstand ohne jenen Lärm aus, der gleichzeitig beeindruckt und erregt – die Schreie der Menge, vor allem aber der Klang der Sturmglocke und der Trommelwirbel. Dies alles ist Zeichen und Beweis dafür, daß ungewöhnliche Zeiten angebrochen sind, die sich vom Alltagstrott unterscheiden. Sie fordern dazu auf, die Passivität abzustreifen, gegen Eintönigkeit und Verbote, die den Alltag durchziehen, aufzubegehren. Auf der anderen Seite fühlt eine Menge sich schon dann stark, wenn sie sich gebildet hat. Deshalb brechen «Volkserregungen» und Aufstände so häufig auf Jahrmärkten, Märkten oder Patronatsfeiern, bei Prozessionen oder ganz einfach während der sonntäglichen Messe aus. Als bevorzugter Versammlungsort stellen die Pfarrkirche oder deren Vorplatz oder der an sie angrenzende Friedhof oft das Epizentrum dar, von dem aus die «Rasereien» des Volkes sich ausbreiten. Außerdem ist die Kirche oft ein solides, manchmal sogar ein befestigtes Gebäude: Im Notfall dient sie als Zufluchtsort. In jedem Falle befindet sie sich im Mittelpunkt des Gemeinschaftslebens. Es gibt indessen noch eine andere Örtlichkeit als das Gotteshaus, an der man sich oft versammelt: das Wirtshaus. Nachrichten und Gerüchte verbreiten sich gleichfalls von Schenke zu Schenke. Die Pfarrkirche und das Wirtshaus bilden in der Gesellschaft von einst die beiden Pole, an denen die Bande der Zusammengehörigkeit, vor allem in den unteren Bevölkerungsschichten, geknüpft werden. Von unserem Blickwinkel aus gesehen ergänzen sie einander mehr, als die Meinung der Kirche jener Zeit glauben machen will, die den Schenken immer ablehnend gegenüberstand.

Die Menge handelt nicht ohne Anführer und gewinnt nur an Sicherheit, wenn sie von diesen mitgerissen wird.[49] Wer sind nun diese starken Männer, die sie einerseits in Angst versetzen, indem sie ihnen die Gefahren zeigen, die auf sie lauern, und die sie andererseits beruhigen, indem sie sie anstacheln, sich zu wehren? In den Städten sind es für gewöhnlich Handwerker, so daß man hinter den offensichtlichen unzusammenhängenden städtischen Aufständen die lebhafte Unterstützung der Zünfte und Gilden vermuten muß. Wir sollten uns jedoch nicht wundern, daß unter diesen Handwerkern – vom Volksaufstand unter Caboche (1413) bis zur Französischen Revolution – die Gastwirte und die Metzger den ersten Platz einnehmen.[50] Blut und Wein sind unlösbar mit dem Aufruhr verknüpft. Er kann auf jene, die Getränke ausschenken, und auf die, deren Beruf es ist zu töten, nicht verzichten. Aber in der Stadt wie auf dem Lande gibt es noch eine andere Kategorie von Anführern, deren Bedeutung vielleicht nicht genügend hervorgehoben wurde, nämlich die Kirchenmänner, die direkten Kontakt zum Volk haben. Als Prediger sind sie seine wahren Führer. Im Europa des Feudalismus und Absolutismus lassen jene, die eigentlich das Volk in der Hand haben, es abwechselnd zittern und hoffen, weinen und lachen, gehorchen oder revoltieren; es sind jene Männer, die im Namen Gottes sprechen.

Es scheint ein abgedroschener Gemeinplatz zu sein, daß die katholischen Priester und Prediger auf der einen Seite und die protestantischen Geistlichen auf der anderen in den Religionskriegen des 16. Jahrhunderts eine Hauptrolle gespielt haben. Dennoch hat die Geschichtsschreibung immer nur die Taten der Regierungen und der Großen hervorgehoben, so daß es uns nicht deutlich genug bewußt wird, daß Katharina von Medici, Admiral Coligny und Wilhelm I. von Oranien die Ereignisse weniger selbst gelenkt als vielmehr auf sie reagiert haben.[51] Jene, die die Christen gegeneinander aufgehetzt haben, besonders in den Städten, waren uns nicht weiter bekannte, fanatische Redner und militante Glaubensstreiter, die die bildsame Masse nach ihrer Vorstellung von der Kanzel aus formten und mit ganz offensichtlich aggressiven Absichten öffentliche Psalmengesänge oder bewaffnete Prozessionen am Ort organisierten. Ein Historiker des letzten Jahrhunderts hat zu Recht über die Unruhen in der Provence im 16. Jahrhundert geschrieben: «Es gibt keinen Aufstand (...), bei dem nicht die Franziskaner, Kapuziner, Karmeliter oder Dominikaner die schlimmsten Vorschläge machen und bei dem sie nicht die ersten wären, die das Signal zum Massaker geben.»[52] Unzählige Tatsachenberichte bestätigen dies. In Rouen ziehen 1560 die Pfarrer, gefolgt von den Gläubigen, in einer Prozession mit den Sakramenten durch die Straßen. Protestanten, die von den Fenstern aus zusehen, weigern sich, dem Allerheiligsten die gebührende Ehrerbietung zu bezeigen. Die katholische Menge dringt daraufhin in ihre Häuser ein und verwüstet sie.[53] In Toulouse hielt 1562 ein Domherr fanatische Fastenpredigten, wobei er abwechselnd die Protestanten und die verdächtigen hohen Beamten angriff und ankündigte, der göttliche Zorn werde sich schon bald über ihren Häuptern entladen.[54] Im Februar 1571 haben in Orange die aufwieglerischen Predigten der Bettelmönche ein elf Tage währendes Massaker an Hugenotten zur Folge.[55] In Orléans, wo sich am 25. August 1572 die Nachricht von der Pariser Bartholomäusnacht verbreitet, wird die katholische Menge von «einem gewissen königlichen Prediger namens Sorbin» aufgewiegelt, «einem der unwissendsten und ungestümsten aller Kirchenlehrer der römisch-katholischen Kirche», und dringt in die Häuser der Protestanten ein.[56] In einer Predigt am St. Michaelistag (20. September) desselben Jahres, die der Jesuit E. Auger in Bordeaux hält, gibt er seiner Verwunderung ob der Tatsache Ausdruck, daß diese Stadt dem Beispiel der Hauptstadt noch nicht gefolgt sei: Er beschuldigt den Statthalter, zaghaft zu sein, wirft ihm vor, «bei seiner Dirne zu schlafen», und kündigt die Ankunft des Würgeengels an. Diese Predigt bringt das Pulverfaß zur Explosion: Das Blutbad beginnt am 3. Oktober. Wie viele Male haben katholische «Schreier» nicht während der Glaubenskonflikte im 16. Jahrhundert die Gerichte, die gegen die «Lutheraner» vorgehen sollten, der Laschheit bezichtigt oder Katharina von Medici mit Jezabel und Heinrich III. mit Ahab verglichen, weil sie es zuließen, daß eine neue Religion, nicht minder gefährlich als der Baalskult, sich breitmachte und darüber hinaus den protestantischen Glauben für die Mißgeschicke – wie die Niederlage von Saint-Quentin – verantwortlich gemacht, die der erzürnte Herrgott Frankreich schickte![57]

Die protestantischen Prediger standen ihnen darin wohlgemerkt in nichts nach; sie waren in großem Umfang für die «bilderstürmerischen Ausschreitungen» und die Hinrichtung der «Götzendiener» verantwortlich. Dazu beriefen sie sich auf das Deuteronomium (13,7–10): «Wenn dich dein Bruder, deiner Mutter Sohn oder dein Sohn oder deine Tochter oder deine Frau in deinen Armen (...) heimlich überreden würde und sagen: Laß uns hingehen und andern Göttern dienen (...), so willige nicht ein und gehorche ihm nicht. Auch soll dein Auge ihn nicht schonen (...), sondern du sollst ihn zum Tode bringen. Deine Hand soll die erste wider ihn sein, ihn zu töten, und danach die Hand des ganzen Volkes.»

Tatsächlich kam es 1562 in Rouen und Gien nach Predigten, in denen aus dem 5. Buch Mose vorgelesen wurde, zum Bildersturm.[58] Im selben Jahr nahm ein Pastor in Lyon mit gezogenem Degen an dem Sturm auf die Kathedrale Saint-Jean teil.[59] Die Katholiken beeilten sich, auf den Zusammenhang zwischen Predigten und Bildersturm hinzuweisen, so zum Beispiel Margarete von Parma im September 1566 in einem Brief an Philipp II.:

«[Die Prediger] glauben, ihnen sei alles erlaubt, sie zerbrechen die Heiligenbilder, predigen in den Kirchen, behindern die Katholiken und tun, was ihnen beliebt, zu Hohn und Spott der Gerechtigkeit (...); diese neuen Pastoren, Prediger, Bilderstürmer und Anführer von Volksaufläufen zeigen sich nun allerorten.»[60]

Zweifellos sind die Bilderstürmer, die im Sommer 1566 in den Niederlanden wüteten, aufgehetzt worden. Eine Akte, die augenblicklich von Mme Deyon und A. Lottin untersucht wird, beweist klar und deutlich den offensichtlichen Zusammenhang von Predigten und auf sie folgenden Bilderstürmen. Von Valenciennes bis Antwerpen gaben flammende Predigten, die unter freiem Himmel vor den Toren der Städte gehalten wurden, das Zeichen zum Bildersturm.[61] Diese «Zaunpredigten» begannen Ende Juni und erreichten am 10. August ihren Höhepunkt. An diesem Tag nahmen die Verwüstungen ihren Anfang. Die Zuhörerschaft, die sich von den Predigern mitreißen ließ, wurde immer zahlreicher, manchmal waren es bis zu fünfzehntausend Personen. Oft brachten die Zuhörer ihre Waffen mit, sie waren bereit, den Predigern bei irgendwelchen aufsehenerregenden Taten zu folgen. In einem «Bericht über die Erschütterungen unter dem aufgewiegelten Volk der Stadt Edingen» heißt es:

«Am 27. Tage des genannten Monats August 1566 wurde morgens im Bezirk Edingen, an einem ‹Heerhouwt› genannten Ort, die erste Predigt gehalten. (...) Der Pastor befand sich in Begleitung eines großen Teils der Einwohner von Oudenaarde, die sich mit verschiedenen Werkzeugen bewaffnet hatten, ebenso wie einige Leute aus Edingen. (...)

Desgleichen war das Volk von Heerhouwt, das besagter Predigt beiwohnte, samt seinem Prediger oder Pastor nach Herrynes und zur Kirche der Kartäuser gekommen, wo es seine Abendmahlzeit einnahm; die Mönche des Kartäuserklosters verwalteten die Güter und Vorräte, die dort lagerten. Die Kirche von Herrynes und die der Kartäuser wurden verwüstet, die Bücher der Bibliothek verbrannt.»

In einem anderen Dokument jener Zeit gesteht ein aus Genf gekommener Prediger, der nach den Unruhen festgenommen wurde, er sei zusammen mit einer Gruppe von Leuten in eine Kirche in Cateau-Cambrésis eingedrungen, «wo er ein kupfernes Weihwasserbecken nahm und auf den Boden warf. Von dort begab er sich in eine Kapelle, wo er ein Banner herunterriß. Danach tat es ihm ein jeder nach, und es gab ein großes Durcheinander.»

Daß die Pfarrer bei den millenaristischen Bewegungen, die ihre Pläne für einen gesellschaftlichen Umsturz auf die Heilige Schrift gründeten, eine bedeutende Rolle gespielt haben, ist nicht überraschend. Ihre Anzahl war in Tabor im Jahre 1420 bedeutend, und Thomas Müntzer war ein Augustinermönch gewesen, bevor er den «Bund getreulichen und göttlichen Willens» gründete. Interessanter ist die Feststellung, daß der «Wat Tyler-Aufstand» in England im Jahre 1381 trotz einiger egalitaristischer und prokommunistischer Forderungen konkrete, unmittelbare Ziele verfolgte, die nicht unbedingt utopisch waren, wie zum Beispiel die Abschaffung der Leibeigenschaft, die Aufteilung des kirchlichen Besitzes unter die Gemeinden usw. Einer der Anführer bei diesem Aufstand war ein Wanderprediger namens John Ball, der es sich zur Gewohnheit gemacht hatte, seine Reden vor den Bauern «an den Sonntagen nach der Messe, wenn jedermann aus der Kirche kommt», zu halten. Er «kam dann zum Kloster oder zum Friedhof, wo er predigte und das Volk um sich versammelte». So berichtet Froissart in einem Text, der ein breiteres Umfeld beleuchtet als den Aufstand von 1381.

Die jüngsten Untersuchungen der Bauernaufstände und der Revolte der «Nu-pieds» brachten in der Tat ans Licht, daß die Priester, insbesondere die Gemeindepfarrer, bei den Aufständen in Frankreich im 17. Jahrhundert oft eine Rolle gespielt haben. In der unteren Normandie beteiligten vier Pfarrer sich aktiv an dem Aufstand gegen die Steuereinnehmer. Einer von ihnen, ein gewisser Morel, Vikar der Kirche Saint-Saturnin in einem Vorort von Avranches, ist vielleicht sogar der wahre Anführer dieser Revolte gewesen.[62] Im Verlauf der Unruhen in den Gemeinden des Angoumois und der Saintonge (1636) sah man in Blanzac «vierhundert mit Hakenbüchsen und Piken bewaffnete Männer» einmarschieren, «die sich auf zwölf oder fünfzehn Kompanien aufteilten, die von ihrem Priester angeführt wurden. Sie marschierten in einem geordneten Zug zum Klang einiger Querpfeifen und Geigen, da keine Trommeln zur Hand waren.»[63] Auch unter den Aufständischen des Périgord (1637–1641) waren Pfarrer zu finden. «Einige Pfarrer», berichtet ein Zeitgenosse, «führten diesen Pöbel an.» Ein anderer Zeuge versichert, daß «ein Priester sich bei dem Aufstand des Périgord aufgrund seiner Tapferkeit und Körperkraft hervortat». Priester und Vikare, die mit den Aufständischen gemeinsame

Sache machten, sollten «das Laster vertreiben (...), das christliche Volk zu Gebeten zu Gott mahnen, zur Verteidigung gegen die Lästerer und Unverschämten, die Ehre und Ruhm Gottes angreifen wollten»[64].

In den Pyrenäen sind es wiederum die Priester, die sich zu Anführern der gegen den Fiskus gerichteten Aufstände im Val d'Aran (1643), in der Provinz Soule (1661) und im Lavedan (1665 und 1695) aufschwingen.[65] 1675 setzen sich mehrere Priester an die Spitze der wutentbrannten bretonischen Bauern der Gegend um Carhaix und Gourin. Einige unter ihnen werden zur Galeere verurteilt, darunter ein gewisser Jean Dollo aus Carhaix, der «dessen überführt wurde, der Anführer der Aufständischen gewesen zu sein und von einigen Einwohnern der Stadt verlangt zu haben, eine Ernennungsurkunde zum Hauptmann der Aufständischen zu unterschreiben, die auf seinen Namen lautete»[66]. Im Jahre 1680 schreibt der Intendant des Poitou an Chamillard: «Ihr könntet nicht verstehen, wieviel Unheil die Priester in diesem Departement anrichten»[67], denn sie predigen gegen die Kopfsteuer («taille») und gegen die Steuerpacht, verstecken die Möbel ihrer Pfarrkinder, bevor sie gepfändet werden können, und fordern sie auf, Widerstand zu leisten. Als Teil der Gemeinde der Gläubigen sind diese Priester deren natürliche Wortführer und Anführer in Zeiten des Aufruhrs. Zumindest vor dem 18. Jahrhundert nahmen sie auch eine andere Haltung ein als die im Lande wirkenden missionarischen Prediger. Gewiß wettern auch diese – zum Beispiel Eudes, Maunoir, Grignion de Montfort – gegen die Reichen, und während der Aufstände treten sie als Schlichter auf. Als Abgesandte der kirchlichen Hierarchie treten sie indessen für Ordnung und Unterwerfung ein. «Erduldet alles, ohne zu murren», das ist der Rat, den Grignion de Montfort in einem seiner geistlichen Lieder gibt[68], und an anderer Stelle schreibt er: «Oft sieht man duldende Arme / Aber selten geduldige Arme.»[69] Oder: «O welch furchtbare Verleumdung, / Schlecht von den Königen zu sprechen.»[70]

Seit den Arbeiten R. Mousniers und seiner Schüler ist die Rolle bekannt, die die Edelleute bei den Aufständen des 17. Jahrhunderts gespielt haben, diejenige der Gemeindepfarrer darf darüber jedoch nicht vergessen werden. Es wäre also durchaus der Mühe wert, im Rahmen einer Entwicklungsgeschichte der Bewußtseinsformen, die chronologische und ideologische Einschnitte übergreift, zum Beispiel systematisch die Rolle zu untersuchen, die ehemalige Priester und sogar vorübergehend zweckentfremdete Gotteshäuser bei der Revolution von

1789 bis 1799 gespielt haben. Und schließlich könnte man die Untersuchung der Zusammenhänge zwischen Aufständen und Kirchenmännern auf Amerika ausdehnen. In diesem Falle wäre Mexiko ein bevorzugtes Forschungsgebiet, da Hidalgo und Morelos, die Führer der ersten Aufstände während der Unabhängigkeitskämpfe (1810 bis 1815), Priester waren. Darüber hinaus sind mindestens sechs Pfarrer bekannt, die sich bei den Bauernaufständen von 1827 und 1894 in Mexiko nicht nur auf die Seite der Aufständischen schlugen, sondern auch als Anführer an ihrer Spitze standen.[71] Früher war der Priester derjenige, der seiner Gemeinde ein Gefühl der Sicherheit gab und der in schwierigen Situationen den Weg bezeichnete, der einzuschlagen sei, selbst wenn es sich um den Weg der Rebellion handelte.

Wir wissen heute, daß die Unruhen in den Städten (ganz gleich, ob ein längerer Aufstand auf sie folgte oder nicht) ebenso wie der Gärungsprozeß, der den Beginn eines Bauernaufstandes markierte, in der Kultur von einst oft den Charakter eines Festes oder Bacchanals annahmen.[72] Die Riten und die Stimmung waren die gleichen wie im Karneval, ebenso das Thema der Umkehrung sozialer Rollen und Verhältnisse, das die mittelalterlichen Narrenfeste beherrschte, und die dominierende Bedeutung der jungen Leute, deren Gruppen in der traditionellen Gesellschaft wie eine Art Sittenpolizei auftraten. In der lärmenden Fröhlichkeit drückten sich die Einmütigkeit des Kollektivbewußtseins, der Geist einer Gemeinde oder eines Viertels und der Zusammenhalt innerhalb einer Gruppe aus, die sich durch diese Reaktion der Selbstverteidigung der Alpdrücke entledigte, die sie verfolgten. Diese Befreiung von der Angst ging Hand in Hand mit einer plötzlichen Abwertung des Gegners, dessen Stärke und Möglichkeiten einer späteren Reaktion man nicht mehr abzuschätzen brauchte. Man besetzte ein Rathaus, brachte die Steuereinnehmer um, weigerte sich, Steuern zu zahlen, und schlug ein ganzes Regiment zurück, so als ob hinter den rücksichtslos lächerlich gemachten Menschen und Institutionen nicht der Staat selbst, weitere Truppen sowie die Solidarität der Besitzenden stünde. Allerdings trifft die Annahme nicht zu, daß die Opfer von Aufständen immer während der anarchischen Phase, die wir ausführlich dokumentiert haben, hingerichtet wurden. Die aufgebrachte Menge verschaffte sich oft dadurch ein ruhiges Gewissen, daß sie ihr «alter ego» verurteilte, wobei sie auf Rechtspraktiken zurückgriff, deren Modell im Kollektivbewußtsein lebendig blieb: es wurden Strafexpeditionen veranstaltet, vor der Hinrichtung tagten Volksgerichte, und die Hinrichtungen wurden öffentlich auf einem zentralen Platz oder an dem gewöhnlich dafür vorgesehenen Orte vollzogen. Mit dieser Vergeltungsaktion der Rechtlosen nahm die anonyme Masse für einen begrenzten Zeitraum ihr Geschick selbst in die Hand und machte sich Mut, indem sie Institutionen schuf. Außerdem weisen zahlreiche Berichte nach, daß selten blindwütig getötet und weniger häufig geplündert wurde, als man angenommen hatte. Eine aufgebrachte Menge beruhigte sich selbst durch diese innere Disziplin, die mehr oder weniger bewußt gehalten wurde.

Oft gab man sich während eines Aufstands nicht damit zufrieden, die Feinde nur zu töten. Wie oft wurden während der Französischen Revolution die auf Piken aufgespießten Köpfe der Opfer durch die Straßen getragen! Der in der Bartholomäusnacht getötete Hugenottenführer Coligny wurde entmannt, enthauptet und in die Seine geworfen, danach wieder aufgefischt und an den Beinen am Galgen von Montfaucon aufgehängt. Während desselben Massakers wurden zahlreiche Protestanten, nachdem man sie getötet hatte, nackt durch die Straßen geschleift und danach in den Fluß geworfen. Diese grausamen Schauspiele sind den Autodafés oder Scheiterhaufen vergleichbar, bei denen in Abwesenheit Verurteilte «in effigie» verbrannt wurden oder dem oben schon erwähnten abscheulichen Mummenschanz, den der protestantische Stadtrat von Basel im Jahre 1559 inszenierte: Er ließ den Leichnam des Wiedertäufers David Joris, der drei Jahre zuvor friedlich unter dem Namen Johann von Brügge gestorben war, wieder ausgraben. Man brach den Sarg auf, zerrte die Leiche heraus und band sie dann an einen Pfahl. Daneben stapelte man die Bücher auf, die er geschrieben hatte, und stellte ein Bildnis des gefährlichen Ketzers auf. Danach wurde alles verbrannt.[73] Während der Französischen Revolution holten Fanatiker die königlichen Leichname aus ihren Gräbern in der Kathedrale Saint-Denis und zerstörten in Anet den noch unversehrten Körper der Diane de Poitiers. Diese makabren Zeremonien tragen zum Verständnis des Bildersturms in allen Epochen bei. In St. Gallen wurden 1529 alle Altäre zerstört, Bilder und Plastiken mit Äxten oder Hämmern zertrümmert:

«(...) auf vierzig Wagen wurden die Trümmer aus der Kirche geschafft, und von Stund an ward ein Feuer bereitet und alles verbrannt. Über die Vorgänge in Neuenburg schrieb der dortige Statthalter: ‹Sie schlugen die Bilder in Stücke, den Gemälden schnitten sie die Nasen weg, stachen ihnen die Augen aus, sogar der Mutter Gottes.›»[74]

Alle Augenzeugenberichte stimmen darin überein, daß die Bilderstürmer nicht auf Plünderungen aus sind, sie wollen zerstören. Die Statuen werden mit Äxten oder Piken in Stücke geschlagen; man nimmt die Bilder von den Wänden und trampelt auf ihnen herum. In Ulm spannt man 1531 mit Seilen und Ketten Pferde vor die Orgeln des Münsters, zerrt sie so aus der Kirche heraus und schlägt sie dann kurz und klein. Zitieren wir auch den Bericht über die Ereignisse in Valenciennes im Jahre 1566:

«[Die Hugenotten der Stadt] drangen wutentbrannt in die Kirchen ein, einerlei ob es sich um Pfarrkirchen, Abteikirchen oder die Kapellen der Spitäler handelte, sie verschonten nicht eine einzige. Sie kamen in großen Gruppen, bis an die Zähne bewaffnet, rissen die Kruzifixe und Heiligenbilder herunter, wobei sie fluchten und Gott lästerten, danach zerstörten sie die Emporen, die Orgeln, die Chorschranken der Kapellen, die Altäre, die Stühle, die Taufbecken und die Glasfenster. Danach verbrannten sie alle Schmuckgegenstände der besagten Kirchen, und aus manchen Kirchen flossen Ströme geschmolzenen Goldes heraus (...). Des weiteren zerrissen und verbrannten sie Antipendien, Altartücher, Abendmahlstücher und alle möglichen Paramente sowie alle Bücher der Kirchen. Es war ein rechter Jammer und eine große Betrübnis, die dem Herrn geweihten Orte in solchem Zustande zu sehen, entweiht von bösen, zügellosen Menschen ohne jede Vernunft und den Katholiken ein großes Herzeleid.» [76]

Ist der Bildersturm nur blinder Haß oder eher ein kollektiver Beschwörungsritus? Kirchenfenster, Statuen, Gemälde, sogar Orgeln oder auch die Leichname in ihren ehrwürdigen Grabstätten waren für die aufgebrachte Menge mehr als seelenlose Gegenstände. In ihnen steckte ein Rest der tyrannischen, ja teuflischen Macht, die die Aufständischen zu brechen versuchten. Die Enthauptung Ludwigs XVI. bedeutete allein noch nicht den Sieg über die Monarchie, solange man seine Vorfahren in ihren schönen, Respekt heischenden Grabmälern ihrer ewigen Ruhe überließ. Das Königtum wäre nach wie vor eine irgendwie bedrohliche Macht. Ebenso blieben für die Bilderstürmer des 16. Jahrhunderts der römische Götzendienst und die Macht der Kirche weiter bestehen, solange ihre Symbole an ihrem Platz blieben. Eine verstümmelte Statue, ein gemaltes Gesicht, dem man die Augen ausgekratzt hat, oder der zu einem Hampelmann herabgewürdigte Leichnam sind dagegen entweiht und haben ihre magische Kraft verloren. Indem sie Symbole auf jede erdenkliche Art mißhandeln, überzeugt sich die Menge selbst von ihrer Macht und zwingt den Feind in die Knie: Er ist nun harmlos und bejammernswert. So zeigt der Bildersturm, wie tief kollektive Angst sitzt, und ist zugleich als letzter Ausweg zu verstehen, um der Angst zu entrinnen.

3. Die Angst vor Umsturz

Oft scheiterten die Aufstände, viele Revolten wurden niedergeschlagen. Für die besiegten Aufständischen begann dann von neuem die Angst. Man fürchtete die Bestrafung, die in der Tat schrecklich sein konnte, wie zum Beispiel nach der Niederlage der deutschen Bauern von 1525 oder als der Herzog von Alba 1567 zum Militärgouverneur der Niederlande ernannt wurde. Nach dem Scheitern eines Aufstandes gegen den Fiskus befürchtete man – nicht zu Unrecht übrigens – die Rache der zurückkehrenden Steuereinnehmer und eine weitere Verhärtung des Staatsapparates.

Bei den Siegern und den Personen von Rang hingegen blieb die Furcht vor der namenlosen, unkontrollierbaren Menge zurück – «eine schreckliche Herde, die es zu hüten gilt»[77], versicherte 1709 ein Verwaltungsbeamter der Normandie – sowie die Angst vor einem gesellschaftlichen Umsturz. Zeuge wider Willen sind dafür die Verfasser von «Prophetien», deren düstere, unermüdlich wiederholte Voraussagen die ständige Beunruhigung all derer widerzuspiegeln scheinen, die an der althergebrachten Ordnung festhielten:

«1518: Es wird große Streitigkeiten und Feindseligkeiten (...) zwischen dem gemeinen Volk und dem Adel geben.»

«1576: In diesem Jahr wird es [das Volk] gänzlich über die Stränge schlagen und sich gegen seine Herrscher erheben, deren einige ihrer gerechten Strafe nicht entgehen werden; ihre Fehler werden indessen (...) der Autorität der Obrigkeit sehr abträglich sein.»

«1590: Es werden sich nicht nur Zwistigkeiten unter dem Volk zwischen der oberen und der unteren Schicht ergeben, sondern auch zwischen Vater und Sohn, Gatte und Gattin und zwischen Herr und Diener.»

«1602: [In diesem Jahre] sind Zorn, Rasereien und Aufstände des Volkes zu befürchten.»[78]

Oft nahm die Furcht vor dem anonymen Volk sowohl in der Stadt als auch auf dem Lande eine besondere Form an, nämlich die der Furcht vor den Bettlern. In der Tat gab es auf den Landstraßen und in den Städten Europas während des Absolutismus auch andere Landstreicher als den Abschaum der Armeen, den wir schon untersucht haben. Erwähnenswert sind ab dem 15. Jahrhundert natürlich die Zigeuner, die man auch «Sarazenen», «Ägypter» oder «Böhmen» nannte. Ihren verschiedenen Gruppen gehörten auch Ausgestoßene anderer Herkunft an, sie versammelten die «liederliche Jugend aller Nationen», wie Sebastian Münster in seiner «Cosmographia» behauptete.[79] Durch ihre Bräuche und ihre Kleidung als Außenseiter abgestempelt, flößten die Zigeuner Angst ein. Man beschuldigte sie, Kinder zu rauben. Den weitaus größten Anteil der Umherziehenden stellten jedoch die «überflüssigen Menschen» von früher[80], jene Opfer der wirtschaftlichen Entwicklung, die uns schon im Kapitel über die Ausschreitungen der Chiliasten begegnet sind: Kleinbauern, die durch das gezielte Vorgehen derer, die immer mehr Land in ihren Besitz bringen wollten, von ihrem Grund vertrieben worden waren, Landarbeiter, die aufgrund des Bevölkerungswachstums und der häufigen Hungersnöte am Rande der Existenz vegetierten, Arbeiter aus den Städten, die von den regelmäßig wiederkehrenden Wirtschaftskrisen oder von Arbeitslosigkeit betroffen waren. All diese richtigen Bettler, unter die sich, so glaubte man, zahlreiche falsche Invaliden und falsche Arme mischten, wanderten jahrhundertelang von der Stadt aufs Land und umgekehrt, wobei ihre Zahl in Krisenzeiten, zum Beispiel kurz vor der Französischen Revolution, sprunghaft anstieg.

Zahlreiche Berichte bezeugen die Angst vor den Bettlern, die seit der Großen Pest in Europa all jene mehr oder weniger Wohlhabenden empfanden, die genügend zum Leben hatten und sich nicht von geographischer und sozialer Entwurzelung bedroht fühlten. Jüngere Untersuchungen über die Landstreicherei haben gezeigt, daß es sich bei den Landstreichern meistenteils um Männer ohne Familie handelte, was die Angst vor ihnen noch verstärkte, und erklärt, daß sie sich zu Banden zusammenzuschließen suchten.[81] Im Jahre 1363 klagt der Bischof von Paris über ein neues Übel: Die Straßen der Hauptstadt werden von einer Unzahl Bettler überschwemmt. Das Problem der Landstreicher kehrt auch in der großen «Ordonnance cabochienne» von 1413 wieder. Sechzig Jahre später erläßt das Pariser Parlament die Anordnung, daß nach Landstreichern gefahndet werden solle und daß sie festzunehmen seien, um danach ausgewiesen oder in einem summarischen Verfahren bestraft zu werden. Gesetze dieser Art, die danach in ganz Europa wiederholt und verschärft erlassen wurden, sind Ausdruck des beständigen Gefühls der Unsicherheit, das jahrhundertelang die seßhaften Bewohner der Städte (und der ländlichen Gegenden) beim Anblick dieser «Kunden und Kundinnen» befiel, die von einem Ort zum anderen zogen.[82]

Im September 1523, nach dem «Verrat» des Konnetabels von Bourbon, als Franz I. krank in Lyon lag, befürchtete Paris einen «Aufstand» der Bettler. «Während dieser Tage», erzählt N. Versoris, «fanden die üblen Gesellen sich in großer Zahl zu Paris zusammen und hofften, der Feind werde bald vor den Toren stehen, damit sie gemeinsam mit ihm nach Belieben plündern, rauben und die Stadt verwüsten könnten. Deswegen waren zu jener Zeit die üblen Gesellen bei der Stadtbevölkerung gefürchteter als die Feinde.»[83]

Als in England unter Heinrich VIII. und Eduard VI. zahlreiche Aufstände ausbrachen, glaubte die Obrigkeit – zu Unrecht –, daß die Rebellen hauptsächlich Bettler wären. Cranmer schrieb 1549: «Die Hauptverantwortlichen für diese Unruhen sind Tagediebe und Menschen niederen Charakters, die nichts oder sehr wenig durch ihrer Hände Arbeit erwerben.» In «The Hurt of Sedition» (1549) verkündete Sir John Cheke den Aufständischen von Norfolk, daß ihre Handlungen «einen Tumult unter dem Volk, ein Spektakel der Landstreicher und eine Massenerhebung der Diebe ausgelöst hätten»[84].

Unter den Landstreichern finden sich nur Verbrecher und Aufständische, was 1659 auch ein hoher Feldrichter der französischen Armee in Italien versichert: «Bei jenen Leuten, den Landstreichern und Zigeunern, führt der Müßiggang schließlich zu Trunksucht, Ausschweifungen, Spielleidenschaft, Gotteslästerungen, Streitereien und Aufständen. (...) Die Räder und Galgen sind oft voll von diesen Ungeheuern, die sich weigern, dem göttlichen Gebot, sein Brot im Schweiße seines Angesichts zu verdienen, zu gehorchen, und die deshalb in schändlicher Armut versinken und Diebstähle, Freveltaten und entsetzliche Morde begehen.»[85]

Die Ruhelosigkeit des «fahrenden Volkes» und jener, «die überall daheim sind», erscheint zu jener Zeit also äußerst verdächtig, und die damalige Gesellschaft macht keinen Unterschied zwischen Außenseitern und Verbrechern. Wenn indessen in einer Stadt die Zahl der Bettler drei bis vier Prozent der Einwohnerzahl nicht übersteigt, beunruhigt man sich kaum. Wenn aber zehn Prozent überschritten werden, gerät die Bevölkerung in Unruhe und neigt zu panikartigen Reaktionen.[86] Nun wurde dieser Prozentsatz im Europa des 16. bis 18. Jahrhunderts wiederholt überschritten. Dies ist auch der Grund, warum es zu dem ausgesprochen böswilligen Phantombild der Landstreicher kam, das im Laufe der Jahrhunderte von der kollektiven Einbildungskraft immer weiter ausgeschmückt wurde. Landstreicher sind die «ungeheuer starken» und «unverbesserlichen Spitzbuben», die ihren Opfern im Dunkeln auflauern – und dies in einer Zeit, in der Diebstahl als größeres Verbrechen gilt als Schlägereien oder Racheakte. Sie sind die willfährigen Werkzeuge der «Feinde des Königs und des Königreichs» – so drücken sich 1524 die Schöffen von Troyes und Dijon aus. Viele Ärzte werfen ihnen vor, sie würden die Pest verbreiten. Aber A. Paré geht noch weiter und zählt die «Zauberkunststücke der bösen Bettler, die von Tür zu Tür gehen», zu den dreizehn Ursachen für Mißgeburten. Die Landstreicher sind selbst Mißgeburten, die aller Verbrechen fähig sind. A. Paré versichert deshalb:

«Gewiß wollen diese Spitzbuben, Taugenichtse und Schwindler, um nicht arbeiten zu müssen, kein anderes Handwerk erlernen als die Bettelei, die in Wirklichkeit eine Schule allen Übels ist, denn könnte man geeignetere Personen finden als sie für die Kuppelei, das Ausstreuen von Giften in den Städten und Dörfern oder dafür, Brände zu legen, Verrat zu üben oder sich als Spitzel zu betätigen, zu rauben, zu plündern und sich für jedwede andere dunkle Machenschaft herzugeben? Denn außer jenen, die von sich aus zu Mördern geworden sind und die ihren Körper verunstaltet oder verstümmelt haben oder die sich gewisser Kräuter und Drogen bedient haben, um ihre Wunden und ihren Körper noch abstoßender zu machen, gibt es auch solche, die kleine Kinder geraubt, ihnen Arme und Beine gebrochen und die Augen ausgestochen, ihnen die Zunge abgeschnitten und den Brustkorb eingedrückt haben und die dann behauptet haben, der Blitz habe sie so zugerichtet, um mit ihrer Hilfe, indem sie sich mit ihnen unter den Menschen zeigten, Mitleid zu erregen und Geld zu sammeln.»[87]

Dieser Text ist der reichlich vorhandenen Literatur zuzuordnen, die sich seit dem berühmten «Liber vagatorum» (Ende 15., Anfang 16. Jahrhundert) mit den Bettlern befaßt hat, wobei der «Vagabondo» von Rafaele Frianoro (1621) besondere Erwähnung verdient. «Der Landstreicher», schreibt B. Geremek zutreffend, «wird darin als Schurke, als Betrüger und Gauner beschrieben, und das didaktische

Ziel dieser Literatur liegt darin, das Werkzeug und die Techniken des Gaunerhandwerks zu verdeutlichen. Als Hintergrund dieser Schilderung zeichnet sich scharf die soziale Gefahr ab, die diese von der herrschenden Ordnung verschiedene Welt für eine organisierte Gesellschaft darstellt.»[88] Gleichsam als Antwort auf die Furcht, die die Besitzenden empfanden, schrieb 1676 der jansenistische Theologe Godefroy Hernant, der für die Mittellosen eintrat, mit durchaus modern erscheinender Ironie:

«Die Armen sind greuliche Gespenster, die die Besitzenden um ihre wohlverdiente Ruhe bringen, die Fröhlichkeit der Familien beeinträchtigen und die öffentliche Ruhe zunichte machen. Man muß die Schreie dieser Elenden ersticken, die die friedfertigen Bürger bis in ihre Häuser verfolgen und die sich in verbrecherischen Bewegungen vereinigen.»[89]

In den meisten Werken über die Bettler, die in jener Zeit entstanden, ist nichts von der christlichen Nächstenliebe eines Hernant zu spüren. Die Landstreicher werden dargestellt als Mitglieder einer ständisch organisierten Gegengesellschaft, an deren Spitze ein König steht und die über eine geheimnisvolle Sprache verfügt. Eine Gegengesellschaft konnte aber nur als Gefahr für die herrschende Ordnung aufgefaßt werden.

Die englische Gesetzgebung des 15. bis 17. Jahrhunderts spiegelt besser als jede andere die Angst vor einem Umsturz durch die Landstreicher wider, die sich der herrschenden Klassen bemächtigte.[90] Die Gesetze von 1531 sehen vor, daß sie vor ein Friedensgericht gestellt, bis aufs Blut gepeitscht und danach an ihren Geburtsort oder dorthin, wo sie mindestens drei Monate gelebt haben, geschickt werden sollen. Der Erlaß von 1547, der noch härter ist, bestimmt, daß jeder Mann, der länger als drei Tage nicht arbeitet, mit einem glühenden Eisen gebrandmarkt, dann zu zwei Jahren Knechtschaft verurteilt werden soll, die er entweder bei demjenigen abzudienen hat, der ihn der Justiz gemeldet hat, oder aber in seinem Heimatort. Der erste Fluchtversuch wird mit lebenslänglicher Knechtschaft bestraft, der zweite mit dem Tode. Die Kinder der Landstreicher werden in die Lehre gegeben, die Knaben bis zum Alter von 24 Jahren, die Mädchen bis zum Alter von 20 Jahren, wobei sie keinerlei Anspruch auf Lohn haben. Der Erlaß von 1547 wird drei Jahre später rückgängig gemacht, aber die Verfolgung der Landstreicher geht dennoch weiter. Insbesondere in den Jahren 1569 bis 1572 finden Feldzüge gegen die Landstreicher statt, die dann öffentlich ausgepeitscht werden. An diesen unheimlichen Treibjagden beteiligen sich auch Freiwillige. Allein in der englischen Grafschaft Devon werden 1598 vierundsiebzig Landstreicher hingerichtet. In England wie auf dem Kontinent verbindet die Obrigkeit in ihrem Kampf gegen die Bettler Hilfe und Strafverfolgung, Einkerkerung und Ausweisung. Das 17. Jahrhundert tendiert dann immer mehr zu Arbeits- bzw. Zuchthäusern und zu den Armenanstalten. Man wollte die Außenseiter auf diese Weise mit Gewalt in die Gesellschaft eingliedern, bisweilen zogen diese jedoch die Galeere diesen trostlosen Gefängnissen vor.

Die größte Gefahr für die Obrigkeit und alle Besitzenden stellten einst also die fahrenden Bettler dar, die, wie man glaubt, alle Sünden der Welt inklusive Ketzerei, Liederlichkeit, Pest und Zersetzung des Staates mit sich herumschleppten. Selbst wenn sie allein auftreten, bitten sie oft in «unverschämter Weise» um Almosen. Auf dem flachen Lande schließen sie sich zu Banden zusammen – denn in der harten, streng gegliederten Gesellschaft des Absolutismus kann der Mensch allein auf sich gestellt schwerlich überleben –, überfallen einsame Gehöfte, stehlen alles mögliche aus den Scheunen und Ställen, plündern die Kirchen und drohen, den Bauern «einzuheizen» und ihre Häuser in Brand zu stecken. Auf dem Lande und mehr noch in den Städten ging die Angst vor Bränden lange Zeit Hand in Hand mit der Angst vor den Straßenräubern[91], und anläßlich der Großen Angst von 1789 bricht sie wieder durch. So besteht das Problem der «Fahrenden», die oft den Straßenräubern gleichgesetzt werden, bis zum Ende des Ancien Régime und des Absolutismus weiter – trotz der Armenfürsorge in den Städten ab dem 16. Jahrhundert, trotz der Gründung der Landgendarmerie (in Frankreich unter Franz I. und Heinrich II.) und der Postierung von «Rausschmeißern» an den Stadttoren, trotz der drakonischen englischen Armengesetze, trotz der (zeitweiligen) Einsperrung von Bettlern im gesamten Europa des 17. Jahrhunderts und trotz der «Wohltätigkeit», die sich im Zeitalter der Aufklärung entwickelt. Hat man nicht mitverfolgt, wie eine Bande, die sogenannte «Forez-Bande», ihr Tätigkeitsfeld zwischen 1750 und 1773 auf über hundert Orte der Provinz gleichen Namens ausdehnte?[92]

In Frankreich ist man kurz vor Ausbruch der Revolution einhellig der Meinung, daß, wer bettelt, auch stiehlt. Einer der Armenpfleger von Mamers schreibt im März 1789:

«Die Bettelei ist die Schule des Verbrechens: die erste Lektion ist die

Liebe zum Müßiggang, der stets das größte moralische und politische Übel bleiben wird, denn in diesem Zustande vermag der gesinnungslose oder zumindest mit den Gepflogenheiten der Ehre kaum vertraute Bettler der Versuchung des Diebstahls nicht lange zu widerstehen. Bald wird er bei seinen Räubereien nur noch von der Furcht vor der Strafe, die den Missetätern droht, zurückgehalten; sobald er allerdings genug Geschicklichkeit erworben hat, um, wie er meint, der Gerechtigkeit entgehen zu können, wird er mindestens zum Gelegenheitsdieb, oft aber zum Berufsverbrecher. Unter den Straßenräubern gibt es nur wenige, die nicht aufgrund dieser verhängnisvollen Gewohnheit, deren erster Schritt die Bettelei und deren Hauptursache die Armut ist, zu dem geworden wären, was sie sind.»[93]

Um die große Angst verstehen zu können, mußte an die schwere Last der Vergangenheit erinnert werden. Wenn zu jener Zeit jedermann an die Straßenräuber glaubte, so deshalb, weil man es zu Recht oder zu Unrecht gewohnt war, sie zu fürchten. Aber durch eine nie vorher dagewesene Schwäche des staatlichen Machtapparats nahm diese altüberlieferte Furcht im Jahre 1789 ungeheure Ausmaße an. Die Wirtschaftskrise und die Hungersnot hatten in ganz Frankreich die Zahl der Landstreicher anwachsen lassen. Eine bestimmte Anzahl unter ihnen suchte Arbeit in den Städten, der sozial nicht eingebundene Bevölkerungsanteil vergrößerte sich dort, und damit wuchs auch die Gefahr von Unruhen. Anfang Juli nahm Ludwig XVI. dies zum Vorwand, um in der Nähe von Paris Truppen zu sammeln. Nach den Ereignissen des 14. Juli, die damals im Land eher Beunruhigung als Begeisterung auslösten, verbreitete sich das Gerücht, daß die Gemeindevorstände die unerwünschten Personen verjagen ließen, um neue Unruhen zu vermeiden.[94] Von diesem Zeitpunkt an glaubte man überall Straßenräuber zu sehen: Man behauptete, daß sie sich im nächsten Wald aufhielten, daß sie auf dem Vormarsch seien und auf ihrem Wege Häuser und Ernten verbrannten, daß sie sich in den Sold der Adligen gestellt hätten (wie einst in den Sold der Feinde Franz' I.), daß sie gewaltsam die Grenzen überschritten und daß sie die Ankunft der ausländischen Armeen ankündigten und vorbereiteten. In dieser Schreckensvision vereinigte sich also der Zusammenhang, den man seit jeher zwischen Soldaten und Straßenräubern herstellte, mit den schlimmen Erinnerungen an die marodierenden Söldnertrupps im 16. und 17. Jahrhundert und der Überzeugung, daß Landstreicher sich für jeden Verrat und die schlimmsten Umsturzpläne hergeben.

«Wechselspiel der Ängste», «Teufelskreis der Ängste»: Formulierungen dieser Art fallen einem spontan am Schluß der Untersuchung einiger typischer Aufstände ein, die das Abendland zwischen feudalem Mittelalter und Industriezeitalter erschüttert haben. Um diesem Teufelskreis entrinnen zu können, müssen verschiedene Voraussetzungen erfüllt werden: eine regelmäßige und reichhaltige Ernährung ist notwendig, das Problem der Überbevölkerung auf dem Lande muß gelöst werden, die verfügbaren Arbeitskräfte müssen in den Fabriken eingesetzt werden, die Steuern müssen gerechter verteilt und ein besser durchorganisierter Verwaltungsapparat muß geschaffen werden. Darüber hinaus müssen das allgemeine Wahlrecht eingeführt und eine starke gewerkschaftliche Organisation geschaffen werden. In mancher Hinsicht drückten sich während der Französischen Revolution noch die alten Ängste des Volkes aus. Und sie hätte weder den Weg in die Zukunft geebnet noch auf lange Sicht angstlösend auf das Kollektivbewußtsein gewirkt, wenn sie nicht nach und nach von einer technischen und wirtschaftlichen Revolution überholt worden wäre.

Anmerkungen

Einleitung

1 M. de Montaigne: Aus dem süddeutschen Reisetagebuch des Herrn Michel de Montaigne 1580, dt. Übers. Otto Flake, Lindau 1948, S. 71–74.
2 G. Lefebvre: La Grande Peur de 1789, Paris 1932, Neudruck von 1957, S. 61.
3 L. Febvre: Pour l'histoire d'un sentiment: le besoin de sécurité, in: Annales, E. S. C., 1956, S. 244. Vgl. auch R. Mandrou: Pour une histoire de la sensibilité, in: Ibid., 1959, S. 581–588. Das Büchlein von J. Palou: La peur dans l'histoire, Paris 1958, behandelt hauptsächlich die Zeit nach 1789.
4 G. Delpierre: La Peur et l'être, Toulouse 1974, S. 7.
5 Froissart: Chroniques, Paris 1869, Bd. 1, S. 2.
6 A. de la Sale: Jehan de Saintré, Genf 1965, S. 29–30. Für alles folgende vgl. meinen Artikel «Le Discours sur le courage et sur la peur à l'époque de Renaissance», in: Revista de Historia, H. 100 (1974), S. 147–160.
7 4. Buch, 52. Gesang.
8 Hinweise auf die Auflagen im 16. Jahrhundert in: L. Febvre/H.-J. Martin: L'apparition du livre, Paris 1958, S. 429–432.
9 Vgl. Collection des chroniques nationales françaises, Paris 1826 u. f., Bd. 2, S. 17–18.
10 Ibid., Bd. 42, S. XXXV.
11 Molinet: Chronique, Brüssel 1935–1937, Bd. 1, S. 207.
12 La Très joyeuse, plaisante et recreative hystoire du bon chevalier sans paour et sans reproche, composée par le Loyal Serviteur, Paris 1820, 1. Serie, Bd. XVI, 2, S. 133–134.
13 Philipp von Commynes: Die Denkwürdigkeiten Philipps von Commynes, Herrn von Argenton, München 1920, S. 39–41.
14 La Très joyeuse hystoire, a. a. O., Bd. 1, S. 307.
15 M. de Montaigne: Gesammelte Schriften: Die Essays, 6 Bde., München–Leipzig 1908–1913, 1. Buch, Bd. 1, 17. Kap. (Von der Furcht), S. 88.
16 Ibid., 2. Buch, Bd. 4, 27. Kap. (Feigheit ist eine Mutter der Grausamkeit), S. 236–237.

17 La Bruyère: Die Charaktere oder die Sitten des Jahrhunderts, dt. Übers. Gerhard Hess, Wiesbaden 1947, S. 199.
18 Miguel Cervantes de Saavedra: Der sinnreiche Junker Don Quixote von La Mancha, dt. Übers. Heinrich Heine, Stuttgart 1870, Bd. 1, S. 151 bis 152.
19 Tirso de Molina: Don Juan, der Verführer von Sevilla und der steinerne Gast, Leipzig 1896, S. 68.
20 L'Ordre de chevalerie (1510), in: P. Allut: Etude historique et bibliographie sur S. Champier, Lyon 1899, S. 75–76.
21 Thomas Morus: Der utopische Staat, Reinbek b. Hamburg 1960, S. 40.
22 Les Châtiments: «L'expiation».
23 F. Rabelais: Gargantua und Pantagruel, 2 Bde., München 1968, 4. Buch, 19. Kap., Bd. 2, S. 908.
24 W. Shakespeare: Heinrich IV., 1. Teil, V,1, in: Shakespeare Werke, 5 Bde., dt. Übers. August Wilhelm Schlegel, Wiesbaden–Berlin o. J., Bd. 3, S. 221.
25 Vgl. dazu A. Jouanna: La Notion d'honneur au XVIe siècle, in: Revue d'histoire moderne et contemporaine, Okt.–Dez. 1968, S. 597–623.
26 Commynes: Denkwürdigkeiten, a. a. O., S. 46–47.
27 Montaigne: Gesammelte Schriften, a. a. O., 1. Buch, Bd. 1, 17. Kap., S. 89.
28 Ibid., 1. Buch, Bd. 1, 16. Kap. (Von Bestrafung der Feigheit), S. 81.
29 J. Burckhardt: Die Kultur der Renaissance in Italien, Leipzig o. J., S. 37.
30 Commynes: Denkwürdigkeiten, a. a. O., S. 447.
31 Ibid., S. 430.
32 Ibid., S. 447.
33 Vgl. vor allem P. Murray-Kendall: Louis XI, 1975, S. 430–435.
34 Montaigne: Gesammelte Schriften, a. a. O., 2. Buch, Bd. 3, 11. Kap. (Von der Grausamkeit), S. 168.
35 E. Delannoy: La peur au combat, in: Problèmes, April–Mai 1961, S. 72.
36 Ibid., vgl. auch J. Dollard: Fear in Battle, Yale 1943.
37 Vgl. M. Bellet: La Peur ou la foi, Paris 1967.
38 Zit. nach F. Gambiez: La peur et la panique dans l'histoire, in: Mémoires et communications de la commission française d'histoire militaire, Bd. 1, Juni 1970, S. 98.
39 Interview mit dem Bergführer Fernand Parreau aus Servoz.
40 Delpierre: La Peur, a. a. O., S. 27.
41 Ibid., S. 8.
42 M. Oraison: Peur et religion, in: Problèmes, April–Mai 1961, S. 36. Vgl. auch vom selben Autor: Überwindung der Angst, Frankfurt/M. 1973.
43 J.-P. Sartre: Der Aufschub, Reinbek b. Hamburg 1962, S. 52.
44 C. Odier: L'Angoisse et la pensée magique, Neuchâtel–Paris 1974, S. 236.

45 P. Diel: L'Origine et les formes de la peur, in: Problèmes, April–Mai 1961, S. 106.
46 Delpierre: La Peur, a. a. O., S. 17.
47 R. Caillois: Les masques de la peur chez les insectes, in: Problèmes, April bis Mai 1961, S. 25.
48 Delpierre: La Peur, a. a. O., S. 75.
49 G. de Maupassant: Gesammelte Werke, Bd. 8: Die Schnepfe, Berlin 1919, S. 75 (Die Furcht).
50 R. Descartes: Philosophische Werke, 4. Abteilung: Über die Leidenschaften der Seele, Leipzig 1911, Artikel 174 u. 176, S. 93–94.
51 G. Simenon: Œuvres complètes, Bd. 1: Le Roman de l'homme, Paris 1967, S. 32.
52 G. Soustelle: La «maladie de la frayeur» chez les Indiens du Mexique, in: Gazette médicale de France, 5. Juli 1972, S. 4252–4254.
53 J.-B. Thiers: Traité des superstitions que regardent les sacremens, 1777, Bd. 1, S. 333–337.
54 M. Oraison: Peur et religion, in: Problèmes, April–Mai 1961, S. 38.
55 Delpierre: La Peur, a. a. O., S. 130.
56 M.-A. Sèchehaye: Journal d'une schizophrène, Paris 1969, vor allem S. 19.
57 Ibid., S. 21.
58 E. Zola: Der Zusammenbruch, Stuttgart–Leipzig–Berlin–Wien 1894, Bd. 1, S. 94–95.
59 P. Salmon: Quelques divinités de la peur dans l'antiquité gréco-romaine, in: Problèmes, April–Mai 1961, S. 8–10, mit Literaturhinweisen.
60 Caillois: Les masques de la peur, a. a. O., S. 22.
61 L. Kochnizky: Masques africaines véhicules de la terreur, in: Problèmes, April–Mai 1961, S. 61–62.
62 A. Sauvy: Les peurs de l'homme dans le domaine économique et social, in: Problèmes, April–Mai 1961, S. 17.
63 G. Devereux: La psychanalyse et l'histoire. Une application à l'histoire de Sparte, in: Annales, E. S. C., 1965, S. 18–44.
64 M. Dommanget: La Jacquerie, Paris 1971, S. 14–15.
65 M. Eliade: Histoire des croyances et des idées religieuses, Paris 1976, Bd. 1, S. 80.
66 Vgl. Delpierre: La Peur, a. a. O., S. 47–54.
67 Vgl. G. Le Bon: La révolution française et la psychologie des foules, Paris 1925, und: Psychologie des foules, Paris, Neudruck von 1947. Vgl. auch G. Heuyer: Psychoses collectives et suicides collectifs, Paris 1973.
68 Gambiez: La peur et la panique, a. a. O., S. 102.
69 Siehe Fünftes Kapitel.
70 F. Antonini: L'homme furieux: l'agressivité collective, Paris 1970, S. 125–126.

71 R. Mandrou: Magistrats et sorciers en France au XVIIe siècle, Paris 1968, vor allem die Schlußbetrachtung.
72 Außer den schon genannten Werken habe ich hauptsächlich verwendet: J. Boutonnier: Contribution à la psychologie et à la métaphysique de l'angoisse, Paris 1945. Es handelt sich dabei um ein Standardwerk. C. Odier: L'Angoisse et la pensée magique, a. a. O., P. Diel: La Peur et l'angoisse, phénomène central de la vie et de son évolution, Paris 1956. J. Lacroix: Les sentiments et la vie morale, Paris 1968. Das «Dictionnaire de la douleur» von F. Lhermite u. a., hg. von den Laboratoires Roussel, Paris 1974. Die Broschüre: L'Anxiété: de quelques métamorphoses de la peur, hg. von den Laboratoires Diamant, 1. Quartal 1975. C. Sphyras: L'Anxiété et son traitement, in: Provence médicale, März 1975, S. 11−14. A. Soulairac: Stress et émotion, in: Sciences et avenir, Sonderheft: Cerveau et comportement, 1976, S. 27.
73 Dictionnaire de la douleur: Art. «Douleur morale».
74 Und nicht nur die Umgangssprache. In einer medizinischen Studie ist zu lesen: «Beklemmung und Angst sind gleichermaßen Ausdruck eines Gefühls der Furcht.» L'Anxiété, a. a. O., S. 8.
75 Delpierre: La Peur, a. a. O., S. 15.
76 Vgl. vor allem R. Zazzo u. a. Autoren: L'Attachement, Neuchâtel 1974.
77 G. Bouthoul: Traité de polémologie, Paris 1970, S. 428−431.
78 K. Lorenz: Das sogenannte Böse. Zur Naturgeschichte der Aggression, München 1967; über tierisches und menschliches Verhalten I, II, München 1969; Die Rückseite des Spiegels. Versuch einer Naturgeschichte menschlichen Erkennens, München 1975. Dieselben Thesen finden sich bei I. Eibl-Eibesfeldt: Der vorprogrammierte Mensch, München 1973. Zu diesem Thema siehe auch die internationale Zeitschrift «Aggressologie», herausgegeben von H. Laberit, und A. Adler: Menschenkenntnis, Frankfurt o. J., Antonini: L'homme furieux, a. a. O.
79 Vgl. vor allem W. Reich: Die Massenpsychologie des Faschismus, Köln 1971.
80 Vgl. vor allem J. Dollard/N. E. Miller: Personality and Psychotherapy, New York 1950.
81 A. Storr: L'Instinct de destruction, Paris 1973, S. 20. E. Fromm: Anatomie der menschlichen Destruktivität, Stuttgart 1974.
82 Delpierre: La Peur, a. a. O., S. 31−45.
83 E. Mâle: L'Art religieux de la fin du Moyen Age en France, Paris 1931. S. 147f.
84 Delpierre: La Peur, a. a. O., S. 55−56.
85 Ronsard: Œuvres complètes (La Pléiade 1950), Bd. 2, S. 334 (1. Band der Gedichte): «Kein Mensch auf Erden / Empfindet größeren Abscheu vor Katzen als ich. / Ich verabscheue ihre Augen, ihr Antlitz und ihren Blick. / Bei ihrem Anblick ergreife ich die Flucht, / Zitternd vor Furcht

an allen Gliedern.» Vgl. H. Nais: Les Animaux dans la poésie française de la Renaissance, Paris 1961, S. 594–595.
86 Vor allem: Vie économique et sociale de Rome dans la seconde moitié du XVIᵉ siècle, 2 Bde., Paris 1957–1959 (Zusammenfassung in: Rome au XVIᵉ siècle, Paris 1975) und in: L'Alun de Rome, Paris 1962.
87 Zit. nach Devereux: La psychanalyse, a. a. O., S. 18.
88 A. Besançon: Histoire et expérience du moi, Paris 1971, S. 66.
98 Prier et vivre en fils de Dieu, S. 304–307. Ich spreche Pater Emile Bourdon meinen Dank aus, der mir diesen Text wiederbeschafft hat. Die Erinnerung an ihn läßt mich seit meiner Kindheit nicht los.
90 Kirche San Antonio in Madrid.

Erster Teil

Erstes Kapitel

1 P. Sebillot: Légendes, croyances et superstitions de la mer, 2 Bde., Paris 1866, S. 39–73.
2 Ibid., S. 58–59.
3 Dieser Hinweis sowie andere über die «Aggressivität des Meeres» finden sich in: J. Toussaert: Le Sentiment religieux en Flandre à la fin du Moyen Age, Paris 1963, S. 365. Diese Angabe wurde von M. Mollat in einem Referat gemacht, das er 1977 in einem Seminar den Gefahren des Meeres gewidmet hat. Ich habe mich dieser Vorlesung in großem Maße bedient und bin ihrem Autor zu großem Dank verpflichtet. Diesbezüglich ebenfalls nützlich ist das Werk von J. Bernard: Navires et gens de mer à Bordeaux (vers 1400–1550), 3 Bde., Paris 1968, Bd. 2, S. 715–764.
4 Vgl. C. Villain-Gandossi: La mer et la navigation maritime à travers quelques textes de la littérature française du XIIe au XIVe siècle, in: Revue d'histoire économique et sociale, H. 2 (1969), S. 150–192.
5 G. Bachelard: L'Eau et les rêves, Neudruck von 1947, S. 230–231.
6 R. Huygens: Lettres de Jacques de Vitry, Leiden 1960, S. 80–81.
7 Joinville: Histoire de Saint-Louis (historiens et chroniqueurs du Moyen Age), Paris 1952, S. 347–348.
8 F. Bonnardot (Hg.): Le Saint Voyage de Jherusalem du seigneur d'Anglure, Paris 1878, S. 79–80.
9 M. Neweit (Hg.): Canon Pietro Casola's Pilgrimage to Jerusalem (1494), Manchester 1907, S. 323.
10 H. Prescott: Felix Fabris Reise nach Jerusalem, Freiburg i. Br. 1960, S. 103.
11 Luis de Camoens: Die Lusiaden, dt. v. J.-J. C. Donner, Stuttgart–Berlin 1883, 5. Gesang, 16, S. 106.
12 A. Jal: Archéologie navale, 2 Bde., Paris 1840, Bd. 2, S. 552.
13 Camoens: Lusiaden, a. a. O., 4. Gesang, 86, S. 99.
14 Das Werk ist «J. P. T.» gezeichnet, Rouen 1600. Vgl. M.-F. Fouillade/ N. Tutiaux: La Peur et la lutte contre la peur dans les voyages de découverte aux XVe et XVIe siècles, maschinenschriftliche Magisterarbeit, Paris I, 1972, S. 110–111.
15 Camoens: Lusiaden, a. a. O., 6. Gesang, 80, S. 139.
16 Paracelsus: Werke, hg. von K. Sudhoff.
17 W. Shakespeare: Der Sturm, 1. Akt, 2. Szene, in: Werke, a. a. O., Bd. 2, S. 249.
18 Ibid., 1. Akt, 2. Szene, S. 249.

19 Bachelard: L'Eau, a. a. O., S. 103.
20 Ich danke herzlich Pater Witters, der mich auf dieses Lied aufmerksam gemacht hat.
21 P.-D. d'Ayala: Les imagiers du péril en mer, in: Courrier des Messageries maritimes, H. 125 (Nov.–Dez. 1971), S. 17–24.
22 Sébillot: Légendes, a. a. O., Bd. 2, S. 317–318.
23 A. Chastel (Hg.): Léonard de Vince par lui-même, ausgewählte Texte, Paris 1952, S. 195–196.
24 F. Russel: Dürer und seine Zeit, Time-Life Bücher, 1972, S. 159.
25 Bibliothèque Nationale, Paris, Magazin Z 855 und D 4722. Vgl. M. Leclerc: La crainte de la fin du monde pendant la Renaissance, maschinenschriftliche Magisterarbeit, Paris I, 1973, S. 48–66.
26 M. Foucault: Wahnsinn und Gesellschaft. Eine Geschichte des Wahns im Zeitalter der Vernunft, Frankfurt/M. 1969, S. 25–31. (Die Übersetzerin folgt soweit als möglich der gekürzten deutschen Ausgabe.)
27 Shakespeare: Der Sturm, a. a. O., 1. Akt, 2. Szene, S. 225.
28 Sébillot: Légendes, a. a. O., Bd. 1, S. 153.
29 J. Caro Baroja: Die Hexen und ihre Welt, Stuttgart 1967, S. 153–154.
30 Sébillot: Légendes, a. a. O., Bd. 1, S. 173–175.
31 Shakespeare: Der Sturm, a. a. O., 1. Akt, 2. Szene, S. 255.
32 N.-G. Ploitis: Le Feu Saint-Elme en Grèce moderne, in: Mélusine 2, S. 117.
33 Vgl. C. Jolicœur: Le Vaisseau fantôme. Légende étiologique, Quebec (Universität Laval) 1970, vor allem S. 136–139.
34 K. Thomas: Religion and the Decline of Magic, London 1971, S. 92.
35 Bibliothek des Corpus Christi College, Cambridge, ms. 148, f° 33v°; London, British Museum, ms. 3120, f° 31.
36 Shakespeare: Der Sturm, a. a. O., 1. Akt, 2. Szene, S. 255.
37 Fouillade/Tutiaux: La Peur, a. a. O., S. 59. Für alles folgende s. diese Arbeit.
38 Baroja: Die Hexen, a. a. O., S. 185.
39 P. Martyr d'Anghiera: De Orbe novo, Paris 1902, 2. Dekade, S. 142.
40 J. de Lery: Histoire d'un voyage faict en la terre du Brésil, Paris 1927, S. 138.
41 Vgl. dazu R. Caillois: Du Kraken à la pieuvre, in: Courrier des Messageries maritimes, H. 133 (März–April 1973), S. 11–17. Denys-Montfort: L'Histoire naturelle, générale et particulière des mollusques, 6 Bde., Paris 1802. Die Kraken werden in Bd. 2, S. 133–412, und in Bd. 3, S. 5–117, beschrieben.
43 Jolicœur: Vaisseau fantôme, a. a. O., S. 29.
44 J. Guyard: Le Voyage d'Italie du père Cresp, Thèse de IIIe cycle, Paris IV, 1971, S. 32.

45 A. Graf: Miti, leggende e superstizioni del Medio Evo, 2 Bde., Florenz–Rom 1893, Bd. 2, S. 363–375.
46 G. E. de Zurara: Chronique de Guinée, Dakar 1960, S. 69–70.
47 Camoens: Lusiaden, a. a. O., 5. Gesang, 39–44, S. 111–112. Anspielungen auf Bartholomä Diaz, der das Kap im Jahre 1488 entdeckte, sowie auf den Sturm, in den die Flotte Cabrals 1500 bei der Rückkehr aus Brasilien nahe dem Kap der Guten Hoffnung geriet, in dessen Verlauf Diaz umkam.
48 J. Le Goff: L'Occident médiéval et l'océan Indien. Un horizon onirique, in: Méditerranée et océan Indien. VIe colloque international d'histoire maritime, Paris 1970, S. 243–263.
49 A. Ducellier: Le Drame de Byzance, Paris 1967, S. 169.
50 Diese Meinung wird noch in der zweiten Hälfte des 16. Jahrhunderts vertreten in: Boaistuau: Histoires prodigieuses, Paris 1961, S. 52.
51 R. Pillorget: Les Mouvements insurrectionnels en Provence entre 1596 et 1715, Thèse de IIIe cycle, Paris IV, 1973, S. 712.
52 Zit. nach Y.-M. Bercé: Histoire des croquants. Etude des soulèvements populaires au XVIIe siècle dans le sud-ouest de la France, 2 Bde., Paris–Genf 1974, Bd. 2, S. 636. M. Foisil: La Révolte des nu-pieds et les révoltes normandes de 1639, Paris 1970, S. 150.
53 Zit. nach Bercé: Histoire des croquants, a. a. O., Bd. 1, S. 416.
54 R. Mousnier: Fureurs paysannes, a. a. O., S. 145.
55 Zit. nach Bercé: Histoire des croquants, a. a. O., S. 65. Vgl. auch Foisil: La Révolte, a. a. O., S. 189.
56 Bercé: Histoire des croquants, a. a. O., Bd. 1, S. 205.
57 Ibid., Bd. 2, S. 524–526.
58 Foisil: La Révolte, a. a. O., S. 189.
59 Ibid., S. 190.
60 Zit. nach Y.-M. Bercé: Croquants et nu-pieds, Paris 1974, S. 66.
61 Ibid., vor allem S. 41–42, S. 66, S. 131–138, S. 152–153, S. 169–175. Für 1789 vgl. Lefebvre: La Grande Peur, a. a. O., S. 45–46.
62 Ibid., S. 41.
63 Lefebvre: La Grande Peur, a. a. O., S. 111–113.
64 Bercé: Croquants, a. a. O., S. 176.
65 In seiner Schrift «An den christlichen Adel deutscher Nation von des christlichen Standes Besserung» (August 1520) greift Martin Luther die «drei Mauern» an, die das Papsttum um sich gezogen hat, in: Werke, Weimarer Ausgabe I, Bd. 6, S. 406.
66 G. Nigrinius: Apocalypsis, Frankfurt/M. 1593, S. 631. Zit. nach J. Janssen: Geschichte des deutschen Volkes seit dem Ausgang des Mittelalters, 9 Bde., Freiburg i. Br. 1888–1894, Bd. 6, S. 29.
67 C. Paillard: Mémoires historiques sur l'arrondissement de Valenciennes, hg. von der Société d'agriculture, Bd. 5 u. 6, Valenciennes 1878–1879, Bd. 5, S. 306.

68 A. Fletcher: Tudor Rebellions, London 1970, S. 34–35.
69 Ibid., S. 36.
70 Ibid., S. 128.
71 Ibid., S. 49.
72 H. Hauser: La Prépondérance espagnole, ²1940, S. 217.
73 Le Roux de Lincy: Le livre des proverbes français, 2 Bde., Paris 1842, Bd. 2, S. 289.
74 Ibid., id. u. S. 358.
75 Ibid., S. 334.
76 M. C. Brugallière/M. Germain: Etude de mentalités à partir des proverbes français (XIIIe–XVIe siècles), maschinenschriftliche Magisterarbeit, Paris I, S. 14–15. Die folgenden Zitate stammen ebenfalls aus dieser Arbeit.
77 J. Sprenger/H. Institoris: Der Hexenhammer (Malleus maleficarum), München ³1983, 2. Teil, S. 130–131.
78 Ibid., 2. Teil, S. 157.
79 J. Bodin: La Démonomanie des sorciers, Paris 1580, 3. Buch, 2. Kap.
80 Beitrag Mlle de Shamays zu meinem Seminar.
81 Baroja: Die Hexen, a. a. O., S. 178–179.
82 F. Bavoux: Hantises et diableries dans la terre abbatiale de Luxueil, Monaco 1956, S. 51–61.
83 Für die Schweiz siehe die Fälle, die zitiert werden von N. Cohn: Europe's inner Demons, Sussex Univ. Press 1975, S. 240–241, nach E. Hoffmann-Krayer: Luzerner Akten zum Hexen- und Zauberwesen, in: Schweizerisches Archiv für Völkerkunde, Bd. 2, Zürich 1899, S. 22–40, S. 81–122, S. 189–224, S. 291–325.
84 A. Macfarlane: Witchcraft in Tudor and Stewart England, London 1970, S. 168.
85 R. Scot: The Discovery of Witchcraft, 1584, S. 374 der Ausgabe von 1964; zit. nach Macfarlane: Witchcraft, a. a. O., S. 168.
86 Ich benutze hier eine Untersuchung von J. L. Pearl: Witchcraft in New France: the social aspect, 1975, die der Autor mir als Manuskript zur Verfügung gestellt hat. Vor allem S. 11–12.
87 8. Kap. des «Laotse» (um 300 v. Chr.), in: Les Pères du système taoïte, S. 199. Diesen Hinweis hat mir mein Kollege Jacques Gernet gegeben, wofür ich ihm meinen Dank ausspreche.
88 Baroja: Die Hexen, a. a. O., S. 152–153.
89 E. Delcambre: Le concept de sorcellerie dans le duché de Lorraine au XVIe et au XVIIIe siècle, 3 Bde., Nancy 1948–1951, Bd. 3, S. 215–216.
90 Sprenger/Institoris: Hexenhammer, a. a. O., 2. Teil, S. 137–138.
91 Delcambre: Le concept de sorcellerie, a. a. O., Bd. 2, S. 73.
92 Sprenger/Institoris: Hexenhammer, a. a. O., 1. Teil, S. 175.
93 E. Le Roy Ladurie: L'aiguillette, in: Europe 1974, S. 134–146.
94 Zit. nach J. Estèbe: Protestants du Midi, 1559–1598, Thèse d'Etat, 2 Bde.,

Toulouse 1977, Bd. 2, S. 549–550. Vgl. auch E. Le Roy Ladurie: Les paysans du Languedoc, 2 Bde., Paris 1966, S. 409. (Die deutsche, einbändige Ausgabe dieses Werkes ist so stark gekürzt, daß die Übersetzerin davon Abstand genommen hat, sie zu benutzen.)

95 P. de Lancre: L'Incrédulité et mescréance du sortilège plainement convaincue…, 1622, S. 314.
96 Bodin: Démonomanie, a. a. O., S. 57.
97 H. Boguet: Discours exécrable des sorciers…, Ausgabe von 1630, S. 78. Vgl. auch Mandrou: Magistrats, a. a. O., S. 149.
98 C. Berthelot Du Chesnay: Les Missions de saint Jean Eudes, Paris 1968, S. 114.
99 Thiers: Traité des superstitions, a. a. O., Bd. 2, S. 509–515.
100 Bodin: Démonomanie, a. a. O., S. 58–59.
101 Thiers: Traité des superstitions, a. a. O., Bd. 4, S. 519. Diese Texte und die folgenden wurden zitiert nach F. Lebrun: Le Traité des superstitions de J.-B. Thiers. Contribution à l'ethnographie de la France au XVIIe siècle, in: Annales de Bretagne et des pays de l'ouest, H. 3 (1976), S. 454.
102 Ibid., Bd. 4, S. 521.
103 Ibid., id.
104 Ibid., S. 522.
105 Ibid., id.
106 Ibid., S. 504.
107 Ibid., S. 518.
108 P. Crespet: Deux Livres sur la haine de Satan, 1590, S. 17.
109 Le Roy Ladurie: L'aiguillette, a. a. O., S. 137–138.
110 J.-L. Flandrin: Mariage tardif et vie sexuelle, in: Annales, E. S. C., 1972, S. 1368.
111 Montaigne: Gesammelte Schriften, a. a. O., 1. Buch, Bd. 1, 20. Kap., S. 131. Die Argumente von Montaigne werden von einem Gesprächsteilnehmer der «Sérées» von G. Bouchet, 6 Bde., 1873, Bd. 1, S. 87–90, wiederaufgegriffen.
112 Siehe weiter unten.
113 Dieses Zitat und das vorhergehende stammen aus den Predigten aus der zweiten Hälfte des 18. Jahrhunderts, aber gleichsam als Beweis für einen Diskurs, der noch härter war als im 16. und 17. Jahrhundert. Vgl. N. Perin: Recherches sur les formes de la dévotion populaire dans la région ardennaise à la fin du XVIIe siècle, Thèse de IIIe cycle, Nancy 1974, Bd. 1, S. 33.
114 Thiers: Traité des superstitions, a. a. O., Bd. 1, S. 132–138.
115 J. Delumeau: Les réformateurs et la superstition, in: Actes du colloque Coligny, Paris 1974, S. 451–487. Dort finden sich auch die Quellenangaben zu den hier verwandten Texten, insbesondere von B. Vogler: Vie

religieuse en pays rhénan dans la seconde moitié du XVIe siècle (1556 bis 1619), 3 Bde., Lille 1974, Bd. 2, S. 815–839.
116 E. v. Kraemer: Les maladies désignées par le nom d'un saint, in: Commentationes humanorum litteratum, Helsinki 1950, S. 1–148. F. Lanplantine: La Médecine populaire des campagnes françaises aujourd'hui, Paris 1978, S. 58.
117 Historia Francorum IV, in: Migne: Patr. lat., LXXI, Paris 1879, Spalte 281.
118 J. Chartier: Chronique de Charles VII, Bd. 1, Paris 1858, S. 5–6.
119 Rabelais: Gargantua, a. a. O., 1. Buch, 45. Kap., Bd. 1, S. 235.
120 Erasmus von Rotterdam: Das Wallfahren, in: Vertraute Gespräche, dt. Übers. Hubert Schiel, Köln 1947, S. 94.
121 H. Estienne: Apologie pour Hérodote, 1566, 2 Bde., Ausgabe Paris 1879, Bd. 2, S. 324–326.
122 H. Gaidoz: L'étymologie populaire et le folklore, in: Mélusine 4, Spalte 515.
123 C. Leber: Collections des meilleures dissertations, notices et traités particuliers relatifs à l'histoire de France, Bd. 7, Paris 1838, S. 500–504.
124 Über die Johannisfeuer vgl. vor allem A. van Gennep: Manuel de folklore français contemporain, 12 Bde., Paris 1943–1958, Bd. I, IV. 2, S. 1818–1819.
125 Delumeau: Les réformateurs, a. a. O., S. 474–476.
126 B. Sannig: Collectio sive apparatus absolitionum, benedictionum, conjurationum, exorcismorum, Venedig 1779.
127 Vgl. E. Rolland: Faune populaire de France, Paris 1967, Bd. 1, S. 105 bis 106.
128 Vgl. C. Marcel-Robillard: Le Folklore de la Beauce, Bd. 8, Paris 1972, S. 10.
129 Mansi XXI, S. 121: Synodus compostellana, ann. 1114. Ich danke Pater Chiovaro dafür, daß er mich auf diesen Text aufmerksam gemacht hat.
130 M.-S. Dupont-Bouchat: La Répression de la sorcellerie dans le duché de Luxembourg aux XVIe et XVIIe siècles, maschinenschriftliche Doktorarbeit, Löwen 1977, Bd. 1, S. 72–73. Die wichtigsten Punkte dieser Arbeit finden sich in dem Gemeinschaftswerk: Prophètes et sorciers aux Pays-Bas, Paris 1978.
131 Vgl. dazu D. Bernard: Les Loups dans le bas Berry au XIXe siècle et leur disparition au début du XXe. Histoire et tradition populaire, Paris 1977, vor allem Kapitel 7 und 8.
132 P. de L'Estoile: Journal, Paris 1948, Bd. 1, S. 527.
133 H. Waquet (Hg.): Mémoires du chanoine J. Moreau sur les guerres de la Ligue en Bretagne, Quimper 1960, S. 277–279.
134 P. Wolff: Documents de l'histoire du Languedoc, Toulouse 1969, S. 184.
135 Vgl. Mandrou: Magistrats, a. a. O., vor allem S. 149 und 162. Eine

psychoanalytische Interpretation des Mythos vom Werwolf liefern E. Jones: Le Cauchemar, Paris 1973, und N. Belmont: Comment on peut faire peur aux enfants, in: Topique, H. 13 (1974), S. 106–107.
136 Dupont-Bouchat: La Répression, a. a. O., Bd. 1, S. 73.
137 Vgl. Rolland: Faune populaire, a. a. O., Bd. 1, S. 124.
138 Für diese beiden Dokumente vgl. nacheinander: a) Cinq siècles d'imagerie française: Ausstellungskatalog 1973, Musée des Arts et Traditions populaires, Paris, S. 90–91. Text und Stich stammen von 1820–1830 und wurden in Paris gedruckt; b) Archiv des Departements Pyrénées-Orientales in Perpignan, G. 14 (Stoß): Brief der Diözesankurie, der an die Priester der Diözese gerichtet und vom Kapitelvikar Lléopart unterzeichnet ist. Es handelt sich um einen katalanischen Text, der von dem Herrn Pfarrer E. Cortade ins Französische übertragen wurde. Er war auch so freundlich, mir dieses Dokument zu übermitteln.
139 Beitrag zu meinem Seminar. Ein wertvoller Beitrag dieses Autors zur Geschichte der Astrologie ist: Le Signe zodiacal du Scorpion, Paris–Den Haag 1976.
140 J. Calvin: Œuvres françaises, Ausgabe P. Jacob (Advertissement ...), S. 112–115.
141 Zit. nach Janssen: Geschichte des deutschen Volkes, a. a. O., Bd. 6, S. 485–486.
142 Vgl. F. Ponthieux: Prédictions et almanachs du XVIe siècle, maschinenschriftliche Magisterarbeit, Paris I, 1973.
143 Ibid., S. 75–76: Vorhersagen von 1568. Vgl. auch: Un couvent persécuté au temps de Luther. Mémoires de Charité Pirkheimer, frz. Übers. H.-P. Heuzey, Paris 1909 (Rückübersetzung der Übersetzerin).
144 M. Luther: Briefwechsel. Werke, WA IV, Bd. 3, S. 508.
145 Alle Titel der Flugschriften finden sich in: J.-P. Seguin: L'Information en France avant le périodique: 517 canards imprimés entre 1529 et 1631, Paris 1964, S. 95–100.
146 Ibid., id.
147 Zit. nach Janssen: Geschichte des deutschen Volkes, a. a. O., Bd. 6, S. 464.
148 Ibid., S. 464–465.
149 Ibid., S. 466–467.
150 E. Labrousse: L'Entrée de Saturne au Lion. L'éclipse de soleil du 12 août 1654, Den Haag 1974, S. 5.
151 Zit. nach ibid., S. 25.
152 Zit. nach ibid., S. 26.
153 Zit. nach ibid., S. 38. Diese Anekdote findet sich auch in: Pensées sur la comète de Bayle, § 51.
154 Vgl. L. Thorndike: A History of Magic and Experimental Science, 8 Bde.,

New York–London 1923–1958, Bd. 3 (14. Jahrhundert), Bd. 4 (15. Jahrhundert), Bd. 5 u. 6 (16. Jahrhundert).
155 Vgl. J. Delumeau: La Civilisation de la Renaissance, Paris 1973, S. 393 bis 402, 481–490 und 551.
156 J. Burckhardt: Die Kultur der Renaissance in Italien, a. a. O., S. 481 bis 492.
157 All diese Informationen in: Thomas: Religion, a. a. O., S. 335.
158 Leroux de Lincy: Proverbes, a. a. O., Bd. 1, S. 107 (Calendrier des bons laboureurs, 1618).
159 Ibid., id. (Almanach perpétuel).
160 Thomas: Religion, a. a. O., S. 297.
161 Ibid., S. 297 u. S. 616.
162 Ibid., S. 297 u. S. 620.
163 Ibid., S. 296
164 Ibid., id.
165 Ibid., S. 618.
166 Thiers: Traité des superstitions, a. a. O., Bd. 1, S. 153–229.

Zweites Kapitel

1 Vgl. weiter oben, S. 98.
2 Ronsard: Hymne des daimons, vor allem V, S. 160–369.
3 L. Febvre: Le Problème de l'incroyance au XVIe siècle, Ausgabe von 1968, S. 410–418. Zum Thema «Gespenster» vgl. E. Le Roy Ladurie: Montaillou. Ein Dorf vor dem Inquisitor, Berlin 1983, S. 312–330.
4 N. Taillepied: Traicté de l'appariton des esprits, à scavoir des âmes séparées, fantosmes, prodiges et accidens merveilleux, Rouen 1600. Hier wurde die Ausgabe Paris 1616 verwendet, S. 139. Als ich die vorliegende Untersuchung meinem Verleger vorlegte, hatte ich gerade das sehr schöne Buch von P. Ariès: L'Homme devant la mort, Paris 1977, gelesen. Es wird mir Anregungen zu meinem zweiten Band liefern. Philippe Ariès hat sich in seinem ansonsten so reichen und fesselnden Werk kaum mit dem Gespensterglauben befaßt.
5 Beitrag H. Platelles zum Kongreß der Wissenschaftlichen Gesellschaften im März 1974 in Besançon.
6 Vgl. J. Lecler: Geschichte der Religionsfreiheit, 2 Bde., Stuttgart 1965, Bd. 1, S. 321.
7 Y. Casaux: Marie de Bourgogne, Paris 1967, S. 318–319. Ich danke Pater Witters dafür, daß er mich auf diese Anekdote aufmerksam gemacht hat.

8 Auf diese beiden Erzählungen machte mich R. Muchembled aufmerksam, wofür ich ihm danke: Stadtbibliothek Lille, ms. Nr. 795, fos 588v° bis 589r° (Nr. 452 des Handschriftenverzeichnisses der Stadtbibliothek Lille, Paris 1897, S. 307–310).
9 Ronsard: Œuvres complètes, Paris 1950 (Pléiade-Ausgabe), Bd. 1, S. 451.
10 Du Bellay: Œuvres poétiques, Paris 1923, Bd. 5, S. 132.
11 Taillepied: Traicté de l'apparition, a. a. O., S. 125–126.
12 P. Le Loyer: Discours des spectres, ou visions et apparitions d'esprits, comme anges, démons et âmes se montrans visiblement aux hommes, Paris ²1608, Bd. 2, 6. Buch, 15. Kap. Die erste Ausgabe wurde 1586 unter einem anderen Titel herausgegeben.
13 E. Morin: L'Homme et la mort, Paris 1970, vor allem S. 132–156.
14 Le Loyer: Discours des spectres, a. a. O., S. 3.
15 Taillepied: Traicté de l'apparition, a. a. O., S. 19, S. 34, S. 41 u. S. 49.
16 Le Loyer: Discours des spectres, a. a. O., S. 27.
17 Ibid., S. 31.
18 L. Lavater: Trois livres des apparitions des esprits, fantosmes, prodiges et accidens merveilleux qui précèdent souventes fois la mort de quelque personnage renommé, ou un grand changement ès choses de ce monde, o. O., 1571.
19 G. Duby: L'An mil, Paris 1967, S. 76.
20 Taillepied: Traicté de l'apparition, a. a. O., S. 109.
21 Ibid., S. 227, S. 240–241.
22 A. d'Aubigné: Œuvres complètes, Paris 1873–1892, Bd. 4 («Misères»), S. 56.
23 Bibliothèque mazarine, ms. 1337, f°s 90v° – 91r°. Ich spreche Hervé Martin, einem Oberassistenten an der Universität der Haute Bretagne, meinen Dank aus, der mir eine Kopie dieses Dokumentes zur Verfügung gestellt hat.
24 Dom Augustin Calmet: Traité sur les apparitions des esprits et sur les vampires ou les revenants de Hongrie, de Moravie, etc., 2 Bde., Ausgabe von 1751, Bd. 1, S. 342. (Da die deutsche Übersetzung von 1751 nicht aufzufinden war und ein Nachdruck von 1976 nur den Zweiten Band umfaßt, wurden die Zitate aus dem Französischen neu übersetzt. Anm. der Übersetzerin.)
25 Ibid., Bd. 1, S. 388–390.
26 Ibid., Bd. 1, S. 438.
27 Vgl. zum Beispiel G. Bolleme: La Bibliothèque bleue, Paris 1971, S. 256–264: Dialogue du solitaire et de l'âme damnée (18. Jahrhundert).
28 Calmet: Traité sur les apparitions, a. a. O., Bd. 2, S. 31– 151. Für Rumä-

nien vgl.: L'homme, in: Revue française d'anthropologie, H. 2 (Juli–Sept. 1973), S. 155.
29 G. u. M. Voyelle: Vision de la mort et de l'au-delà en Provence, Paris 1970, S. 27.
30 Quentiliou Jésus, frz. Übers. Sécard, S. 134.
31 Cambry: Voyage dans le Finistère, Brest 1836, S. 164.
32 Ibid., S. 173.
33 Siehe die Ausgabe Paris 1945, S. XLIII.
34 Ibid., S. XLII.
35 Außer dem Werk von A. Le Braz vgl. Van Gennep: Manuel de folklore, a. a. O., Bd. 1, 2, S. 800–801.
36 Y. Brekilien: La vie quotidienne des paysans en Bretagne au XIXe siècle, Paris 1966, vor allem S. 214–215.
37 L.-V. Thomas: Anthropologie de la mort, Paris 1976, S. 182 u. S. 23–45, S. 152, S. 301, S. 353, S. 511–518.
38 J.-G. Frazer: La Crainte des morts, Paris 1934, S. 9.
39 Geständnisse vor der Inquisition von Bahia der «Doña Custodia [de Faria], Cristã nova et de Beatis Antunes Cristã nova no tempo da graça», 31. Januar 1592: Primeira visitação do Santo Officio as partes do Brasil; II, Denunçãos da Bahia, 1591–1593, São Paulo 1925. Zum Thema Juden in Brasilien vgl. A. Novinski: Cristãos Novos na Bahia, São Paulo 1972.
40 Thiers: Traité des superstitions, a. a. O., Bd. 1, S. 236; Bd. 4, S. 347. Lebrun: Le Traité, a. a. O., S. 455.
41 Van Gennep: Manuel de folklore, a. a. O., Bd. 1, 2, S. 674.
42 D. Fabre/J. Lacroix: La vie quotidienne des paysans du Languedoc au XIXe siècle, Paris 1973, S. 144–145.
43 Thiers: Traité des superstitions, a. a. O., Bd. 1, S. 236. Lebrun: Le Traité, a. a. O., S. 456.
44 N. Belmont: Mythes et croyances de l'ancienne France, Paris 1973, S. 64.
45 Ibid., S. 63.
46 Van Gennep: Manuel de folklore, a. a. O., Bd. 1, 2, S. 791.
47 Thomas: Anthropologie, a. a. O., S. 301. Vgl. auch S. 512 desselben Werkes.
48 Lebrun: Les hommes, a. a. O., S. 460–461. Ariès: L'homme devant la mort, a. a. O., S. 289 f.
49 Beitrag Mme Decornods zu meinem Seminar.
50 Thomas: Anthropologie, a. a. O., S. 301.
51 A. Lottin: Vie et mentalité d'un Lillois sous Louis XIV, Lille 1968, S. 282.
52 Thiers: Traité des superstitions, a. a. O., Bd. 1, S. 239. Lebrun: Le Traité, a. a. O., S. 455.
53 Ibid., Bd. 1, S. 185. Lebrun: Le Traité, a. a. O., S. 456.

54 G. Welter: Les croyances primitives et leurs survivances, Paris 1960, S. 62–63.
55 «Télégramme de Brest» vom 31. August 1958. Ich danke M. Mollat, der mir diesen Text übermittelt hat.
56 Le Braz: La mort, a. a. O., Bd. 2, S. 1639.
57 Jolicœur: Vaisseau fantôme, a. a. O., S. 20–21.
58 Toussaert: Sentiment religieux, a. a. O., S. 364–365.
59 A. Mickiewicz: Œuvres poétiques complètes, 2 Bde., Paris 1845, Bd. 1, S. 70.
60 P.-Y. Sébillot: Le Folklore de la Bretagne, Neudruck Paris 1968, 4 Bde., Bd. 2, S. 239–242.
61 Beiträge Ludwig Stommas zu zwei Kolloquien, die im April 1976 in Sandomierz und in Warschau gehalten wurden. Ich danke ihm dafür, daß er mir gestattet hat, diese Aufstellung zu veröffentlichen.
62 Vgl. dazu den zweiten Band des Werkes von Calmet: Traité sur les apparitions, a. a. O.
63 Van Gennep: Manuel de folklore, a. a. O., Bd. 1, 2, S. 791.
64 Am Ende des Neunten Kapitels werde ich das Problem der möglichen Verbindung zwischen Antisemitismus und der Angst vor Gespenstern anschneiden.
65 Alles Vorausgegangene ist dem Wörterbuch zur biblischen Botschaft, hg. von Léon-Dufour, Freiburg i. Br. 1964, S. 483–485, sowie dem Vollständigen Römischen Meßbuch, hg. von den Benediktinern der Erzabtei Beuron, Freiburg i. Br., S. 174–175, entnommen.
66 Ich danke Pater T. Rey-Mermet dafür, daß er mich auf diesen Roman aufmerksam gemacht hat.
67 G. Simenon: Le Roman de l'homme, a. a. O., S. 27–29. Pater F. Bourdeau war so liebenswürdig, mich auf diesen Text aufmerksam zu machen, wofür ich ihm danke.
68 Boutonnier: Contribution, a. a. O., S. 134–136.
69 Ibid., S. 139.
70 A. de Musset: Poésies complètes, Paris 1954, S. 154.
71 Maupassant: Die Schnepfe, a. a. O., S. 75.
72 Maupassants «Die Furcht» («La peur») erschien am 23. Oktober 1882 in «Le Gaulois».
73 Leroux de Lincy: Proverbes, a. a. O., Bd. 1, S. 113 (Comédie des proverbes, 1. Akt).
74 Ibid., Bd. 2, S. 32 (Gruther: Recueil).
75 Ibid., Bd. 1, S. 113 (Almanach perpétuel).
76 Ibid., id. (Comédie des proverbes, 1. Akt).
77 Ibid., Bd. 1, S. 132 (Bouvelles: Proverbes).
78 Ibid., id. (Adages françois).
79 Ibid., id. (Adages françois).

80 Ibid., id. (Adages françois).
81 Camoens: Lusiaden, a. a. O., 4. Gesang, 1, S. 82.
82 W. Shakespeare: Ein Sommernachtstraum, 5. Akt, 1. Szene, in: Shakespeare Werke, a. a. O., Bd. 5, S. 58.
83 Ibid., 2. Akt, 1. Szene, S. 19.
84 Ibid., 5. Akt, 1. Szene, S. 63–64.
85 Ibid., 3. Akt, 2. Szene, S. 44.
86 Les Evangiles des quenouilles, Paris 1855.
87 Ibid., S. 156.
88 Ibid., id.
89 Ibid., S. 35.
90 Ibid., S. 36.
91 Ibid., S. 37.
92 Ibid., S. 153.
93 Ibid., S. 154.
94 Ibid., id.
95 Shakespeare: Ein Sommernachtstraum, a. a. O., 2. Akt, 1. Szene, S. 21.
96 M. T. Jones-Davies: Un Peintre de la vie londonienne: Thomas Dekker, 2 Bde., Paris 1958, Bd. 1, S. 294.
97 Thomas: Anthropologie, a. a. O., S. 24–25.
98 R. Zoogmann (Hg.): Hans Sachs in einer Auswahl seiner Gedichte, Schwänke und Dramen, Stuttgart 1905, S. 25–26.
99 Siehe weiter oben, S. 62.
100 Dante Alighieri: Die göttliche Komödie, dt. Übers. I. u. W. v. Wartburg, Zürich 1963: Inferno, 1. u. 7. Gesang.
101 G. Budé: De transitu hellenismi ad christianismum, frz. Übers. M. Lebel, Sherbrooke 1973, S. 8, S. 74, S. 85, S. 194, S. 198.
102 E. Tabourot Des Accords: Les Bigarrures et Touches du Seigneur Des Accords, avec les Apophtegmes du sieur Gaulard et les Escraignes dijonnaises, Paris 1603, passim (4. Teil).
103 R. Vaultier: Le Folklore pendant la guerre de Cent Ans d'après les lettres de rémission..., Paris 1965, S. 112–114.
104 Montaigne: Tagebuch einer Badereise, dt. Übers. Otto Flake, Stuttgart 1963, S. 186–188 (Fastnacht: Fest des Kastellan).
105 Jones-Davies: Un Peintre, a. a. O., Bd. 1, S. 306.
106 R. Pike: Crime and Punishment in Sixteenth-Century Spain, in: The Journal of European Economic History, H. 3 (1976), S. 694.
107 Réponses à la violence (Bericht des «Comité d'études sur la violence, la délinquance et la criminalité»), 2 Bde., Paris 1977, Bd. 2, S. 179.
108 Jones-Davies: Un Peintre, a. a. O., Bd. 1, S. 326.
109 Ibid., Bd. 1, S. 392.
110 Ibid., Bd. 1, S. 247.
111 Ibid., Bd. 1, S. 258.

112 J.-C. Nemeitz: Séjour de Paris, c.-à.-d. Instructions fidèles, in: A. Franklin: La Vie privée d'autrefois, 27 Bde., Paris 1887–1902, Bd. 21, S. 57 bis 58.
113 Diese Information in ibid., Bd. 4, S. 5. Vgl. B. Geremek: Les Marginaux parisiens aux XIVe et XVe siècles, Paris 1976, S. 27 f (mit Bibliographie).
114 Vaultier: Folklore, a. a. O., S. 111–112.
115 Zit. nach ibid., S. 113. Vgl. Campion: Statuts synodaux de Saint-Brieuc, in: Revue de Bretagne, 1910, S. 23–25.
116 Ibid., S. 123.
117 Ibid., S. 169–170.
118 Ibid., S. 170.
119 Jones-Davies: Un Peintre, a. a. O., Bd. 1, S. 21.
120 Ibid., id.

Drittes Kapitel

1 Das Standardwerk zu diesem Thema ist heute: J.-N. Biraben: Les Hommes et la peste en France et dans les pays européens et méditerranéens, 2 Bde., Paris–Den Haag 1975–1976. Für die kollektiven Verhaltensmuster in Pestzeiten habe ich mich an die medizinische Doktorarbeit von M.-C. Delafosse: Psychologie des foules devant les épidémies de peste du Moyen Age à nos jours en Europe, Rennes I, 1976, gehalten.
2 Über das Auftreten dieser drei Krankheiten im 18. Jahrhundert in Westfrankreich vgl. F. Lebrun: Les Hommes et la mort en Anjou, Paris 1971, S. 367–387, u. J.-P. Goubert: Malades et médecines en Bretagne, 1770 bis 1790, Paris–Rennes 1974, S. 316–378.
3 Vgl. Biraben: Les Hommes, a. a. O., Bd. 1, S. 25–48 u. S. 375–377. La peste dans l'Europe occidentale et le bassin méditerranéen, in: Le Concours médical 1963, S. 619–625 u. S. 781–790. J.-N. Biraben/J. Le Goff: La peste dans le haut Moyen Age, in: Annales, E. S. C., Nov.–Dez. 1969, S. 1484–1510.
4 E. Carpentier: Autour de la Peste Noire: famines et épidémies au XVIe siècle, in: Annales, E. S. C., Nov.–Dez. 1962, S. 1082. Vgl. vom selben Autor: Une ville devant la peste: Orvieto et la Peste Noire de 1348, Paris 1962.
5 S. Guilbert: A Châlons-sur-Marne au XVe siècle: un conseil municipal face aux épidémies, in: Annales, E. S. C., Nov.–Dez. 1968, S. 1286.
6 Biraben: La peste, a. a. O., S. 781.
7 H. Dubled: Conséquences économiques et sociales des mortalités du

XIVᵉ siècle, essentiellement en Alsace, in: Revue d'histoire économique et sociale 37 (1959), S. 279.
8 Biraben: Les Hommes, a. a. O., Bd. 1, S. 121.
9 Vgl. vor allem B. Bennassar: Recherches sur les grandes épidémies dans le nord de l'Espagne à la fin du XVIᵉ siècle, Paris 1969, u. P. Chaunu: La Civilisation de l'Europe classique, Paris 1966, S. 214–223.
10 Ergänzend zu Bennassars Buch: J.-P. Desaive: Les épidémies dans le nord de l'Espagne à la fin du XVIᵉ siècle, in: Annales, E. S. C., Nov.–Dez. 1969, S. 1514–1517.
11 Benaerts/Samaran: Choix de textes historiques, la France de 1228 à 1610, Paris 1926, S. 34–35.
12 G. Boccaccio: Decameron, dt. Übers. Heinrich Steinhöwel, Stuttgart 1860 (1. Ausgabe um 1470), S. 8.
13 K.-J. Beloch: Bevölkerungsgeschichte Italiens, 3 Bde., Berlin–Leipzig 1937–1961, Bd. 2, S. 133–136 u. S. 160.
14 G. Fourquin: Histoire économique de l'Occident médiéval, Paris 1969, S. 324.
15 E. Carpentier: Autour de la Peste Noire, in: Annales, E. S. C., Nov.–Dez. 1962, S. 1065.
16 Ibid., id. Der Fall Givry wird von Biraben in: Les Hommes, a. a. O., Bd. 1, S. 157–162, erneut aufgerollt und untersucht.
17 Vgl. M. Postan/J. Titow: Heriots and Prices in Winchester Manors, in: English Historical Review, 1959.
18 Y. Renouard: Conséquence et intérêt démographique de la Peste Noire de 1348, in: Population 3, 1948, S. 463.
19 Biraben: La peste, a. a. O., S. 781.
20 Biraben: Les Hommes, a. a. O., Bd. 1, S. 116. Vgl. auch D. Defoe: Ein Bericht vom Pestjahr, Bremen 1965, S. 136. F. P. Wilson: The Plague in Shakespeare's London, Oxford 1963, S. 212.
21 Carrière/M. Courdurie/F. Rebuffat: Marseille, ville morte. La peste de 1720, Marseille 1968, S. 302.
22 G. Galasso: Napoli spagnola dopo Masaniello, Neapel 1972, S. 46.
23 Beloch: Bevölkerungsgeschichte, a. a. O., Bd. 3, S. 359–360. Biraben: Les Hommes, a. a. O., Bd. 1, S. 186–189.
24 Biraben: Les Hommes, a. a. O., Bd. 1, S. 198–218.
25 Vgl. A. Dominguez-Ortiz: La Sociedad española en el siglo XVII, Madrid 1963, S. 81. Chaunu: La Civilisation, a. a. O., S. 219.
26 Biraben: Les Hommes, a. a. O., Bd. 1, S. 13–16. Carrière…: Marseille, a. a. O., S. 171–178.
27 Zit. nach Carrière …: Marseille, a. a. O., S. 163.
28 J. W. S. Johnsson (Hg.): Storia della peste avvenuta nel Borgo di Busto-Arsizio, 1630, Kopenhagen 1924, S. 15.
29 Vgl. z. B. Bennassar: Recherches, a. a. O., S. 51. Diese Frage wird ein-

gehender behandelt in Biraben: Les Hommes, a. a. O., Bd. 1, S. 147–154.
30 Biraben: La peste, a. a. O., S. 785.
31 Boccaccio: Decameron, a. a. O., S. 8.
32 Defoe: Pestjahr, a. a. O., S. 270.
33 Carrière …: Marseille, a. a. O., S. 165.
34 Johnsson (Hg.): Storia di Busto, a. a. O., S. 29.
35 P. Gilles: Histoire ecclésiastique des Eglises autrefois appelées …Vaudois, Genf 1644, S. 508–509.
36 F. de Santa-Maria: Historia das sagradas congregaçoes des conegos seculares de S. Jorge em alga de Venesa e de S. João evangelista en Portugal, Lissabon 1677, S. 271. Ich danke Eugenio Dos Santos dafür, daß er mir Fotokopien von diesem Werk verschafft hat.
37 Dieser Hinweis und das folgende nach H. Mollaret & J. Brossolet: La peste, source méconnue d'inspiration artistique, in: Jaarboek 1965: Koninklijk Museum voor schone Kunsten, Antwerpen, S. 61–67.
38 Vgl. Legenda aurea: 4. August.
39 Carpentier: Une ville, a. a. O., S. 125, und Beweisstück Nr. 3.
40 Heute in der Niedersächsischen Landesgalerie zu Hannover. Hier vor allem: Mollaret/Brossolet: La peste, source méconnue, a. a. O., S. 61 bis 67.
41 Nürnberg, Germanisches Nationalmuseum. Vgl. auch M. Meiss: Painting in Florence and Siena after the Black Death, Princeton 1951, S. 77.
42 Eine Reproduktion findet sich in J. Delumeau: La Civilisation de la Renaissance, Paris 1973, Abb. 29, S. 68–69. Bayerische Staatsgemäldesammlung, München.
43 Benaerts …: Choix de textes, a. a. O., S. 34–35.
44 Zit. nach M. Devèze: L'Espagne de Philippe IV, 1621–1665, Bd. 2, Paris 1971, S. 318.
45 Defoe: Pestjahr, a. a. O., S. 227.
46 Carrière …: Marseille, a. a. O., S. 163.
47 Ibid., S. 166.
48 Biraben: La peste, a. a. O., S. 620.
49 Carrière …: Marseille, a. a. O., S. 163.
50 Vgl. Mollaret/Brossolet: La peste, source méconnue, a. a. O., S. 15–17.
51 Bennassar: Recherches, a. a. O., S. 53.
52 Defoe: Pestjahr, a. a. O., S. 134–135.
53 Carrière …: Marseille, a. a. O., S. 303–306.
54 Boccaccio: Decameron, a. a. O., S. 8.
55 A. Manzoni: Die Verlobten, 2 Bde., Freiburg i. Br. 1947, Bd. 2, 31. Kap., S. 381.
56 Carrière …: Marseille, a. a. O., S. 304.
57 J. Delumeau: Le Catholicisme entre Luther et Voltaire, Paris 1971, S. 241.

58 Meiss: Painting, a. a. O., S. 77. Eine ausgezeichnete Untersuchung über den Sebastianskult in einem begrenzten Gebiet liefern Anthony/Schmitt: Le Culte de Saint-Sébastien en Alsace, Straßburg 1977.
59 B. Guedes: Breve relação da fondação do Colegio dos meninos orfãos de Nossa Senhora da Graça, Porto 1951, S. 235. Dieser Text wurde mir von E. Dos Santos übermittelt.
60 Zit. nach Devèze: L'Espagne, a. a. O., Bd. 2, S. 318.
61 Defoe: Pestjahr, a. a.O., S. 113.
62 Carrière...: Marseille, a. a. O., S. 86–87.
63 Texte von Fra Benedetto Cinquanta, zit. nach R. Quazza: La Preponderanza spagnola, Mailand 1950, S. 59.
64 Carpentier: Une ville, a. a. O., S. 100.
65 Guilbert: A Châlons-sur-Marne, a. a. O., S. 1285.
66 Bennassar: Recherches, a. a. O., S. 52.
67 Manzoni: Die Verlobten, a. a. O., Bd. 2, 31. Kap., S. 361– 363. Carrière...: Marseille, a. a. O., S. 61.
68 Ibid., Bd. 2, 31. Kap., S. 381.
69 H. Heine: Sämtliche Werke, Bd. 8: Französische Zustände, 1. Teil: Das Bürgerkönigtum im Jahr 1932, Hamburg 1974, S. 170–171.
70 L. Chevalier: Le Choléra, la première épidemie du XIXe siècle, La Roche-sur-Yon 1958, S. 93.
71 Biraben: La peste, a. a. O., S. 786.
72 Boccaccio: Decameron, a. a. O., S. 10.
73 Defoe: Pestjahr, a. a. O., S. 25.
74 Carrière...: Marseille, a. a. O., S. 66.
75 Chevalier: Le Choléra, a. a. O., S. 15.
76 Bennassar: Recherches, a. a. O., S. 52 u. S. 58.
77 Devèze: L'Espagne, a. a. O., Bd. 2, S. 318.
78 Defoe: Pestjahr, a. a. O., S. 101.
79 Ibid., S. 203.
80 Unveröffentlichte Dokumente im Besitz von Jean Torrilhon, der sie mir liebenswürdigerweise zur Verfügung gestellt hat.
81 Mollaret/Brossolet: La peste, source méconnue, a. a. O., S. 30.
82 Defoe: Pestjahr, a. a. O., S. 166.
83 F. de Santa-Maria: Historia, a. a. O., S. 270–272.
84 Manzoni: Die Verlobten, a. a. O., Bd. 2, 34. Kap., S. 487.
85 Defoe: Pestjahr, a. a. O., S. 224.
86 Nacheinander Carrière...: Marseille, a. a. O., S. 104; Chevalier: Le Choléra, a. a. O., S. 131.
87 Manzoni: Die Verlobten, a. a. O., Bd. 2, 32. Kap., S. 417: Text von Ripamonti: De peste quae fecit anno 1630, Mailand 1940, S. 81.
88 Carrière...: Marseille, a. a. O., S. 78–79.
89 Defoe: Pestjahr, a. a. O., S. 109.

90 Ibid., S. 87–88.
91 Ibid., S. 245.
92 Carrière ...: Marseille, a. a. O., S. 124.
93 Ibid., S. 109.
94 Defoe: Pestjahr, a. a. O., S. 106.
95 Carrière ...: Marseille, a. a. O., S. 82.
96 A. Paré: Œuvres, Paris 1969 (nach der Ausgabe von 1585), Bd. 3, S. VIII^c XLV. Vgl. zu diesem Thema auch Biraben: Les Hommes, a. a. O., Bd. 2, S. 37–38.
97 Le Maistre: Conseil préservatif et curatif des fièvres pestilents, Pont-à-Mousson 1631, S. 62.
98 M. Bompart: Nouveau Chasse-Peste, Paris 1630, S. 6.
99 L.-A. Muratori: Del governo della peste, e delle maniere di guardasene, Modena 1714, S. 329. Vgl. auch S. 328–336 u. S. 408–415. Ich danke B. Bennassar dafür, daß er mich auf diesen Text aufmerksam gemacht hat.
100 Zit. nach Chevalier: Le Choléra, a. a. O., S. 45.
101 Vgl. Mollaret/Brossolet: La peste, source méconnue, a. a. O., S. 40–41.
102 Paré: Œuvres, a. a. O., Bd. 3, S. VIII^c XLIV–XLV.
103 Bompart: Chasse-Peste, a. a. O., S. 39.
104 Thukydides: Geschichte des peloponnesischen Krieges, Heidelberg o. J., S. 149, 2. Buch, 53. Kap.
105 Boccaccio: Decameron, a. a. O., S. 4.
106 Defoe: Pestjahr, a. a. O., S. 25.
107 Carrière ...: Marseille, a. a. O., S. 110.
108 Defoe: Pestjahr, a. a. O., S. 90.
109 Biraben: La peste, a. a. O., S. 789.
110 Thukydides: Peloponnesischer Krieg, a. a. O., 2. Buch, 53. Kap., S. 149.
111 Boccaccio: Decameron, a. a. O., S. 4–5.
112 T. Gumble: La Vie du général Monk, frz. Übers. Rouen 1672, S. 265.
113 Vgl. W. L. Langer: The Next Assignment, in: American Historical Review, Jan. 1958, S. 298.
114 Carrière ...: Marseille, a. a. O., S. 102–103.
115 Defoe: Pestjahr, a. a. O., S. 235–236.
116 Ibid., S. 238.
117 Ibid., S. 86, S. 112, S. 141.
118 Ibid., S. 112.
119 Montaigne: Gesammelte Schriften, a. a. O., 3. Buch, 12. Kap., Bd. 6, S. 130–131.
120 Devèze: L'Espagne, a. a. O., S. 318.
121 Defoe: Pestjahr, a. a. O., S. 86.
122 Manzoni: Die Verlobten, a. a. O., Bd. 2, 32. Kap., S. 415.
123 Defoe: Pestjahr, a. a. O., S. 39.

124 Ibid., S. 141.
125 Ibid., S. 112, S. 158, S. 219–243.
126 Pepys: Journal, a. a. O., Bd. 5, S. 65 (3. Sept. 1665).
127 Defoe: Pestjahr, a. a. O., S. 84.
128 Vgl. Mâle: L'Art religieux, a. a. O., S. 375 f u. S. 423 f. J. Huizinga: Herbst des Mittelalters, Stuttgart [11]1975, S. 190– 208. Meiss: Painting, a. a. O., 2. Kap. A. Tenenti: La vie et la mort à travers l'art du XVe siècle, Paris 1952, sowie die bibliographischen Hinweise in Langer: New Assignment, a. a. O., S. 297.
129 Mollaret/Brossolet: La peste, source méconnue, a. a. O., S. 70–76.
130 Ibid., S. 74.
131 F. Viate: Stefano Della Bella: le cinque morti, in: Arte illustrata, 1972, S. 198–210.
132 Vgl. hierzu Mollaret/Brossolet: La peste, source méconnue, a. a. O., S. 13–26.
133 Zit. nach J. Rousset: Anthologie de la poésie baroque française, 2 Bde., Paris 1968, Bd. 2, S. 148.
134 Vgl. U. Ruggeri: Disegni del Grechetto, in: Critica d'arte, 1975, S. 33 bis 42.
135 Bennassar: L'Homme espagnol, Paris 1975, S. 187.
136 Freour …: Réactions des populations …, in: Revue de psychologie des peuples, 1960, S. 72.
137 Benaerts …: Choix de textes, a. a. O., S. 33–35.
138 Zit. nach Janssen: Geschichte des deutschen Volkes, a. a. O., Bd. 7, S. 434.
139 Bennassar: Recherches, a. a. O., S. 56.
140 Manzoni: Die Verlobten, a. a. O., Bd. 2, 32. Kap., S. 411.
141 Galasso: Napoli spagnola, a. a. O., S. 45.
142 Carrière …: Marseille, a. a. O., S. 87–88.
143 Ibid., S. 100.
144 M. Luther: Ob man vor dem Sterben fliehen möge (1527), in: Werke, Weimarer Ausgabe I, Bd. 23, S. 367.
145 Wilson: The Plague, a. a. O., S. 159.
146 Johnsson (Hg.): Storia di Busto, a. a. O., S. 66–67.
147 Zit. nach Mollat: Genèse médiévale, a. a. O., S. 40.
148 Boccaccio: Decameron, a. a. O., S. 5.
149 Janssen: Geschichte des deutschen Volkes, a. a. O., Bd. 7, S. 440.
150 Johnsson (Hg.): Storia di Busto, a. a. O., S. 27.
151 Defoe: Pestjahr, a. a. O., S. 158.
152 Carrière …: Marseille, a. a. O., S. 79.
153 Boccaccio: Decameron, a. a. O., S. 5.
154 Vgl. vor allem Manzoni: Die Verlobten, a. a. O., Bd. 2, S. 407 u. S. 413 bis 415, 32. Kap. Carrière …: Marseille, a. a. O., S. 77, S. 93–94.

155 Defoe: Pestjahr, a. a. O., S. 114–115.
156 All diese Informationen in Biraben: Les Hommes, a. a. O., Bd. 1, S. 175.
157 Benaerts ...: Choix de textes, a. a. O., S. 34–35.
158 Bennassar: Recherches, a. a. O., S. 56.
159 Manzoni: Die Verlobten, a. a. O., Bd. 2, 32. Kap., S. 413.
160 Tadino, zit. nach ibid., Bd. 2, 31. Kap., S. 379–381.
161 Defoe: Pestjahr, a. a. O., S. 251.
162 Carrière ...: Marseille, a. a. O., S. 103.
163 Ibid., S. 88–98.
164 Ibid., S. 100.
165 Johnsson (Hg.): Storia di Busto, a. a. O., S. 13.
166 Zit. nach Mollat: Genèse médiévale, a. a. O., S. 42. Vgl. auch Biraben: Les Hommes, a. a. O., Bd. 2, S. 9–14.
167 P. Marcellin: Traité de peste, Lyon 1639, S. 6.
168 Bompart: Chasse-Peste, a. a. O., S. 3.
169 Carrière ...: Marseille, a. a. O., S. 161.
170 Benaerts ...: Choix de textes, a. a. O., S. 34–35.
171 Boccaccio: Decameron, a. a. O., S. 3.
172 Defoe: Pestjahr, a. a. O., S. 30–33.
173 Vgl. E. Wickersheimer: Les accusations d'empoisonnement portées pendant la première moitié du XIVe siècle contre les lépreux et les Juifs; leurs relations avec les épidémies de peste. Vierter internationaler Kongreß für Geschichte der Medizin (Brüssel 1923), Antwerpen 1927, S. 6 bis 7.
174 Ibid., S. 1.
175 Ibid., S. 4–5.
176 A. Lopez de Meneses: Una consecuencia de la Peste Negra en Cataluña: el pogrom de 1348, in: Sefarad, H. 1 (1959), S. 92–131. Vgl. auch A. Ubrieto-Arteta: La Peste Negra en la Península Ibérica, in: Cuardernos de Historia, 1975, S. 47–67.
177 Benaerts ...: Choix de textes, a. a. O., S. 33–35.
178 Lopez de Meneses: Una consecuencia, a. a. O., S. 93.
179 Bennassar: Recherches, a. a. O., S. 49.
180 R. Baehrel: Epidémie et terreur, in: Annales historiques de la Révolution française, H. 23 (1951), S. 139.
181 Johnsson (Hg.): Storia di Busto, a. a. O., S. 19.
182 Defoe: Pestjahr, a. a. O., S. 7.
183 Eine Anekdote, die Manzoni in: Die Verlobten, a. a. O., Bd. 2, 32. Kap., S. 397–399, aufgenommen hat.
184 Vgl. ibid., Bd. 2, 32. Kap., S. 399.
185 All diese Informationen in E. W. Monter: Witchcraft in Geneva, in: Journal of Modern History 43, H. 1 (1971), S. 183–184.
186 Baehrel: Epidémie, a. a. O., S. 114–115.

187 Luther: Vor dem Sterben fliehen, a. a. O., S. 367–369.
188 Defoe: Pestjahr, a. a. O., S. 211–212.
189 Ibid., S. 39–40.
190 Nacheinander: Luther: Vor dem Sterben fliehen, a. a. O., S. 355. Paré: Textes choisis, a. a. O., S. 155. Defoe: Pestjahr, a. a. O., S. 95.
191 Chevalier: Le Choléra, a. a. O., S. 19.
192 Siehe Anm. 190.
193 H. Renaud: Les maladies pestilentielles dans l'orthodoxie islamique, in: Bulletin de l'institut d'hygiène du Maroc 3 (1934), S. 6.
194 Paré: Œuvres, a. a. O., S. VIII^c CXXIX.
195 T. Vicary: The English Mans Tresure, 1613, S. 223.
196 Defoe: Pestjahr, a. a. O., S. 283.
197 Ibid., S. 94.
198 Carrière ...: Marseille, a. a. O., S. 76.
199 Chevalier: Le Choléra, a. a. O., S. 136.
200 Dieser Text und die vorhergehenden Informationen in Mollaret/Brossolet: La peste, source méconnue, a. a. O., S. 97–99.
202 Siehe die Unterscheidungen von Bennassar: Recherches, a. a. O., S. 55. Vgl. auch zum Thema Prozessionen: Biraben: Les Hommes, a. a. O., Bd. 2, S. 65–69.
203 Manzoni: Die Verlobten, a. a. O., Bd. 2, 32. Kap., S. 401.
204 Johnsson (Hg.): Storia di Busto, a. a. O., S. 23.
205 Carrière ...: Marseille, a. a. O., S. 123.
206 J. Blanco-White: Cartas de España, Madrid 1972, S. 164–165. Ich danke B. Bennassar dafür, daß er mich auf diese Texte aufmerksam gemacht hat.
207 Biraben: Les Hommes, a. a. O., Bd. 2, S. 56–57.
208 Ibid., S. 71–72.
209 Johnsson (Hg.): Storia di Busto, a. a. O., S. 23.
210 Zit. nach Mollaret/Brossolet: La peste, source méconnue, a. a. O., S. 79.
211 Vgl. Vita sti Rochi; auctore Fr. Diedo, in: Acta sanctuorum 3, August, S. 399–407, und: Acta brevioria; auctore anonymo, in: Ibid., S. 407 bis 410. Diese Quellen hat Pater Witters mir liebenswürdigerweise übermittelt.
212 Defoe: Pestjahr, a. a. O., S. 283.
213 Carrière ...: Marseille, a. a. O., S. 118.
214 Benaerts ...: Choix de textes, a. a. O., S. 34–35.

Viertes Kapitel

1 Bercé: Histoire des croquants, a. a. O., Bd. 2, S. 674–681.
2 D. Mornet: Les Origines intellectuelles de la Révolution française, Paris ²1934, S. 443–446.
3 Vgl. G. Rudé: The Crowd in History, 1730–1848, New York–London 1964, S. 35. Vgl. auch: Violence and Civil Disorder in Italian Cities, 1200–1500, Berkeley 1972.
4 N. Z. Davies: Society and Culture in Early Modern France, Stanford (Kal.) 1975, S. 152–187, mit Bibliographie S. 315–316.
5 G. Lefebvre: La Grande Peur, a. a. O., S. 61. Ergänzend zu diesem Werk: H. Dinet: La Grande Peur en Hurepoix, in: Paris et Ile-de-France, Bd. 18 bis 19, Paris 1970, S. 99–204, und: Les Peurs du Beauvaisis et du Valois, juillet 1789, in: Ibid., Bd. 22–24, 1972–1973, S. 199–392. Der Autor betont nachdrücklich die Verschiedenartigkeit der Ängste und ihre unregelmäßige geographische Verteilung. Das Zusammenwirken der Paniken berechtigt indessen dazu, weiterhin von der «Großen Angst» zu sprechen.
6 G. Le Bon: La Révolution française et la psychologie des foules, Paris 1925, und: Psychologie des foules, Paris 1947.
7 M. Garden: Lyon et les Lyonnais au XVIIIe siècle, Paris o. J., S. 582 bis 592.
8 Ich beziehe mich hier auf eine Untersuchung, die Mme Laurence Fontanie in meinem Seminar vorgelegt hat.
9 Das Werk von E. J. Hobsbawm: Les Primitifs de la révolte dans l'Europe moderne (frz. Übers. 1963) erlaubt ebenfalls diese «rückwirkende» Betrachtung.
10 E. Morin: La Rumeur d'Orléans, Paris 1969, S. 108.
11 R.-H. Turner: Collective behavior, in: Handbook of Modern Sociology, Chicago 1964, S. 398.
12 «Ouest-France» vom 7. März 1975.
13 Morin: La Rumeur, a. a. O., S. 11–116.
14 Um die Bibliographie nicht unnötig auszudehnen, verweise ich nur auf M. I. Pereira de Queroz: Réforme et révolution dans les sociétés traditionnelles: histoire et ethnologie des mouvements messianiques, Paris 1968.
15 Ibid., S. 81–87. Vgl. auch Hobsbawm: Les Primitifs, a. a. O., S. 73–91.
16 Ibid., S. 139.
17 Ibid., S. 72–75. Vgl. auch H. Cantril: The Psychology of Social Movements, New York 1948, S. 139–140.
18 Vgl. vor allem P. Lawrence: Le Culte du cargo, Paris 1974, und P. Worsley: Elle sonnera la trompette, Paris 1977.
19 Vgl. vor allem J. Macek: Jean Hus et les traditions hussites, Paris 1973.

R. Friedenthal: Hérétique et rebelle, Paris 1977, und M. Mollat/P. Wolff: Ongles bleus, Jacques et Ciompi. Les révolutions populaires aux XIVe et XVe siècles, Paris 1970, S. 251–270.

20 Vgl. die Monographie von F. Graus: Městskà chudina v době předgzsutokě («Die Armen in den Städten in der vorhussitischen Zeit»), Prag 1949.
21 Zum Beispiel in Deutschland kurz vor Ausbruch des Bauernkriegs. Vgl. dazu Janssen: Geschichte des deutschen Volkes, a. a. O., Bd. 2, S. 475 bis 480.
22 Macek: Jan Hus, a. a. O., S. 127.
23 Ibid., S. 139.
24 N. Cohn: Das Ringen um das Tausendjährige Reich, Bern 1961, S. 222 bis 239.
25 P. Dollinger: Histoire de l'Alsace, Toulouse 1970, S. 212–213.
26 F. Engels: Der deutsche Bauernkrieg, Berlin ³1908, S. 38.
27 Zit. nach Cohn: Tausendjähriges Reich, a. a. O., S. 226.
28 Zit. nach ibid., S. 246. Vgl. auch die Bibliographie in diesem Werk. Vgl. auch Lecler: Religionsfreiheit, a. a. O., Bd. 1, S. 311.
29 Vgl. dazu M. Le Lannon: Déménagement du territoire, Paris 1969.
30 Froissart: Chroniques, Paris 1874, Bd. 5 (1356), S. 60 u. S. 71.
31 Vgl. Mollat/Wolff: Ongles bleus, a. a. O., S. 116–118.
32 Vgl. vor allem L. Mirot: Les Insurrections urbaines au début du règne de Charles VI, Paris 1906.
33 Froissart: Chroniques, a. a. O., Bd. 10 (1381), S. 95.
34 Vgl. Lefebvre: La Grande Peur, a. a. O. Dinet: Die beiden Artikel, die in Anm. 5 genannt wurden.
35 Dieser Zusammenhang wurde von Y.-M. Bercé in: Histoire des croquants, a. a. O., Bd. 2, S. 694, und in: Croquants, a. a. O., S. 168, hergestellt.
36 N. Wachtel: La Vision des vaincus. Les Indiens du Pérou devant la conquête espagnole, Paris 1971, S. 272–273. Vgl. auch J. Neumann: Révoltes des Indiens Tarahumars (1626–1724), Übers. und Einleitung von L. Gonzalez, Paris 1969, insbesondere S. 61.
37 Aussagen des Abgeordneten Cravioto, zit. nach J. A. Meyer: Apocalypse et révolution au Mexique. La guerre des cristeros 1926–1929, Paris 1974, S. 42.
38 Wachtel: La Vision, a. a. O., S. 275–276.
39 Neumann: Révoltes, a. a. O., S. 61.
40 Meyer: Apocalypse, a. a. O., S. 77.
41 Froissart: Chroniques, a. a. O., Bd. 5 (1357), S. 94–95.
42 C. Portal: Les Insurrections des Tuchins, in: Annales du Midi, 1892, S. 438–439.
43 F. Chabod: L'Epoca di Carlo V, in: Storia di Milano, Bd. 9, S. 392. Die Bevölkerung floh vor allem in die benachbarte Republik Venedig.
44 Vaissette: Histoire du Languedoc, a. a. O., Bd. 12, Spalte 1280–1282.

45 J.-C. von Grimmelshausen: Der abenteuerliche Simplizissimus, Wiesbaden 1956, S. 25.
46 Brief der Mme de Sévigné vom 5. Januar 1676, in: P. Clément: La Police sous Louis XIV, Paris 1886, S. 314. Vgl. Bercé: Histoire des croquants, a. a. O., Bd. 1, S. 63.
47 Bercé: Histoire des croquants, a. a. O., Bd. 1, S. 63.
48 Ibid., id.
49 M. Mollat (Hg.): Histoire de l'Ile-de-France, Toulouse 1971, S. 289.
50 Bercé: Histoire des croquants, a. a. O., S. 549–550.
51 Ibid., S. 562.
52 Ibid., S. 549.
53 J. Delumeau: Vie économique et sociale de Rome dans la seconde moitié du XVIe siècle, 2 Bde., Paris 1957–1959, Bd. 2, S. 542–543. Vgl. auch F. Braudel: La Méditerranée et le monde méditerranéen à l'époque de Philippe II, 2 Bde., Paris ^{2}1966, Bd. 2, S. 75–96.
54 G. Roupnel: La Ville et la campagne au XVIIe siècle. Etude sur les populations du pays dijonnais, Paris ^{2}1955, S. 12.
55 Delumeau: Vie économique, a. a. O., Bd. 2, S. 564.
56 J.-P. Gutton: La Société et les pauvres en Europe (XVIe–XVIIIe siècle), Paris 1974, S. 27–30.
57 Braudel: La Méditerranée, a. a. O., Bd. 2, S. 81.
58 R. Mousnier: Fureurs paysannes. Les paysans dans les révoltes du XVIIe siècle (France, Russie, Chine), Paris 1967, S. 165. Gutton: La Société, a. a. O., S. 31.
59 R. Cobb: La Protestation populaire en France, 1789–1820, Paris 1975, S. 315.
60 J. Lebeau: Salvator mundi: l'exemple de Joseph dans le théâtre allemand du XVIe siècle, 2 Bde., Neuwkoop 1977, Bd. 1, S. 367–477.
61 R. Mandrou: Introduction à la France moderne, Paris 1961, S. 28–35 u. S. 64.
62 P. Goubert: Louis XIV et vingt millions de Français, Paris 1966, S. 167.
63 A.-M. Puiz: Alimentation populaire et sous-alimentation au XVIIe siècle. Le cas de Genève et de sa région, in: J.-J. Hemardinquer (Hg.): Pour une histoire de l'alimentation, Paris 1970, S. 143.
64 Ibid., S. 129 u. S. 140.
65 Vgl. Messance: Recherches sur la population, 1756: «In den Jahren, in denen das Korn am teuersten war, war die Sterblichkeitsrate am höchsten, und es traten die meisten Krankheiten auf.» Zit. nach Mandrou: La France aux XVIIe et XVIIIe siècles, ^{3}1974, S. 99.
66 Nationalarchiv Paris 1341, f°s 280f. Zit. nach Mollat: Etudes sur la pauvreté, a. a. O., Bd. 2, S. 604.
67 Ibid., Bd. 2, S. 605.
68 Delumeau: Vie économique, a. a. O., Bd. 2, S. 622.

69 Puiz: Alimentation, a. a. O., S. 131.
70 Lebrun: Les hommes et la mort, a. a. O., S. 338.
71 Ibid., S. 339.
72 Ibid., S. 345.
73 H. Platelle: Journal d'un curé de campagne au XVIIe siècle, Paris 1965, S. 90–94. zit. nach: P. Goubert: L'Ancien Régime, 2 Bde., Paris 1969 bis 1973, Bd. 1, S. 49–50.
74 A. Feuillet: La Misère au temps de la Fronde et saint Vincent de Paul, Paris 1868, zit. nach: A. Malet/J. Issac: XVIIe et XVIIIe siècle, Paris 1923, S. 113.
75 Ibid., id.
76 Roupnel: La Ville, a. a. O., S. 32.
77 Vgl. Mandrou: Introduction, a. a. O., S. 34. In Mitteleuropa war der Kannibalismus im Mittelalter noch häufig anzutreffen: F. Curschmann: Hungersnöte im Mittelalter, Leipzig 1900.
78 H. de Villalobos: Somme de théologie morale et canonique, frz. Übers. 1635, 10. Kap. Rechtfertigungen für den Kannibalismus auch bei Azpicuelta: Abrégé du manuel ..., frz. Übers. 1602, S. 271, und bei E. Sa: Les Aphorismes des confesseurs, frz. Übers. 1601, Stichwort «Manger».
79 P. Goubert: Beauvais et le Beauvaisis de 1600 à 1730, Paris 1960, S. 76 bis 77.
80 Vgl. F. Braudel: Civilisation matérielle ..., Paris 1967, Bd. 1, S. 89–91.
81 Puiz: Alimentation, a. a. O., S. 130–131.
82 Lebrun: Les Hommes et la mort, a. a. O., S. 340.
83 Goubert: Beauvais, a. a. O., S. 609.
84 Bercé: Histoire des croquants, a. a. O., Bd. 2, S. 538. Für alles folgende siehe S. 538–548.
85 Mandrou: Introduction, a. a. O., S. 34–35.
86 Vgl. E. Faure: La Disgrâce de Turgot, Paris 1961, S. 195–293.
87 Lefebvre: La Grande Peur, a. a. O., S. 105. Vgl. auch S. 146–148. Die Untersuchungen von H. Dinet (s. Anm. 5) bestätigen, daß es im Juli 1789 in der Gegend um Paris zu zahlreichen Getreideaufständen gekommen ist.
88 R. Cobb: Terreur et subsistances, 1793–1795, Paris 1965, S. 257–293.
89 Davies: Révoltes populaires, a. a. O., S. 31–32.
90 Bercé: Histoire des croquants, a. a. O., Bd. 2, S. 690.
91 Mollat/ Wolff: Ongles bleus, a. a. O., S. 190.
92 Davies: Révoltes populaires, a. a. O., S. 53–54. Fletcher: Tudor Rebellions, a. a. O., S. 17–20.
93 Davies: Révoltes populaires, a. a. O., S. 54.
94 Ibid., S. 53.
95 Mirot: Insurrections urbaines, a. a. O., S. 3–4 u. S. 87–94.
96 Bercé: Croquants, a. a. O., S. 19–43.
97 Foisil: Révolte des nu-pieds, a. a. O., S. 156–158.

98 Ibid., S. 158–160.
99 Bercé: Histoire des croquants, a. a. O., Bd. 1, S. 403.
100 Ibid., S. 476.
101 Mousnier: Fureurs paysannes, a. a. O., S. 123–156. Bercé: Histoire des croquants, a. a. O., S. 53–82.
102 Artikel 5 des «Code paysan» («Bäuerliches Gesetzbuch»).
103 Für die Provence vgl. die Doktorarbeit von R. Pillorget: Les Mouvements insurrectionnels de Provence entre 1596 et 1715, Paris 1976.
104 B. Porchnev: Les Soulèvements populaires en France de 1623 à 1648, Paris 1963, S. 427.
105 Goubert: L'Ancien Régime, a. a. O., Bd. 2, S. 126.
106 Zit. nach Bercé: Histoire des croquants, a. a. O., Bd. 1, S. 322.

Fünftes Kapitel

1 Fletcher: Tudor Rebellions, a. a. O:, S. 38.
2 Ibid., S. 33.
3 Ibid., S. 49.
4 Heuyer: Psychoses collectives, a. a. O., S. 40. Vgl. auch F. Gambiez: La peur et la panique dans l'histoire, in: Mémoires et communications de la commission française d'histoire militaire, H. 1 (1970), S. 115.
5 Garden: Lyon et les Lyonnais, a. a. O., S. 585–586.
6 E.-J.-F. Barbier: Journal d'un bourgeois de Paris sous le règne de Louis XV, ausgewählte Texte von P. Bernard, Paris 1963, S. 218–219.
7 Ibid., S. 223.
8 J. Kaplow: Les Noms des rois. Les pauvres de Paris à la veille de la Révolution, Paris 1974, S. 55.
9 Alletz: Dictionnaire de police moderne pour toute la France, Paris 1823, 4 Bde., Bd. 1, S. 22.
10 All diese Informationen in Bercé: Histoire des croquants, a. a. O., Bd. 2, S. 622–624.
11 Ibid., id.
12 Ibid., Bd. 1, S. 300.
13 Ibid., S. 317.
14 Ibid., S. 324.
15 Foisil: La Révolte, a. a. O., S. 156–178.
16 Mousnier: Fureurs paysannes, a. a. O., S. 138–140.
17 Bercé: Histoire des croquants, a. a. O., Bd. 1, S. 228.

18 V.-L. Bourrilly (Hg.): Le journal d'un bourgeois de Paris sous le règne de François Ier (1515–1536), Paris 1920, S. 162.
19 Ibid., id.
20 Ibid., S. 164.
21 Ibid., S. 148.
22 Turner: Handbook, a. a. O., S. 397.
23 Ibid., S. 393.
24 Storr: L'Instinct, a. a. O., S. 100–108.
25 A. Metraux: Religions et magies indiennes d'Amérique du Sud, Paris 1967, 3. Kap.
26 Erzählung von Tavanne, zit. nach Estèbe: Tocsin, a. a. O., S. 137. Zur Bartholomäusnacht, die im Hinblick auf ihre Gesamtumstände betrachtet werden muß, vgl. das Standardwerk von P. Joutard/J. Estèbe/E. Labrousse/J. Lecuir: La Saint-Barthélémy ou les Résonances d'un massacre, Neuchâtel 1976, vor allem S. 22, S. 30, S. 33, S. 41, S. 45, S. 51 (auf dieser letzten Seite wird ein Vergleich mit den von den Tupinamba begangenen Morden hergestellt).
27 Mémoiren des Claude Haton, 1857, zit. nach Estèbe: Tocsin, a. a. O., S. 82.
28 Mémoires de l'estat de la France sous Charles IX, o. O. u. o. J., S. 205.
29 Lefebvre: La Grande Peur, a. a. O., S. 87.
30 F. Furet/D. Richet: La Révolution française, Paris 1973, S. 135.
31 Die Aufruhre waren noch zahlreicher, als G. Lefebvre angenommen hatte, vor allem im Hurepoix (Gegend der Ile-de-France).
32 Diese Informationen und die folgenden in P. Caron: Les Massacres de septembre, Paris 1935, S. 366.
33 Ibid., S. 367–368.
34 Ibid., S. 102.
35 Zit. nach ibid.: S. 450–451.
36 Bercé: Histoire des croquants, a. a. O., Bd. 2, S. 543.
37 Ibid., Bd. 1, S. 432.
38 Ibid., Bd. 1, S. 324. Foisil: La Révolte, a. a. O., S. 271.
39 Le Roy Ladurie: Les paysans, a. a. O., Bd. 1, S. 497.
40 Bercé: Histoire des croquants, a. a. O., Bd. 2, S. 585.
41 Ibid., Bd. 2, S. 621.
42 Ibid., S. 73.
43 Vgl. vor allem Davis: Society and Culture, a. a. O., S. 27–28, S. 88, S. 146f, S. 175–183, S. 314. Thomson: The Moral Economy of the English Crowd in the Eighteenth Century, in: Past and Present, Feb. 1971, S. 115–117. O. Hufton: Women in Revolution, 1789–1796, in: Ibid., Nov. 1971, S. 39f.
44 Davis: Society and Culture, a. a. O., S. 88.
45 Cobb: La Protestation populaire, a. a. O., S. 158.

46 L. Pliouchtch: Dans le carnaval de l'histoire, Paris 1977, S. 155.
46 Vgl. Davis: Society and Culture, a. a. O., S. 154 u. S. 315–316 für die bibliographischen Verweise auf G. Rudé, E.J. Hobsbawm, E. P. Thompson, C. Tilly, E. Le Roy Ladurie eine Liste, der Y.-M. Bercé hinzuzufügen wäre. G. Paradin: Mémoires de l'histoire de Lyon, Lyon 1573, S. 238.
48 Le Roy Ladurie: Les Paysans, a. a. O., Bd. 1, S. 394–399.
49 Vgl. die diesbezüglich durchaus noch nützlichen Betrachtungen von Lebon: Psychologie des foules, a. a. O., S. 78–92.
50 Über die Rolle der Metzger informieren: Mollat/Wolff: Ongles bleus, a. a. O., S. 231.
51 Es handelt sich hier um eine neue Problematik, die sich indessen der meinen anschließt, in Davis: Society and Culture, a. a. O., S. 152–156, 164 bis 167, 170–180.
52 G. Lambert: Histoire des guerres de Religion en Provence, 1530–1598, Neudruck Nyons 1972, Bd. 1, S. 146. Vgl. auch Joutard: La Saint-Barthélémy, a. a. O., S. 33, und D. Richet: Aspects socioculturels des conflits religieux à Paris dans la seconde moitié du XVIe siècle, in: Annales, E. S. C., 1977, S. 770–771.
53 Davis: Society and Culture, a. a. O., S. 165–166.
54 P. Wolff (Hg.): Histoire de Toulouse, Toulouse 1974, S. 276.
55 Estèbe: Tocsin, a. a. O., S. 98–99.
56 Mémoires de l'estat de France, a. a. O., S. 247.
57 Davis: Society and Culture, a. a. O., S. 167.
58 Ibid., S. 152–153 und S. 167.
59 Ibid., S. 165.
60 Zit. nach Beuzat: La Répression à Valenciennes, a. a. O., S. 25. Correspondance de Marguerite de Parme avec Philippe II, Bd. 1, S. 176.
61 Diese Unterlagen, die von Mme Deyon und A. Lottin in meinem Seminar vorgelegt wurden, liefern den Stoff zu einem Buch, das bei Hachette erscheinen wird. Vgl. auch E. de Moreau: Histoire de l'Eglise en Belgique, Bd. 5, Brüssel 1952, S. 122–128.
62 Foisil: La Révolte, a. a. O., S. 203–206.
63 Bercé: Histoire des croquants, a. a. O., Bd. 1, S. 369.
64 Ibid., Bd. 1, S. 422–423.
65 Ibid., Bd. 2, S. 666.
66 Mousnier: Fureurs paysannes, a. a. O., S. 146.
67 Bercé: Histoire des croquants, a. a. O., Bd. 2, S. 666.
68 M. Gendrot (Hg.): Saint L.-M. Grignion de Montfort, Œuvres complètes, Paris 1966, cantique CVIII, S. 1461.
69 Ibid., S. 1460.
70 Ibid., cantique CI, S. 1419.
71 F. Chevalier: L'Amérique latine, de l'indépendance à nos jours, Paris 1979, S. 473.

72 Über die «Verbindung von Festlichkeiten und Unruhen», zum Beispiel 1790 in Frankreich, vgl. M. Ozouf: La Fête révolutionnaire, 1789–1799, Paris 1976, S. 50.
73 Erzählt in: Félix Platter Tagebuchaufzeichnungen, Heidenheim 1972. Vgl. Lecler: Religionsfreiheit, a. a. O., Bd. 1, S. 321–322.
74 Zit. nach Janssen: Geschichte des deutschen Volkes, a. a. O., Bd. 6, S. 25.
75 Ibid., Bd. 6, S. 25–26.
76 Beuzat: La Répression à Valenciennes, a. a. O., S. 20.
77 G. Le Marchand: Crises économiques et atmosphère sociale en milieu urbain sous Louis XIV, in: Revue d'histoire moderne et contemporaine, 1967, S. 251.
78 Zit. nach Ponthieux: Prédictions, a. a. O., S. 98. Diese Dokumente befinden sich in der Bibliothèque Nationale, Paris, im Magazin PS 149, 288, 215 und 217.
79 Vgl. F. de Vaux de Foletier: Mille ans d'histoire des tziganes, Paris 1970.
80 Vgl. B. Geremek: Les Hommes sans maître. La marginalité sociale à l'époque préindustrielle, in: Diogène, April–Juni 1977, vor allem S. 32.
81 Vgl. P. A. Slack: Vagrants and vagrancy in England 1598–1664, in: Economic History Review, 2. Serie, H. 27 (1974), S. 366. Geremek: Les Hommes sans maître, a. a. O., S. 45.
82 Vgl. hierzu das Standardwerk von B. Geremek: Les Marginaux parisiens aux XIVe et XVe siècles, Paris 1976, S. 29–38 und S. 208–222. Vgl. auch M. Mollat: Les Pauvres au Moyen Age, Paris 1978, vor allem S. 235–303.
83 N. Versoris: Livres de raison de m^e Versoris (1519–1530), Paris 1885, S. 36. Zit. nach Gutton: La Société, a. a. O., S. 229. Über die wachsende Angst unter den Armen vgl. auch M. Mollat (Hg.): Etudes sur l'histoire de la pauvreté (Moyen Age–XVIe siècle), 2 Bde., Paris 1974, Bd. 2, S. 542–546.
84 C. S. L. Davis: Révoltes populaires en Angleterre, in: Annales E. S. C., 1969, S. 46–48.
85 Zit. nach Bercé: Histoire des croquants, a. a. O., Bd. 1, S. 251.
86 Vgl. dazu den ausgezeichneten Artikel von B. Geremek: Criminalité, vagabondage, paupérisme: la marginalité à l'aube des Temps modernes, in: Revue d'histoire moderne et contemporaine, H. 21 (Juli–Sept. 1974), S. 337–375.
87 Paré: Œuvres, a. a. O., S. MLIII, zit. nach R. Chartier: Les élites et les gueux. Quelques représentations (XVIe–XVIIe siècle), in: Revue d'histoire moderne et contemporaine, S. 379.
88 Geremek: Criminalité, vagabondage, a. a. O., S. 357.
89 G. Hermant: Discours chrestien pour le bureau des pauvres de Beauvais, 1654, S. 5.
90 Diese Informationen in Geremek: Criminalité, vagabondage, a. a. O.,

S. 354–356 (mit Bibliographie), und in E. M. Léonard: The Early History of English Poor Relief, Cambridge 1900, Neudruck London 1965, S. 80f.
91 Gutton: La Société, a. a. O., S. 200–201. Vgl. auch Mollat: Etudes sur l'histoire, a. a. O., Bd. 2, S. 539–542 (Bandenkriminalität).
92 Ibid., S. 207–209.
93 Zit. nach Kaplow: Les Noms des rois, a. a. O., S. 229–230.
94 Lefebvre: La Grande Peur, a. a. O., passim. Dinet: Les peurs du Beauvaisis, a. a. O., vor allem S. 257–274.

Kulturen und Ideen

Hildegard Feidel-Mertz (Hg.)
Schulen im Exil
Die verdrängte Pädagogik nach 1933
(7789)

Christa Hackenesch (Hg.)
„Bin so ausgeworfen aus dem Garten der Natur"
Texte und Bilder zur Geschichte einer Sehnsucht (7862)

Winfried Hammann/Joachim Klein
Das einfache Leben
Lebensstile in der Krise (7806)

Rolf Johannsmeier
Spielmann, Schalk und Scharlatan
Die Welt als Karneval:
Volkskultur im späten Mittelalter (7880)

Klasse, Körper, Kopfarbeit
Lexikon linker Gemeinplätze (7760)

Claus-Dieter Rath
Reste der Tafelrunde
Das Abenteuer der Eßkultur (7816)

Christoph Sachße/Florian Tennstedt (Hg.)
Bettler, Gauner und Proleten
Armut und Armenfürsorge in der deutschen Geschichte. Ein Bild-Lesebuch (7777)

Thomas Theye (Hg.)
Wir und die Wilden
Einblicke in eine kannibalische Beziehung (7851)

Überlebenslesebuch
Wettrüsten, Nord-Süd-Konflikt, Umweltzerstörung (7672)

P 2110/2 a

Kulturen und Ideen

A. Bammé/G. Feuerstein/R. Genth/
E. Holling/R. Kahle/P. Kempin
**Maschinen-Menschen,
Mensch-Maschinen**
Grundrisse einer sozialen Beziehung
(7698)

Michael Batz/Horst Schroth
Theater zwischen Tür und Angel
Handbuch für freie Theaterarbeit (7686)

J. Beck/H. Dauber/M. Gronemeyer/
Chr. Marzahn/W. Sachs/H. Stubenrauch
Das Recht auf Ungezogenheit
(7767)

Klaus Bergmann (Hg.)
Schwarze Reportagen
Aus dem Leben der untersten Schichten
von 1914: Huren, Vagabunden, Lumpen
(7842)

Klaus Bergmann/Solveig Ockenfuß (Hg.)
Neue Horizonte
Eine Reise durch die Reisen (7811)

H. Boehncke/R. Stollmann/G. Vinnai
Weltuntergänge (7691)

Christoph Conti
Abschied vom Bürgertum
Alternative Bewegungen in Deutschland
von 1890 bis heute (7827)

Peter Dahl
Radio
Sozialgeschichte des Rundfunks für
Sender und Empfänger (7804)

P 2110/2 b

Geschichte griffbereit

Grundkurs und Nachschlagewerk für Studenten,
Praktiker, Geschichtsinteressierte zum Verstehen und
Behalten welthistorischer Prozesse.
Von Imanuel Geiss.

1 Daten
der Weltgeschichte
Die chronologische
Dimension der Geschichte
(6235)

2 Personen
der Weltgeschichte
Die biographische
Dimension der Geschichte
(6236)

3 Schauplätze
Die geographische
Dimension
der Weltgeschichte
(6237)

4 Begriffe
Die sachsystematische
Dimension
der Weltgeschichte
(6238)

5 Staaten
Die nationale
Dimension
der Weltgeschichte
(6239)

6 Epochen
der Weltgeschichte
Die universale
Dimension der Geschichte
(6240)

rowohlts enzyklopädie

Gerhard Hauck
Geschichte der soziologischen Theorie
Eine ideologische Einführung (401)

Richard Huelsenbeck (Hg.)
Dada
Eine literarische Dokumentation (402)

Benjamin Lee Whorf
Sprache - Denken - Wirklichkeit
Beiträge zur Metalinguistik
und Sprachphilosophie (403)

Robert von Ranke-Graves
Griechische Mythologie
Quellen und Deutung (404)

Günther Schiwy
Der französische Strukturalismus
Mode, Methode, Ideologie
Mit einem Textanhang (405)

Eberhard Braun/Felix Heine/Uwe Opolka
Politische Philosophie
Ein Lesebuch
Texte, Analysen, Kommentare (406)

Harald Kerber/Arnold Schmieder (Hg.)
Handbuch Soziologie
Zur Theorie und Praxis sozialer
Beziehungen (407)

Ekkehard Martens/Herbert Schnädelbach
Philosophie
Ein Grundkurs (408)

José Ortega y Gasset
Der Aufstand der Massen
(409)

ro
ro
ro

C 2097/5

rowohlts enzyklopädie

Walter Hess
Dokumente zum Verständnis der modernen Malerei (410)

Joachim Israel
Der Begriff Entfremdung
Zur Verdinglichung des Menschen in der bürokratischen Gesellschaft (412)

Günther Schiwy
Poststrukturalismus und «Neue Philosophen»
(413)

Martin Esslin
Das Theater des Absurden
Von Beckett bis Pinter (414)

Eugenio Barba
Jenseits der schwimmenden Inseln
Reflexionen mit dem Odin-Theater
Theorie und Praxis des Freien Theaters
(415)

Robert von Ranke-Graves
Die weiße Göttin
Sprache des Mythos (416)

ro ro ro

C 2097/5a

Deutsche Literatur

**Eine Sozialgeschichte
Von den Anfängen bis zur Gegenwart**

1. **Anfänge** – Höfische Dichtung
   (in Vorbereitung)
2. **Spätmittelalter** –
   Reformation, Humanismus (in Vorbereitung)
3. **Zwischen Gegenreformation und Frühaufklärung:**
   Späthumanismus, Barock 1572-1740
   September 85
4. **Zwischen Absolutismus und Aufklärung:**
   Rationalismus – Empfindsamkeit –
   Sturm und Drang 1740-1786 (6253)
5. **Zwischen Revolution und Restauration:**
   Klassik – Romantik 1786-1815 (6254)
6. **Vormärz:**
   Biedermeier – Junges Deutschland –
   Demokraten 1815-1848 (6255)
7. **Vom Nachmärz zur Gründerzeit:**
   Realismus 1848-1880 (6256)
8. **Jahrhundertwende:**
   Vom Naturalismus zum Expressionismus
   Expressionismus 1880-1918 (6257)
9. **Weimarer Republik – Drittes Reich:**
   Avantgardismus, Parteilichkeit,
   Exil 1918-1945 (6258)
10. **Gegenwart** (in Vorbereitung)

Herausgegeben von Horst Albert Glaser

Manfred Brauneck
Theater im 20. Jahrhundert
Programmschriften, Stilperioden, Reformmodelle
(6290)

C 2180/1

rowohlts bild-monographien

Jeder Band mit etwa 70 Abbildungen, Zeittafel, Bibliographie und Namenregister.

Betrifft: Geschichte, Naturwissenschaft

Geschichte

Konrad Adenauer
Gösta v. Uexküll (234)

Alexander der Große
Gerhard Wirth (203)

Augustus
Marion Giebel (327)

Michail A. Bakunin
Justus Franz Wittkop (218)

August Bebel
Helmut Hirsch (196)

Otto von Bismarck
Wilhelm Mommsen (122)

Julius Caesar
Hans Oppermann (135)

Nikita Chruschtschow
Reinhold Neumann-Hoditz (289)

Winston Churchill
Sebastian Haffner (129)

Elisabeth I.
Herbert Nette (311)

Friedrich II.
Georg Holmsten (159)

Friedrich II. von Hohenstaufen
Herbert Nette (222)

Ernesto Che Guevara
Elmar May (207)

Johannes Gutenberg
Helmut Presser (134)

Adolf Hitler
Harald Steffahn (316)

Ho Tschi Minh
Reinhold Neumann-Hoditz (182)

Wilhelm von Humboldt
Peter Berglar (161)

Jeanne d'Arc
Herbert Nette (253)

Karl der Große
Wolfgang Braunfels (187)

Karl V.
Herbert Nette (280)

Ferdinand Lassalle
Gösta v. Uexküll (212)

Wladimir I. Lenin
Hermann Weber (168)

Rosa Luxemburg
Helmut Hirsch (158)

Mao Tse-tung
Tilmann Grimm (141)

Maria Theresia
Peter Berglar (286)

Clemens Fürst von Metternich
Friedrich Hartau (250)

Benito Mussolini
Giovanni de Luna (270)

Napoleon
André Maurois (112)

Peter der Große
Reinhold Neumann-Hoditz (314)

Kurt Schumacher
Heinrich G. Ritzel (184)

Josef W. Stalin
Maximilien Rubel (224)

Freiherr vom Stein
Georg Holmsten (227)

Ernst Thälmann
Hannes Heer (230)

Josip Broz-Tito
G. Prunkl und A. Rühle (199)

Leo Trotzki
Harry Wilde (157)

Wilhelm II.
Friedrich Hartau (264)

Naturwissenschaft

Charles Darwin
Johannes Hemleben (137)

Thomas Alva Edison
Fritz Vögtle (305)

Albert Einstein
Johannes Wickert (162)

Galileo Galilei
Johannes Hemleben (156)

Otto Hahn
Ernst H. Berninger (204)

Werner Heisenberg
Armin Hermann (240)

Alexander von Humboldt
Adolf Meyer-Abich (131)

Johannes Kepler
Johannes Hemleben (183)

Alfred Nobel
Fritz Vögtle (319)

Max Planck
Armin Hermann (198)

rowohlts bildmonographien

Jeder Band mit etwa 70 Abbildungen, Zeittafel, Bibliographie und Namenregister.

Literatur

Hans Christian Andersen
Erling Nielsen (5)

Achim von Arnim
Helene M. Kastinger Riley (277)

Honoré de Balzac
Gaëtan Picon (30)

Charles Baudelaire
Pascal Pia (7)

Simone de Beauvoir
Christiane Zehl Romero (260)

Samuel Beckett
Klaus Birkenhauer (176)

Gottfried Benn
Walter Lennig (71)

Heinrich Böll
Klaus Schröter (310)

Wolfgang Borchert
Peter Rühmkorf (58)

Bertolt Brecht
Marianne Kesting (37)

Georg Büchner
Ernst Johann (18)

Wilhelm Busch
Joseph Kraus (163)

Lord Byron
Hartmut Müller (297)

Albert Camus
Moran Lebesque (50)

Giacomo Casanova de Seingalt
Rives J. Childs (48)

Anton Čechov
Elsbeth Wolffheim (307)

Cervantes
Anton Dieterich (324)

Matthias Claudius
Peter Berglar (192)

Dante Alighieri
Kurt Leonhard (167)

Charles Dickens
Johann Norbert Schmidt (262)

Alfred Döblin
Klaus Schröter (266)

F. M. Dostojevskij
Janko Lavrin (88)

Annette von Droste-Hülshoff
Peter Berglar (130)

Joseph von Eichendorff
Paul Stöcklein (84)

Hans Fallada
Jürgen Manthey (78)

William Faulkner
Peter Nicolaisen (300)

Gustave Flaubert
Jean de La Varende (20)

Theodor Fontane
Helmuth Nürnberger (145)

Max Frisch
Volker Hage (321)

Stefan George
Franz Schonauer (44)

André Gide
Claude Martin (89)

Johann Wolfgang von Goethe
Peter Boerner (100)

Maxim Gorki
Nina Gourfinkel (9)

Brüder Grimm
Hermann Gerstner (201)

H. J. Chr. von Grimmelshausen
Kurt Hohoff (267)

Knut Hamsun
Martin Beheim-Schwarzbach (3)

Gerhart Hauptmann
Kurt Lothar Tank (27)

Friedrich Hebbel
Hayo Matthiesen (160)

Johann Peter Hebel
Uli Däster (195)

Heinrich Heine
Ludwig Marcuse (41)

Ernest Hemingway
Georges-Albert Astre (73)

Hermann Hesse
Bernhard Zeller (85)

Friedrich Hölderlin
Ulrich Häussermann (53)

E. Th. A. Hoffmann
Gabrielle Wittkop-Menardeau (113)

Hugo von Hofmannsthal
Werner Volke (127)

Homer
Herbert Bannert (272)

Ödön von Horváth
Dieter Hildebrandt (231)

Henrik Ibsen
Gerd Enno Rieger (295)

Eugène Ionesco
François Bondy (223)

James Joyce
Jean Paris (40)

Erich Kästner
Luiselotte Enderle (120)

Franz Kafka
Klaus Wagenbach (91)

Gottfried Keller
Bernd Breitenbruch (136)

Heinrich von Kleist
Curt Hohoff (1)

Karl Kraus
Paul Schick (111)

P 2058/4-4a

rowohlts bild-monographien

Jeder Band mit etwa 70 Abbildungen, Zeittafel, Bibliographie und Namenregister.

Else Lasker-Schüler
Erika Klüsener (283)

David Herbert Lawrence
Richard Aldington (51)

Jakob Michael Reinhold Lenz
Curt Hohoff (259)

Gotthold Ephraim Lessing
Wolfgang Drews (75)

Georg Christoph Lichtenberg
Wolfgang Promies (90)

Jack London
Thomas Ayck (244)

Wladimir Majakowski
Hugo Huppert (102)

Heinrich Mann
Klaus Schröter (125)

Thomas Mann
Klaus Schröter (93)

Conrad F. Meyer
David A. Jackson (238)

Henry Miller
Walter Schmiele (61)

Eduard Mörike
Hans Egon Holthusen (175)

Molière
Friedrich Hartau (245)

Christian Morgenstern
Martin Beheim-Schwarzbach (97)

Robert Musil
Wilfried Berghahn (81)

Vladimir Nabokov
Donald E. Morton (328)

Johann Nestroy
Otto Basil (132)

Novalis
Gerhard Schulz (154)

Jean Paul
Hanns-Josef Ortheil (329)

Edgar Allan Poe
Walter Lennig (32)

Marcel Proust
Claude Mauriac (15)

Alexander S. Puschkin
Gudrun Ziegler (279)

Wilhelm Raabe
Hans Oppermann (165)

Fritz Reuter
Michael Töteberg (271)

Rainer Maria Rilke
H. E. Holthusen (22)

Arthur Rimbaud
Yves Bonnefoy (65)

Joachim Ringelnatz
Herbert Günther (96)

Joseph Roth
Helmuth Nürnberger (301)

Ernst Rowohlt
Paul Mayer (139)

Marquis de Sade
Walter Lennig (108)

Antoine de Saint-Exupéry
Luc Estang (4)

George Sand
Renate Wiggershaus (309)

Sappho
Marion Giebel (291)

Jean-Paul Sartre
Walter Biemel (87)

Friedrich Schiller
Friedrich Burschell (14)

Schlegel
Ernst Behler (123)

Arthur Schnitzler
Hartmut Scheible (235)

William Shakespeare
Jean Paris (2)

George Bernard Shaw
Hermann Stresau (59)

Carl Sternheim
Manfred Linke (278)

Adalbert Stifter
Urban Roedl (86)

Theodor Storm
Hartmut Vincon (186)

Jonathan Swift
Justus Franz Wittkop (242)

Ernst Toller
Wolfgang Rothe (312)

Leo Tolstoj
Janko Lavrin (57)

Georg Trakl
Otto Basil (106)

Tschechov siehe Čechov

Kurt Tucholsky
Klaus-Peter Schulz (31)

Mark Twain
Thomas Ayck (211)

Walther von der Vogelweide
Hans-Uwe Rump (209)

Frank Wedekind
Günter Seehaus (213)

Oscar Wilde
Peter Funke (148)

Virginia Woolf
Werner Waldmann (323)

Émile Zola
Marc Bernard (24)

Carl Zuckmayer
Thomas Ayck (256)